Auf der Suche nach der Ewigkeit

'Die Entdeckung der jenseitigen Welten'

Ein Buch
von
Martin Heyden

Druck, Bindung und Vertrieb über

CreateSpace

On-Demand Publishing, LLC

Amazon Media EU S.Ã

5 Rue Plaetis, L-2338, Luxembourg

Taschenbuch

Überarbeitete Auflage: 23. Januar 2015

Irene Heyden Verlag

P.O. Box 11 30

GE-52477 Alsdorf

ISBN-13:

978-1494824099

Korrektorat: Marion Becker

Lektorat: Eva Fritsch

Umschlaggestaltung und Motiv: Martin Heyden

Illustration und Design: Martin Heyden

ALLES IST GUT SO WIE ES IST

UND WIRD SICH SO FÜGEN

WIE ES SEIN SOLL

Inhaltsverzeichnis

ERSTER TEIL 9

DIE WAHRHEIT, DIE ICH FAND 10

WAS DIESES BUCH WILL UND WAS ES NICHT WILL 11

MEIN VATER 13

WIE ES BEGANN 14

MEIN WEG 16

GIBT ES HINWEISE? 17

UNSER ALLER ENDE 18

VERÄNDERUNG 19

WER ICH BIN UND WER ICH NICHT BIN 20

ZWEITER TEIL 26

WENN WIR STERBEN 27

DIE WAHRNEHMUNG UNSERER REALITÄT 35

RESONANZ, RESONANZGESETZ 41

MATERIE UND ENERGIE 44

DIE ZEIT 50

Der Moment: 50

Warum also Zeit? 53

DIE DIMENSIONEN UND DIE RAUMZEIT 53

EVOLUTION I 55

AUSSERIRDISCHE INTELLIGENZ 65

MATRIX, KÜNSTLICHE INTELLIGENZ 69

Exkurs Datenspeicherung 70

Exkurs Lichtgeschwindigkeit (1 079 252 848 km pro Stunde) 71

EVOLUTION II 74

SONNE, MOND UND STERNE 76

DAS ALLERKLEINSTE TEILCHEN 82

DRITTER TEIL 88

ALTRUISMUS 89

DAS “WHO IS WHO” DER SEELE 90

Die Seele und das Feld: 90
Bewusstsein und Verstand: 96
Unser Ego und unsere Ängste: 99
Der Gottesfunken: 104
Der Puppenspieler: 104
Das Gewissen - Die Stimme Gottes 106
DIE ANGST UND ANDERE GEFÜHLE 107
VIERTER TEIL 111
EVERETT 112
DAS FELD 114
QUO VADIS FELD? 121
Exkurs: Massereiche Objekte im Universum 122
VORAHNUNGEN, AHNUNGEN 126
ACHTSAMKEIT UND DER PUPPENSPIELER 134
WIE WIR MIT ALLEM INTERAGIEREN 139
WIE WIR MIT UNSERER REALITÄT INTERAGIEREN 142
Das Äußere ist ein Spiegelbild des Inneren 142
Positivität und Negativität 144
Das Äußere 148
NAHTODERFAHRUNGEN 149
FÜNFTER TEIL 158
RELIGIONEN 159
Exkurs Hauptmerkmale der Gnosis 165
REINKARNATION UND KARMA 166
EINE KLEINE ANALOGIE 174
DIE ILLUSION GETRENNT ZU SEIN 176
DIE DREI ZUSTÄNDE 178
WIE SICH UNSERE KONZEPTE AUSWIRKEN 180
DIE ENERGETISCHEN WELTEN 182
Der Erschaffer eines neuen Himmels und einer neuen Erde: 183
Die Lehre der Entsprechung und unser Weg hin zum Licht: 185

Die Reise ... 186
Todesnähe ... 188
Tunnelerfahrung ... 189
Die erste geistige Ebene ... 189
Der Tod ... 190
„Die Leere", Void ... 191
Die Geisterwelt: Ankunftsebene ... 193
Die Geisterwelt (Das mittlere Reich) ... 195
Die Hölle ... 200
Die Himmel: ... 203
Ausblicke ... 208
NTE - Frau Rita Groß-Grevenbroich (Zitat) ... 211
WAHRNEHMUNGSZUSTÄNDE NACH MONROE ... 214
VON ENGELN UND PROPHETEN ... 216
FOPPGEISTER, ERDGEBUNDENE SEELEN, ELEMENTALE ... 223
Beseelte Wesen, die uns beeinflussen ... 227
Elementale, die Kraft der Gedanken ... 228
Erdgebundene Seelen ... 229
Hilfe? ... 230
LASSET DIE KINDER ZU MIR KOMMEN ... 231
SECHSTER TEIL ... 237
WAS WIRKLICH ZÄHLT ... 238
DER WEG DER MITTE ... 241
DAS WESEN GOTTES - GENESIS ... 242
DER FREIE WILLE UND DER SINN DES GANZEN ... 247
Das Judas Evangelium: ... 253
DIE WAND ... 255
REICHTUM, ARMUT UND DIE TODSÜNDEN ... 260
STERBEN ... 265
SIEBTER TEIL ... 268
ZU GUTER LETZT ... 269

WARUM ICH HIER BIN 270
BUCHEMPFEHLUNGEN 273
PASCALs WETTE 274
PLATONS HÖHLENGLEICHNIS 275
QUELLEN UND EMPFEHLUNGEN 277
LITERATUR 277
FILME UND DOKUMENTATIONEN 280
DER AUTOR 281

DANKSAGUNG

Dieses Buch wurde in weniger als sechs Monaten geschrieben.

*

An vielen Abenden und Wochenenden habe ich oft stundenlang, bis weit in die Nacht hinein, das aufgeschrieben, was mir gezeigt wurde und was ich erkennen durfte.

Dieses hat auch viel von meiner Familie abverlangt. Oft war ich zwar „da", aber nicht wirklich ansprechbar. Viel zu oft musste unser Hund Jack auf mich warten, um endlich mit mir „Gassi gehen" und spielen zu dürfen.

Die Geduld, das Vertrauen, das mir entgegengebrachte Verständnis und die Unterstützung, die ich durch meine Familie erfahre, sind nicht selbstverständlich.

Auch dafür bin ich dankbar.

*

Bedanken möchte ich mich auch bei Norbert und Kai Uwe sowie Tom und Ralf für die vielen Gespräche, die Anregungen, die Kritiken und Hinweise.

Bei Marion und Eva für die Korrekturen und Berichtigungen.

Bei Wolfgang für die Beratung und die Produktion der Musik zum Videoclip.

Bei all denen, die mir zugehört haben.

ERSTER TEIL

Wer ich bin

DIE WAHRHEIT, DIE ICH FAND

„Es ist schwieriger, eine vorgefasste Meinung zu zertrümmern als ein Atom."
-A. Einstein-

Dieses Buch ist eine strukturierte Zusammenfassung und Auswertung meiner Gedanken und Recherchen der letzten Jahre. Das, was ich erfahren durfte, machte aus mir, einem Agnostiker, einen Menschen, der Gott gefunden und sich ihm zugewandt hat. Ich habe meine Wahrheit gefunden. Dafür bin ich dankbar.

Ich möchte mit meiner Wahrheit nicht der Allgemeinheit gefallen. Meine Motivation ist es, meinen Weg, meine gefundene Wahrheit, weiterzugeben. Jene, die dafür bereit sind, werden glauben und dadurch inneren Frieden und Gelassenheit finden. Jene, die es nicht sind, werden mit den unglaublichsten Argumenten und Besserwissereien auf die hier ausgebreitete Wahrheit reagieren. Sie können nicht anders, aber das ist in Ordnung.

Alles ist gut, so wie es ist. Unsere Welt ist auch nur ein Spiegelbild des Jenseitigen. Hier und dort halten sich „Wahrheit" (das Gute) und „Unwahrheit" (das Böse) die Waage. Dieses Gleichgewicht ist es dann auch, welches unser Universum stabilisiert. Meine Wahrheit ist auch gleichzeitig mein Weltbild, bestehend aus meinen Einsichten, Erkenntnissen und Überzeugungen.

Diese, meine Wahrheit, kann nur deshalb existieren und von Ihnen wahrgenommen und bewertet werden, weil es eine genau entgegengesetzte gibt. Daher ist es auch nicht von ungefähr, dass die Wahrheit, egal welche, immer polarisiert. Es gibt immer Befürworter und Menschen, die eine Wahrheit kategorisch ablehnen. Diese Kontroverse ist ein Ausdruck der Dualität. Ohne Dualität gäbe es weder etwas, worüber wir uns freuen könnten, noch gäbe es Weiterentwicklung. Hell und Dunkel, schnell und langsam. Wir können das Schöne („Sonnenschein") nur dann wahrnehmen und als schön begreifen, wenn wir auch das Hässliche („den Regen") kennen. Etwas kann nur dann verbessert werden, wenn es als unzureichend empfunden wird. Etwas „schneller" machen, kann ich demnach nur dann, wenn ich auch weiß, was „langsam" ist.

Jedes der Kapitel beleuchtet jeweils einen Aspekt unserer Unsterblichkeit und stellt dabei einen Dominostein in einer ganzen Reihe von Steinen dar. Ein einzelner Stein würde ausreichen, um alle anderen zum Fallen zu bringen. Oder anders ausgedrückt, stimmt das eine, ist auch das andere folgerichtig.

Sie haben eine Seele, die in Gott ewiges Leben erfahren kann, wenn sie es nur will. Dazu müssen Sie nichts weiter tun, als Ihr Leben so zur Wahrheit auszurichten, dass Sie Aufnahme im „Himmel des Menschengeschlechtes" finden. Dieser Himmel hat viele Namen und stellt insgesamt einen Bereich dar, der am Ende aller Tage zum Vater zurückkehren wird. Diejenigen, die einen anderen Weg eingeschlagen und sich von dem, was ich hier „Gott“ nenne, abgewandt haben, werden zusammen mit diesem Universum vergehen. Altes muss vergehen, damit Neues entstehen kann.

Sie müssen keiner speziellen Religion angehören, sich weder in Askese üben, noch in Armut leben. Es bedarf nur einer einzigen Frage, um den Prozess zu starten.

Die Antworten haben Sie bereits, verborgen in Ihrem Inneren. Was Ihnen vielleicht noch fehlt, ist die passende Frage.

Wie wäre es mit der folgenden: Wer sind Sie (wirklich)?

Ich wünsche Ihnen viele spannende Momente und Freude beim Lesen.

WAS DIESES BUCH WILL UND WAS ES NICHT WILL

„Die Naturwissenschaft ohne Religion ist lahm, die Religion ohne Naturwissenschaft ist blind.”
- A. Einstein -

Dieses Buch behandelt nicht nur spirituelle oder philosophische Themen. Es zeigt auch die Sicht der Wissenschaft. Das ist notwendig, denn das eine geht nicht ohne das andere.

Die Zeiten, in denen diese Sichtweisen getrennt behandelt wurden, neigen sich dem Ende entgegen. Die Welt ist im Umbruch. Die Wissenschaft ist gewissermaßen „dabei“, an ihre Grenzen zu stoßen. Immer häufiger ändern Wissenschaftler ihren Kurs und gehen auf das Spirituelle zu, um dort Antworten zu finden. Allerdings befinden wir uns erst am Anfang eines langen Weges und beginnen somit erst zu verstehen.

Wissenschaftler, die sich außerhalb des „Mainstreams“, außerhalb des beweis- und reproduzierbaren bewegen, bekommen im Allgemeinen keine Forschungsmittel und haben kaum Chancen, begehrte Posten zu besetzen.

Dabei sind es gerade diese Menschen, die unser Wissen und somit „unsere Welt“ voranbringen. Ohne diese wissenschaftlichen „Ketzer“ würde sich die Sonne noch um die Erde drehen (widerlegt von Kopernikus), wir würden keine „Kontinentaldrift“ kennen (entdeckt von Alfred Wegener), und wir wüssten nicht, dass Bakterien Magengeschwüre verursachen können (entdeckt von Barry Marschall). Die Liste könnte noch seitenlang fortgesetzt werden. Sie alle waren Außenseiter, die gegen die herrschende Lehrmeinung standen.

Seit jeher versucht die Wissenschaft die Welt, in der wir leben, zu erklären. Sie tut dies, um Wissen, aber auch um Kontrolle zu erlangen. Jeden Tag erreichen uns neue Meldungen über die Errungenschaften der Wissenschaft. Aber was wissen wir wirklich? Und was kontrollieren wir?

Im Grunde genommen nichts. Wir mögen viele Krankheiten heilen können, dem Tod entkommen wir nicht. In der „ach so weit" entwickelten, westlichen Welt sterben Menschen genauso wie überall sonst auf unserem Planeten im Sekundentakt.

Krankheiten, Kriege, soziale Unruhen, die Schere zwischen Arm und Reich. Ich kann keine Entwicklung ausmachen, die uns weiter voran oder mehr Kontrolle eingebracht hat. Nur weil wir heute im Durchschnitt 20 bis 30 Jahre länger leben als noch vor 500 Jahren, heißt das noch lange nicht, dass es auch ein besseres und zufriedeneres Leben ist, das wir führen.

Wissenschaft ist wichtig, denn das Streben nach Wissen, ist immer auch eine Suche nach Wahrheit. Das, was wir heute Wissenschaft nennen, ist oft festgelegt und auf das Beweisbare beschränkt. Ein offener Geist aber schließt nichts aus und nimmt auch das zunächst nicht Erklärbare hin, um neue Ideen und Wege zu erkennen und zu beschreiten. Mit dem Studium meiner Wahrheit biete ich Ihnen einen solchen Weg an.

*

Das Buch will nicht missionieren und hat auch nicht die Absicht, diese „meine Wahrheit" als die einzig Wahre darzustellen. Im Gegenteil, jeder Mensch hat das Recht auf seine eigene Wahrheit. Jede Wahrheit ist für sich genommen einzigartig und wichtig. Sie alle in ihrer Gesamtheit, die, die waren, die, die sind und noch sein werden, bilden zusammen „die Eine".

Diese „Eine" hat viele Namen. Ich benutze recht häufig die Bezeichnung „Gott". Ich bin sicher, Sie werden ebenfalls eine für Sie passende Bezeichnung finden oder haben bereits eine.

Sie müssen nicht meiner Meinung sein, im Gegenteil, hinterfragen Sie meine Erkenntnisse. Machen Sie Ihre eigenen Erfahrungen und Studien, beginnen Sie Ihren Weg, finden Sie Ihre „Wahrheit", Ihren ganz persönlichen Weg zum Urgrund allen Seins. Zu „allem, was da war, ist und immer sein wird".

Ich breite meine Wahrheit vor Ihnen aus. Diese soll Sie zum Nachdenken anregen und Ihnen helfen, Ihre eigene zu finden. Dieses Buch ist eine strukturierte Zusammenfassung meiner Inspiration, meiner Gedanken, vieler Gespräche sowie gelesener Artikel und Bücher. Die Philosophie und die Freiheit der eigenen Wahrheit erlauben es mir, ohne Zwänge und Einschränkungen an diese anspruchsvolle Thematik heranzugehen.

Eines habe ich auf meiner Suche ganz sicher gelernt. Ich habe gelernt, meiner Intuition zu vertrauen. Sie können diesen Umstand gerne „Gottvertrauen“ nennen. Diese Beschreibung kommt meiner Erfahrung am nächsten. Die Wahrheit erkennen wir, wenn wir zur Ruhe kommen, den Verstand zum Schweigen bringen und unserem Bewusstsein Raum geben. Dann erkennen wir, was wirklich wichtig, was „wahr“ ist.

Schauen Sie „über den Tellerrand“. Dort gibt es eine Menge zu entdecken.

MEIN VATER

Mein Vater hatte in seinem Leben Momente, die man so nicht (rational) erklären kann. Im Alter von 9 Jahren wurde er von meiner Großmutter in den Keller geschickt, um Kohlen zu holen. Wie Kinder so sind, kam er dieser Aufgabe mit hoher Geschwindigkeit nach (es gab ja schließlich noch wichtigere Dinge zu tun), rannte die Treppe hinunter, öffnete die Kellertür und stürzte sich in die Dunkelheit. Plötzlich war da (kurz, aber sehr intensiv) ein grelles, helles Licht und er stoppte abrupt. Als seine Augen sich langsam an die Dunkelheit gewöhnten, sah er, direkt vor seinen Augen, eine Mistgabel, die dort ungeschickt platziert war. Einen Schritt weiter und er hätte sich diese Mistgabel geradewegs in den Schädel gerammt.

Mein Vater ist nicht religiös. Die Kirchgänge überließ er gerne meiner Mutter (raten Sie mal, wer immer mitgehen „musste“). Und doch sagt er noch heute, „ein Engel“ habe ihm damals sein Leben gerettet. Mein Vater hat mir dieses Erlebnis wieder und wieder erzählt.

Später im Leben hatte mein Vater häufig plötzliche „Blackouts“. Beim Autofahren, auf dem Fahrrad, zu Hause. Sie kamen völlig überraschend und er fiel oder sackte in sich zusammen. Meist war so ein Vorfall mit unschönen Kopfverletzungen verbunden. Er wurde untersucht, auf den Kopf gestellt, aber man konnte keine wirkliche Ursache finden. Die Diagnose war „Kreislaufschwäche“ durch Blutdruckabfall. Ein regelmäßiger Genuss von Kaffee wurde ihm geraten. Diesen Rat befolgt er heute noch.

In den meisten Fällen konnte er sich an nichts erinnern. Doch ein Erlebnis beschäftigt ihn seitdem fortwährend. Irgendwann in den 70er Jahren war er auf dem Weg in die Stadt, als er plötzlich in der Nähe des Krankenhauses auf dem Vorgelände der Kirche zusammenbrach.

„Plötzlich stand (schwebte) ich über mir. Bomben fielen, viele Bomben, es war laut. Leute rannten in Panik durch die Gegend und suchten Schutz. Die Kirche wurde getroffen und größtenteils zerstört. Ich suchte ebenfalls Schutz und ging dann in das alte Krankenhaus, das zwar auch Schaden nahm, aber nicht zerstört wurde. Als es wieder ‚sicher' war, ging ich wieder hinaus. Dann wurde ich wach und stand auf."

Datteln wurde tatsächlich zum Ende des Zweiten Weltkrieges von den Alliierten bombardiert. Das alte Krankenhaus wurde aber, wie durch ein Wunder, nicht direkt getroffen. Die Kirche hingegen wurde im Zuge dieses Bombardements fast völlig zerstört. Mein Vater hatte noch mehrere solcher „luziden" Träume. Er und wir, seine Familie, maßen diesen nie übermäßig viel Bedeutung zu und ich habe keineswegs die Absicht, mehr aus seinen Erlebnissen zu machen, als sie es wahrscheinlich waren. Träume. Dennoch. Vielleicht war es mehr, ich weiß es nicht.

Was ich weiß, ist, dass mein Vater zum Zeitpunkt der Bombardierung 5 Jahre alt und nicht in der Nähe des Angriffs war.

WIE ES BEGANN

Als ich eines Tages im Herbst 2010 von der Arbeit heimkehrte und gerade in meinem Sessel versinken wollte, hatte ich einen Blackout. Eigentlich war das kein richtiger. Mein Bewusstsein war durchgehend „online", zumindest war das mein subjektiver Eindruck (meine Uhr erzählte mir kurze Zeit später eine andere Geschichte). Nur das „wo" hatte sich verändert. Plötzlich war da nicht mehr das gewohnte Zimmer, dies war nicht die Realität, die wir gemeinhin als unsere „Wirklichkeit" bezeichnen. Ich war woanders (besser kann ich es nicht beschreiben).

Es war in etwa so, als wäre dort eine Tür, hinter der sich der „Himmel", „Anderswelt" oder das „Nirwana" befindet (was immer Sie bevorzugen). Und diese Tür öffnete sich mir, nicht viel, nur einen Spalt breit. Aber weit genug, um zu erkennen, dass das, was immer es auch war, realer war als jede (vermeintliche) Realität, die ich bis dahin kannte. Unmittelbar danach fand ich mich sitzend in meinem Wohnzimmer wieder. Ein Blick auf die Uhr offenbarte mir, dass fast eine halbe Stunde vergangen war. Das war sehr merkwürdig, da ich mich offensichtlich gerade erst hingesetzt hatte.

Ich versuchte zu realisieren, was da eigentlich passiert war. Ich konnte aber nur zwei Erinnerungen bewahren. Das eine war ein gleichmäßiges Brummen und zum anderen eine Art „Information", eine „Nachricht", die, wie eingebrannt, noch in meinem Schädel nachbrummte.

Diese „Einsicht" war absolut klar und genauso eindringlich wie unmissverständlich. Ich finde dennoch keine Beschreibung, keine Formulierung, die dieser Erkenntnis gerecht werden würde. Diese Information stand in direktem Bezug zu meiner Seele, so viel wusste ich. Auch, dass es „wahr" ist, wusste ich mit jeder Zelle meines Körpers.

Nun, Agnostiker, wie ich es war, bekommen im Allgemeinen selten „Post“ von drüben. In diesem Fall war es ja auch kein Brief oder eine „Message“. Es waren keine Worte, die ich sah oder hörte, sondern es war etwas Simples, etwas ganz Einfaches.

Es war Wahrheit.

Ich wusste einfach, dass ich mit meiner Vermutung, „da muss es noch mehr geben...“, richtig lag. Sterben! Na und. Nichts, wovor man sich fürchten muss. Im Gegenteil, ein freudiges Ereignis.

Ein wenig so, wie „nach Hause kommen“.

Insgesamt war da noch mehr, viel mehr. Konzepte, Ideen, unendlich viel Wissen, aber ich kann mich an nichts mehr von all dem erinnern.

Sollten Sie jetzt vielleicht Alkohol oder Ähnliches als Ursache vermuten, muss ich Sie enttäuschen. Ich war „stocknüchtern“. Auch eine akute Herz- / Kreislaufgeschichte oder eine andere mögliche Krankheitsursache konnte im Nachhinein ausgeschlossen werden. „Da muss ich wohl eingenickt sein“, war dann zunächst auch meine etwas hilflose Antwort.

Es blieb die, bis heute, einzige Erfahrung dieser Art.

*

Obwohl als Katholik aufgewachsen, war und bin ich nicht, was man gemeinhin einen praktizierenden Christen der katholischen Kirche nennt. Meine Kirchgänge beschränkten sich auf Familienfeiern wie Taufe, Hochzeit und Beerdigungen. Das einzig Spirituelle an mir war meine agnostische Überzeugung, eine Ahnung, die ich hatte, mehr nicht.

Sicher, richtig daran geglaubt, dass wir ein Zufallsprodukt sind, habe ich auch nie. Irgendwie mussten wir „mehr“ sein als nur eine Ansammlung von Molekülen auf einem blauen Planeten, der fleißig seine Runden um eine gelbe Sonne dreht.

Mein Wissen um unser Bewusstsein, unsere Wahrnehmung und unsere Existenz sowie mein Wissen um unseren Kosmos beschränkten sich auf das, was ich Anfang der 80er Jahre während meiner Schulzeit gelernt hatte: Unser Planet ist keine Scheibe. Unser Gehirn hat sich im Laufe von Jahrmillionen, nach und nach, zu dem entwickelt, was es heute ist: ein Hochleistungsrechner mit fast unbegrenzter Speicherkapazität, der seine Funktion beim Tod des Menschen einstellt. Unser Bewusstsein wird, wie auch immer, durch unser Gehirn „produziert“ und „stirbt“ mit dem Menschen. Das ist (Anfang der 80er Jahre) zwar (noch) nicht bewiesen. Wird es aber in den kommenden Jahren.

Ich habe, damals, niemandem von diesem Erlebnis erzählt. Mein analytisch und logisch veranlagter Verstand (ich bin Datenbank- und Anwendungs-programmierer) hat mir dann auch schnell vermittelt, dass das Erlebte nur ein Hirngespinst oder absurder Traum gewesen sein kann. Und so kam es, dass ich diese Erfahrung verdrängte.

*

Etwas aber blieb und wurde mit der Zeit drängender und fordernder. Zunächst unterschwellig, später immer deutlicher. Ich begann mich für die Naturwissenschaften zu interessieren. Was mich antrieb, war die Frage nach meiner Herkunft und nach dem Sinn meiner Existenz.

*

Die Saat, die eingepflanzt wurde, ging allmählich auf.

MEIN WEG

„Auch der weiteste Weg beginnt mit einem ersten Schritt.“
-Konfuzius-

Meiner begann mit der Kosmologie, führte mich weiter über die Quantenmechanik, die Biologie, zur Bewusstseinsforschung und zu den Fragen: „Was ist eigentlich Realität?“ und „warum ist Zeit eine Illusion?“ Nahtoderfahrungen sowie Sterbeforschung schlossen sich an, und schließlich fand ich auch Zugang zur Philosophie.

Irgendwann war es unumgänglich, mich auch mit den großen „alten“ und „neuen“ Weltreligionen auseinander zu setzen, mit dem Schamanismus sowie mit der Spiritualität.

Ich habe auf meinem Weg eine große Bewunderung für Goethe und Einstein entwickelt. Nicht, weil der eine ein berühmter Dichter und Denker war und der andere ein begnadeter Physiker und Kosmologe. Vielmehr, weil sie sich von ihrer Religion distanzierten (Goethe war evangelisch und Einstein Jude) und Gott „von sich aus“ gesucht haben. Der eine suchte in der Natur und der andere im Kosmos und in der Physik. Beide haben gefunden, wonach sie suchten.

Dieses Buch veranschaulicht meine Recherchen und Einsichten zu den Fragen: „Warum sind wir hier und was ist der Sinn unserer Existenz?“ Es ist auch eine Art Nachschlagewerk, das alle Themen abdeckt, die in irgendeiner Art und Weise mit unserer Seele zu tun haben.

Ich habe die Kapitel so geschrieben, dass sie in sich abgeschlossen sind. Das ist auch der Grund, warum gewisse „Schlüsselelemente“ sich hin und wieder wiederholen; sie sind für das jeweilige Kapitel nötig, um den Zusammenhang zu verstehen. So gestaltet ist es möglich, das Buch auch als Nachschlagewerk zu benutzen. Ansonsten empfehle ich Ihnen, das Buch der Reihe nach durchzulesen. So kann sichergestellt werden, dass Sie alle nötigen Informationen, dem nächsten Kapitel entsprechend, bekommen haben, um dieses zu verstehen.

Viele in diesem Buch veranschaulichten Thesen und Erkenntnisse sind nicht neu. Zum Teil sind sie schon seit Jahrhunderten bekannt. Sie wurden von mir recherchiert, zusammengetragen und ausgeleuchtet. Die Frage, die ich mir stellte, war: Gibt es Hinweise auf die Unsterblichkeit unserer Seele, in dem uns zur Verfügung stehenden Wissen? Und wenn ja, wie aussagekräftig sind diese? Gesucht habe ich auch nach einer gemeinsamen Wahrheit, den gemeinsamen Nenner von Wissenschaft, Mystik, Philosophie, Neuoffenbarungen und den Religionen. Und im Wesentlichen geht es im Leben genau darum: um Wahrheit.

GIBT ES HINWEISE?

Ja, es gibt sie: eine gemeinsame Wahrheit und eine fast schon erdrückende Menge an Hinweisen. Man muss schon „bewusst“ wegschauen und sich gewisse Unwahrheiten ständig gebetsmühlenartig einreden, um nicht zu sehen, was offensichtlich und wahr ist.

Der biologische Tod ist kein Ende mit einem Neustart auf der anderen Seite, er ist ein Übergang und somit eine irreführende Bezeichnung. Sie und ich, wir sind Bewusstsein und haben einen göttlichen Ursprung und eine (fast) unsterbliche, individuell ausgeprägte, Seele.

Unsere Entwicklung dauert nicht bereits eine Ewigkeit, sondern Äonen und findet hoffentlich ihren vorläufigen Abschluss mit der Aufnahme in einen „Seins Zustand“, der durch die Loslösung von materiell begründeten Begierden und Trieben sowie gelebtem Altruismus zu erreichen ist. Dieser Zustand wird uns zurück zum Ursprung und zu dem, was die Religionen „ewiges Leben“ nennen, führen.

Individualisiertes Bewusstsein, welches diesen Zustand, zum Ende dieses Universums nicht erreicht, wird ausgelöscht werden und zusammen mit der Energie aus diesem, unsrigen Universum, einen Neuanfang mit erneuter Evolution und weiterem Wachstum erfahren.

UNSER ALLER ENDE

IST NUR EINE ILLUSION

„Über allen Gipfeln ist Ruh',
in allen Wipfeln spürest Du
kaum einen Hauch;
die Vögelein schweigen im Walde.
Warte nur! Balde ruhest Du auch..“
Johann Wolfgang Goethe -

Es war mir ein Gräuel, an mein Ende hier auf Erden zu denken. Zum einen verband ich das mit der unmittelbaren Auslöschung meiner Seele und zum anderen konnte ich es nur schwer ertragen, nicht mehr zu erfahren, wie es mit uns Menschen weitergeht, welche Entdeckungen noch gemacht werden und zu welchen Einsichten wir kommen werden. Meine Einstellung dazu hat sich inzwischen verändert.

Ich denke inzwischen, dass mein Sterben eine spannende Angelegenheit wird. Ich verbinde das mit der Hoffnung, dass ich einen „guten Tod“ haben werde. Darunter verstehe ich einen Übergang bei möglichst klarem Bewusstsein. Ich möchte mich vorbereiten können und nicht „unerwartet“ im Schlaf sterben, wie es insbesondere in unserer westlichen Welt weit verbreitet und gewünscht ist. Viele Menschen aus unserem Kulturkreis wollen von ihrem nahen Tod nichts wissen und haben den Wunsch, im „Schlaf“ zu sterben. Ab und an hört man, dass der Tod in etwa so ist wie einschlafen. Nun, wenn wir im „Schlaf“ sterben, ist das wohl so, vielleicht. In jedem anderen Fall, und das werde ich Ihnen in diesem Buch erläutern, ist der vermeintliche Tod eher eine Art Übergang, eine „Frequenzverschiebung“ des Bewusstseins.

Der Wunsch, einen „guten Tod“ zu haben, ist übrigens nichts Neues. Bis zum Beginn der Industrialisierung war dieser Wunsch in Europa weit verbreitet. Man sah das irdische Leben als das, was es ist, eine Vorbereitung auf das Jenseits. Natürlich wünsche ich uns allen Gesundheit und Zufriedenheit bis ins hohe Alter. Leider ist es aber so, dass wir uns das nicht immer aussuchen können. Ich möchte Ihnen keine Angst machen, aber vergessen Sie nicht: Sie werden sterben (biologisch durchaus zutreffend). Und da wir alle nicht wissen, wann das sein wird, nun mein gut gemeinter Rat: Versuchen Sie so zu leben, als wäre es nicht selbstverständlich, den nächsten Tag zu „erleben“. Bemühen Sie sich, alles im Guten zu halten. Verlassen Sie Freunde, Familie nie im Streit. Ein Freund sagte mir einmal: „Ich gehe nicht im Streit aus dem Haus, denn ich will nicht mit Groll im Herzen vor meinen Schöpfer treten“. Noch einmal, ich möchte Ihnen keine Angst machen (im Gegenteil), aber nicht jeder von uns wird 100 Jahre alt.

Sie haben sicherlich schon bemerkt, dass Ihre Zeit zunehmend schneller vergeht. Je weniger neue Erfahrungen und Entdeckungen Sie machen, je schneller vergeht sie. Wenn die Zeit für ein Kind mit dem Faktor 1 vergeht, vergeht sie für einen alten Menschen mit dem Faktor 3. Sollten Sie es tatsächlich schaffen, 120 Jahre alt zu werden, würde die Zeit für Sie wie ein Formel 1-Rennwagen an Ihnen vorbei rasen. Aller Wahrscheinlichkeit nach haben Sie Ihre Kinder überlebt und haben keine Freunde mehr, die noch leben. Hört sich das nach einem erstrebenswerten Zustand an?

Sicher möchte auch ich Enkel haben und diese aufwachsen sehen. Aber meine Kinder überleben möchte ich ganz sicher nicht.

VERÄNDERUNG

Das Wissen um Kausalität (Ursache und Wirkung) und das alles mit allem verbunden ist, hat meinen Umgang mit meinen Mitmenschen verändert. Schon eine kleine, unachtsame Äußerung von uns kann das Leben eines anderen Menschen zum Guten oder zum Schlechten hin signifikant verändern. Das Leben eines Menschen, dem Sie vielleicht nur einmal im Leben begegnen werden. Es verhält sich wie mit dem inzwischen berühmten Schmetterling in Brasilien, der mit seinem Flügelschlag einen Tornado in Texas auslösen kann. Auf unser Handeln bezogen kann man auch sagen: „Wer Wind sät, wird Sturm ernten!“ Alles, was wir machen oder unterlassen haben, hat Auswirkungen auf die Menschen in unserer Umgebung. Alles wird in irgendeiner Weise irgendwann einmal auf uns zurückfallen. Im Guten wie im Schlechten.

Ich habe mein Handeln umgestellt (und bin immer noch dabei). Ich bemühe mich um Achtsamkeit im Alltag, um Freundlichkeit. Ich bemühe mich, einen Groll, den ich vielleicht gegen jemand anderen entwickelt habe, in Toleranz zu wandeln. Ich versuche, mich in Gesprächen zurückzunehmen, um meinem Gesprächspartner „Raum“ zu lassen. Auch gebe ich Bedürftigen etwas Geld und das nicht nur in der Adventszeit.

Bitte missverstehen Sie mich nicht, ich verteile nicht mein ganzes Einkommen unter den Armen. Auch ich habe noch eine Familie zu ernähren und genieße es, unter dem eigenen Dach zu wohnen. Ich schaue nur nicht mehr „weg“, wenn ich einen Bedürftigen sehe und gebe diesem Menschen etwas.

Ich bemühe mich, auch im „Small Talk“ aufmerksam zu sein, begrüße meine Mitmenschen mit einem Lächeln, wann immer es mir möglich ist. (Auch ein Morgenmensch wie ich hat mal einen schlechten Tag.) Vielleicht ist so ein Lächeln ja auch in irgendeiner Weise vergleichbar mit dem Flügelschlag eines Schmetterlings im Amazonas.

WER ICH BIN UND WER ICH NICHT BIN

„Ich habe keine besondere Begabung,
sondern bin nur leidenschaftlich neugierig".
-A. Einstein-

Ich bin ein Mann in den Mittvierzigern und bezeichne mich gern als einen einfach strukturierten Menschen, der, und das verbindet mich mit Albert Einstein, mit einer gewaltigen Neugier ausgestattet ist, und es mag, um die nächste Ecke zu schauen.

Ich bin weder Wissenschaftler noch Mediziner, noch würde ich mich als religiös bezeichnen, was erst einmal nichts über meinen Glauben an Gott und meiner Liebe zu „ihr" aussagt. (Das „ihr" habe ich mir bei Neale D. Walsch und seinem Bestseller *Gespräche mit Gott* ausgeliehen - ein herrliches Stück Literatur.)

Auf meinem Weg habe ich einige Menschen getroffen, die mir, mehr oder weniger übereinstimmend, folgendes sagten: „Religion ist schlecht, Glauben ist gut. Ich bin meine Kirche und das reicht mir völlig." Das ist nachvollziehbar. Gemeint ist damit, dass im Namen von Religionen viel Leid über die Menschen gebracht wurde.

Das kann man nicht abstreiten.

Das heißt im Umkehrschluss aber nicht, dass alle Religionen schlecht sind. Bei weitem nicht. Jede Religion, die den Menschen näher zu Gott bringt, ist eine gute. Es gibt nur einen wahren Gott und genau diese Vorstellung ist es auch, die uns alle verbindet.

Vielleicht haben Sie den kontroversen und polarisierenden Film „Life of Pi" gesehen? Der Junge, noch in seiner Heimat, sah in allen Religionen Wahrheit und er setzte sich mit allen auseinander, ohne eine zu bevorzugen. Der fiktive Film zeigt, dass alle Religionen letztlich dasselbe wollen: den Menschen einen Weg zum Heil aufzuzeigen. Er zeigt auch, dass es letzten Endes egal ist, wie wir leben oder interpretieren. Beide von Pi erzählten Geschichten könnten unterschiedlicher nicht sein und sind doch im Kern identisch. Die eine wunderschön, die andere hässlich. Auch die Namen Pi (3,14...) und „Pissin" (gemeint „Pissen", abgeleitet von Piscine - Schwimmbad) spiegeln das wider, zwei absolut unterschiedliche Namen, ein guter und ein schlechter und doch bezeichnen beide denselben Menschen, Piscine. Am Ende wird alles gut (oder: „alles ist gut, so wie es ist") und der Mensch kann nichts verkehrt machen. Alle Erfahrungen müssen gemacht werden und zum Schluss stellt sich somit ein stabilisierendes Gleichgewicht ein. Diese Sichtweise kommt meinem religiösen Weltbild sehr nahe.

Die Religionen blicken, von unterschiedlichen Standpunkten aus, auf ein und dieselbe Sache. Auf das Phänomen „Gott".

Bereits in den Urreligionen wusste man um den „Großen Geist", dem „Logos", den Sonnengott oder Chronos. Das Verschwinden einer Religion ist kein Zeichen einer Weiterentwicklung unserer Rasse. Im Gegenteil, unser Glaube in der westlichen Welt degeneriert. Etwa zwei Drittel aller Deutschen gehören (die meisten seit ihrer Geburt) einer Glaubensgemeinschaft an, aber nur etwa ein Drittel (36% der Katholiken und 27% der Protestanten) glauben an ein Weiterleben der Seele. (Artikel: Wer glaubt noch an die Auferstehung v. 21.04.11. http://hpd.de/node/11478. Stand 22.01.2015). Das Wissen allein (bei vielen ist es eher eine Art Hoffnung) reicht allerdings nicht aus, um den Lern- und Inkarnationsprozess zu beenden und in die Himmel (*Mehrzahl* - Ich komme noch darauf zurück) aufgenommen zu werden.

Eine konkrete Vorstellung vom jenseitigen Leben und den Bedingungen, die hier auf Erden erfüllt werden müssen, um tatsächlich direkt in die Himmel aufgenommen zu werden, haben allerdings nur sehr wenige Menschen und der Kreis derer, die um die Gesetzmäßigkeiten wissen und ihr Leben entsprechend ausrichten, ist noch kleiner und wird von Emanuel Swedenborg (Fußnote) mit weniger als 1 von 1000 angegeben. Diese Seelen haben nach Abschluss ihres biologischen Lebens bereits die notwendige Reife, um direkt in die Himmel aufgenommen zu werden, wo ihre weitere Entwicklung fortgeführt wird. Swedenborg schrieb seine Studien in der Mitte des 18. Jahrhunderts. Die Quote dürfte heute weit niedriger ausfallen.

Sie glauben mir nicht? Machen Sie die Probe und fragen Sie einmal nach dem Studium dieses Buches im Bekanntenkreis nach. Sie werden überrascht sein.

Und dabei kann es so einfach sein.

*

Traurig stimmt mich, dass immer und immer wieder Menschen mit ihrer Religion in den Krieg ziehen oder aufgrund religiöser Motive anderen Menschen Schaden zufügen. Warum fällt es uns so schwer, tolerant zu sein? Anstatt uns gegenseitig zu hassen oder zu versuchen, dem jeweils anderen seine eigene Wahrheit (Glauben) aufzuzwingen, sollten wir lieber nach Gemeinsamkeiten suchen. Davon gibt es jede Menge.

Jedes Wesen, das versucht, seine Überzeugung oder seinen Glauben mit Gewalt einem anderen Wesen aufzuzwingen, lebt in der Unwahrheit und somit im Bösen, unabhängig von seiner Religion, seiner Kultur oder seinen Einsichten.

In der Wahrheit lebt hingegen der, der tolerant ist und andere Wahrheiten, neben der seinen, gleichwertig akzeptiert und anerkennt.

(Bild: Emanuel Swedenborg, Gemälde von Carl Frederik von Breda, vor 1818)

Fußnote: „Emanuel Swedenborg wurde am 29. Januar 1688 in Stockholm geboren. Nach geistes- und naturwissenschaftlichen Studien in Uppsala unternahm er 1710 eine erste Auslandsreise. Sie brachte ihn mit berühmten Gelehrten wie Newton, Flamsteed und Halley in Berührung. Schwerpunkte seiner wissenschaftlichen Tätigkeit lagen bei technischen Konstruktionen, Studien zur Kristallographie und Kosmogonie, daneben astronomischen, geologischen, paläontologischen und anatomisch-physiologischen Arbeiten. Er entdeckte die Lokalisation der Gehirnfunktionen und entwarf eine Flugmaschine, die 1897 nachweislich wie ein Segelgleiter geflogen ist. Seine Suche nach der Seele führte ihn in eine religiöse Krise, deren Höhepunkt zwei Christus-Visionen in den Jahren 1744 und 1745 waren. Daraufhin wurden Swedenborg gewissermaßen die Augen des Geistes geöffnet und der innere Sinn der Bibel enthüllt. Seine umfangreichen Bibelkommentare, seine Werke aus der Engelsweisheit und seine theologischen Werke künden von einem Christentum der inneren Gotteserfahrung. Dieses neue Zeitalter wird nach Swedenborgs Überzeugung immer deutlichere Gestalt annehmen.

1758 gab er das Werk heraus, das seinen Ruf als Seher vor allem begründet hat: »Himmel und Hölle aufgrund von Gehörtem und Gesehenem«. Der Einfluss dieses Werkes auf die Jenseitsvorstellungen war groß. So schrieb Jorge Luis Borges: »Von Swedenborg an denkt man [was Himmel und Hölle betrifft] in Seelenzuständen und nicht an eine Festsetzung von Belohnungen und Strafen.«

Am 29. März 1772 ging der »Fürst unter den Jenseitskundigen« (Alfons Rosenberg) für immer in die geistige Welt ein. Seine sterblichen Überreste ruhen seit 1908 im Dom von Uppsala. Swedenborgs Wirkung war trotz Kants Verdikt (»Träume eines Geistersehers«, 1766) groß. Goethe, Lavater, Strindberg, Schelling, Oberlin, Balzac und viele andere ließen sich von Swedenborgs »himmlischer Philosophie« (Oetinger) inspirieren. Sie ist eine bleibende Herausforderung für alle Formen des Materialismus. Goethe läßt seinen »Faust« mit der Einsicht Swedenborgs ausklingen: »Alles Vergängliche ist nur ein Gleichnis“

(Auszug: http://www.orah.ch/HP2009/20Swedenborg/ZurPerson.html, Stand 22.01.15).

Ich habe mich mit fast allen Religionen und Glaubensgemeinschaften auseinandergesetzt, mit dem Ziel, die für mich „passende“, die perfekte Glaubensgemeinschaft zu finden. Die „eine“ habe ich nicht gefunden. Es ist

vielmehr so, dass ich bei jeder Glaubensgemeinschaft, ob seit Jahrtausenden „fast vergessen“ oder modern, eine gemeinsame Wahrheit gefunden habe.
Ich habe die Neuoffenbarungen von Emanuel Swedenborg und Jakob Lorber (Fußnote) gelesen und empfinde sie als sehr bereichernd. Es sind zwar keine wirklichen Glaubensgemeinschaften, aber trotzdem hat jede Seite Anhänger. Und selbst dort wird versucht, die eigene, die eine Wahrheit als die einzig „wahre“ darzustellen. Aber gerade bei diesen beiden Werken wird deutlich, dass es zwar Unterschiede gibt, die Gemeinsamkeiten aber deutlich überwiegen. Es ist in etwa so, als war Swedenborg das „linke“ Auge und Lorber das „rechte“. Beide hatten ihre Sichtweisen auf ein und dieselbe Sache: Swedenborg mehr die analytisch wissenschaftliche Sicht und Lorber, als Musiker, mehr die gefühlsbetonte Sicht. Aber beide Augen (Sichtweisen) erlauben uns erst ein plastisch-räumliches Bild zu bekommen. Diese Analogie entdeckte ich in einem Aufsatz von Thomas Noack aus dem Jahr 2004, *Der Seher und der Schreibknecht Gottes.*

(Jakob Lorber (Foto Quelle : Briefe Lorbers (1931), erschienen im „Neu Salems Verlag“)

Fußnote: Aus dem Leben von Jakob Lorber (1800-1864): „Steh auf, nimm deinen Griffel und schreibe!“; diese Worte hörte der 40-jährige Jakob Lorber am Morgen des 15. März 1840 ganz deutlich in seiner Herzgegend. Er war damals ein stellenloser Hauptschullehrer und Musiker. Die Aussichten, als Lehrer eine feste Anstellung zu bekommen, waren gering, aber endlich war ihm in Triest eine Stelle als Kapellmeister angeboten worden, die er auch anzutreten gedachte. Die von ihm vernommene innere Stimme aber bewegte ihn, darauf zu verzichten und stattdessen getreu bis an sein Lebensende im Jahre 1864 die ihm diktierten Worte aufzuschreiben.

Lorber war kein Wissenschaftler. Am 22. Juli 1800 in Kanischa in der Südsteiermark (heute Slowenien) geboren, wuchs er in einfachen ländlichen Verhältnissen auf. Auffallend an ihm war eigentlich nur seine besondere musikalische Begabung, die im Hause seines Vaters auch entsprechend gefördert wurde. Später besuchte Jakob die Gymnasien in Marburg und Graz, wo er den Abschluss als Hauptschullehrer bestand, dann aber keine ihm entsprechende Stelle fand. Er erteilte zwar mit Erfolg Privatunterricht in verschiedenen Fächern, aber es zog ihn immer mehr zur Musik hin. Er spielte verschiedene Instrumente, und auf der Geige konnte er virtuos musizieren. Geistig war Jakob Lorber ein Suchender, der sich zum Beispiel auch mit Böhme und Swedenborg beschäftigte. Seiner christlichen Grundeinstellung blieb er stets treu, und die Bibel bedeutete ihm viel.. Jakob Lorber wird oft als „Schreibknecht Gottes“ bezeichnet. Dies will heißen, dass er das Geschriebene nicht aus sich selbst herausholte, sondern seine Werke nach dem inneren Diktat niederschrieb. Er hatte das „innere Wort", wie man zu sagen pflegt. Geld verdienen konnte und wollte er nicht damit. Wie viele Propheten führte Lorber ein einfaches und ärmliches Leben, doch seine Freunde sorgten für das Notwendigste, und wenn er auch wenig hatte, so reichte es doch aus, um noch bedürftigeren Menschen hin und wieder ein Almosen zu geben. Als Lorber 64 Jahre alt war, konnte er auf ein großes Werk zurückblicken, das ihm von einer höchsten Quelle übermittelt wurde. Er starb am 24. August 1864 in seinem Bett. Er hatte seinen Tod vorausgesehen. (Quelle: http://www.scfx.ch/lorber/Leben.htm. Stand: 22.01.2015)

Auch im Morgenland gibt es Neuoffenbarungen. Baha'ulla h (Fußnote) empfing diese in der ersten Hälfte des 19. Jahrhunderts. Aus ihnen ging eine weltweite Religion hervor, die Baha 'i . Diese Religion hat hinsichtlich ihrer Anhänger die zweitstärkste Wachstumsrate. Nur das Christentum wächst schneller.

Fußnote: Baha'ullah (Bahā'-Allāh ‚Herrlichkeit Gottes', Bahai-Transkription Bahá'u'láh, * 12. Novembe 1817 in Teheran, Iran; † 29. Mai 1892 in Akkon, Osmanisches Reich) ist der religiöse Ehrentitel von Mirza Husain-'Ali Nuri (Mīrzā Ḥusain-'Alī Nurī, ‚Prinz Husain-'Ali aus Nur"), dem Stifter der Religion der Bahai, die ihn als Manifestation Gottes für dieses Zeitalter ansieht.

(Auszug aus dem Artikel „Baha'ullah" aus der freien Enzyklopädie Wikipedia. Doppellizens: GNU-Lizenz für freie Dokumentation und Creative Commons CC-BY-SA 3.0 Unported. In der Wikipedia ist eine Liste der Autoren verfügbar. Stand 22.01.15)

Keine der großen Weltreligionen hat die Wahrheit für sich allein gepachtet. In den Offenbarungen von Baha 'ulla hs, Swedenborg und Lorber, habe ich für mich eine Ergänzung zu meinen christlichen Überzeugungen gefunden. Alle diese Lehren ergänzen sich und ergeben für mich ein Ganzes, das letztendlich auch durch die nicht religiös motivierten außerkörperlichen Erfahrungen des Robert Monroe (Fußnote) und anderen „Reisenden" abgerundet wird.

Fußnote: Robert Allen Monroe, manchmal auch Bob Monroe genannt (* 30. Oktober 1915; † 17. März 1995), war ein US-amerikanischer Geschäftsmann, Autor und Programmdirektor beim Rundfunk und der Gründer des parapsychologischen Monroe-Instituts.

Robert Monroe ist der Pionier der Neuzeit in Bezug auf die Erforschung von außerkörperlichen Erfahrungen. Im Laufe von Jahrzehnten sammelte und verarbeitete er diese in insgesamt drei Büchern. Sie sind allein deshalb schon bemerkenswert, weil seine Berichte nicht von religiösen Überzeugungen, von Glaubensmustern oder finanziellen Interessen eingefärbt waren. Er war der Erste, der das Phänomen der außerkörperlichen Erfahrung mit wissenschaftlichen Methoden untersuchte. Monroe ist der Gründer des „Monroes Institute TMI". Eine „nonprofit" Institution, die nicht auf Gewinn ausgelegt ist.

Ich werde in diesem Buch nicht versuchen, aus Ihnen einen Christen zu machen und ich werde auch nicht versuchen, Sie von irgendeiner anderen Glaubenslehre zu überzeugen, bestimmt nicht. (Die Arbeit müssen Sie sich schon selber machen).

Sie werden viele Einflüsse finden, die aus anderen Religionen oder Glaubensgemeinschaften herrühren. Hinduismus, Buddhismus, Islam, Judentum und die sogenannten christlichen „Neuoffenbarungen" (Lorber, Swedenborg) habe ich mit einfließen lassen. Die Erkenntnisse von Baha 'ulla hs wurden genauso berücksichtigt wie der Schamanismus und die Spiritualität im Allgemeinen. Ich habe mich mit fast allen monotheistischen Gruppierungen befasst. Sie alle einzeln aufzuführen würde ganze Seiten füllen. In jeder, wirklich jeder Religion oder Glaubensrichtung ist Wahrheit.

Und genau die habe ich gesucht und gefunden.

Der Weg, den ich eingeschlagen habe, hat mir die Augen geöffnet. Die allumfassende Wahrheit und die universale Ordnung waren die ganze Zeit über da, ich habe sie nur nicht wahrgenommen. Es ist in etwa so, dass wir alle gemeinsam in einem riesigen Ozean schwimmen und dabei das Wasser um uns herum nicht erkennen.

Dadurch, dass ich mich gesucht und gefunden habe, fand ich das Phänomen, das wir gemeinhin Gott nennen.

Ich bin (wie Sie wahrscheinlich auch) ein ganz normaler Mensch, der Zufriedenheit als den höchsten anzustrebenden Zustand betrachtet. Ich arbeite als Systemadministrator, Anwendungs- und Datenbankprogrammierer. Ich bin nunmehr fast ein Vierteljahrhundert glücklich verheiratet und habe zwei inzwischen erwachsene Söhne. Sie zeigen mir häufig auf, dass ich meine Rolle als Vater immer wieder (und immer noch) verbessern kann und muss.

Wie Sie bereits wissen, bin auch ich Sohn und kümmere mich zusammen mit meiner Familie um meinen inzwischen an Bauchspeicheldrüsenkrebs und Demenz erkrankten Vater. Nachdem wir erneut umgezogen sind, haben wir meinen Vater, der bis dahin unter der Woche in einem Pflegeheim gewohnt hat und „nur" am Wochenende bei uns war, ganz zu uns genommen. Seit seiner OP sind inzwischen 6 Jahre vergangen und ein Rezidiv (wiederkehrender Tumor) wurde bislang noch nicht gefunden. Nach wie vor geht es ihm gut. Seine (vaskuläre) Demenz schreitet sehr langsam voran und er ist immer noch in der Lage, am Familienleben teilzunehmen. Seine Krebserkrankung hat er – welch ein Segen - vergessen. Die Diagnose Bauchspeicheldrüsenkrebs ist heute leider immer noch ein Todesurteil und nur wenige Patienten leben noch 5 Jahre nach Diagnosestellung.

Ich bin dankbar, dass mir Zeit geschenkt wurde, die ich mit meinem Vater verbringen kann. Er bereichert mein Leben mit seinen immer noch vorhandenen Erfahrungen und ich habe die Möglichkeit, ihm Hoffnung zu geben auf ein Leben nach dem Leben hier auf der Erde.

ZWEITER TEIL

Erste Erkenntnisse

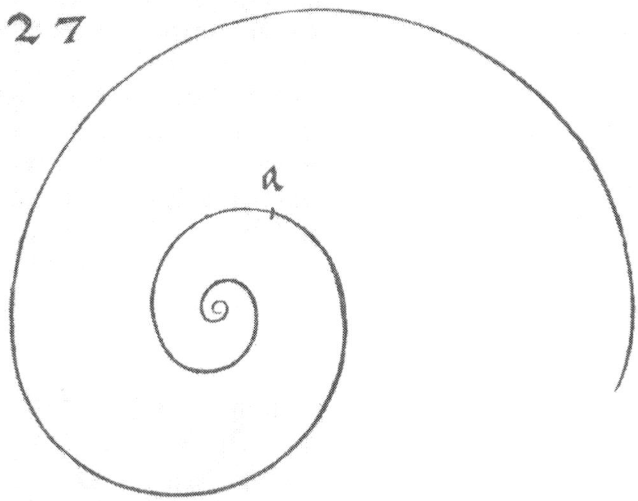

Albrecht Dürer: „ewige lini“

WENN WIR STERBEN

„Was die Raupe Ende der Welt nennt, nennt der Rest der Welt Schmetterling."
-Laozi-

Dr. Sam Parnia ist ein amerikanischer Kardiologe und Initiator der AWARE Studie (eine Studie über den Sterbeprozess und damit verbundene Nahtoderfahrungen, die seit 2008 läuft), der den Sterbeprozess mit dem Ziel erforscht, möglichst viele Menschen, die einen Herzstillstand erleiden, ohne bleibende Schäden ins Leben zurückzuholen. Er hat vor kurzem ein Buch mit dem Titel *Erasing Death* veröffentlicht. In diesem Buch trifft er unter anderem, zwei sehr interessante Feststellungen und verbindet diese mit einer Frage.

Inhaltlich aus dem Buch *Erasing Death* (Autoren: Dr. Sam Parnia und Yosh Young, erschienen am 26.03.13 in englischer Sprache, Harper One Verlag. Deutscher Titel: *Der Tod muss nicht das Ende sein,* Scorpio Verlag):

Nach dem Herzstillstand stellen alle Organe ihre Funktion ein und es beginnt der Sterbeprozess. Dr. Parnia erläutert, dass der Tod kein Zeitpunkt ist, sondern ein Prozess, der unter Umständen auch nach mehreren Stunden rückgängig gemacht werden kann, ohne dass die betroffenen Personen bleibende Hirnschäden erleiden. Er führt aus, dass unsere Organe wenige Sekunden nach einem Herzstillstand ihre Arbeit einstellen. Diesem Umstand unterliegt auch unser Gehirn. Sobald es nicht mehr mit Sauerstoff und Nährstoffen versorgt wird, hört es auf zu funktionieren.

(Anm. des Autors: Wir sind heutzutage in der Lage, mithilfe eines EEG (Elektroenzephalografie), die Hirnaktivitäten unseres Cortexes zu messen. Der Cortex, (die Großhirnrinde) ist der äußere Teil unseres Gehirnes, dem man unterstellt, dass in ihm alle die Fähigkeiten beheimatet sind, die uns erst zum Menschen machen. Funktionen wie Beweglichkeit, hören, sehen, Geruch, Gedächtnis, Wahrnehmung, Sprache und unser „Ich". Ich werde im weiteren Verlauf ausführen, dass wir nicht in unserem Gehirn beheimatet sind.)

Nach einem Herzstillstand (Kreislaufversagen) kommt es zu einer Sauerstoffmangelerscheinung. Diese führt nach einigen Sekunden zur Bewusstlosigkeit. Das Bewusstsein ist „ausgeschaltet" und mit ihm alle Funktionen, die uns als Mensch ausmachen. In diesem Zustand ist es dem Gehirn nicht möglich (Anm. des Autors: der allgemeinen Lehrmeinung folgend), Bewusstsein zu erzeugen oder zu erhalten. Ebenfalls kann es nicht Informationen verarbeiten oder sie speichern. Dieser Ausfall der Funktionen unseres Gehirns kann durch ein EEG sichtbar gemacht werden. Etwa 1 Prozent derjenigen, die einen Herzstillstand überleben, berichten (einige Tage oder Wochen danach befragt) von einer Nahtoderfahrung. Der Prozentsatz derjenigen, die unmittelbar nach dem Erwachen (nach der OP oder nach dem Erwachen aus einem Koma) befragt werden, ist signifikant höher. Das lässt vermuten, dass alle Menschen, in vergleichbarer Situation, so eine Erfahrung machen. Sie haben es nur, wie einen Traum, schlichtweg vergessen.

(Anm. des Autors: Das ist gar nicht so weit hergeholt. Können Sie sich noch an Ihren Traum von vorgestern erinnern?)

Unmittelbar nachdem der Kreislauf zusammengebrochen ist, finden sich viele dieser Leute freischwebend über ihrem Körper wieder. Sie beobachten, zumeist völlig entspannt, das medizinische Personal dabei, wie sie versuchen, ihn oder sie wieder ins Leben zurückzuholen. Diese Erlebnisse werden detailliert geschildert und können vom Personal, welches sich im selben Raum befand, oftmals bestätigt werden. Es handelt sich dabei um Erlebnisse, die Patienten nicht über ihre Sinnesorgane gesehen bzw. gehört haben können, da sie einen Herzstillstand und damit verbunden einen Kreislaufzusammenbruch hatten. Das hat zur Folge, dass das Gehirn funktional nicht mehr in der Lage ist, Informationen aufzunehmen oder diese zu verarbeiten.

(Anm. des Autors: Und schon gar nicht in der klar strukturierten und logischen Weise, wie Patienten ihr Nahtoderlebnis schildern und erlebt haben. Mehr dazu im Kapitel „Nahtoderfahrungen".)

Parnia benutzt im Übrigen die Beschreibung „Nachtoderfahrung". Der Patient hat einen Kreislaufzusammenbruch, es werden weder Sauerstoff noch Nährstoffe transportiert. Sein Gehirn und alle anderen Organe sind nach kurzer Zeit ohne Funktion. Diesen schlechten Allgemeinzustand nennt man gemeinhin „Tod". Daher die treffendere Bezeichnung: „Nachtoderfahrung".

Feststellung 1:

Da diese Erfahrungen (zeitlich) in einer Phase gemacht werden, in der das Gehirn seine Arbeit eingestellt hat, zwingt sich folgende Frage förmlich auf: Was erzeugt das Bewusstsein und hält es aufrecht, wenn das Gehirn, nachweislich, nicht mehr funktioniert. Und wo wurden (werden) die Informationen (Patienten berichten ja von so einem Erlebnis aus ihren Erinnerungen heraus) gespeichert?

Feststellung 2:

Wie können unsere Gehirnzellen, deren Hauptaufgabe es ist, Sauerstoff und Nährstoffe zu verarbeiten, so etwas Komplexes wie unser Bewusstsein erzeugen?

Treffender kann man es nicht auf den Punkt bringen. Das Bewusstsein und all seine Erfahrungen müssen demnach außerhalb des Gehirns an einem Ort „gespeichert" werden, der sich uns entzieht und den wir (noch) nicht kennen. Dieser Ort hat viele Namen und ist nicht in der vergänglichen materiellen Welt zu suchen. Einige der gebräuchlichsten werde ich Ihnen im weiteren Verlauf dieses Buch vorstellen.

(…)

Parnia und sein Team haben im Oktober 2014, 1 ½ Jahre nach Veröffentlichung der ersten Ergebnisse, das vorläufige Ergebnis präsentiert:

Insgesamt wurden 2060 Patienten mit Kreislaufzusammenbruch in 15 Krankenhäusern in GB, Australien und den USA untersucht. Von den 340 Überlebenden wurden 140 unmittelbar nach dem Aufwachen befragt. 101 Patienten nahmen zudem an einer weiteren Befragung einige Wochen später teil.

40% der Befragten berichteten von bewussten und strukturierten Wahrnehmungen nach dem Kreislaufzusammenbruch. 2% konnten detailliert (hören und sehen) die durchgeführten Wiederbelebungsmaßnahmen beschreiben. Ein Patient (!) hatte eine außerkörperliche Erfahrung in einer (verifizierten) Periode, in der keine bewusste Wahrnehmung nach geltenden medizinischen Grundsätzen möglich sein kann. Daraus folgert, dass Erlebnisse im Rahmen einer Nahtoderfahrung weder Einbildung, Wunschdenken noch Halluzinationen sein können. Sie sind real. Bislang sind wir allerdings nur in der Lage einige "Minuten" auf die andere Seite zu schauen und ich bin gespannt wie der "Mainstream" der Wissenschaft darauf reagieren wird.

*

„Am Anfang war das Wort (Der Logos)“ und nicht die Materie, ist Ausgangspunkt eines bereits Jahrtausende dauernden Streites zweier Gruppierungen, den Materialisten und den Dualisten. Die einen sagen, unser Bewusstsein wird von unserem Gehirn erzeugt und erlischt auch mit ihm und die anderen sagen, der Geist hat erst die Materie erschaffen und kontrolliert diese: Leib und Seele existieren getrennt voneinander und bilden zusammen eine befristete Einheit. Stirbt der Körper, existiert die Seele weiter.

Die Wissenschaft ist es, die häufig den Materialismus vertritt und den „Gläubigen“ vorwirft, sie würden sich den Tatsachen verschließen und an Märchen glauben. Oftmals führen sie an, dass man schon noch beweisen wird, dass es so etwas wie eine unsterbliche Seele nicht gibt und im Übrigen ist da ja auch nichts, was man sehen, fühlen oder messen könnte. Und das wäre ja wohl Beweis genug!

Weder das eine, noch das andere ist beweisbar. Wäre das so, hätte unsere Realität ihren (Ur)Sinn verloren, das Ausprägen und Reifen von individuellem schöpferischem Bewusstsein in einer Welt voller Widersprüche und Gegensätze (übrigens in diesem Buch auch Dualität genannt). Wäre auch nur ein Aspekt zu 100% bewiesen, könnten wir uns nicht mehr entscheiden. Das sollen wir aber und das so oft und intensiv wie möglich. Nur über Entscheidungen können wir letztlich reifen.

*

Wir leben in einer spannenden Zeit, in einer Zeit des Umbruches. Es verhält sich so, dass die Annahmen fast täglich zahlreicher werden, dass es da noch etwas gibt, etwas das wir nicht greifen und messen können. Eine Zukunft ohne Tod und mit ewig voranschreitender Entwicklung in einer fantastischen Welt, die mitten unter uns zu existiert und die so gewaltig wie unfassbar ist.

Zu sagen, nur weil wir etwas nicht sehen, nicht wahrnehmen können, existiert es auch nicht, ist schon hochgradig arrogant. Deutlich wird das bei folgender Betrachtungsweise:

Wir sind von unserem Sehvermögen her nur in der Lage, einen ganz winzig kleinen Teil unseres Universums wahrzunehmen. Dieser besteht aus dem Makrokosmos und dem Mikrokosmos. Insgesamt betrachtet, das große Ganze „ausleuchtend", sehen wir mit unseren Augen, ohne Hilfsmittel, so gut wie nichts. Der Mikrokosmos, die Welt der Bakterien und Viren, die Welt der Atome und Elementarteilchen, bleibt uns genauso verborgen wie der gesamte Rest unseres Universums, abgesehen von den wenigen leuchtenden Punkten auf unserem Nachthimmel. Gemessen an all dem, sind wir faktisch blind.

Nehmen wir nun alle unsere Wahrnehmungsorgane, also alles das, was wir anfassen, fühlen, wahrnehmen, messen oder erkennen können, mit Zuhilfenahme von technischen Hilfsmitteln, so beläuft sich all das, was wir an Informationen bislang extrahieren konnten, auf einen so kleinen Bruchteil der gesamten Informationsmenge des bekannten und „unbekannten" Universums, das die entsprechende Fließkommazahl, die sich daraus ergibt, gegen Null tendiert.

Ich weiß es nicht wirklich, aber die Anzahl der Nullen rechts neben dem Komma, die ausdrücken soll, was wir prozentual tatsächlich wissen, ist wohl länger, als dieses Buch Zeichen hat (etwa 500.000). Die gesamte (vermutete) Informationsmenge beinhaltet nicht nur die bloße Existenz von vielleicht 100 Milliarden x 100 Milliarden Sternen, sondern exakte Daten über jeden einzelnen Stern, seine Planeten und sonstigen Eigenschaften.

Hinzu kommen Informationen in weitaus größerer Menge über den angenommenen Rest (95% dunkle Materie und Energie). Und das für alle angenommenen 9+ (Stringtheorie) Dimensionen und für alle „Zeiten", also Vergangenheit, Gegenwart und Zukunft.

Im Vergleich dazu: Was wissen wir denn tatsächlich, also gesichert? Das, was wir über unseren eigenen Planeten zu wissen glauben, ist geradezu verschwindend gering. Wir haben zwar keine blinden Flecken mehr auf unserer Weltkarte, die Weltmeere und das Innere unseres Planeten haben wir aber noch nicht (wirklich) erforscht. Von unserem Sonnensystem und dem ganzen Rest da draußen ganz zu schweigen. Die NASA hat eine Sonde mit dem Namen IRIS am 28.06.13 gestartet, um überhaupt erst einmal zu verstehen, wie unsere eigene Sonne eigentlich funktioniert. Wenn wir unseren eigenen Stern noch nicht richtig kennen, was ist denn dann mit all den anderen?

Und damit nicht genug: All das basiert auf dem, was wir „glauben", nicht zu kennen. Also dunkle Materie und Energie (1995 erst entdeckt), der gesamte Rest unseres Universums, andere Universen usw.

Es ist gut möglich, dass sich die Gesamtmenge dessen, was wir nicht erklären können, in den nächsten Jahren noch dramatisch vergrößern wird.

*

Ich frage mich bei Betrachtung all dieser Zahlen und Prognosen: Wer baut hier eigentlich auf Sand? Die Menschen, die ihr Heil in der Spiritualität oder den Religionen suchen oder diejenigen, die auf das bauen, was uns die Wissenschaft aufzeigt? Die Religionen beharren auf ihre Lehren. Zum Teil passen sie sich den Erkenntnissen der allg. Lehrmeinung an. (Erde ist nicht Mittelpunkt des Universums/Entwicklung des Lebens nicht in 6 Tagen.) Im Kern bleibt ihre Botschaft aber immer erhalten.

Die Wissenschaft verkauft ihre Erkenntnisse gerne immer so, als wäre eine Erkenntnis in Stein gemeißelt (übrigens abgeleitet von den 10 Geboten) und absolut so wie dargelegt. Unveränderlich und auf ewig wahr - so hat es oft den Anschein. Aber die allgemeingültige Lehrmeinung musste, immer und immer wieder, vorher gemachte Aussagen widerrufen, richtigstellen oder schlichtweg verwerfen (Die 10 Gebote gibt es übrigens immer noch). Einige dieser Umstände werde ich Ihnen näher bringen und ich werde Ihnen aufzeigen, dass nichts von dem, was uns die allgemeine Lehre heute anbietet, wirklich sicher ist.

Das einzige, was in diesem Zusammenhang sicher stimmt, ist die Aussage: „Das Universum steckt voller Geheimnisse und Rätsel!"

*

Unser Gehirn ist nicht in der Lage, Bewusstsein zu erzeugen. Um diese Aussage auch stützen zu können, beginne ich unsere gemeinsame Betrachtung mit einer Analogie:

Unser Gehirn funktioniert analog wie eine Fernsehantenne, wie ein Empfänger, der auch senden kann. Ist die Antenne defekt oder falsch ausgerichtet, können wir kein Bild mehr auf unserem Fernseher empfangen. Das heißt aber nicht, dass das Bild (der Film) weg ist. Diese Information ist nach wie vor vorhanden und befindet sich quasi überall im Raum um uns herum. Sobald die Antenne repariert oder eine neue aufgestellt und ausgerichtet wurde, können wir das Bild wieder „empfangen". Es lässt sich gut an dem Beispiel einer Demenzerkrankung erklären. Während des Verlaufes dieser Krankheit verliert ein Mensch zunehmend seine Erinnerungen, seine Erfahrungen. Da wir, allgemein formuliert, die Summe all unserer Erfahrungen sind, gewinnt man den Eindruck, dass sich die Persönlichkeit der Betroffenen auflöst. Ein beängstigender Vorgang für die Betroffenen und die Angehörigen.

Diese Person wird aber nicht nach und nach gelöscht. Ihre „Antenne" ist nur zunehmend gestört.

Sie haben vielleicht schon einmal gehört, dass einige an Demenz erkrankte Menschen, kurz vor ihrem Tod, plötzlich wieder über ihre Erinnerungen verfügen und bei klarem Verstand sind (Die Erinnerungen waren ja nie wirklich weg). Die Medizin nennt dies „terminal lucidity" („Finale Klarheit"), ein Phänomen, das sich bislang jeglicher wissenschaftlichen Erklärung entzieht. Die Betroffenen verabschieden sich von ihren Lieben und gehen dann an einen Ort, zu dem wir alle irgendwann einmal gehen dürfen, wenn wir „sterben". Es ist der Ort, der unsere wahre Heimat darstellt und den ich für Sie wissenschaftlich und spirituell ausleuchten werde.

Sie werden ein Feld kennenlernen, in dem jeder Gedanke, der jemals gedacht wurde, überdauert. Jedes Bild, das jemals gesehen wurde, wird dort zusammen mit den erzeugten und erlebten Gefühlen gespeichert. Der Ort ist auch die kausale Ursache der uns bekannten Formen, zum Beispiel für Eiskristalle und Spiralen. Dieses Feld gibt zudem jeglicher Spezies ihr Aussehen und stellt ein Artengedächtnis zur Verfügung. Jegliches Bewusstsein ist an dieses Feld angebunden und durch das Feld miteinander verbunden. Im gesamten Kosmos gibt es kein Bewusstsein, das nicht mit dem „Netzwerk Gottes" verbunden wäre.

Ich nenne den Ort innerhalb des „Feldes", in dem wir nach Ablegen unseres Körpers eingehen werden, „die energetischen Welten der Erde".

Ob ich das beweisen kann? Könnte ich das, würde ich meine eigene Philosophie und die gesamte Realität (Ausprägung von Bewusstsein im Dualismus) ad absurdum führen. Ich werde Ihnen aber eine ganze Reihe an absolut tragfähigen Indizien aufzeigen, die zusammengenommen eine starke Beweiskette bilden und nur einen logisch zwingenden Schluss zulassen: Es gibt einen nicht endenden Schöpfungsprozess, einen allumfassenden Plan und egal wie Sie auch gestrickt sind und woran Sie auch immer glauben oder auch nicht: Sie sind weit mehr als das, was Sie morgens im Spiegel anlächelt.

*

Für diejenigen unter uns, die (noch) unschlüssig sind, wie wäre es mit einer kleinen Wette? Eine Wette wie Pascal (Anlage „Pascals Wette“) sie anbietet. Er wettet, es gibt einen Gott!

Auch hier, wie bei allem, gibt es unzählige genau entgegengesetzte Meinungen. Sie werden bei Google viele Webseiten finden, die gut und schlüssig argumentieren, dass es sich hierbei um eine Täuschung unter Einbringung von Trugschlüssen handelt. Aber auch Seiten, die Pascals Wette als den Gottesbeweis schlechthin bewerten.

Interessant sind einige Argumentationsketten dahingehend, dass sie alle Gott als etwas Begreifbares, Menschliches darstellen. Seien Sie versichert, auf diesem Weltenkörper gibt es Gott betreffend 7 000 000 000 verschiedene Meinungen und Konzepte. Eines ist „er“ aber ganz sicher nicht: Ein „er“! Mehr dazu im Kapitel „Das Wesen Gottes“.

Bis dahin, wie wäre es mit einer kleinen Wette? Ich wette mit Ihnen, es gibt eine allumfassende Wahrheit und Existenz, etwas, das wir auch Gott nennen und Sie stehen nicht außen vor, sondern, im Gegenteil, sind ein Teil davon!

Halten Sie dagegen?

Die Religionen und die Wissenschaft existieren gar nicht so weit auseinander. Sie haben nur unterschiedliche Sichtweisen auf ein und dasselbe Phänomen.

Unsere Seelen und unser Geist wurden aus (von) Gott heraus geschaffen. Weder Gott noch unsere Seelen lassen sich (noch nicht) wissenschaftlich erklären. Ich werde Ihnen aber aufzeigen, dass wir eine unsterbliche Seele haben. Dass wir in Gott leben und durch seinen Willen (aus Gott heraus) erschaffen wurden.

Sie mögen die Bezeichnung „Gott“ nicht? Ich auch nicht wirklich. Es gibt kein Wort in unseren Sprachen, das „alles, was da ist“ auch nur annähernd beschreiben kann. Da ich Ihnen aber keine bessere Alternative anbieten kann, bleibe ich bei der Bezeichnung „Gott“. Ebenfalls in Ermangelung eines treffenderen Namens verwende ich die Bezeichnungen „Engel“ und für das „Jenseits“ die Bezeichnung „Energetische Welten“. Wenn Sie für sich einen anderen oder treffenderen Namen haben, tauschen Sie einfach den Namen aus. Es ist ja nur ein Name und solche sind bekanntlich, frei nach Goethe, „Schall und Rauch", und daher beliebig austauschbar. Dies erklärt im Übrigen auch, warum einige Religionen es verbieten, sich ein „Bild" von Gott zu machen.

Vor einigen Monaten hatte ich das Glück, einen Menschen kennenzulernen, mit dem sich schon nach kurzer Zeit ein tiefes Gespräch über das Sterben entwickelte. Wolfgang arbeitet neben seiner Tätigkeit als Pfarrhelfer ehrenamtlich in einem Hospiz. Er begleitet dort Menschen auf ihrem letzten Weg. In dem Gespräch erzählte er mir, dass er es sehr oft riechen kann, meist schon einige Tage vorher, ob ein Mensch sterben wird. Erstaunlich ist, dass sonst niemand diesen sehr speziellen Geruch wahrnehmen kann. Einmal erst konnte ihm ein Arzt diesen Geruch bestätigen. Ich dachte zunächst an den unangenehmen Geruch, der sterbenden Menschen anhaftet und der durch den veränderten Stoffwechsel hervorgerufen wird. Einem süß-säuerlichen, unangenehmen Geruch. Er verneinte und sagte, es handelt sich dabei um einen sehr angenehmen, fast schon betörenden Duft, den er wahrnimmt. Und der ihm sicher anzeigt, dass ein Mensch in den nächsten Tagen von uns gehen wird.

Das beschäftigte mich und ich unternahm einige Recherchen und stieß dabei auf Erklärungen, die Engel vermuten lassen, die den Sterbenden auf seinem Weg zurück nach „Hause" begleiten. Das erklärt auch, warum in vielen Fällen der sterbende Mensch keine Angst mehr empfindet. Er entspannt sich und wird „friedlich".

Das Bewusstsein ändert im Verlauf des Sterbeprozesses seine Schwingung, oder neudeutsch, seine Frequenz (besser kann ich es nicht darstellen) und für einen kurzen Zeitraum haben Sterbende Zugriff auf beide Welten, zu denen sie dann in Resonanz stehen. Sie sprechen zum Beispiel zu bereits verstorbenen Freunden oder Verwandten, die sie abholen und Trost spenden wollen. Diese Seelen können nur vom Sterbenden gesehen werden. Anders ist das bei sogenannten emphatischen Nahtoderfahrungen, bei denen Menschen am Sterbebett den Übergang in das „Jenseits" miterleben. Zu diesem Phänomen empfehle ich das Buch *Zusammen ins Licht* von den Autoren R Moody, Perry und Höner.

Ich stieß bei meinen Recherchen auch auf die Geschichte einer OP-Schwester, die ebenfalls diesen eigenartigen Geruch wahrnehmen konnte und bereits vor einer Operation wusste, ob der Patient den Eingriff überleben würde oder nicht.

Es gibt unter uns nicht wenige Menschen, die den nahen „Tod" eines Menschen riechen können und das mit einer hundertprozentigen Sicherheit. Allerdings sind es meist Menschen, die in der Pflege arbeiten, die solch eine Fähigkeit über die Erfahrung kennenlernen und ausprägen. Auch und besonders Tiere können ebenfalls den nahen Übergang eines Menschen wahrnehmen und das nicht nur über deren Fähigkeit zu riechen (Kapitel „Lasset die Kinder zu mir kommen").

*

Am (vermeintlichen) Ende unseres Lebens, auf dem Sterbebett, kommen wir oftmals zu Einsichten, die, hätten wir sie „gelebt", uns ein erfüllteres Leben gegeben hätten. Wir bedauern, dass wir, weil wir zu viel Rücksicht auf andere genommen haben, unser Leben nicht so leben konnten, wie wir es eigentlich gewollt hätten. Wir bedauern, dass wir mehr Zeit für Arbeit und Karriere verbraucht haben als für Familie und Freunde. Dass wir Freunde aus den Augen verloren haben und wir im Streit auseinandergegangen sind. Diese Auflistung lässt sich beliebig lang fortsetzen. Kurz bevor wir sterben erkennen wir, was wirklich wichtig war im Leben. Die Frage in diesem Zusammenhang ist: Müssen wir erst auf dem Sterbebett liegen, um zu diesen Einsichten zu gelangen?

Nein, müssen wir nicht.

DIE WAHRNEHMUNG UNSERER REALITÄT

„Es gibt eine, die besagt, wenn jemals irgendwer genau herausfindet, wozu das Universum da ist und warum es da ist, dann verschwindet es auf der Stelle und wird durch noch etwas Bizarreres und Unbegreiflicheres ersetzt. - Es gibt eine andere Theorie, nach der das schon passiert ist."

Douglas Adams aus Per Anhalter durch die Galaxis

Unser Gehirn funktioniert in durchaus vergleichbarer Weise wie ein Computer. Dieser wird über Datenleitungen mit Informationen (1en und 0en) über seine Peripherie (Tastatur, Maus, Scanner, Touchscreen etc.) gefüttert. Diese verarbeitet er und gibt sie wieder aus (Bildschirm, Drucker etc.).

Unser Gehirn hat keinen direkten, optischen oder akustischen oder sonstigen Zugang zu seiner Umgebung. Es sitzt in einem dunklen, geschlossenen Raum und wird über Nervenbahnen, ausgehend von unseren Wahrnehmungsorganen, mit Daten versorgt.

Diese Daten (im Grunde ebenfalls 1en und 0en) werden mit Hilfe von Konzepten zu einem Bild in bester Ultra HD (4k) Qualität mit Ton, Gefühlen und Geruch zusammengefügt.

All das wird von unserem Bewusstsein, unter Zuhilfenahme der Schnittstelle „Gehirn", realisiert. Allein das wäre schon erstaunlich (keine uns bekannte Technik kann das leisten). Aber damit nicht genug.

Die Qualität der Darstellung ist phänomenal und wird von der Wiege bis zur Bahre, zumeist flimmerfrei, zur Verfügung gestellt.

Die Auflösung und Darstellung unserer Umgebung ist an Detailgenauigkeit, Schärfe und Auflösung nicht zu überbieten. Und das basiert auf einer Auflösung von nur etwas mehr als 300 dpi (Fußnote) bei einem Abstand von 25 cm.

Bei einem Abstand von 6 Metern sind es sogar nur noch 25 dpi. Und trotzdem haben wir ein pixelloses und scharfes Bild in dreidimensionaler Qualität.

Fußnote: Dots per inch: Punkte pro 2,4 cm

Keine Kamera, kein Bildschirm, keine Projektions- oder Wiedergabemethode kommt an die Darstellungsqualität unseres Bewusstseins heran.

Eine Ahnung davon, wie das funktioniert, bekommt man, wenn man nach „blinden Flecken" sucht. Googeln Sie mal „Auge" und „blinder Fleck" und machen den in Wikipedia gezeigten Versuch. Sie werden staunen.

In einigen Jahrzehnten glauben wir in der Lage zu sein, ein virtuelles Dorf zu programmieren. In diesem werden dann virtuelle Menschen mit Bewusstsein hineinprogrammiert, die ihre Welt und sich selbst für real empfinden. Diese virtuellen Wesen werden sich genauso reflektieren, wie wir das tun.

Ich glaube nicht, dass wir jemals „künstliche Intelligenz" mit Bewusstsein, mit Seele, erschaffen werden. Das ist Wunschdenken von denselben Wissenschaftlern, die vorgeben, in absehbarer Zukunft verstehen und erklären zu können, wie unser Gehirn Bewusstsein erzeugt und aufrecht erhält. Wir werden in diesem Bereich an unsere Grenzen stoßen.

Undenkbar ist es aber nicht und so ist es auch vorstellbar, dass wir bereits programmiert sind. Gefüttert mit den richtigen Daten und den passenden „Erinnerungen", würden wir den Unterschied wohl kaum erkennen.

*

Das, was wir gemeinhin als unsere Realität bezeichnen, ist ein Konstrukt, basierend auf „individuellen" Konzepten und verdient eher den Namen „Illusion" als „Realität". Auch der Umstand, dass diese „äußere Realität" von sieben Milliarden weiteren Menschen wahrgenommen wird, macht sie kein bisschen realer.

Um also unsere Realität zu verstehen, müssen wir zunächst einmal klären, was es mit unseren „individuellen Konzepten" auf sich hat.

„Ein Vogel sitzt auf einem Baum."

Ich unterstelle Ihnen jetzt einmal, für die Länge dieses Abschnittes, dass Sie einen Vogel haben. Bitte sehen Sie mir das nach. Wenn wir uns unterhalten oder ein Buch lesen, erzeugen Sätze (Worte) Bilder in unserem Bewusstsein. Anders ausgedrückt, wir denken (und träumen) nicht in Sprache oder Worten, sondern in Bildern (und Gefühlen). Diese wiederum werden von uns, aus Konzepten heraus, generiert.

Das Bild (die Vorstellung in Ihrem Kopf) von einem Vogel, wird sich sehr von dem Vogel unterscheiden, den ich mir gerade vorstelle. Das gleiche gilt übrigens auch für den Baum, auf dem Ihr und mein Vogel sich gerade niedergelassen haben. Selbst wenn sieben Milliarden Menschen gleichzeitig an einen Vogel denken, wird jeder einzelne von uns eine andere Vorstellung (ein anderes Konzept) und somit ein anderes „Bild" von einem Vogel haben.

Sprache ist der Auslöser von Missverständnissen aller Art. Wie oft hören wir uns sagen, „das habe ich aber so nicht gemeint!". Sprache, Gestik und Schrift werden von uns genutzt, um ein Bild zu vermitteln, welches als Vorstellung in unserem Bewusstsein existiert. Dieses Bild (Ton inklusive) ist meistens noch untermalt und eingefärbt mit einem Gefühl.

Alles, was wir Zeit unseres Lebens erleben, träumen, sehen, lesen und erzählt bekommen, wird so von unserem Bewusstsein visualisiert und gespeichert (Dazu mehr im weiteren Verlauf dieses Buches).

Je nachdem, wie komplex so ein Bild ist, kann eine Beschreibung schon mal ins „Uferlose" gehen. Wie einfach und unmissverständlich wäre es doch, könnten wir unserem Gegenüber einfach unsere Vorstellung (Bilder & Gefühle) direkt in seinen oder ihren Kopf projizieren! Das würde man dann wohl „Telepathie" nennen...

Wenn Sie für etwas kein Konzept haben, können Sie sich dieses „etwas" auch nicht vorstellen und deshalb auch nicht wahrnehmen. Selbst wenn es sich unmittelbar vor Ihnen befindet und pausenlos auf Sie einredet. Kein Konzept, keine Vorstellung, (erst einmal) keine Wahrnehmung.

In Peru gibt es einen Stamm von Indianern, die sich zwischen den Welten bewegen können. Fragt man einen Schamanen ihres Stammes, wie sie das machen, bekommen Sie zur Antwort: Sie haben ein Konzept von der anderen Welt und haben die Möglichkeit, darin zu wandern. Als Kolumbus Amerika entdeckte, sagte man: Die Indianer hätten seine Schiffe nicht sehen können, weil sie dafür kein Konzept hatten.

*

Beim Lesen wird das Prinzip des Konzeptes besonders deutlich. Während Sie lesen, läuft ein Kopfkinofilm ab, der ausschließlich aus Ihren Konzepten besteht. Interessanterweise reicht es aus (korrekte Reihenfolge der Wörter im Satzbau vorausgesetzt), wenn nur der erste und letzte Buchstabe des Wortes an der richtigen Position ist.

Hier ist ein Beispiel aus der Wikipedia:

„Gmäeß eneir Sutide eneir elgnihcesn Uvinisterät ist es nchit witihcg, in wlecehr Rneflogheie die Bstachuebn in eneim Wrot snid, dass ezniige was wcthiig ist, dass der estre und der leztte Bstabchue an der ritihcegn Pstoiion snid. Der Rset knan ein ttoaelr Bsinöldn sien, tedztorm knan man ihn onhe Pemoblre lseen. Das ist so, wiel wir nciht jeedn Bstachuebn enzelin leesn, snderon das Wrot als gseatems.“

Und hier der korrekte Text:

„Gemäß einer Studie einer englischen Universität ist es nicht wichtig, in welcher Reihenfolge die Buchstaben in einem Wort sind, das einzige was wichtig ist, dass der erste und letzte Buchstabe an der richtigen Position sind. Der Rest kann totaler Blödsinn sein, trotzdem kann man ihn ohne Probleme lesen. Das ist so, weil wir nicht jeden Buchstaben einzeln lesen, sondern das Wort als gesamtes.“

*

Neben Konzepten benötigen Sie auch noch eine Sinnhaftigkeit für die Darstellung Ihrer Realität. Unsinnige Sachen werden von Ihrer Wahrnehmung gefiltert oder so verändert, dass sie wieder Sinn ergeben.

Zumindest auf den ersten Blick. Sie kennen sicherlich Situationen, wo Sie „zweimal“ hinschauen mussten, um etwas zu glauben. Im Allgemeinen ist es Ihr Unterbewusstsein, das alle Eindrücke filtert und Ihr Bewusstsein auf das Wesentliche, auf das vermeintlich Wichtige lenkt. Individuell als bedeutsam erachtete Informationen werden vorselektiert. Je nachdem, was uns gerade in unserem Inneren beschäftigt, sehen wir auch genau das in unserem Umfeld. Dieses wird gemeinhin „selektive Wahrnehmung“ genannt. Dieses Phänomen bedeutet aber noch viel mehr.

Wie beide Komponenten unserer Seele miteinander harmonieren, wird an folgendem kleinen Beispiel deutlich: Schauen Sie aus dem Fenster. Die Fülle an Informationen, die sich in Ihrem gesamten Blickfeld befindet, ist gewaltig, ja fast schon monströs. Und doch können Sie damit umgehen. Sie fokussieren vielleicht gerade nur eine Blume in Ihrem Vorgarten, die Sie gestern eingepflanzt und die gerade von dem Nachbarshund mit seinem Urin bedacht wird. Alle anderen Informationen, Ihr Wagen, die Nachbarin, der Bürgersteig (die Informationen, die sich in Ihrem Blickfeld befinden, in 1 und 0 umgerechnet und in Bücher geschrieben, würden ganze Bibliotheken füllen) werden zwar von Ihnen gesehen und vielleicht auch gehört, aber nicht „wahrgenommen“. Wäre das anders, könnten Sie nicht mit Ihrer Umgebung interagieren. Innerhalb von

Sekunden wäre Ihre „Hardware“ überlastet. Und genau das ist auch der Flaschenhals, mit dem unsere Seele zu kämpfen hat. Ich werde jetzt nicht versuchen, unsere Seele als „Software“ darstellen.

Das Verhältnis von Bewusstsein und Unterbewusstsein ist ein Beispiel für perfektes Teamwork. Die Leistungsfähigkeit dieser Phänomene lässt sich in etwa wie folgt beschreiben: Während unser Bewusstsein eine Bandbreite von vielleicht 200 Bit hat, verfügt unser Unterbewusstsein über eine Bandbreite von mehr als 10 000 Bit.

Unser Unterbewusstsein ist ein Hochleistungsrechner. Es erarbeitet Lösungen für Sie, findet verlorene oder verlegte Gegenstände und verwaltet Ihren Datenspeicher. Es meldet sich meistens, wenn wir gerade nicht an ein bestimmtes Problem oder den Gegenstand denken, den wir suchen. Die Lösung unseres Problems kommt uns spontan in den Sinn. Manchmal sogar nachts, während wir schlafen. Wir werden wach und wissen, wo wir den Schlüssel hingelegt haben. Im Kapitel „Das Who is Who unserer Seele“ erfahren Sie mehr über den „Menschen“, der über Ihr Unterbewusstsein die Fäden zieht.

*

Ein weiterer spannender Aspekt unserer Existenz ist der Umstand, dass Wahrnehmungen über unsere Sinnesorgane erst nach einer „Bearbeitungszeit“ von ca. 400 Millisekunden erfolgen. Mit anderen Worten, alles was Sie sehen, hören, fühlen usw., wird Ihnen erst nach einer knappen halben Sekunde bewusst. Sie leben quasi „zeitversetzt“. Fahrlehrer wissen das. Sie halten zur Demonstration ihren Fahrschülern einen Stift etwa 5 Zentimeter über die zu einem Ring geformte Hand. Die Schüler werden aufgefordert, diesen zu ergreifen und zwar in dem Moment, wo der Fahrlehrer den Stift willkürlich loslässt. Der Stift wird immer wieder durch die geöffnete Hand auf den Boden fallen.
In dem Moment, wo der Fahrschüler den Stift fallen sieht und zugreift, ist dieser bereits durch die geöffnete Hand gefallen.

Der Torwart im Fußball muss sich beim Elfmeter für eine Ecke entscheiden und bereits in eine Ecke hechten, unmittelbar bevor der Schütze (Wahrnehmung des Torhüters) den Ball berührt.

Was passiert da? Eine Wahrnehmung wird über Nerven zum Gehirn an seinen Cortex (Großhirnrinde) weitergeleitet und verlässt ihn wieder, um dann erneut wieder in den Cortex einzutreten. Je nach Sinnesorgan ist diese „Schleife“ größer oder kleiner.

Während des ersten Durchlaufes durch den Cortex erfolgt eine emotionale Einfärbung der Wahrnehmung, ohne dass Sie sich dessen bewusst sind. Das geschieht erst später, nach dem Wiedereintritt in den Cortex.

Sie kennen das. Plötzlich sehen Sie in der Entfernung einen Menschen und spontane Freude oder Ablehnung macht sich breit. Dann aber, auf den zweiten Blick, Enttäuschung oder aber Beruhigung. Fehlalarm, es ist nicht die Person, die Sie angenommen haben.

Noch deutlicher wird es an folgendem Beispiel: Sie suchen Pilze und gehen in die Hocke, um einen Pilz zu ernten, schrecken aber plötzlich zurück. Sie beruhigen sich aber sofort wieder, da es sich nur um einen Stock und nicht um eine Schlange handelt.

Die Werbung macht sich dieses Phänomen zunutze. In dem Moment, wo Sie das beworbene Produkt bewusst wahrnehmen, sind Sie schon emotional eingefärbt worden. In Werbungen werden in der Regel solche Komponenten eingebaut, die eine positive emotionale Einfärbung hervorrufen. Sie haben sich emotional schon für ein Produkt entschieden, bevor Sie es bewusst wahrnehmen. Die einzige Möglichkeit, dem zu entgehen, ist zu wissen, wie es funktioniert.

Dieses Phänomen wurde bereits früh erkannt und erforscht. Wir wissen heute, wie unsere bewusste Wahrnehmung abläuft, nicht aber, warum es uns gelingt, perfekt abgestimmt mit unserer Umwelt zu interagieren. Sicher, es gibt Erklärungen und einige davon hören sich sehr überzeugend an, entbehren aber jedweder Grundlage und sind doch nichts anderes als Vermutungen.

Haben Sie schon einmal ein Telefongespräch über eine schlechte Leitung geführt, bei der die Übertragung verzögert, sagen wir eine halbe Sekunde, wiedergegeben wird? Eine sehr schwierige Art der Kommunikation.

Was also ist es, das uns synchronisiert und dafür sorgt, dass nicht täglich Menschen zu Hunderten im Straßenverkehr umkommen, das es uns erlaubt, mit unserer Umwelt, mit anderen Menschen synchron zu interagieren? Im Kapitel „Das Feld“ werden Sie Antworten finden.

Unsere gemeinschaftlich erlebte Realität ist die einzige Wirklichkeit, die wir kennen. Und doch ist sie nur ein Traum, eine Illusion. Wenn unsere Realität nur eine Art Traum ist, dann trifft das auch auf unseren vermeintlichen „Tod“ zu. Es gibt ihn nicht wirklich. Der vermeintliche Tod im Diesseits ist die Geburt im Jenseits, ist unser Erwachen aus dem Traum. Kein Einschlafen mit einem anschließenden Erwachen auf der anderen Seite, vielmehr ein „Hinübergleiten“. Die wahrgenommene Realität im Jenseits ist „realer“ und „wirklicher“ als unsere vermeintliche hier im Diesseits. Es verhält sich in etwa so wie unser Tagesbewusstsein im Vergleich zu unseren Träumen.

Ich werde im Laufe des Buches näher darauf eingehen.

RESONANZ, RESONANZGESETZ

Ich war ein Suchender.

Auf meinem Weg hat sich meine Wahrheit über Einsichten, die ich unterwegs gewonnen habe, langsam zu dem entwickelt, was sie heute ist.

Mit der Zeit entwickelte ich eine gewisse zielgerichtete Wahrnehmung, die mir zum einen Wichtiges zeigt und mich zum anderen wissen lässt, ob etwas stimmt (oder stimmig ist) oder eben nicht.

Ich brauche nicht viel zu tun, ich lasse es einfach nur zu. Die Szene in *A beautiful Mind*, in der F. Nash endlose monotone Zahlenreihen gezeigt bekommt, und er den versteckten Code „sieht“, beschreibt es am anschaulichsten. So ähnlich muss es Einstein ergangen sein. Er blickte vielleicht in die Weite des Alls und plötzlich war das Verstehen da: „Es ist alles relativ, natürlich...!“ Nun musste er nur noch die Beweisführung antreten. Da war die eigentliche Leistung, die Erkenntnis, aber schon vollbracht. Nun folgte die Arbeit.

Die Wahrheiten, die sich mir nach und nach offenbarten, nahmen im Laufe der Zeit kontinuierlich zu. Und das eigentlich Erstaunliche ist, dass sie, obwohl aus unterschiedlichen Quellen und Sachgebieten kommend, logisch miteinander verknüpft zu sein scheinen. Am Anfang war das noch nicht zu erkennen, aber später war es wie ein Puzzle, das ich vorher nicht kannte, und mir nun, kurz vor Fertigstellung, meine Wahrheit als ein Ganzes zunächst andeutete und später zeigte.

Vor kurzem nahm ich an einem ökumenischen Friedensgottesdienst im Dom zu Aachen teil. Ich wurde schnell ruhig und genoss die innere Ausgeglichenheit und genoss die innere Ruhe. Als ich nach vorne ging, um am gemeinsamen Abendmahl teilzunehmen, blickte ich kurz auf, ganz so als hätte mir jemand sachte auf die Schulter geklopft: „Schau doch mal…“ Gesehen habe ich nichts, was nicht auch schon vorher da war, aber ich verstand was gemeint war mit „Der Herr nimmt hinweg die Sünden der Welt“. Ich verstand es umfassend und absolut.

Am Abend, wie fast jeden Tag der letzten Monate, schrieb ich die Geschehnisse und Einsichten des Tages in dieses Buchprojekt. Wieder habe ich ein Puzzlestück gefunden, wurde eine Einsicht in mir aufgeschlossen. Und so geht es mir zwar nicht jeden Tag, aber doch häufig. Am Abend sammle ich mich kurz und fasse die Einsichten, die ich durch Gespräche, Nachdenken, Sport, Studium oder sonstige Ereignisse erhalten habe, zusammen und komplementiere meine Wahrheit. Ich erfreue mich an der Zufriedenheit, die ich dadurch erfahre: „Wieder ein passendes Puzzleteil gefunden.“

Heute bin ich ein Mensch, der immer noch auf seinem Weg ist und sich entwickelt und dabei entfaltet. Ich suche aber nicht mehr. Ich bin voller Gottvertrauen. Das, was mir noch zu wissen gegeben werden soll, werde ich auch erfahren. Meine Wahrheit ist inzwischen so entwickelt und ausgerichtet, dass ich auch das aufnehme, was mir die Realität zeigt, was ich noch wissen muss und ich für meine Entwicklung noch benötige. Ich brauche nichts weiter zu tun, als mich vom Leben treiben zu lassen und achtsam zu sein.

Ich bin in Resonanz mit der Wahrheit, die ich so lange gesucht habe. Dabei war es so einfach, ich musste nur den ersten Schritt machen und meine Suche beginnen.

*

In Resonanz sein heißt, „auf der gleichen Wellenlänge zu sein“ oder im gleichen Schwingungszustand zu sein. Selektive Wahrnehmung, „Gleiches gesellt sich zu Gleichem“, sind verwandte Ausdrucksweisen dieses Phänomens.

So kommt es, dass eine Wahrheit immer eine andere, ihr ähnliche Wahrheit, erkennt, da beide in Resonanz sind. Manche Menschen sind uns sofort sympathisch und man versteht sich auf Anhieb, andere Menschen sind uns unheimlich oder einfach nur unsympathisch. „Ich kann den nicht riechen!“, lässt sich vielleicht zum Teil auf Pheromone oder deren Abwesenheit zurückführen, aber unser Schwingungszustand hat einen ganz erheblichen Anteil daran, ob wir mit einem anderen Menschen auskommen, ihn mögen oder nicht. Aber nicht nur Menschen erkennen sich so untereinander, auch Informationen oder Objekte unserer Begierde werden so erkannt. „Wer suchet, der findet!“, heißt es. Falls Sie gerade auf der Suche nach einem passenden Haustier sind, z.B. einem Hund, dann kennen Sie dieses Phänomen der selektiven Wahrnehmung. An jeder Straßenecke sehen Sie einen Hund. Die ganze Welt scheint auf einmal von Hunden bevölkert zu sein. Und so ist es, dass Sie während einer Schwangerschaft überall Kinderwagen sehen, und während Sie sich das Rauchen abgewöhnen, überall rauchende Menschen.

Sollten Ihnen Menschen auffallen, die eine gewisse Eigenart haben, sagen wir, arrogante und hochnäsige Menschen, dann liegt das höchstwahrscheinlich daran, dass Sie selbst, in Ihrem Innern, ein hochnäsiger, arroganter Mensch sind. Ihr Äußeres zeigt Ihnen quasi Ihre ungelösten Probleme. (Kapitel: „Wahrnehmung unserer Realität“).

Wenn Sie keine Probleme mehr mit dem Rauchen haben, werden Sie auch keine anderen Raucher mehr in Ihrer Umgebung wahrnehmen.

*

Mit der Wahrheit verhält es sich genauso. Eine Wahrheit sieht und erkennt immer eine andere, die ihr gleicht. Bevor Sie also suchen, müssen Sie zunächst Ihre Wahrheit erkennen und sie gegebenenfalls ausrichten. Dieses geht nur über Einsicht. Sie müssen also an das glauben, was Sie suchen. Es muss ja nicht gleich ein umfassendes religiöses Weltbild sein. Fangen Sie an, daran zu glauben, dass Sie mehr sind als nur ein Fleischklops auf einem Gesteinsbrocken, irgendwo im Nichts. Das ist ein guter Anfang.

Einmal ausgerichtet ist der Rest ein Selbstläufer. Sie erkennen plötzlich in Ihrem Alltag, beim Studium, im Gespräch immer wieder Fragmente, die zu Ihrer Wahrheit passen. Diese Erkenntnisse und Einsichten kommen in zunehmend kürzeren Abständen, aber immer angepasst an Ihre Aufnahmefähigkeit.

Bringen Sie Ihren Verstand zum Schweigen und kommen Sie zur Ruhe, richten Sie sich auf die Wahrheit aus und Sie werden sie erkennen. Sie müssen nur den ersten Schritt machen. „Wer suchet der findet“, ist ein Prinzip der göttlichen Ordnung. Wenn Sie Ihre Suche ernsthaft beginnen, wird die Wahrheit in Ihnen Zug um Zug aufgeschlossen und zur Reife gebracht.

Das wunderbare daran ist der Umstand, dass Sie schnell fündig werden und plötzlich Wahrheiten finden, die Sie derart explizit gar nicht gesucht haben. Die Richtung ist von Bedeutung, also der Weg, den Sie wählen. Die Erkenntnisse, die Sie gewinnen, werden Sie überraschen, erstaunen, vielleicht sogar überwältigen. Und all das, was Sie entdecken werden, ist kein „Zufall“, sondern Belohnung Ihres Willens, Ihrer Suche.

Ein Begriff für das Entdecken und Auffinden von Neuem, das eigentlich gar nicht direkt gesucht wurde, ist die Bezeichnung „Serendipität“. Es beschreibt die Belohnung des Suchenden, des sich Bemühenden und grenzt sich vom zufälligen Finden ab. Auch wenn hier primär genau dieser Eindruck entstehen könnte, da das Gefundene nicht direkt gesucht oder erforscht wurde, so unterliegt es doch einer Gesetzmäßigkeit, die mit „Zufall“ oder „Glück“ nichts zu tun hat. Einige Beispiele für Serendipität sind die Entdeckung Amerikas, des Penicillins, des Teflons (Polytetrafluoräthylen), der kosmischen Hintergrundstrahlung, sogar die Erfindung des Teebeutels und natürlich unsere Wahrheit.

*

Wir, die wir glauben und wissen, wir benötigen keine Beweise. Wir erkennen Wahrheit und Gleichgesinnte, wenn wir sie treffen. Und wie Sie jetzt wissen, tun wir das alle, ohne Ausnahme.

MATERIE UND ENERGIE

Sie denken sicherlich, dass Materie massiv und solide ist, oder?

So erscheint sie uns zumindest. Schauen wir uns die Bausteine unserer Materie, die Atome, mal etwas genauer an.

Das Atom besteht aus dem Atomkern und der Atomschale. Die Elektronen schwirren um den Atomkern auf bestimmten Ebenen in der Elektronenschale. Protonen und Neutronen im Atomkern haben Masse (Die Masse der Elektronen in der Schale ist zu vernachlässigen). Die Atomschale ist 10.000- bis 100.000-mal größer als der Atomkern. Zwischen der Hülle und dem Kern befindet sich „nichts“. Damit meine ich nicht irgendein Gas, wie z.B. Luft, sondern in der Tat „nichts“. Da sich „nichts“ nicht professionell anhört, wird es auch „Vakuum“ (leerer Raum) genannt.

Könnten wir einen Atomkern „aufpumpen“, sagen wir auf die Größe eines Gymnastikballes, mit einem Durchmesser von einem Meter und würden Sie sich mit diesem, als Gymnastikball getarnten Atomkern, im Aachener Zentrum aufhalten, wäre die Atomhülle im 100 km entfernten Düsseldorf anzutreffen (Je nachdem, was für ein Atom Sie da gerade aufgepumpt haben, ist die Hülle näher oder weiter weg). Der nächste Atomkern wäre übrigens in Essen.

Atome werden durch elektrostatische Bindung zusammengehalten. Gleichzeitig werden sie aber auch durch dieselbe Kraft auf Abstand gehalten (Dieser ist unter anderem element- und temperaturabhängig). Die dadurch entstehenden Zwischenräume sind verhältnismäßig groß und bestehen ebenfalls aus „nichts“ (Vakuum).

Zusammenfassend können wir also sagen, dass sich unsere Materie, die sich aus den bekannten Elementen bildet, aus der sich wiederum unsere Realität zusammensetzt, im Wesentlichen zu 99,99% aus „nichts“ besteht.

Die Abstände zwischen den Kernen, welche die eigentliche Masse darstellen, sind so groß, dass wir eigentlich problemlos durch Wände gehen können müssten.

Der einzige Grund, warum wir das nicht können, ist, dass Atomhüllen negativ geladen sind und negative Felder (das kennen wir auch von Magneten) stoßen sich nun mal gegenseitig ab. Andernfalls würden wir nicht nur durch Wände gehen können, wir würden zudem sofort bis zum Mittelpunkt der Erde „durchfallen“.

Das, was wir für massiv und real halten, ist nicht wirklich massiv und real. Wir interpretieren es nur so. Da ist die Vorstellung, dass wir tatsächlich in einer Illusion leben, durchaus nachvollziehbar.

„Nichts" ist so, wie es scheint.

*

All unsere sichtbare Materie und der ganze Rest entstanden, wenn wir der Wissenschaft glauben wollen, vor etwa 13,82 Milliarden Jahren.

Diese Zeitangabe basiert auf der Auswertung von Daten, die uns das Weltraumteleskop „Planck" (benannt nach Max Planck, dem Wegbereiter der Quantenmechanik) im Frühjahr 2013 übermittelt hat.

Auch konnten weitere Daten, die uns bis dato vorlagen, noch einmal präzisiert werden. Die sichtbare Materie macht demnach nur 4,9 % vom Gesamtanteil der notwendigen Gesamtmasse des Universums aus. Der „Rest" ist dunkle Materie (23 %) und dunkle Energie (72%). Dunkel bedeutet, dass diese Materie/Energie keine oder nur wenig elektromagnetische Strahlung aussendet, weshalb sie mit Teleskopen nicht direkt beobachtbar ist.

Damit unsere Annahmen und Rechnungen aufgehen und Sinn ergeben, muss es dort draußen noch Materie und Energie geben, die als Verursacher verschiedenster Phänomene infrage kommt und die uns aber noch völlig unbekannt ist. Wir sehen anhand von auftretenden Gravitationseffekten (Fußnote 1), dass es dort draußen eine gewaltige Menge an Materie (als vermuteter Verursacher dieser Effekte) geben muss, die sich aber jeglicher Beobachtung entzieht. Da, wo Materie sein müsste, ist einfach nichts zu erkennen. Es sind, sichtbar gemacht in der sogenannten Millennium-Simulation, (Fußnote 2) unvorstellbar riesige dunkle Räume zwischen den einzelnen Galaxienhaufen unseres Universums. Ein weiteres erstaunliches Ergebnis dieser Simulation ist, dass alle Galaxiencluster gravitativ miteinander verbunden sind. Nichts existiert außerhalb oder isoliert vom Ganzen.

Fußnote 1: Die Gravitation (von lateinisch gravitas für „Schwere"), auch Massenanziehung, Schwerkraft oder Gravitationskraft, ist eine der vier Grundkräfte der Physik. Sie äußert sich in der gegenseitigen Anziehung von Massen. Sie nimmt mit zunehmender Entfernung der Massen ab, besitzt aber unbegrenzte Reichweite. Anders als elektrische oder magnetische Kräfte lässt sie sich nicht abschirmen. (Auszüge aus den Artikel „Gravitation") aus der freien Enzyklopädie Wikipedia. Doppellizens: GNU-Lizenz für freie Dokumentation und Creative Commons CC-BY-SA 3.0 Unported. In der Wikipedia ist eine Liste der Autoren verfügbar. Stand 22.01.15)

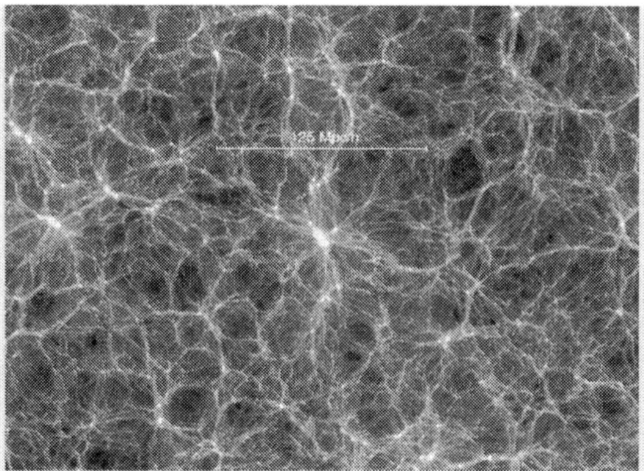

Fußnote 2 und Bild (Millenium Simulation): Pressemitteilung MPG vom 02.05.2005: "Die größte jemals durchgeführte Simulation des Wachstums kosmischer Strukturen und der Entwicklung von Galaxien, Quasaren und Schwarzen Löchern hat jetzt das Virgo-Konsortium, eine internationale Gruppe von Astrophysikern aus Deutschland, England, Kanada, Japan und den USA, veröffentlicht. Die "Millennium-Simulation" benutzte mehr als zehn Milliarden fiktive Teilchen, die jeweils eine Masse von etwa einer Milliarde Sonnen repräsentierten, um die Entwicklung der Materieverteilung in einer würfelförmigen Region des Universums mit einer Kantenlänge von mehr als zwei Milliarden Lichtjahren zu verfolgen. Der Rechenvorgang beschäftigte den leistungsfähigsten Supercomputer der Max-Planck-Gesellschaft in Garching für mehr als einen Monat. Mit der neuen Simulation ist es den Astrophysikern möglich, die Entwicklungsgeschichte von etwa 20 Millionen Galaxien zu rekonstruieren sowie die Entstehung der superschweren Schwarzen Löcher, die gelegentlich als Quasare in ihren Herzen aufleuchten.

(Quelle: „Nature, 2. Juni 2005 ". www.mpg.de/497093/pressemitteilung20050530 . Stand: 22.01.2015)

Bis vor kurzem ging man davon aus, dass unser Universum sich aufgrund der Gravitation zunehmend langsamer ausdehnt.

Und genau das wollten Saul Perlmutter, Brian P. Schmidt und Adam G. Riess ursprünglich messen. Sie wollten herausfinden, wie sehr sich die Ausdehnung des Universums bereits verlangsamt hatte. Sie stellten aber genau das Gegenteil fest: Statt abzubremsen, dehnt sich das Universum immer schneller aus. Für diese überraschende Erkenntnis erhielten Sie 2011 den Nobelpreis für Physik.

Irgendeine Kraft arbeitet also gegen die Gravitation und sorgt, entgegen unseren früheren Annahmen, für eine beschleunigte Ausdehnung unseres Kosmos. Da wir keine Ahnung haben, was genau das bewirkt, nennen wir das, was wir suchen, „Dunkle Energie“. Mit anderen Worten: Wir haben nicht die leiseste Ahnung, wie das vonstattengehen könnte.

Gravitation ist im Übrigen seit jeher ein schwieriges Thema. Wir kennen sie seit Isaac Newton (1665), können sie genau berechnen, kennen aber die Ursache nicht. Kausalität sagt im Wesentlichen aber aus, dass jede Wirkung eine Ursache hat, haben muss. Nur in diesem Fall haben wir noch nicht einmal eine wahrscheinliche Erklärung oder Vermutung.

*

Wie können wir dann in der Lage sein, genau zu ermitteln, wie alt unser Universum ist?

Nun, wir haben bei Aufnahmen von den (vielen hundert Milliarden) Galaxien im sichtbaren Teil unseres Universums eine Rotlichtverschiebung festgestellt (Doppler-Effekt). Ein guter Vergleich hierzu ist der Ton (eine Frequenz) eines sich nähernden Pkws. Bei der Annäherung hört er sich anders an, als wenn er sich wieder entfernt. Genauso verhält es sich mit Licht, ebenfalls eine Frequenz (im Grunde genommen ist alles Frequenz und schwingt, siehe hierzu auch die String Theorie). Bei Annäherung verschiebt sich das Licht ins Blaue, beim Wegbewegen ins Rote. Im sichtbaren Teil des Universums scheint sich alles auseinander zu bewegen und das mit zunehmender Geschwindigkeit.

Da wir wissen, dass sich alles auseinander bewegt, muss alles einmal an einem Punkt konzentriert gewesen sein. So entstand die Theorie des „Bing Bang“. Eigentlich ist es eine „Big Inflation“, eine sehr schnelle Ausdehnung gewesen. In der Tat verhält es sich so, dass unser Universum sich von diesem Punkt (dem Ursprung) aus spiralförmig in den unendlichen Raum hinein entfaltet. Im Verlauf dieses Buches werden Sie mehr darüber erfahren.

Die Bezeichnung „Bang“ hält sich hartnäckig. Anhand der gemessenen Geschwindigkeit und der Bewegungsrichtung der Galaxien konnte man so ein ungefähres Alter von 13,82 Milliarden Jahren ermitteln.

Die Wissenschaft konnte sogar (und wieder, wenn man ihr denn glauben möchte) erarbeiten, was sich ganz am Anfang ereignete. Sie rekonstruierte die ersten Momente unseres Universums. Um all die Abläufe chronologisch (ein nettes Wortspiel, ein Begriff aus der Raumzeit, die damals just erst entstand) richtig darstellen zu können, mussten neue Maße her. Man ersann das Konzept der Planck-Einheiten, ebenfalls benannt nach Max Planck. Planck-Zeit, -Länge, -Temperatur, -Masse, -Ladung. Die kleinsten Maßeinheiten ihrer Kategorie. Keine Angst, ich werde jetzt nicht den Ablauf des „Bing Bang“, des Urknalls, wissenschaftlich erklären. Da gibt es Menschen, die können das weitaus besser als ich. Ich möchte nur einen kleinen Teilbereich herausnehmen, um Ihnen das Verhältnis von Energie zu Materie in unserem Universum aufzuzeigen.

*

Zunächst möchte ich aber eine Behauptung aufstellen: „Materie ist nichts anderes als komprimierter Geist“.

Wie ich darauf komme? Wir wissen, spätestens seit Einstein, dass Energie und Masse (Materie) frei austauschbar sind (Energie = Masse * Lichtgeschwindigkeit zum Quadrat). Masse ist im Grunde genommen nichts anderes als Energie, nur in einer anderen Erscheinungsform. Ein Ergebnis seiner Erkenntnisse sind Atomkraftwerke, aber auch Nuklearwaffen (Fußnote).

Fußnote: Der Atomkern hat die eigentliche Masse eines Atoms. Protonen und Neutronen werden auch Nukleoide genannt, daher auch der Name Nuklearwaffen.

Das erste Gesetz der Thermodynamik sagt aus, dass Energien in einem geschlossenen Raum, unserem Kosmos (das behaupte ich nun einfach einmal), ineinander umwandelbar sind, aber nicht gebildet bzw. vernichtet werden können.

Versuchen Sie einmal das Wort Geist (Seele) mit dem Wort Energie zu ersetzen. Materie ist komprimierte Energie. Jetzt klingt das Ganze schon wissenschaftlicher, nicht wahr?

*

Die gesamte Biomasse der Erde ist nichts anderes als Materie, die sich im Laufe von Jahrmillionen aus Sonnenenergie gebildet hat. Die Sonne ist der einzige konstante Energielieferant der Erde. Über Photosynthese z.B. wird die Sonnenenergie gewandelt (Energie wird in Masse -> Materie gewandelt) und in die Nahrungskette gebracht.

Unsere Seele ist eine Energieform. Wenn Sie so wollen, sind wir Energiewesen. Auch hier sind die Bezeichnungen frei austauschbar: Energiewesen - Seele - Geist. Alle drei meinem dasselbe, das eine ist eine akzeptable Bezeichnung, das andere nicht. Warum nur?

Nicht Materie, sondern Energie ist der normale Zustand in unserem Universum. Eine Sekunde war unser Universum jung, als es zum Vernichtungskampf zwischen der Materie und der Antimaterie kam. Ein Teil Materie und ein Teil Antimaterie vernichteten sich gegenseitig - vollständig. Durch geringen Teilchenüberschuss siegte die Materie. Auf 1 000 000 000 Teile Antimaterie kamen 1 000 000 000 und 1 Teil Materie. Aus dieser winzig anmutenden Menge an übrig gebliebener Materie hat sich das „sichtbare“ Universum gebildet, so wie wir es heute (glauben zu) kennen.

Die Materie und Antimaterie, die sich gegenseitig vernichtet hat, ist nicht einfach verschwunden. Wie wir bereits wissen, ist Materie (auch Antimaterie) über ihre Masse mit Energie frei austauschbar (Fußnote). Energie kann in einem geschlossenen Raum nicht vernichtet oder produziert werden. Man könnte auch sagen (verhältnismäßig): 2 Milliarden Teile haben sich in Energie verwandelt, hingegen nur 1 Teil verblieb als Materie.

2 000 000 000 zu 1 --> Die „1" wirkt schon ein bisschen verloren, finden sie nicht?

Fußnote: Um es mit den Worten von Richard Feynman (Physiker und Nobelpreisträger 1965) auszudrücken: Ein Glas Wasser oder ein Kubikmeter Weltraum beinhaltet jeweils genügend Energie, dass, wenn diese freigesetzt werden würde, unsere Ozeane zum Kochen bringen würde.

Je ein Kilo Antimaterie und Materie würde die Energie freisetzen, die dem jährlichen Output von 500 Atomkraftwerken entspricht.

Im Forschungszentrum CERN bei Genf wird zwar Antimaterie produziert, allerdings in verschwindend geringen Margen. Das liegt an dem überaus schwierigen Gewinnungsprozess. Pro Jahr können so einige wenige Nanogramm Antimaterie hergestellt und für gewisse Zeit in einem Magnetfeld „gehalten" werden. Eine Milliarde Nanogramm sind das Äquivalent zu einem Gramm.

Umgerechnet ist Antimaterie der teuerste „Stoff" im Universum. 1 Gramm (hochgerechnet) wird mit 40 Billionen Euro (40 000 000 000 000 Euro) taxiert. Im Kosmos kommt Antimaterie, soweit wir wissen, nicht vor. Sie „reagiert" unmittelbar nach ihrem Auftreten sofort mit Materie.

2 000 000 000 zu 1. Der sichtbare materielle (be)greifbare Teil unseres Universums ist die äußere Kruste und stellt nur die Spitze des Eisberges dar, sie wird durch die „1" repräsentiert.

Wenn eine „1" für all das steht, was wir sehen, begreifen und erforschen können, das, was das „Äußere" genannt wird, was verbirgt sich dann erst hinter der Zahl „2.000.000.000"? Was ist es, dass diese Kruste umschließt und wo ist was zu finden?

Ein Film im Kino ist leicht zu „durchschauen". Ein Blick nach rechts oder hinter die Leinwand offenbart die Wahrheit. Der Film ist nicht real. Gehen Sie noch ein Stück weiter mit mir auf meinem Weg und Sie werden „sehen", dass es mit unserer vermeintlichen Realität nicht viel anders ist.
Materie ist letzten Endes nichts anderes als komprimierte Energie (Geist/Seele). Zugegeben wirklich gut gemacht, ist sie doch nur eine Illusion, die gemeinschaftlich von allem bewussten Leben auf der Erde erhalten und gesteuert wird. Das „tückische" an der Materie ist ihre Hartnäckigkeit. Wir können sie sehen, atmen, sie anfassen, greifen (und sie so begreifen). Sie wirkt so über alle Maßen „real", so dass es uns fast unmöglich ist, uns ihr zu entziehen. Aber nur fast. Wenn wir achtsam sind, gelingt es uns, den Schleier ein wenig zu lüften und wir sehen, was wirklich „ist".

DIE ZEIT

„Dreifach ist der Zug der Zeit: Zögernd kommt die Zukunft herangezogen, pfeilschnell ist das Jetzt entflogen, ewig still steht die Vergangenheit.“
- Friedrich Schiller -

Die Zeit. Wir können sie nicht riechen, nicht fassen und nur schwer beschreiben. Eigentlich gibt es sie gar nicht, sie ist ein Konzept, ja eher eine Idee. Und doch bestimmt sie unser Leben und geleitet uns von der Wiege bis ins Grab. Gnadenlos treibt sie uns durch das Leben.

Unser Zeitempfinden ist einer starken (empfundenen) Schwankung unterworfen. Warten wir auf etwas, zieht es sich fast unendlich in die Länge. Nehmen wir viele neue Informationen gleichzeitig auf, scheint sie zu rasen. (Bildquelle: Clipdealer, Lizenz erteilt)

Manchmal passieren so viele Dinge gleichzeitig, dass wir uns im Nachhinein an alles „wie in Zeitlupe“ erinnern. Waren wir in einer gefährlichen oder bedrohlichen Situation, einem Unfall zum Beispiel, verhält es sich so.

Wir sind die Summe all unserer Erfahrungen und Handlungen. Dieser Umstand gibt uns ein Gefühl (eine Ahnung) von der Vergangenheit und da wir für die Zukunft planen (unser Verstand macht das andauernd), ergibt sich daraus eine Richtung. Diese Abstraktion ist das Konzept, welches wir Zeit nennen.

Der Moment:

Wir nehmen Ereignisse immer dann getrennt voneinander wahr, wenn sie mindestens 30 Millisekunden auseinanderliegen. Ein Zeitvorlauf wird nach etwa 3 Sekunden empfunden. So definiert sich ein Moment als Zeitraum von 30 Millisekunden bis 3 Sekunden.

Menschen, die meditieren und sich in Achtsamkeit üben, erleben einen Moment intensiver und damit verbunden, auch länger. Die „Zeit“, in der wir unser Bewusstsein durch unseren Verstand „unterdrücken“ („in Gedanken versinken“), wird durch unsere Wahrnehmung (inklusive Achtsamkeit) komplett ausgeschaltet. Die Zeit verstreicht schnell und ungenutzt. Wenn es so etwas wie Zeitverschwendung überhaupt gibt, dann sind es diese meistens unproduktiven Gedankenspiele.

Bei Nahtoderfahrungen wiederum ist es so, dass die Zeit einfriert. Erlebnisse, die gefühlt Stunden oder sogar Tage andauerten, entpuppten sich nach der Rückkehr als Sekunden oder Minuten. Oft wird der dort erlebte „Raum“ auch als zeitlos beschrieben. Aus diesem „Raum“, den ich die energetischen Welten nenne, wird unsere Welt so empfunden, als wenn alles gleichzeitig, in einem Moment, stattfindet. Menschen, die im Rahmen einer Nahtoderfahrung eine Lebensrückschau erlebt haben, beschreiben es genauso. Zwar ein linearer Ablauf, aber doch alles irgendwie im selben Moment. Menschen, die eine solche Erfahrung gemacht haben, unterliegen nicht mehr den Einschränkungen, die eine Seele (gebunden) im materiellen Körper hat.

Auch wir profitieren von dieser Zeitlosigkeit. Wir haben Vorahnungen, haben einen „Draht“ zu dem, was wir Vergangenheit und Zukunft nennen. Dieses Buch, das ich gerade schreibe, wurde bereits von mir geschrieben. Ich muss die Information nur aufschließen und das Buch quasi aus mir heraus abschreiben. Ein Bildhauer „befreit“ die Statue aus dem Block. Ein Maler „sieht“ sein bereits gemaltes Bild. Nichts geschieht in der Vergangenheit, nichts in der Zukunft. Wenn etwas geschieht, dann nur im Hier und Jetzt.

Versuchen Sie einmal, die „Zeit“ zu beschreiben, ohne einen Vergleich heranzuziehen. Es wird Ihnen genauso wenig gelingen, wie die Zahl „5“ oder die Farbe „Rot“ zu beschreiben. Diese Beschreibungen sind menschliche Erfindungen (Konzepte), um unsere Umwelt zu beschreiben. Zeit existiert nicht wirklich.

Durch die Einführung von Uhren wurde die Zeit greifbar und gewann an Wichtigkeit. Inzwischen geht ohne Uhren nichts mehr. Die Zeit sollte uns helfen, uns und unsere Arbeitsabläufe besser zu organisieren. Stattdessen hat sie uns versklavt und neue sogenannte Zivilisationskrankheiten geschaffen, die wir auf Stress zurückführen, aber in Wahrheit erst durch die Zeit hervorgerufen wurden. 40- Stunden-Woche? Eine Errungenschaft? Wohl kaum. Naturvölker benötigen für die Nahrungsbeschaffung nur ein Drittel der „Zeit“, die wir aufwenden.

Menschen, die, gezwungen oder freiwillig, ausgestiegen sind und ihr Dasein so verbringen, wie unsere Vorfahren in der Steinzeit, berichten übereinstimmend über ein hohes Maß an Zufriedenheit.

(Bild: „Onoda Hiro Quits", 1974, Credits: AP).

Onoda Hirō, Leutnant der Kaiserlichen Japanischen Armee, ergab sich erst 29 Jahre nach der offiziellen Kapitulation Japans (1945) im März 1974. Er hatte sich auf der philippinischen Insel Lubang versteckt und gab erst auf, als sein glücklicherweise noch lebender Vorgesetzter ihm persönlich erklärte, dass der Krieg nun vorbei sei. Zunächst mit zwei Kameraden, später alleine, lebte und versteckte er sich im philippinischen Dschungel für beinahe drei Jahrzehnte und führte den Kampf fort. Interessanterweise bezeichnete er diesen Zeitraum später als den intensivsten und zufriedensten Abschnitt seines Lebens.

*

Wenn wir ohne das Diktat der Uhr leben (Sie werden es vielleicht nicht glauben, aber es geht) verliert Zeit ihre Bedeutung. (Im Urlaub trage ich, mit Ausnahme der An- und Abreise, keine Uhr - sehr erholsam.)

Wenn Sie zudem noch aus dem Tag-/Nacht-Rhythmus genommen werden, z.B. wenn Sie „unter Tage" oder in einem Bunker sind, verlieren Sie sehr schnell jegliches Zeitgefühl. Die Zeit hört auf, für Sie zu existieren.

Der Tag-/Nacht-Rhythmus ist wichtig für uns, keine Frage. Die Zeit jedoch ist es nicht.

Warum also Zeit?

Neben der Sicherstellung eines notwendigen linearen und begrenzten Ablaufes fixiert sie uns im Raum, mit dem sie untrennbar verbunden ist. Sie erlaubt es uns nicht (in der materiellen Form), in den „unendlichen“ Raum vorzudringen und andere Spezies zu entdecken oder mit Ihnen Verbindung aufzunehmen. Ganz ähnlich einem geschaffenen Habitat, wo Lebewesen angesiedelt werden, ohne zu wissen, dass sie in einem Habitat leben, ihm aber dennoch nicht entkommen können. Das ist auch der Grund, warum es so „leise“ da draußen ist. (Im Kapitel „Evolution II“ erfahren Sie mehr darüber.)

Ohne Zeit kein Raum und ohne Raum keine Zeit. Verabreden Sie sich mal mit der Ortsangabe, aber ohne eine bestimmte Zeit anzugeben: Wir treffen uns im Café „Am Ende des Universums“ oder umgekehrt: „Wir treffen uns heute um 14:30“. Das Treffen wird wohl nie zustande kommen.

Eine Ortsangabe für ein Treffen bedingt immer einen Zeitpunkt und umgekehrt. Das eine bedingt das andere und so ist die Raumzeit untrennbar als Einheit zu verstehen.

DIE DIMENSIONEN UND DIE RAUMZEIT

Die uns bekannten Dimensionen sind im Einzelnen:

Die 1. Dimension ist räumlich betrachtet eine Linie (x), ohne Breite und Ausdehnung.

Die 2. Dimension besteht aus Flächen, aus Länge und Breite (x, y), ohne Tiefe.

Die 3. Dimension: Länge, Breite und Tiefe (x, y, z).

Die 4. Dimension wird gerne für die Zeit genommen, um sie „greifbar“ zu machen. Zeit gehört aber zum (dreidimensionalen) Raum. Die Raumzeit. Beide gehören zusammen und bilden unsere Umwelt.

Wir können uns, ohne Probleme, Objekte der ersten und zweiten Dimension vorstellen.

Allerdings gibt es keine reinen ein- oder zweidimensionalen Objekte in unserer Welt, wie wir es bei einem Blatt Papier vermuten. Es hat Länge und Breite, stellt also eine Fläche dar. Aber dieses Blatt hat auch Tiefe. Handelsübliches Schreibpapier mit 80gr/m2 ist z.B. 0,1 mm dick. Selbst Kohlenstoffnanoröhren (extrem flach, leitfähig und reißfest- Bild) haben „Tiefe“, sind Körper, die Raum beanspruchen. Es gibt in unserer Welt keine Flächen ohne „Tiefe“. Selbst eine gezeichnete Linie (vermeintlich 1D) hat Länge, Breite und Tiefe. Unsere

Wahrnehmung kennt somit nur Konzepte von dreidimensionalen Objekten und Räumen. Unsere Vorstellung kann aber auch Objekte aus „niederen" Dimensionen darstellen.

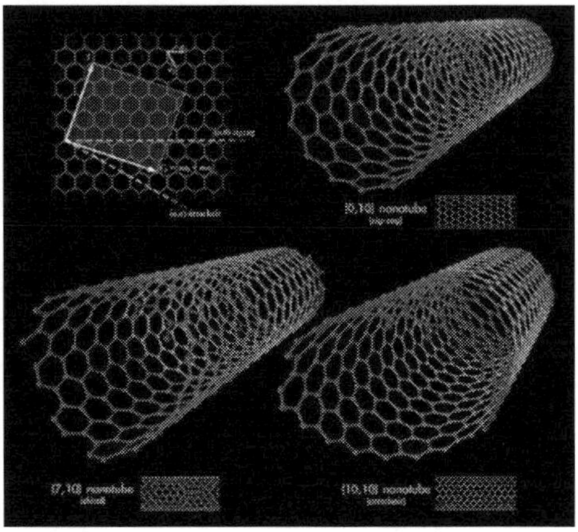

(Bild: Kohlenstoffnanoröhren. Beachten sie die wabenartige Form der Zellen (Hexagon). Quelle: Wikipedia, Urheber: Michael Ströck, Lizenz: Creative Commons by-sa 3.0 de / Kurz)

Würden wir nun eine 2D-Welt (rein hypothetisch) von oben betrachten, würde das wohl so wie ein 2D- Computerspiel älterer Generation (PacMan, Zelda usw.) aussehen. Stellen Sie sich so eine Welt (absolut flach) vor. So ein PacMan „liegt" an einem Kreis (See). Sie beobachten ihn von oben, während er Sie nicht sehen kann, denn PacMan kann nur zweidimensionale Strukturen „wahrnehmen". Sie wollen nun die Wassertemperatur testen und tauchen Ihren Finger von oben in den Kreis (See). In dem Moment, in dem ihr Finger das „Wasser" berührt und eintaucht, bekommt PacMan einen gehörigen Schreck. Aus dem „Nichts" sieht er plötzlich einen Kreis, mitten im See, der sich, wie von Geisterhand vergrößert. Und so weiter...

Es dürfte klar sein, worauf ich hinaus will. Durch eine „überirdische Macht" wird ein Kreis mitten im See erzeugt, der sich (wie durch Geisterhand - unser Finger) vergrößert. „Ein Göttliches Zeichen" für unseren PacMan, vielleicht. Wir haben nur einen nassen Finger und amüsieren uns vielleicht über den kleinen erschrockenen Mann.

Projizieren Sie dieses Beispiel nun einmal analog auf unsere Welt. Es dürfte Ihnen nicht schwerfallen, sich ein höherdimensionales „Wesen" vorzustellen. Ein Wesen, das außerhalb unserer dreidimensionalen Welt, außerhalb unserer „Raumzeit", existiert. Dieses Wesen könnte uns beobachten, wüsste unsere Gedanken und könnte unsere Geburt, unseren „Lebensweg" und unseren „Tod" (oder „Tode" - mehr dazu später im Buch), in einem „Moment" wahrnehmen. Mathematisch ist es möglich, die insgesamt 9 Dimensionen, die uns die String Theorie vorschlägt, ohne sogenannte Anomalien, rechnerisch zu beweisen. Vorstellen können wir sie uns nicht. Alles, was über 3D hinausgeht, übersteigt unser Vorstellungsvermögen, aber es gibt sie. Der besondere „Charme“ der String Theorie ist zum einen ihre Schlüssigkeit und zum anderen die fundamentale Aussage, dass im Grunde genommen *alles* (Energie, Materie, etc.) auf kleinstem Niveau aus winzigen schwingenden Energiefäden („Strings“) besteht. Sie ist aber aufgrund ihrer Komplexität zurzeit noch nicht beweisbar.

Nun, das war Einsteins spezielle Relativitätstheorie seiner Zeit auch nicht. 1905 erstmalig formuliert, wurde sie erst 1971 in der Praxis von Hafele und Keating bewiesen. Mehr dazu im folgenden Kapitel.

EVOLUTION I DARWINISMUS UND KREATONISMUS

Zwei fundamentale Weltanschauungen, die unterschiedlicher nicht sein könnten. Die allgemein gültige Lehrmeinung zur Evolution ist Ihnen bekannt, das unterstelle ich Ihnen jetzt einmal. Obwohl sachlich nicht ganz richtig, verwende ich die Bezeichnung „Darwinismus“ für diese Lehrmeinung.

Der Kreationismus ist eine Glaubensgemeinschaft, die in den Vereinigten Staaten weit verbreitet ist. Sie verbirgt sich auch unter dem Deckmantel „intelligent Design“ und sagt im Wesentlichen aus, dass unsere Welt so erschaffen wurde, wie es die Bibel (Genesis) beschreibt. In 6 Tagen.

Der jeweilige Standpunkt wird von beiden Lagern mit Herzblut verteidigt. Immer wieder kommt es zu sehr emotional geführten Diskussionen, die dann in Wortgefechte ausufern.

Mein Gedanke dazu ist folgender. Ein Tag für uns auf der Erde hat 24 Stunden, richtig? Eine unumstößliche Tatsache, nicht wahr? Wussten Sie, dass ein Tag zu Zeiten der Dinosaurier nur 21 Stunden „kurz“ war? Und als unser Planet sich vor 4 Milliarden Jahren noch formte, dauerte ein Erdentag sogar nur 54 Minuten.

Die Eigenrotation unseres Planeten verlangsamt sich langsam, aber stetig.

Ein Jahr hat 365 Tage. Eine Dekade dauert 10 Jahre. Sie sehen schon, worauf es hinaus läuft. Alle Definitionen der Zeit lassen sich nur mit Vergleichen verdeutlichen. Ein Jahr auf dem Neptun dauert 164,79 Erdenjahre. Unsere Erde dreht sich in 24 Stunden einmal um die eigene Achse, unsere Galaxie benötigt dafür etwa 250 Millionen (heutige) Erdenjahre. Ist letzteres dann ein Galaxietag oder Jahr?

Wir wissen, Zeit ist immer relativ zu betrachten. Sie unterliegt der Wahrnehmung und bildet zusammen mit dem Raum die „Raumzeit“. Diese wiederum unterliegt den Naturgesetzen und Kräften. Gravitation zum Beispiel verlangsamt und verzerrt Zeit (und Raum) und auch die Geschwindigkeit eines Körpers beeinflusst die Zeit.

Diese Erkenntnis basiert auf Einsteins Theorie der speziellen Relativitätstheorie und konnte mit einer Atomuhr, die man in einem Flugzeug auf die Reise schickte (einmal um den Globus), bestätigt werden. Die gemessene Zeit in ihr verging tatsächlich langsamer, als wäre sie an Ort und Stelle geblieben.

2. Petrus 3,8: „Eins aber sei euch nicht verborgen, ihr Lieben. Dass ein Tag vor dem Herrn wie tausend Jahre ist und tausend Jahre wie ein Tag."

Gott „ist" Ewigkeit. Die Raumzeit wurde zusammen mit dem Rest unseres Universums, mit all seinen Naturkräften und Gesetzen, durch Willenskraft erschaffen. Gott unterliegt nicht der Zeit. Gott ist Zeit, ist Raum. Wenn wir in der Bibel lesen, dass die Welt, wie wir sie kennen, in Tagen erschaffen worden ist, dann war das auch so. Wir dürfen nur nicht versuchen, einen Tag, wie er in der Genesis beschrieben wird, unseren 24 Stunden gleichzusetzen. Das greift zu „kurz", so ein „Tag" dauerte Jahrmillionen.

*

Ich bin tolerant gegenüber den meisten anderen Wahrheiten und Überzeugungen. Meine Wahrheit gründet aber weder auf den Darwinismus noch auf den Kreationismus.

Die Entwicklung des mehrzelligen Lebens, so wie wir es heute kennen, begann explosionsartig im Kambrium vor 542 000 000 Millionen Jahren. Innerhalb eines sehr kurzen Zeitraumes kam es zum plötzlichen erstmaligen Vorkommen von Vertretern fast aller heutigen Arten. Dieses Ereignis wird „die kambrische Explosion" genannt. Diese fand nicht punktuell statt, sondern „gleichzeitig" überall auf unserem Globus. Davor dümpelte das Leben (von Aminosäuren bis hin zu vielzelligen einfachen Algen) etwa 2 000 000 000 Jahre vor sich hin. Im Zuge der Evolution kam es immer wieder zu solchen evolutionären „Explosionen". Fische, die Vogelarten und wir Säugetiere betraten so die Weltbühne.

Ein großes Problem für die Anhänger des Darwinismus sind die fehlenden (noch nicht entdeckten), so genannten „Missing Links". Sie stellen fossile Übergangsformen zwischen entwicklungsgeschichtlichen Vor- und Nachfahren dar.

Der „Missing Link" bezeichnete auch anfangs das Fehlen einer Zwischenform in der Entwicklungsreihe vom menschenaffenähnlichen Vorfahren zum Menschen.

Ein „Nichtexistieren“ von solchen Bindegliedern würde die gesamte, heute gelehrte, Evolutionstheorie erst mal hinfällig werden lassen. Die sich daraus ergebende Konsequenz, dass eine schöpferische Intelligenz hinter der gesamten Evolution stehen muss, ist für die (heutige) Wissenschaft unter keinem Umstand hinnehmbar, schließlich versucht sie seit über 500 Jahren Gott weg zu erklären. Sie müsste schon über ihren eigenen Schatten springen und dazu ist zumindest der Mainstream nicht bereit.

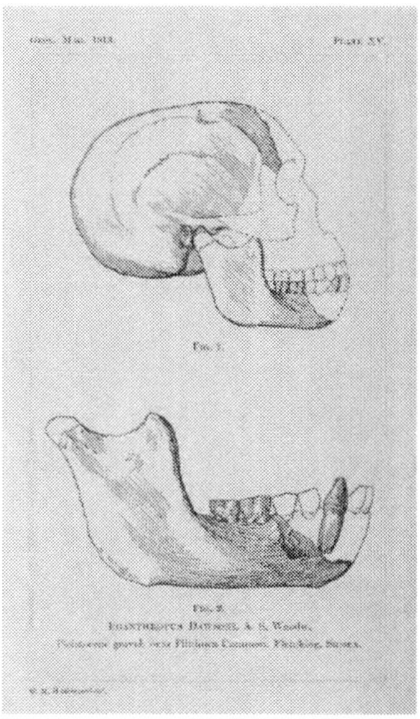

Der Archaeopteryx (ein früher Vogel der Urzeit), der 1999 auf einer Pressekonferenz von National Geographic als „Missing Link“ vorgestellt und gefeiert wurde, ist ein gutes Beispiel, um zu verdeutlichen, wie schwer es die Wissenschaft hat, einen „Missing Link“ zu finden. Es ist ebenso ein Beispiel dafür, dass Menschen immer nur das sehen, was sie auch sehen wollen. Wir Deutsche wissen das spätestens seit dem Skandal der gefälschten Hitlertagebücher (*Stern*, 1983), In diesem Fall geht es zwar nicht um gefälschte Tagebücher, aber um einen gefälschten Vogel. Der gefundene Vogel hatte in der Tat eindeutige Merkmale von Sauriern und von Vögeln und wäre somit das perfekte Bindeglied, um zu beweisen, dass Vögel von den Sauriern abstammen. Die hatte er deshalb, weil ein findiger chinesischer Bauer aus zwei gefundenen Skeletten eines machte, um den Preis für seinen „Fund“ zu erhöhen. Es gab zwar schon vorher bei einigen Untersuchungen Bedenken, die kehrte man aber unter den Tisch. Auch gab es in der Vergangenheit schon einmal so einen Komposit: Der sogenannte „Piltdown“ Schädel war eine Fälschhung, bestehend aus Teilen eines Menschen und Teilen eines Affenschädels. 1912 zunächst als spektakulärer Fund gefeiert und dann, allerdings erst 40 Jahre später, im Jahr 1953, als Fälschung entlarvt und weltweit belächelt. Der falsche Archaeopteryx flog schon nach zwei Jahren auf. Damit sollte man meinen, hätte die Sache ein Ende, weit gefehlt. Jetzt gilt es, verlorene Reputation wiederherzustellen.

(Bild: Piltdown Schädel. Urheber National Geographic, 1913.)

Vögel stellen wohl die „dickste Nuss“ dar, die es für die Anhänger des Darwinismus zu knacken gilt. Eine neue Vogelart lernt das Fliegen nicht über einen (sehr langen) Zeitraum von mehreren Millionen Jahren. Das wäre auch unsinnig, da der Überlebensvorteil von Vögeln darin besteht, dass sie fliegen *können*. Dazu benötigen sie gefiederte Flügel, ein Vogelherz und eine Vogellunge. Die beiden Organe sind bei Vögeln sehr komplex und nicht zu vergleichen mit relativ einfachen Organen bei den Sauriern. Alle drei

Komponenten müssen gleichzeitig und voll ausgereift zur Verfügung stehen. Ein bisschen Fliegen oder ein wenig gibt es nicht. Entweder eine Form kann fliegen oder eben nicht. Kann sie ihrem Jäger nicht durch Flucht entkommen, wird sie zur Beute und aus ist es mit der Entwicklung zu einem Vogel.

Aufgrund der Menge an gefundenen Fossilien müssten unter ihnen zahlreiche Bindeglieder zu finden sein. Dem ist aber nicht so. Gefunden wurde etwa eine Hand voll „Verdächtiger", die einer näheren Betrachtung nicht standhalten. Erst vor kurzem, im April 2013, verlor der Quastenflosser, der lange Jahre unter Verdacht stand, das Bindeglied zwischen Fisch und Landbewohner zu sein, seinen Status. Nach Auswertung seines Genoms steht nun fest: Er ist nur ein Seitenast im Stammbaum der Landbewohner. Da müssen jetzt wohl einige Schulbücher umgeschrieben werden.

(Bild: Wikipedia „Quastenflosser", Präparat eines Komoren-Quastenflossers im Naturhistorischen Museum Wien. Lizenz: Creative Commons by-sa 3.0 de / Kurz).

Auch Forscher sehen wie alle Menschen nur das, was sie auch sehen wollen. Geschickt ausgeleuchtet, haben einige Verdächtige tatsächlich den Anschein, ein „Missing Link" zu sein. Ein Skeptiker dieser Theorie benutzt seine „Beleuchtung" und findet genauso viele Gegenargumente. Würde man die Verdächtigen vor ein deutsches Gericht stellen und sie beschuldigen, ein „Missing Link" zu sein, müssten alle wegen Mangel an Beweisen freigesprochen werden.

Die Zahlen verdeutlichen es. Eine Hand voll Verdächtiger aus mehreren Millionen Fossilien spricht eine deutliche Sprache. Bezogen auf die Entwicklung einer Art, sind die Zahlen der gefundenen Verdächtigen absolut unverhältnismäßig. Aber natürlich gibt es auch hier zahlreiche Argumente, die auch diese Wahrheit als unwahr darstellen (*Missing Link* - Wikipedia). Wie bei allen Dingen, Sie haben die Wahl.

In den letzten Jahren häufen sich die Stellungnahmen, die die Bedeutung der „Missing Links" herunterspielen. Dieses hat einen seltsamen Beigeschmack. Wenn man als Befürworter des Darwinismus keine Bestätigung seiner Evolution findet, so soll zumindest der Andersdenkende keinen Vorteil daraus ziehen können. In diesem Zusammenhang wird auch gerne erwähnt, dass die genetischen Methoden an Wichtigkeit gegenüber den Missing Links gewinnen. Nun, der Quastenflosser hat seinen Status als Bindeglied aufgrund genau dieser Methode verloren. Man darf gespannt sein, welche neue, bessere und zuverlässigere Methode in Zukunft benutzt wird, um die Evolution nach Darwin zu beweisen.

*

Die Darwinisten führen auch gerne an, dass unsere Sinnes- und normalen Organe, ja fast alle unsere Komponenten, aus denen wir bestehen, auch bei anderen Formen vorkommen. Dieses würde einen gemeinsamen Ursprung und eine Verwandtschaft beweisen. Nun, in meiner Welt als Programmierer ist es so, dass ich gewisse programmierte Bausteine immer wieder verwende. Das ist effizient und es gibt keinen Grund, „das Rad stets neu zu erfinden". Warum sollte das in einer Schöpfung anders sein?

*

Dem Darwinismus folgend, entwickelte sich das Leben über einen Zeitraum von Millionen von Jahren. Im Wesentlichen, so argumentieren sie, durch natürliche Selektion und „natürliche Veränderung". Mit letzteren sind (zufällige) Mutationen des Erbgutes gemeint. Natürliche Selektion ist nachvollziehbar. Nicht nachvollziehbar ist die Annahme, dass bewusstes Leben sich durch zufällige genetische Veränderung zu dem entwickelt hat, wie wir es heute kennen.

Ich bin Programmierer. Wenn ich ein Ihnen und mir bekanntes Betriebssystem nehme und dann 1 000 000 000 x hergehe und willkürlich im Quellcode eine 1 in eine 0 verändere, dann wird das nicht zu einem verbesserten (weiterentwickelten) Betriebssystem führen. Im Gegenteil, das Betriebssystem wird in vielen Fällen abstürzen, sich aufhängen und Fehler produzieren, also einen „Blue Screen" verursachen. Im besten Fall passiert gar nichts. Natürlich, wenn ich diese Veränderung nur oft genug durchführe, wird irgendwann einmal etwas Vernünftiges dabei herauskommen. Die Anzahl der Änderungen, die ich machen müsste, wäre eine Zahl mit jeder Menge 0en hinten dran. Diese Zahl würde mehrere Seiten dieses Buches füllen. Und 542 000 000 Jahre (mit mehreren, fast endlosen Programmeingriffen täglich) reichen schon gar nicht aus, um eine zufällige Verbesserung des Betriebssystems herbeizuführen. Um eine sinnvolle Veränderung herbeizuführen, bedarf es eines Programmierers, einer Programmiersprache und eines Planes. Darauf los zu programmieren, führt nicht zum gewünschten Ergebnis.

Zurück zu uns Menschen, den Homo Sapiens - uns gibt es jetzt wie lange?

Da bestehen unterschiedliche Ansichten. Der frühe Homo Sapiens soll vor 200 000 Jahren die Weltbühne betreten haben, der moderne vor 35000 Jahren in Afrika. Was oder wie auch immer. Bislang wurden etwa 105 000 000 000 Menschen auf unserem Planeten gezeugt. Wie viele genetische Veränderungen zu unserem Vorteil sind Ihnen bekannt? Veränderungen, die von Vorteil für unsere Rasse waren, und die sich durchgesetzt haben. Damit meine ich nicht eine angepasste Hautfarbe oder regional bedingte Veränderungen von Körperbau oder Resistenzen. Ich meine eine eindeutige Weiterentwicklung, wie z.B. eine Separation von Luftröhre und Speiseröhre. Diesen Umstand bezahlen viele Menschen mit ihrem Leben, wenn durch Nahrung ihre Luftröhre blockiert ist: eine angepasste Programmierung unseres Überlebenscomputers, denn unsere Firmware ist noch dieselbe wie in der Steinzeit. Oder aber die Entwicklung einer Photosynthese, um Energie über die Haut aufzunehmen. Das Wachsen von Kiemen wäre eine wahre Evolutionsnische, damit könnten wir das Meer als Lebensraum erobern. Wie auch immer, als ich das letzte Mal in den Spiegel geschaut habe, waren da keine Kiemen und der einzige grüne Mensch, den ich kenne, ist der „Hulk“ aus der gleichnamigen Comic-Serie.

Also, was denken Sie, wie viele von solchen derartigen Verbesserungen haben stattgefunden? Wir reden hier von über 105 Milliarden Menschen und einem Zeitraum von bis zu 200 000 Jahren.

0! Nicht eine Veränderung zum Positiven.

Immerhin reden wir von einem Zeitraum von (bis zu) 200 000 Jahren. Gemessen an dem Entwicklungszeitraum des Lebens (seit der „Kambrischen Explosion“) sind das grob 1/2750. Nicht zu erwähnen die schiere Masse des Homo Sapiens. Der „Zufall“ oder aber die Natur hatte ausreichend Zeit und mehr als genug Versuchsobjekte.

Natürlich könnte man auch sagen, dass der Zufall nichts damit zu tun hat. „Das Leben sucht sich eine Nische und füllt diese aus“, hört man oft. In Ordnung, aber wer ist „das Leben“ und was „sucht“?

Schließlich wäre da noch die gesamte Artenvielfalt unseres Planeten, diese unglaublich große Menge von Arten unserer Flora und Fauna, die unseren Forschern zur Verfügung steht. Sicher, neue, also uns unbekannte Spezies, werden ständig entdeckt. Bis heute aber konnte nicht ein evolutionärer Prozess nach Darwin beobachtet und dokumentiert werden. Alle angeführten Beispiele halten einer näheren Betrachtung nicht stand und entpuppen sich schnell als reine Spekulation oder Wunschdenken.

*

Dass unser Universum Leben im Allgemeinen und „sich ihrer selbst bewusste Intelligenz" im Besonderen durch Zufall hervorgebracht hat, ist extrem unwahrscheinlich.

„Zur sogenannten Planck-Zeit (Fußnote) – 10-43 Sekunden, der früheste Augenblick, zu dem der Begriff von Raum und Zeit eine Bedeutung hat – entsprach die Anpassung dem sinnenverwirrenden Wert von 1: 10-60. D.h., wäre die Kraft der Explosion zu Beginn auch nur um 10-60stel vom tatsächlichen Wert abgewichen, würde das Universum, das wir jetzt wahrnehmen, nicht existieren. Um diese Zahl mit Bedeutung zu füllen, stellen Sie sich einmal vor, Sie wollten eine Kugel auf einen Zielkreis mit einem Durchmesser von rund zwei Zentimeter abfeuern, der sich auf der entgegengesetzten Seite des beobachtbaren Universums befindet, also zwanzig Milliarden Lichtjahre entfernt. Dafür müsste Ihre Zielgenauigkeit eben diesen Wert von 1: 10-60 haben." PAUL DAVIES, Physiker

Fußnote: Die Planck-Zeit ist eine Planck-Einheit und beschreibt das kleinstmögliche Zeitintervall, für das die bekannten Gesetze der Physik gültig sind. Sie ergibt sich aus der Zeit, die Licht benötigt, um eine Planck-Länge zurückzulegen und eine (gedachte) Zustandsveränderung zu bewirken. Benannt wurde sie nach Max Planck. (Auszüge aus den Artikeln „Planck Zeit") aus der freien Enzyklopädie Wikipedia. Doppellizens: GNU-Lizenz für freie Dokumentation und Creative Commons CC-BY-SA 3.0 Unported. In der Wikipedia ist eine Liste der Autoren verfügbar. Stand 22.01.15)

Paul Davies bezieht sich auf nur ein einziges Ereignis (dem ersten Messbaren) während des vermeintlichen „Big Bangs". Dieses Ereignis war das erste von einer Unzahl, die zur Entstehung unseres Universums führten. Sie alle liefen am Anfang, innerhalb der „ersten Sekunde" unseres Universums, ab.

Um das zu verdeutlichen: Wenn Sie einen Film im Kino sehen, dann erscheint ihnen der Ablauf des Films flimmerfrei, da es sich um mindestens 24 Einzelbilder pro Sekunde (Frames per Second) handelt. Würden wir den Film analysieren, könnten wir uns also 24 Einzelbilder anschauen, die zusammen und hintereinander abgespielt einen Ablauf ergeben.

Beim „Urknall" reichen uns allerdings 24 Bilder nicht aus, um die vermutete Abfolge zu beschreiben. Hier müssen Planck-Einheiten her. Und da wird es schwierig. Wann genau begann die Zeit? Und wie definierte sie sich am Beginn? Gab es überhaupt einen Anfang? (Ich denke nicht, aber dazu komme ich noch im späteren Verlauf dieses Buches.)

Sagen wir der Einfachheit halber, die erste messbare Sekunde unseres Universums bestand aus deutlich mehr als 24 „einzelnen Bildern" und das erste Ereignis (auf das sich Paul Davies bezieht) wird bereits nach 10 hoch 43 Sekunden beschrieben. Unzählige weitere folgten und als die erste Sekunde vollendet war, stand das Ergebnis, also wie unser Universum aussehen und wie es enden wird, schon fest.

Nimmt man nun alle relevanten Ereignisse, die während der ersten Sekunde des hier beschriebenen Urknalls abliefen, zusammen, so ergibt sich folgende Wahrscheinlichkeitsrechnung nach Roger Penrose:

Roger Penrose von der University Oxford errechnete, dass die Wahrscheinlichkeit für unser Universum, so wie es ist, 1 zu 10 hoch 10 hoch 123 beträgt. Und das ist eine wirklich lange Zahl. 10 hoch 10 ergibt 10“000“000“000. Jetzt nehmen Sie diese Zahl und multiplizieren Sie 123-mal mit sich selber.

Wollte man das Ergebnis ausschreiben, wären dafür weitaus mehr DIN A 4 Seiten nötig, als im gesamten beobachtbaren Universum Platz hätten.

Die Wahrscheinlichkeit, dass sich ein komplett zertrümmerter PC, den Sie vom Eiffelturm fallen lassen, sich auf dem Weg nach unten wieder komplett zusammensetzt und unten eingeschaltet und hochgefahren ankommt, ist um ein vielfaches höher. In der Tat könnten Sie dieses Kunststück millionenfach wiederholen und würden immer dasselbe Resultat bekommen.

Mir ist durchaus bewusst, und das sind sich auch die Wissenschaftler, die diese monströsen Wahrscheinlichkeiten errechnet haben, nämlich, dass diese Berechnungen allesamt auf nicht beweisbaren Annahmen basieren und somit eigentlich ohne Wert sind. Wir wissen bis heute nicht, wie das Universum tatsächlich entstand oder ob es ein davor gab oder nicht. Wir können zwar unser Universum anhand gemessener Werte zurückrechnen, aber nur bis zu einem gewissen Punkt, unmittelbar nach der vermeintlichen Entstehung (10 hoch – 43 Sekunden).

Ab diesem Punkt versagen alle Formeln und Vorhersagen, alle uns bekannten Naturgesetze verlieren ihre Gültigkeit. Das ist auch der Grund, warum man sagt, dass das Universum aus einer Singularität heraus entstand. Die einzige Definition, die eine Singularität korrekt beschreibt, ist die, dass wir nicht wissen, was eine Singularität ist. Beschrieben wird sie gerne als ein Punkt, kleiner als alles uns Bekannte, in dem alles, was unser Universum ausmacht, beinhaltet ist. Was auch immer „alles“ nun genau ist.

Kurz gesagt, die These des „Big Bang“ (oder auch Big Inflation) beruht ebenso auf Annahmen wie die vorangegangenen Wahrscheinlichkeitsrechnungen und die These von Stephen Hawking, um die es im Folgenden geht.

Grundsätzlich gibt es für die Existenz unseres Universums zwei konkurrierende Erklärungen. Der theoretische Physiker und Kosmologe, Stephen Hawking, hat die These aufgestellt, dass es, wenn es eine unendliche Anzahl (Multiversum) von Universen gibt, auch eines darunter sein muss, welches intelligentes Leben hervorgebracht hat. Das ist zwingend logisch.

In einem Multiversum mit einer *unendlichen* Anzahl von Universen, ist auch *alles* möglich. Wir haben das große Los gezogen und leben in so einem Universum. In jedem 10 hoch 10 hoch 123ten Universum kann sich also demnach Leben entwickeln, so wie wir es kennen. All die anderen können das nicht, implodieren unmittelbar nach Entstehung, oder zerplatzen, oder sind leer usw. Diese Theorie eines Multiversums besagt dann auch, dass Sie in allen nur vorstellbaren Varianten unendlich oft existieren. Auch das ist zwingend logisch, da es nach Hawking eine unendliche Anzahl von Universen gibt.

Mindestens genauso viele Forscher (und nicht nur Theologen) stützen hingegen die These, dass es aufgrund der ungeheuren Komplexität unseres Universums einen Schöpfer, eine steuernde oder zumindest planende Intelligenz oder Ordnung geben muss.

Ein Multiversum, das uns nur durch Zufall hervorgebracht hat, wäre eine unglaubliche und extreme Verschwendung von Ressourcen. Und das widerspricht deutlich allem, was wir bislang in der Natur beobachten konnten. Die Evolution des Universums und die Entwicklung des Lebens auf der Erde erfolgte aber höchst effizient.

Da gibt es auch noch die Variante, die besagt, dass unser Universum weder Anfang noch Ende hat und das Leben sich irgendwann zwangsläufig entwickeln musste, wir reden hier schließlich über die Ewigkeit. Diese Theorie ähnelt der von Stephen Hawking, sie verlagert das Problem nur von außerhalb in unser Universum hinein.

Und zu guter Letzt die Variante, dass sich alles tatsächlich zufällig (Wahrscheinlichkeit: 10 hoch 10 hoch 123) so entwickelt hat, wie es ist. Sehr unwahrscheinlich, aber nicht unmöglich.

*

Wir, die wir glauben und daher wissen, versuchen nicht, Gott zu beweisen. Warum auch? Es ist die Wissenschaft, die wieder und immer wieder versucht, ein Weltbild zu finden, dass ohne eine gewollte und zielgerichtete Schöpfung auskommt. Sie können und wollen nicht akzeptieren, dass es eine solche Macht gibt, selbst wenn es unausweichlich scheint, nun endlich anzuerkennen, dass es eine schöpferische Ordnung und Intelligenz gibt und geben muss. Selbst dann noch wird ausgewichen und der Zufall, das Schicksal oder aber eine Phrase bemüht: „Das werden wir in Zukunft schon noch beweisen, es ist nur eine Frage der Zeit." Auch werden gerne die Wahrscheinlichkeitsrechnungen, die einen Schöpfer nahelegen, ad absurdum geführt, indem gesagt wird, dass alle Rechnungen auf Annahmen beruhen und somit wertlos sind. Nicht erwähnt wird, dass die Modelle derer, die die Schöpfung leugnen, ebenso auf Annahmen beruhen und mindestens genauso wertig oder entsprechend wertlos sind. Versagen die Argumente, werden die einen als Spinner, die anderen als

Ignoranten und Dummschwätzer betitelt. Wer hier wen repräsentiert ist völlig unerheblich, die Bezeichnungen sind beliebig austauschbar.

Die Hartnäckigkeit und Ignoranz, die da im Verborgenen agiert, ist schon beeindruckend und flößt mir Respekt ein. Gestern war der ein oder andere noch überzeugt, dass es einen Gott gibt, heute nagen wieder die Zweifel. Es hat fast den Anschein, als würden wir ununterbrochen von etwas beeinflusst werden, etwas, das uns einlullt und uns immer wieder auf die Probe stellt. Eine Macht, die uns zur Wahrheit zieht und eine andere, die uns von ihr wegzieht.

Dies ist Ausdruck der Dualität, die unserem Leben zugrunde liegt und unser Bewusstsein und unseren Geist formt. Diese Matrix („Das Feld“) ist die göttliche Ordnung: Wahrheit und Unwahrheit erschaffen, um ewige Wesen als Multiplikator von Bewusstsein zu formen. Einen ersten Grad der Reife erlangt ein Bewusstsein dann, wenn es alle Erfahrungen, die in der Dualität gemacht werden können, erfahren hat.

Sie sind immer die Summe all ihrer Erfahrungen, der einzige Unterschied ist, dass Sie mit jeder Erfahrung ein Stück vollkommener werden. Mit der zunehmenden Summe an Erfahrungen und bedingt durch die göttliche Ordnung einer dualen Matrix, kommt das Verhältnis, wahr zu unwahr, richtig zu falsch, aber auch gut zu böse immer mehr ins Gleichgewicht. Sie würden ebenfalls die verblüffende Erfahrung machen, dass sich beide Summen, je größer sie werden, immer mehr die Waage halten. Irgendwann werden sie bei 50 % ankommen und bleiben. Und das Schöne an dieser Gleichung ist, dass es überhaupt keine Rolle spielt, was für Sie richtig oder was für Sie falsch ist.

*

Die Richtung, in die es gehen soll, bestimmen immer Sie, nie ein anderer. Sie können dem Mainstream der Wissenschaft folgen und glauben, dass es keinen Schöpfer oder eines Planes bedarf, um Leben, wie wir es kennen, zu evolutionieren. Oder Sie folgen der Idee einer bewussten Schöpfung, die ein Ziel verfolgt und Sie sind ein wichtiger Teil davon. Es ist Ihre Wahl und egal, wie Sie sich entscheiden, es ist in Ordnung, Sie können nichts verkehrt machen. Beide Standpunkte sind wichtig und bedürfen einander.

In einem der vorangegangenen Kapitel habe ich Ihnen erläutert, dass unser Verstand ein wichtiges Instrument ist, um unser Überleben sicherzustellen. Gleichzeitig stellt er aber auch unser größtes spirituelles Handicap dar, da es uns ständig davon zu überzeugen versucht, wie unlogisch und unsinnig doch der Glaube an einen Schöpfer ist. Hier noch einmal mein kostenloser und gut gemeinter Rat: Hören Sie auf Ihren Verstand, aber glauben Sie ihm nicht alles. Sollte es Ihnen schwerfallen, genau das zu tun, dann haben Sie ja noch das Gleichnis mit den Dominosteinen. Dieses Kapitel kann als einer der vorderen Steine angesehen werden, wenn Sie so wollen. Dieser fällt und stößt dabei alle anderen um. Rufen Sie sich das hin und wieder ins Gedächtnis. Es hilft, den Schleier zu lüften.

AUSSERIRDISCHE INTELLIGENZ UND DAS ENDE ALLER TAGE

Im gesamten Kosmos herrschen überall die uns bekannten Naturgesetze und alle uns bekannten Elemente sind gleichmäßig im Universum verteilt und vorhanden. Die Gravitation (Schwerkraft) hier wirkt genauso wie die Gravitation überall im Universum.

Sie war es auch, welche die ersten vorhandenen Elemente, Helium und Wasserstoff, am Anfang unserer Raumzeit zusammenführte und mehr und mehr verdichtete, bis es zur „Zündung" kam. Die ersten Sonnen entstanden. Sie waren kurzlebige Riesensterne mit Massen, um ein vielfaches größer als die Masse unserer Sonne. So gibt es Hypersterne, die 200- bis 250-mal mehr Masse haben und eine Lichtstärke besitzen, die (bis zu) 500.000-mal größer ist als die unseres Sternes. Übrigens, eine Obergrenze, die „absolute Helligkeit" genannt wird. Diese ist bis heute noch ungeklärt.

Durch steigende Temperaturen und Drücke entstanden in den ersten Riesensternen nach und nach bis hin zum Eisen die uns bekannten Elemente. Diesen Fusionsvorgang nennt man in der Wissenschaft „stellare Nukleosynthese" (Kernfusion). Durch ihre große Masse wurden sie nicht alt, nur wenige Millionen Jahre (unsere Sonne ist schon über 4 Milliarden Jahre alt und hat noch viele Milliarden vor sich).

Schnell kam es zur „Produktion" von Eisen. Ist eine gewisse Menge an Eisen in einem Stern erreicht, kommt es zwangsläufig zu einer Supernova. Der Stern kollabiert und in einer anschließenden monströsen Explosion kommt es bedingt durch die explosive Kernfusion zur Produktion von Elementen, die schwerer sind als Eisen. So entstanden (entstehen) Elemente wie Xenon, Gold, Quecksilber, Blei und radioaktive Elemente wie Uran und Plutonium.

Ein weiterer Effekt von Supernove ist die gleichmäßige Verteilung der „produzierten" Elemente (eine Art Staub) im lokalen Raum. So entstehen sogenannte Nebula. Und wiederum bedingt durch die Gravitation werden sie zu Geburtsstätten von Sternen der zweiten und dritten Generation (so wie unsere Sonne).

Da im gesamten Kosmos überall die gleichen Gesetze gelten und alle für das Leben notwendigen Elemente gleichmäßig im Universum verteilt wurden und somit in jedem noch so versteckten Winkel vorhanden sind, müsste das

Universum vor (intelligentem materiellen) Leben förmlich aus allen Nähten platzen. Tut es aber nicht, es ist eher so, dass es auffällig still da draußen ist. In unserer Milchstraße gibt es hunderte Milliarden von Sternen. Fast jedes Sonnensystem verfügt auch über Planeten. Im sichtbaren Teil unseres Universums gibt es wiederum mehr als hundert Milliarden Galaxien. Jetzt fügen wir noch die Planeten hinzu, die ohne Stern durch das Universum jagen. Würden wir diese nun zusammen addieren, dann kämen wir auf eine monströse Zahl, die in etwa den vorhandenen Sandkörnern auf unserer Erde entspricht.

In der Annahme, dass jeder tausendste Planet die Voraussetzung für Leben bietet, wie wir es kennen, dann kämen wir immer noch auf eine Zahl, die der menschlich limitierte Verstand nur schwer begreifen kann.

*

Wir kreisen um einen Stern der 3. Generation und sind „Nachzügler" im Universum und ziemlich spät dran. Bereits Sterne der 2. Generation unserer Milchstraße hätten Leben hervorbringen können, ja sogar müssen. Und das vor etwa 8 oder 9 Milliarden Jahren!

Das Leben dort draußen hätte sich nach ähnlichen Gesetzmäßigkeiten ausbreiten müssen wie hier das intelligente Leben auf der Erde: schnell und invasiv. Selbst mit nur halber Lichtgeschwindigkeit wäre die gesamte Milchstraße (Ausdehnung nur 100 000 Lichtjahre) heute heillos überbevölkert! Was dominante intelligente Arten mit anderen Unterlegenen machen, wissen Sie ja bereits. Rücksichtnahme und bedingungslose Liebe sind nicht unbedingt Handlungselemente des Darwinismus. Ich möchte nicht von „uns" zuerst entdeckt werden.

Also, wo sind sie?

Das Universum müsste vor lauter Leben überquellen und wir müssten im Freien ständig den Kopf einziehen, um nicht von irgendwelchen Raumschiffen angefahren zu werden. Der „Äther" wäre voll mit alten und neuen außerirdischen Radio- und Bildnachrichten, die kreuz und quer durch unsere Galaxie rasen (Funk und Fernsehen wird mit Lichtgeschwindigkeit übertragen). Aber alles, was wir hören, ist ein Rauschen, ein Überbleibsel des Urknalls vor 13,8 Milliarden Jahren. (Dieses Rauschen können Sie übrigens auf den alten TV-Geräten hören und sehen, das schwarz-weiße Grieseln zwischen den Kanälen.)

Einmal gesendet, lässt sich so eine Abstrahlung nicht mehr einfangen. Und so kommt es, dass man in etwa 80 Lichtjahren Entfernung gerade die Machtübernahme der Nationalsozialisten in Deutschland vernimmt.

Wenn wir schon nichts hören oder sehen, so sollten wir zumindest den Anstand haben, gar nicht erst zu existieren. Wasser ist eine wertvolle Ressource und wir hätten schon vor ein oder zwei Milliarden Jahren annektiert werden müssen. Auch das ist nicht passiert, oder doch?

Insgesamt betrachtet, sehr ernüchternd. Dieses Paradoxon wurde erstmalig von dem Physiker Enrico Fermi 1950 aufgezeigt, bekannt unter dem Namen „Fermi Paradoxon".

Aber vielleicht neigen wir einfach nur dazu, die Materie überzubewerten. Es ist nicht von Vorteil, eine biologische (materielle) Lebensform zu sein. Wir müssen ständig Nahrung zuführen, werden krank, altern und müssen schließlich sterben!

Auch können wir nicht mit Lichtgeschwindigkeit reisen und dementsprechend auch nicht expandieren.

Materie ist in fast allen Belangen unvorteilhaft. Sie ist zu begrenzt, um im unendlichen Raum eine Zukunft zu haben. Materie, Raum und Zeit sind unabdingbar miteinander verbunden und nicht von Dauer. In der Wissenschaft gibt es zurzeit drei mögliche Szenarien, wie unser Universum enden könnte. Keines würde es einer biologischen Lebensform erlauben, ewig weiter zu existieren. Es sei denn, wir schaffen es, unser Universum rechtzeitig zu verlassen. Und das wird nicht passieren, auch wenn unser auf Optimismus ausgelegter Verstand es uns gerne weismachen möchte. Man kann nicht jenes verlassen, in und aus dem man heraus existiert. Nicht in der materiellen Form.

Hier sind nun die 3 möglichen **„Tode" unseres Universums:**

1. „Big Crunch". Das Gegenteil von Big Bang. Entgegen der festgestellten zunehmenden Beschleunigung der Ausdehnung unseres Universums verlangsamt sich diese, kommt irgendwann zum Stillstand und die Gravitation sorgt dann dafür, dass das Universum sich wieder zusammenzieht. Bis zu dem Punkt, dass alle Materie und Energie wieder in einem Punkt, in einer Singularität, zusammenkommen. Und dann „Bang!", das Universum dehnt sich wieder aus und ein neuer Zyklus beginnt. Dieses Szenario ist eher unwahrscheinlich, da unser Universum sich zunehmend schneller ausdehnt.

2. „Big Rip". Das große „Zerrissen werden". Unser Universum dehnt sich wie bei einem Ballon aus, der aufgeblasen wird. Das geschieht mit zunehmender Geschwindigkeit. Irgendwann wird das ein Problem und die Strukturen (Atome, Elementarteilchen, die Raumzeit, einfach alles) können dem nicht mehr standhalten und werden auseinander gerissen. Der Ballon platzt. Das Universum endet mit einem großen Knall. Aber keine Sorge, erst in 22 Milliarden Jahren. Auch dieses Szenario wird als unwahrscheinlich angesehen,

da mit der zunehmenden Ausdehnung des Universums, der zusätzlich benötigte Raum aus noch ungeklärter Quelle einfach „entsteht".

3. „Big Whisper" (Auch „Big Freeze" genannt). Dieses Ende ist eher undramatisch und wird als das wahrscheinlichste angesehen Alles dehnt sich, bedingt durch die Dunkle Energie, immer schneller, immer weiter aus. Irgendwann ist die Ausdehnungsgeschwindigkeit so groß, dass uns Photonen (Licht) von anderen Galaxien nicht mehr erreichen können. Der Nachthimmel wird zunehmend dunkler und das Universum kühlt sich, aufgrund der Ausdehnung, immer weiter ab. Irgendwann geht dem letzten Stern der Brennstoff aus und im Universum wird es überall dauerhaft dunkel. Der Materie ist das zunächst egal. Alle Atome (auch die nicht Radioaktiven) werden sich aber auch irgendwann zerstrahlen. Wann genau das sein wird, wissen wir nicht (das konnte noch nicht beobachtet werden). Man vermutet aber, dass das frühestens in 10 hoch 37 Jahren passieren könnte. Schwarze Löcher werden zum Schluss das Universum dominieren. Diese werden ebenfalls nach und nach durch quantenmechanische Prozesse alle Energie „verdampft" haben. Das, was zum Schluss übrig bleibt, verdünnt sich dann in der Ewigkeit und irgendwann gibt es dann nur noch Kälte und Leere, das große Nichts.

Biologische Lebensformen befinden sich also in einer Sackgasse. Würde ich in Aktien investieren, würde ich mein Geld in die göttliche Aktie „Vollkommenes Bewusstsein" stecken und nicht in biologische Lebensformen investieren. Diese sind viel zu anfällig und kurzlebig und haben kein Potential für Expansion und weitere Entwicklung.

Ich halte es also für durchaus denkbar, dass außerirdische Intelligenz in nicht materieller Form zu Hauf dort draußen existiert. Ein so beschaffenes Wesen könnte sich, da masselos und außerhalb der Raumzeit, frei und unendlich schnell im Kosmos bewegen. Diese Wesen bräuchten keine Schiffe oder ein Lebenserhaltungssystem, sie sind quasi unzerstörbar.

Bewusstes Leben könnte in einer materiellen Form beginnen, um dann überzugehen in eine materielose Energieform, die dann keinen Zwängen mehr unterliegt. Da Leben schon in Systemen der 2. Generation möglich gewesen wäre, hätte eine Spezies mehrere Milliarden Jahre Zeit gehabt, um sich entsprechend (vor uns) genau dazu zu entwickeln.

Vielleicht sind sie schon mitten unter uns, wir sehen sie nur nicht.

Eine andere oder damit einhergehende Erklärung wäre das Vorhandensein einer göttlichen Ordnung, welche das biologische Leben regulierend fördert und geistige nichtmaterielle Wesen kontrolliert. Es sieht fast so aus, als wären wir, ohne es zu wissen, abgeschirmt, um uns entsprechend eines göttlichen Planes entwickeln zu können.

MATRIX, KÜNSTLICHE INTELLIGENZ UND DIE EROBERUNG DES WELTRAUMS

(Bildquelle: Clipdealer, Lizenz erteilt)

Der Frage nach dem Sinn des Lebens kann man sich nur nähern, wenn man sich öffnet und die ganze Sache ganzheitlich angeht. Den Rest unseres Universums, eine Matrix oder intelligentere Wesen auszuschließen, ist schlichtweg arrogant. Eine Matrix (nach dem gleichnamigen Film), in die wir alle hineinprogrammiert wurden, ist ebenfalls eine mögliche Form unserer Existenz und nicht von der Hand zu weisen. Die Bezeichnung „Matrix“ ist nur ein Name, nicht mehr. Ein Konzept, unter dem ein jeder etwas anderes versteht. Aber das wissen sie ja bereits.

*

Im Grunde genommen ist alles über Daten definierbar. Alles lässt sich auf 0 und 1 reduzieren (siehe auch Kapitel „Wahrnehmung unserer Realität“), auf „wahr“ oder „nicht wahr“ (True/False). Und somit, diesem Konzept folgend, sind wir alle nichts anderes als Datenpakete. Und nicht nur wir sind demnach Daten, sondern auch alles, was da „ist“.

Exkurs Datenspeicherung

Um Ihnen ein kleines Beispiel zu geben, hier sind einige Buchstaben (chars) binär dargestellt. Eine Ziffer (binär) wird auch ein Bit genannt. 8 Bit sind ein Byte und stellt die Informationsgröße dar, um z. B. einen Buchstaben (char) oder ein Zeichen darzustellen.

Binär	=	Char
„00000000“	=	„[NULL]“
„01000001“	=	„A“
„01010110“	=	„v“

„A“ liest sich binär programmiert also „10000001“. Um einen Namen wie „Jack“ zu programmieren, benötige ich also 4 x 8 Bit oder 4 Byte an Speicherplatz.

1024 Byte sind ein Kilobyte (KB)

1024 Kilobyte sind ein Megabyte (MB)

1024 Megabyte sind ein Gigabyte (GB)

1024 Gigabyte sind ein Terabyte (TB)

Weiter geht es dann mit Peta-, Exa-, Zetta- und Yottabyte.

Ein TB sind demnach 1.000.000.000.000 Byte. Nehmen wir ein Buch mit 500 Seiten (2000 Zeichen pro Seite), dann könnten wir 1 Million Bücher auf einem Terrabyte speichern.

Exkurs Ende

Sie können sich nun sicher gut vorstellen, dass Sie, um einen Menschen zu „programmieren“, einiges an Speicherplatz benötigen. Aber wie viel denn nun genau?

Sie kennen bestimmt den Vorgang „Beamen“ aus der Serie Enterprise. Im Prinzip funktioniert das so: Ihr Körper wird, Bit für Bit, eingelesen (nach dem Einlesen sind Sie übrigens faktisch tot) und an einen anderen Ort wieder, Bit für Bit, zusammengefügt. Unmittelbar vor dem Einlesen werden Sie quasi in einen „Nullzustand“ gebracht, alle Funktionen kommen zu einem „Stop“. (Sie werden zwar nicht schockgefrostet, aber es kommt dem schon nahe.) Zu diesem Zeitpunkt wird die Anbindung an Ihr Bewusstsein (Seele) getrennt und am Zielpunkt wieder angebunden.

Eine Anbindung an unsere Seele wird durch die Schnittstelle „Gehirn" realisiert. Wenn Sie dieses Buch zu Ende gelesen haben, werden Sie wissen, was ich damit meine.

Beim Beamen werden Sie also mit „Haut und Haaren" eingelesen. Selbst wenn Sie alle Speichermedien dieser Erde zu Ihrer Verfügung hätten, würde der zur Verfügung stehende Speicherplatz bei weitem nicht ausreichen, um die Daten (insgesamt bestehen wir aus 10 hoch 26 Atome) eines einzigen Menschen zu speichern! Der Datenspeicher, um den Aufbau und die Funktion eines einzigen Menschen zu speichern, müsste bei heutiger Technik etwa so groß sein wie unser Planet! Davon benötigen Sie dann drei. Einen zum Einlesen und Speichern der Daten, einen, um die Daten zu verarbeiten und einen dritten, um die Daten am Zielort aufzuspielen.

Um also eine Matrix zu realisieren, wie sie in dem Dreiteiler der Wachowski-Geschwister dargestellt wurde, reichen unsere technischen Möglichkeiten zurzeit bei weitem noch nicht aus.

Wir glauben, in einigen Jahrzehnten soweit zu sein, ein kleines Dorf virtuell zu erzeugen und mit bewussten (programmierten) Menschen bevölkern zu können. Meine Meinung dazu kennen Sie ja bereits. Wir werden bei der künstlichen Erstellung einer Seele scheitern.

Dessen ungeachtet, gibt es aber sehr wohl Konzepte für künstlich erzeugte menschliche Intelligenz:

Wenn wir eines Tages den Kosmos erobern wollen, dann kann das nur mit „sich selbst organisierenden" und replizierfähigen Raumschiffen funktionieren. Eingeschränkt durch die Lichtgeschwindigkeit wären diese Millionen von Jahren unterwegs und würden daher von vorne herein Menschen als Besatzung ausschließen.

Exkurs Lichtgeschwindigkeit (1 079 252 848 km pro Stunde)

Information kann nicht schneller als das Licht übertragen werden. Die Gesamtmasse eines sich aus einem Ruhezustand auf Lichtgeschwindigkeit beschleunigenden Schiffes nimmt mit zunehmender Geschwindigkeit zu. Das liegt an der Energie, die zugeführt wird, um eine Beschleunigung zu erreichen.

Da Masse und Energie frei austauschbar sind (E=MC2), können wir die gesamte angenommene Masse unseres Universums in Energie umrechnen und erhalten so einen Energiewert, der uns für die Beschleunigung auf Lichtgeschwindigkeit maximal zur Verfügung steht. Diesen Maximalwert nennen wir mal (X).

Lange vor der Erreichung der Lichtgeschwindigkeit hätte das Schiff die zur Verfügung stehende Energie (X) aufgenommen. Das Schiff könnte also nicht weiter beschleunigen, weil bereits die gesamte Energie (X) unseres Universums aufgebraucht wäre. Sie hätten dann jeden Planeten, jeden Stern, die gesamte dunkle Materie und Energie des bekannten Universums, in Energie gewandelt und verbraucht. Dem Schiff geht der „Sprit" und Ihnen das „Universum" aus!

Grundsätzlich ist gemessene Geschwindigkeit immer relativ und abhängig vom Standort des Beobachters, der die Geschwindigkeit misst.

Sie beobachten vom Äquator der Erde aus einem geostationären Satelliten direkt über sich. Diese Satelliten bewegen sich mit derselben Geschwindigkeit, wie sich die Erde um die eigene Achse dreht: Mit 3,07 km pro Sekunde. Dadurch bleibt der Satellit stationär, immer über demselben Punkt am Äquator.

Da Sie sich auf der Erde befinden und sich mit ihr drehen, bewegen Sie sich ebenfalls mit einer Geschwindigkeit von 3,07 km. Wenn Sie nun die Geschwindigkeit unseres Satelliten messen, ist diese exakt 0 km/h. Er steht still am Himmel, und zwar geo- (über demselben Punkt) stationär (am selben Ort verbleibend).

Nun wollen Sie es wissen: Sie haben ein (fiktives) Raumschiff, welches sich mit einem Zehntel der Lichtgeschwindigkeit zu jedem gewünschten Ort im Raum bringen kann.

Sie besteigen Ihr Schiff und fliegen zu einem Punkt im Orbit unserer Sonne, von wo Sie eine Sichtlinie zu unserem blauen Planeten haben. „Sehen" von dort ist schwierig, weil unser Planet von der Sonne aus gesehen nur so groß ist wie ein Stecknadelkopf (aber wie einer in 50 Metern Entfernung hier bei uns). Gegen die Hitze und Helligkeit der Sonnenoberfläche (5800 Grad) sind wir durch unser Schiff bestens geschützt.

Unser Satellit funkt ständig ein Signal in alle Richtungen. Da sich dieses mit Lichtgeschwindigkeit bewegt, kommt es nach 13 Minuten an der Sonne an. Sie brauchen ein wenig länger, 130 Minuten. Nachdem Sie in einer geostationären Umlaufbahn „geparkt" haben, erfassen Sie das Signal und messen die Geschwindigkeit. Und siehe da: 30 km pro Sekunde (x 3600 = 108 000 km/h). Der Satellit rast mit unserem Planeten mit genau dieser Geschwindigkeit (im Mittel) um unsere Sonne.

„Energie!" Und weiter, wir fliegen zu dem Zentrum unserer Galaxie und gehen dort in einen für unser Schiff sicheren Standort, ein paar Lichtjahre oberhalb des dortigen Schwarzen Loches. Die Gravitation und die Strahlung in diesem Teil sind mörderisch, aber unser Schiff kommt klar. Unter uns dreht sich die Milchstraße. Wir haben knapp 370 000 Jahre benötigt, um anzukommen, unser Funksignal erreichte bereits vor 333 000 Jahren das Zentrum.

Nach der Signalortung erfolgt die Messung: 270 km pro Sekunde (x 3600 = 973 000 km/h), so schnell bewegt sich unsere Sonne mit unserem Satelliten und der Erde um das galaktische Zentrum. Gemessen an der Lichtgeschwindigkeit allerdings ist das sehr, sehr langsam. Lichtgeschwindigkeit/1109 = Umlaufgeschwindigkeit unserer Sonne um das Zentrum.

Ein Paradox möcht ich Ihnen nicht vorbehalten. Gehen wir für einen Moment davon aus, dass Sie sich von Ihrem jetzigen Standort aus soweit beschleunigen können, dass Sie sich der Erde mit 75 % der Lichtgeschwindigkeit nähern. Mit 809 439 636 km/h. Von der Erde, mit Ziel galaktisches Zentrum, bricht zeitgleich ein weiteres Raumschiff auf, auf halber Strecke begegnen Sie sich. Wie schnell ist nun, vom Standort eines Beobachters in einem der Raumschiffe aus gemessen, das entgegenkommende Raumschiff, 75% der Lichtgeschwindigkeit x 2?

Differenzgeschwindigkeiten zweier Objekte im Raum repräsentieren natürlich nicht die Geschwindigkeit eines Objektes. Trotzdem ein schönes Beispiel.

Unumstößlich bleibt: Information kann nicht schneller als Licht übermittelt werden. Und genau das sind Sie, Information. Sie, unser schöner blauer Planet und auch die fiktiven Raumschiffe dieser kleinen Analogie.

Exkurs Ende

Derartig eingeschränkt wären Raumschiffe auf ihrem Weg zu anderen Galaxien Millionen Jahre unterwegs. Mit lebenden, „materiellen Menschen“ nicht zu machen.

So ein Schiff müsste über einen extrem leistungsstarken (Quanten-) Computer verfügen, der „die gesamte Menschheit“, samt Kosmos, quasi simulieren kann. Während der langen Reise könnte dann so Bewusstsein in dieser Simulation erschaffen werden. Nach Beendigung eines jeweiligen Lebens wird dieses gespeichert. Am Ziel angekommen, würde sich dieses Schiff zwei Mal replizieren, ein neue Simulation in den fertig gestellten Schiffen starten und diese auf die Reise schicken. Das zurückgebliebene Schiff würde nun anfangen, die gespeicherten „Seelen“ an „reale Körper“ anzubinden und die Besiedelung kann beginnen. Eroberung des Kosmos durch Schneeballsystem...

Ob wir in so einer Simulation sind? Ausschließen kann ich es nicht. Zu denken gibt mir die „Leere“ unseres Kosmos und die Tatsache, dass eine erfolgreiche Kolonisierung unseres Universums, nach obigem Schema, bereits vor mehreren Milliarden Jahren hätte beginnen müssen. Dieser Umstand trägt der immer schneller werdenden Ausdehnung unseres Universums Rechnung. Unter der Voraussetzung, dass das Reisen schneller als Licht nicht möglich sein wird, könnten wir, würden wir heute damit beginnen, es nicht mehr schaffen, in jeden Winkel des Universums zu gelangen.

EVOLUTION II

Unser Kosmos ist Mittel zum Zweck und wurde mit dem Ziel erschaffen, Bewusstsein zu entwickeln, zu mehren und zu formen. Die Erde ist eine Konzentration von Bewusstsein, dessen Ziel die Ausformung eines Himmels des Menschengeschlechtes ist. Seelen, die eine gewisse Reife erlangt haben und in die Himmel aufgenommen werden, nenne ich hier „Engel".

Jakob Lorber: „Der Kosmos ist eine Pflanzschule Gottes." Damit ist gemeint, dass überall im Universum Bewusstsein „gepflanzt" und zur Reife gebracht wird.

Die Erschaffung und Formung von Bewusstsein ist ein nie endender Prozess, ohne Anfang und ohne Ende. Das gesamte Universum, einschließlich der gesamten Menschheit, ist ein fortlaufender kreativer Prozess. Vorangetrieben und geregelt durch ein „Feld", welches alle notwendigen Gesetzmäßigkeiten enthält, alles miteinander verbindet und das Produkt Bewusstsein aufnehmen lässt und formt. Alles, was dazu nötig ist, ist Frequenz, die in die Raumzeit gegeben wird und dort den Regeln folgend gewandelt wird in Energie (und diese weiter zu Materie: Materie ist eine Erscheinungsform von Energie), Photonen, Elementarteilchen usw. Was immer nötig ist.

Energie (Materie), Licht und Bewusstsein wird gleichmäßig im Kosmos entfaltet und der Prozess beginnt. Eine unendliche Zahl an Universen entsteht und vergeht immer wieder grenzenlos, zeitlos, ohne Einschränkungen. Wie ein ständig schlagendes Herz, der Pulsschlag Gottes.

Die Ergebnisse sind immer gleich: Geformtes und gereiftes schöpferisches Bewusstsein in Form von Wesen, die ich hier „Engel" nenne. Sie alle haben einen Anfang, aber leben ewig. In und mit Gott.

Es wird nie genug, zu wenig oder zu viele Engel geben, da es keinen begrenzten Raum in Gott gibt.

Kontrolliert und in Gang gehalten wird diese „Schule" durch eine sich selbst regulierende universale Ordnung (Dualität, Kausalität, Naturgesetze etc.), dem „Feld", durch Wesen, die ich hier Engel nenne und einem hierarchischen System, welches diese aufnimmt und strukturiert. Die Schaffung von Engeln und die vorangegangene Aussaat von Bewusstsein sind der Ausdehnungsgeschwindigkeit von „Raumzeit" perfekt angepasst.

Die Dualität existiert seit jeher. Sie ist es, die polarisiert und uns dadurch ermöglicht, gewisse Zustände zu mögen oder abzulehnen, um so zu einer Entscheidung zu kommen. Entscheidungen sind die Grundlage für Entwicklung. Zusammen mit der Kausalität, Ursache und Wirkung, wurde so eine Matrix geschaffen, um Bewusstsein zu formen. Nur in einem dualen

Konstrukt sind alle Erfahrungen möglich und ein Gleichgewicht gegeben. (Yin und Yang. Bild Quelle: Wikipedia. Urheber: Gregory Maxwell, Lizenz: Creative Commons by-sa 3.0 de / Kurz)

Nur wer die Helligkeit kennt, verabscheut das Dunkle. Nur wer den Regen kennt, weiß die Sonne zu schätzen. Mann und Frau, links und rechts, Himmel und Hölle, alles in unserem „erfahrbaren" Kosmos ist dual und polarisiert.

Sie wüssten nicht, was es heißt, „Gutes zu tun", wenn Sie das Böse nicht kennen. Das eine komplementiert das andere, beide bedürfen einander.

Selbst im Zentrum allen Seins, im Ursprung, befinden sich im Kern zwei Zustände: Die Wahrheit und die Unwahrheit. Alles Geschaffene und Erfahrbare ist daher dem Gesetz der Dualität unterworfen. Kein Himmel ohne Hölle.

Daraus ergibt sich ein stabilisierendes Gleichgewicht, welches sich auch in der Welt der Zahlen widerspiegelt.

Ungerade Zahlen sind etwas Besonderes, denn sie repräsentieren das eine (1), das andere (3) und das Gleichgewicht (2). Die Drei ist also genauso wie die Sieben eine göttliche Zahl. Die energetischen Welten bestehen aus drei Höllen, einem neutralen Gebiet (Fegefeuer, Ankunftsgebiet, Geisterwelt) und den drei Himmeln: Sieben.

Die Entfaltung und die damit einhergehende Expansion unseres Universums (eines von wahrscheinlich Unzähligen) ist eine perfekte Methode, Bewusstsein zu verbreiten, zu entwickeln und zur Reife zu bringen, ohne es zu verdünnen.

Mit jedem biologischen Tod eines Wesens hier auf der Erde kommt es zu einer Geburt im Jenseits. Damit beginnt ein Prozess, eine Entwicklung bis hin zu einem vollkommenen Engel. Genau das sind wir und werden es im Grunde auch immer bleiben. Wir verändern uns nur, werden vollkommener. Mit jeder geschaffenen Seele, mit jedem Wachstum, ja - mit jeder Erfahrung, wird auch der Himmel, wird „alles, was ist", ein Stück vollkommener.

Mit jeder weiteren Geburt wird dieser Prozess fortgesetzt. Bei uns auf der Erde begann dieser Prozess mit Aminosäuren im Urmeer und endet als Mensch. Wir sind die Krone der biologischen Schöpfung. Und nach einer nicht festgelegten Anzahl von Reinkarnationen können wir aus dem Zyklus erlöst und in den energetischen Welten in die (Plural) Himmel aufgenommen werden. Dort beginnt dann unsere weitere „geistige" Entwicklung. Ein weiterer (großer) Schritt in unserer Entwicklung wird es sein, dass wir unseren Planeten (wieder) übernehmen werden. Dieses werden wir aber nicht in der materiellen Form tun.

Ich kann mir sehr gut vorstellen, dass bereits unzählige Welten diesen Schritt vollzogen haben. So eine Entwicklung wird von vielen Religionen, Neuoffenbarungen und auch von R Monroe vorhergesagt und beschrieben.

Eines weiteren fernen Tages dann werden wir wieder zurück zum Ursprung gehen, zurück zum Vater. Das, was als Seelenfunken einst am Anbeginn der Raumzeit begann, ist dann ein gereiftes, gewachsenes, vollkommenes Bewusstsein, das alle notwendigen Erfahrungen gemacht hat und nun beseelt ist von dem Wunsch, sich wieder mit dem Vater zu vereinen. In den kommenden Kapiteln werden wir uns näher damit beschäftigen.

*

Und so gesehen ist das Universum wahrscheinlich tatsächlich voll mit intelligentem Leben. Wir sind in unserer Entwicklung (als materielle Menschen) nur noch nicht befähigt, sie wahrzunehmen.

Alles ist Frequenz (siehe Stringtheorie). Wir können nur einen winzig anmutenden Bereich aus dem tatsächlich vorhandenen Spektrum sehen und hören. Selbst der Bereich, den wir kennen und messen können, macht nur einen Bruchteil aus.

Die große Masse, die es da draußen gibt, mehr als 95 %, können wir noch nicht einmal benennen, geschweige denn messen und nennen sie daher dunkle Materie und dunkle Energie. Gemessen daran, macht es prozentual keinen Unterschied, ob wir bei dem, was wir wahrnehmen können, unsere Augen öffnen oder nicht. Es würde nicht ins Gewicht fallen.

Da wird die Arroganz deutlich, die sich hinter der Aussage verbirgt: „Ich glaube nur, was ich sehe!“

SONNE, MOND UND STERNE

Ich habe hier einige Besonderheiten unseres Makrokosmos zusammengetragen, die einen zumindest nachdenklich machen. Die hier aufgeführten Beispiele sind greifbar, da sie alle direkt vor unserer (kosmischen) Haustür zu finden und somit überprüfbar sind. Hier geht es nicht um die gewaltigen Entfernungen da draußen, die habe ich bereits hinreichend verdeutlicht. Auch nicht um die Wahrscheinlichkeit von intelligentem Leben. Hier zeige ich Ihnen einige Zusammenhänge und Aufnahmen aus der Kosmologie, die den Glauben an „Gevatter Zufall“, falls noch vorhanden, ins Wanken bringen werden.

*

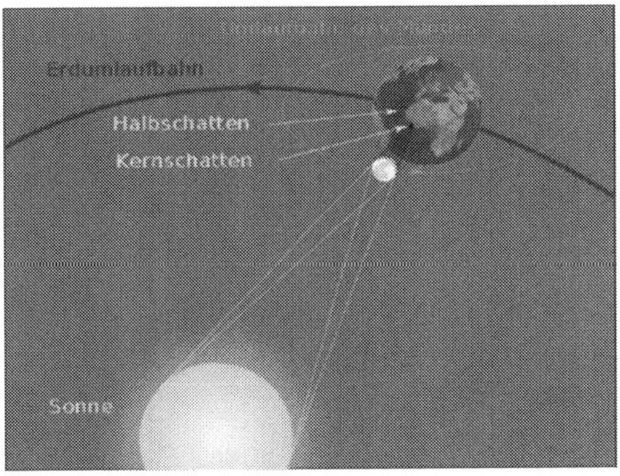

Unser Mond ist in etwa 400 mal kleiner als die Sonne und der Abstand der Sonne zur Erde ist ziemlich genau 400 mal größer als der Abstand des Mondes zur Erde.

Aufgrund dieser Gegebenheiten kommt es regelmäßig irgendwo auf unserem Planeten zu einer totalen Sonnenfinsternis. Bei so einem „Event“ deckt der Mond die Sonne „exakt“ ab, so dass nur noch die Korona (der Strahlenkranz) der Sonne zu sehen ist.

(Bild: Verhältnis Sonne - Mond -Erde. Quelle: Wikipedia. Urheber: Wikipedia Nutzer, Sagredo, translated: Cactus26 Lizenz: Creative Commons by-sa 3.0 de / Kurz)

Damit hat, der Wahrscheinlichkeit folgend, unsere Erde (mit dieser Konstellation) ein Alleinstellungsmerkmal im Universum. Bei einer angenommenen Summe von 100 Milliarden mal 100 Milliarden Sternensystemen im „sichtbaren“ Teil unseres Universums dürfte es kein zweites System mit einer derartigen Planet-Mond-Stern-Konfiguration geben. Zudem ist dieser Umstand auch abhängig von dem, was wir „Zeit“ nennen. Der Abstand des Mondes zur Erde ist nicht konstant, er verändert sich im Laufe der Zeit. Bedingt durch die Gezeitenkräfte der Erde verlangsamt sich der Drehimpuls der Erdrotation, wodurch sich wiederum der Bahndrehimpuls des Mondes erhöht. Dadurch bedingt erhöht sich der Abstand Erde <--> Mond um 3,8 cm pro Jahr.

So gesehen leben wir nicht nur in einem besonderen System, sondern zudem auch noch in einer besonderen Zeit.

*

Es gibt in der Natur keine absolut geraden Linien, geschweige denn exakte geometrische Formen - dachte man, bis die Sonde Voyager im Jahr 1980 den Saturn erreichte und Bilder zur Erde funkte. Am Nordpol offenbarte sich der Sonde ein absolut gleichmäßiges Wolkenmuster in Form eines Hexagons. So groß, dass die Erde viermal hineinpassen würde.

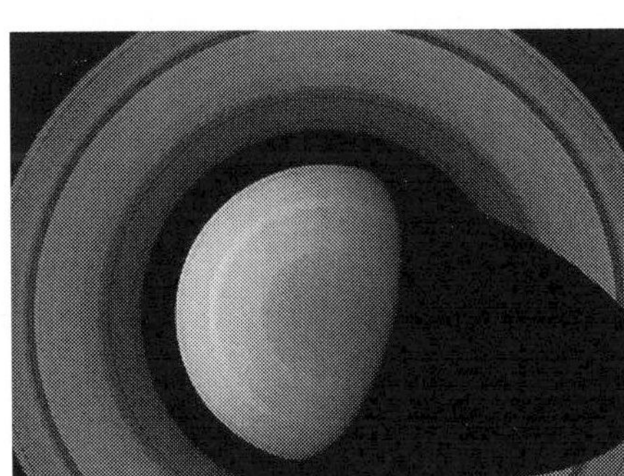

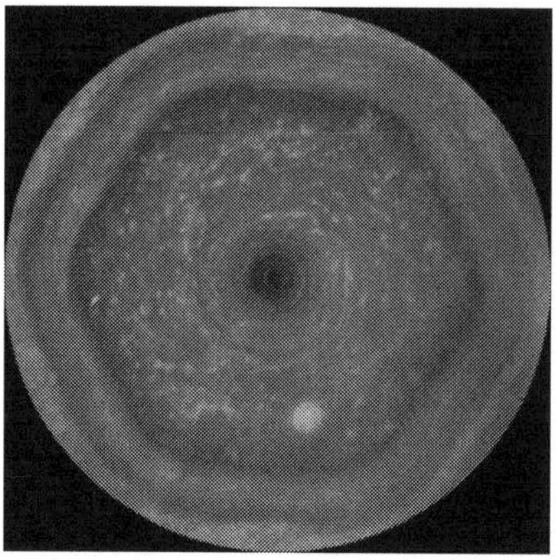

Dieses Hexagon ist stabil und konnte von der Raumsonde Cassini 2006, 2009 und zuletzt 2012 bestätigt werden. Es dreht sich mit einer konstanten Geschwindigkeit von 10 Stunden, 39 Minuten und 24 Sekunden einmal um die eigene Achse.

(Saturn: Bild 1: Nordpol, aufgenommen von Voyager 1980. Bild 2: Hexagon, blau eingefärbt, Cassini, Nov 2012. Image Credit: NASA/JPL-Caltech/Space Science Institute)

Cassini empfing bereits 2002, als sie sich bis auf 374 Millionen Kilometer dem Planeten näherte, ein komplexes Radiosignal vom Saturn, welches zu der Rotationsgeschwindigkeit des Hexagons korrespondiert. Die „Melodie", die Saturn kontinuierlich in das All sendet, klingt nicht natürlich, eher künstlich. Sie ähnelt der Hintergrundmusik von Science-Fiction-Filmen aus den 50er Jahren. Besonders auffällig ist dies beim Filmklassiker „The forbidden Planet" (Alarm im Weltraum) aus dem Jahr 1956. Die Ähnlichkeit verblüfft.

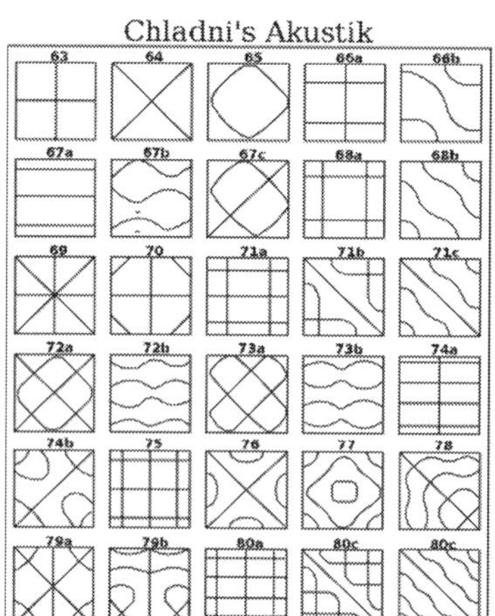

Schall bzw. Akustik könnte tatsächlich der Schlüssel sein. Wenn Sie kleinste Partikel auf eine Metallplatte verstreuen und diese entsprechend „beschallen" (oder die Platte mit einem Geigenbogen anstreichen), werden sich symmetrische Muster bilden. Je höher die Frequenz, also die Schwingung, je komplexer das Muster. Diesen Vorgang nennt man Kymatik und die dabei entstehenden Formen „Chladnische Klangfiguren".

In der Rosslyn Kapelle (15. Jahrhundert) in Schottland finden sich auf Säulen und Bögen 213 Kästen mit unterschiedlichen Mustern. Thomas und Stuart Michell, Vater und Sohn, beide Pianist und Komponist, haben den Mustern Frequenzen und damit Noten zugeordnet. Die Melodie, die dabei entstand, nennen sie die „Rosslyn Motette". Interessant hierbei ist, dass der Anfang dieser Motette der „Saturn Melodie" in frappierender Weise ähnelt. Die erste Note ihrer „Übersetzung" ist ein „B" und entspricht einem Hexagon als chladnische Klangfigur.

(Bild: Chladnische Klangfigur. Quelle: Aus dem Buch „Die Akustik" von E.F.F.Chladni.)

Die Mitchells fanden heraus, dass, wenn man die Frequenzen der ersten drei Noten, eingestimmt auf 432 Hz, zusammenaddiert, man auf die Summe 1432 kommt:

Frequenzen (bei Kammerton 432 Hz) :

B - 488 +

C - 512 +

A - 432 =

1432

1432 entspricht der Entfernung des Saturns in Millionen km von der Sonne. Der „Kammerton 432“ gilt seit alters her als die „natürliche“ Schwingung, auf die Musikinstrumente eingestimmt werden. Diese Frequenz (Frequenz und die Messeinheit Hz gibt es erst seit 1935, bis dahin waren es „Schwingungen pro Sekunde“) gilt als die natürliche Schwingung des Kosmos, die Mensch und Natur in Einklang bringt. Musik, basierend auf 432 Hz löst daher unmittelbar Resonanzen in Körper, Geist und Seele aus. Dieser Kammerton wird auch Schöpfungsklang genannt.

Um eine Wolkenformation in Form eines Hexagons in der Größenordnung des Phänomens auf dem Saturn konstant über die Jahrhunderte stabil zu erhalten, bedarf es eines gezielten und enormen Energieaufwandes, der zudem noch stets die gleiche, ebenfalls konstante, Intensität aufweisen muss.

Stellen Sie sich einen Tornado vor, der sich exakt über unserem Nordpol bildet und dort fortan verbleibt. Geschwindigkeit, Stärke, Höhe und Breite. Alles konstant. „Unmöglich“, sagen Sie? Nun, auf dem Saturn verhält es sich genauso. Und da es sich um einen Gasriesen handelt, geht es dort um einiges turbulenter zu als bei uns auf der Erde.

Vor kurzem gelang es einigen Forschern, ein „Saturn ähnliches Hexagon“ unter Laborbedingungen künstlich zu erzeugen. Gefahr erkannt, Gefahr gebannt, werden Sie jetzt vielleicht denken. Also Gefahr im Sinne von: „Doch nichts Übernatürliches“. Weit gefehlt.

*

Unser Planet hat eine Frequenz von 8 Hz (Schumann Resonanz) und auch die Alphawellen unseres Gehirns entsprechen diesem Rhythmus, den wir immer dann erreichen, wenn wir einschlafen und wieder erwachen. Multipliziert mit 9 ergibt sie die Zahl 72, der durchschnittliche Puls unseres Herzens und seit jeher eine heilige Zahl:

72 steht in der jüdischen Tradition für den Namen Gottes, für die 72 Propheten und die 72 Jünger Christi im Neuen Testament.

Aus fünf gleichmäßig, also in Abständen von 72°, auf einem Kreis verteilten Punkten lassen sich mittels Sehnen zwei fünfachsig symmetrische Figuren erstellen: Ein Pentagramm.

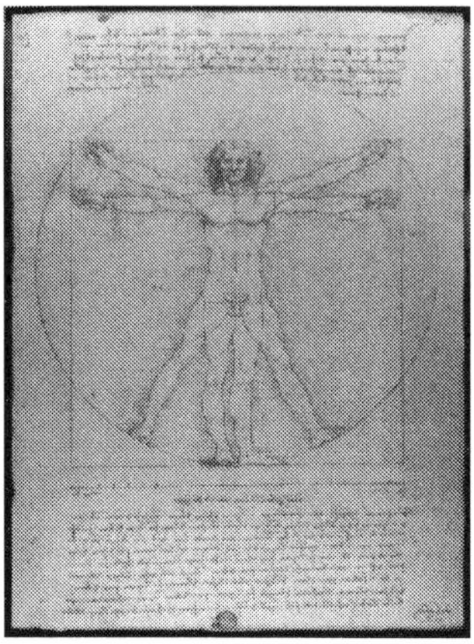

„Der Vitruvianische Mensch", eine Zeichnung von Leonardo da Vinci. (Bild). Es symbolisiert den Menschen, wie er mit ausgestreckten Armen und leicht gespreizten Beinen dasteht, verbunden mit den Elementen und in seiner vollen Kraft. Neben der Quadratur des Kreises beinhaltet die Skizze auch ein Pentagramm, das die Grundgeometrie des Menschen, aber auch von anderen biologischen Formen, wie zum Beispiel Seesternen oder von geschnittenem Okra, widerspiegelt. (Der Vitruvianische Mensch Leonardo da Vinci)

Dan Brown benutzte die Rosslyn Kapelle in Schottland und Leonardos Werke in seinem Buch „Der Da Vinci Code" als Dreh- und Angelpunkt eines mystischen Thrillers, in dem nach und nach versteckte Botschaften Da Vincis gefunden werden. Und tatsächlich, in Leonardos Meisterwerk der „Mona Lisa" wurde 2010, in der Iris des linken Auges, eine versteckte Botschaft gefunden, im linken Auge ein „S" und im rechten ein „L". Im Hintergrund, unterhalb des Brückenbogens, wurde die Zahl „72" entdeckt.

Ob das Pentagramm nun die 72 repräsentiert oder es sich umgekehrt verhält, so wie ich es denke, kann mit Sicherheit nicht gesagt werden.

Sicher hingegen ist, dass 72 multipliziert mit 6 (Hexagon = Sechseck) 432 ergibt. Was uns wieder zum Saturn führt.

432 ist das Vierfache der heiligen buddhistischen Zahl 108 und findet sich beispielsweise in den 432 Buddhas der Meru-Pyramide von Borobudur in Java, ebenso wie in den Maßen der Großen Pyramide von Ägypten oder denen der toltekischen Sonnenpyramide von Teotihuacan in Mexiko. Werden Musikinstrumente auf 432 Hz gestimmt, so kann die Musik noch so „anders" sein, es entsteht Harmonik.

Der Durchmesser der Sonne (1,39 Millionen km) ist 108-mal größer als der Durchmesser der Erde, 149,6 Millionen km beträgt der mittlere Abstand von der Sonne zur Erde. Teilt man diese Zahl jetzt durch 108, bekommt man den Durchmesser der Sonne (1,39 Millionen km). In Indien gilt die 108 als heiligste Zahl. Die Upanishaden, die spirituellen Geheimlehren, aus denen sich der Hinduismus entwickelt hat, umfasst exakt 108 Texte. Und nun raten Sie mal, welche Notrufnummer Sie in Indien wählen müssen?

Frequenzen dienen als Träger von Informationen, das ist seit langem bekannt (TV, Radio etc.). Nur weil wir eine mögliche „Übertragung" nicht wahrnehmen können oder das, was der Saturn in die Unendlichkeit sendet, nicht verstehen, heißt das noch lange nicht, dass es sich bei dieser Übertragung um zufällige Klangreihenfolgen handelt oder dass es außerhalb unserer Wahrnehmung keine Informationsübertragungen gibt.

*

Iapetus ist der drittgrößte Mond des Saturns. Genau wie sein Planet, hält auch Iapetus Geheimnisse bereit. Eine Hälfte des Mondes ist komplett tiefschwarz, die andere hingegen ist „schneeweiß".

(Bild: Iapetus. Image Credit: NASA/JPL-Caltech/Space Science Institute)

Es ist bis heute völlig ungeklärt, wie es zu dieser Einfärbung gekommen ist. Ob das „schwarze Material" von außen kam oder aus dem Inneren des Mondes stammt, ist völlig unklar. Nur so viel glaubt man zu wissen: Bei entsprechender Auflösung sind kleinere Krater auf der schwarzen Oberfläche zu beobachten, in deren Mitte ein heller Fleck zu erkennen ist. Die größten Krater haben einen Durchmesser von etwa 60 Metern. Daraus abgeleitet, ergibt sich eine Tiefe des Kraters von 10 Metern. Tiefer kann die schwarze Fläche also nicht sein.

Damit nicht genug, entlang des Äquators verläuft schnurgerade eine Gebirgskette mit einer Höhe von 13 und einer Breite von 20 Kilometern. Diese „Naht" des Mondes gibt ihm das Aussehen einer gigantischen Walnuss. Plausible Erklärung: Fehlanzeige.

Kein anderes Objekt im bekannten Raum verkörpert die Dualität so wie Iapetus. Zwei Seiten, hell und dunkel, Yin und Yang.

DAS ALLERKLEINSTE TEILCHEN, AUF DER SUCHE NACH DER EWIGKEIT

„Um die Welt in einem Sandkorn zu sehen und den Himmel in einer wilden Blume, halte die Unendlichkeit auf deiner flachen Hand und die Stunde rückt in die Ewigkeit“

William Blake (1757-1827), englischer Dichter, Mystiker und Maler

Gibt es so etwas? Das allerkleinste Teilchen?

Immer tiefer gelingt es uns, in die Materie einzutauchen. Das Atom galt für lange Zeit als das kleinste Teilchen. (Die Idee des Atomismus kam im 5. Jahrhundert vor Christus in Griechenland auf.) Dieser Philosophie folgend, war es unveränderlich, unendlich hart und ewig. Nichts davon bewahrheitete sich. Spätestens seit Einstein wissen wir, dass „das da“ mehr ist, dass Atome teilbar sind. Atome sind nicht „elementar“.

Wir können diese kleineren Bestandteile zwar nicht direkt, also optisch, beobachten, aber nachweisen können wir sie. Dies sind die Fermionen (Elektronen, Protonen und Neutronen). Damit ist aber noch nicht Schluss. In großen Teilchenbeschleunigern beschleunigen wir diese „Teilchen“ auf „fast“ Lichtgeschwindigkeit und lassen sie aufeinanderprallen. Dabei wird Materie in Energie gewandelt (Einstein, E=MC2) und von Detektoren registriert. Beim Zusammenprall entstehen („zerlegen sich diese in“) Unmengen von kleineren Partikeln. Hier fängt es an, unüberschaubar zu werden. Willkommen in der Welt der „Quarks“, „Bosonen“ und „Leptonen“.

Mit Hilfe von Teilchenbeschleunigern konnten wir im Laufe der Jahre viele neue subatomare Partikel entdecken. Erst vor kurzem kam die Suche nach dem „Higgs Boson“ zu einem vorläufigen Ende. Dieses Teilchen wurde zwar schon in den 1960er Jahren von Professor Peter Higgs vorausgesagt, konnte aber erst im Juli 2012 im Forschungszentrum CERN erstmalig nachgewiesen werden. Die international koordinierte Auswertung der ständig zunehmenden Messdaten wird sich noch über Jahre hinziehen, um das ganze Bild weiter zu testen und gegebenenfalls zu verfeinern.

Das auch als „Gottesteilchen“ bekannte Boson gilt als das fehlende Teilchen im Standardmodell und erklärt, woher Elementarteilchen ihre Masse bekommen. Das ist in der Tat ein Meilenstein, da ohne Masse jedwedes Teilchen sich mit Lichtgeschwindigkeit bewegen würde. Die Entstehung von Materie wäre so unmöglich.

Eigentlich sollte man jetzt denken, dass die Suche nach dem „wissenschaftlichen Urgrund“ sich nun dem Ende nähert - weit gefehlt. Eine Frage wurde beantwortet und zehn weitere stellen sich. Und so geht unsere Suche weiter, immer tiefer in die Materie hinein. Bis wir dann irgendwann vielleicht auf die „Strings" stoßen werden. Strings stehen aktuell im Verdacht, die kleinsten „Teilchen" überhaupt zu sein. Der Grundbaustein von allem, von Materie und von Energie.

Um Ihnen ein Gefühl zu geben, wie klein so ein String ist, so es denn existieren sollte: Ein Atom können wir so gerade eben noch mit einem Elektronenmikroskop darstellen, allerdings „unscharf". So ein Atom hat in etwa einen Durchmesser von 0,1 Nanometer (~100 Pikometer). Ein modernes Elektronenmikroskop kann maximal 1 Nanometer auflösen. Zum Vergleich: Ein durchschnittliches Haar hat einen Durchmesser von 100000 Nanometer.

Der Atomkern (Protonen und Neutronen) ist etwa 10 000 bis 100 000 x kleiner als seine Hülle. Ein String wird auf 10 hoch 20 x kleiner geschätzt als ein Proton. Wäre ein Atom so groß wie unser Sonnensystem, also ein Lichtjahr (Fußnote) im Durchmesser, dann wäre ein String im Vergleich so groß wie eine Straßenlaterne.

Fußnote: Ein Lichtjahr: (Abk.: Lj) astronomische Entfernungseinheit für interstellare Entfernungen. Ein Lichtjahr entspricht der Strecke, die das Licht mit einer Geschwindigkeit von ca. 300000km/s in einem Jahr zurücklegt. In Kilometer ausgedrückt entspricht ein Lichtjahr eine Strecke von 9.46 Billionen Kilometer.

Obwohl es der Name vermuten lässt, ist das Lichtjahr eine Entfernugs- und keine Zeiteinheit. (Quelle: http://www.lexikon-der-astronomie.de/Glossar/L.html. Stand 22.01.15).

Um ein String experimentell in einem Teilchenbeschleuniger nachweisen zu können, müsste dieser die Größe unserer Milchstraße haben, also 100 000 Lichtjahre.

Selbst wenn es uns eines Tages gelingen sollte, einen String nachzuweisen, bin ich mir fast sicher, dass unsere „Suche" damit nicht beendet sein wird. Egal, wie weit wir auch vordringen (im Makro- oder Mikrokosmos), wir werden nie auf ein Alpha oder Omega stoßen. Es wird wie mit einer „selbsterfüllenden Prophezeiung" sein. Erst gibt es den Verdacht, daraus entwickelt sich eine Vorstellung (Konzept und Name) und dann kann die Suche beginnen. Welche „Vorstellung" Sie auch haben werden, sie wird erfüllt, sie wird Realität werden, erzeugt durch einen Gedanken, durch eine Vorstellung. Eine selbsterfüllende Prophezeiung: Vorstellung (Bewusstsein) erzeugt Realität.

Noch einmal zurück zu unserer „nicht endenden Suche". Unendlichkeit ist auch so ein bisschen wie Ewigkeit, ohne Anfang, ohne Ende. Sollten Sie vielleicht denken, „Ewigkeit" ist eine unendliche Summe von Zeit, von Jahren – leider falsch gedacht!

Ewigkeit existiert „außerhalb" von Raum und Zeit.

Ewigkeit und Unendlichkeit sind eher vergleichbar mit einer fraktalen Spirale. Fraktale sind Gebilde, deren Form keine geraden Linien aufweisen. Ihre Struktur wiederholt sich in der Vergrößerung und egal wie hoch die Vergrößerung auch ist, ihre Struktur wird nie glatt oder geht verloren. Man kann sie quasi „unendlich" vergrößern und dabei ist jedes Teil eines fraktalen Musters eine Kopie des Gesamten. Egal wo ich auch hinschaue oder wie weit ich hineinzoome, ich finde an jedem Punkt eines Fraktales alle Informationen des Gesamtmusters. „Das Feld", welches ich Ihnen noch vorstellen werde, unterliegt so einer fraktalen Struktur und ist an jedem Punkt in unserem Kosmos mit allen Informationen (auch mit den Informationen die sie ausmachen, die sie „sind") präsent. Unser Kosmos wird auch nach den Eigenschaften eines Hologrammes, welches fraktale Eigenschaften besitzt, hollistisches Universum genannt. (Wenn Sie ein Hologramm zertrümmern, finden Sie in jedem Bruchstück ein Abbild des Gesamtbildes.) Und so kommt es, dass fraktale Muster auch Fingerabdrücke Gottes genannt werden.

B B Mandelbrot ersann 1980 erstmalig so eine „ideale" fraktale Struktur. Die Mandelbrot Menge oder auch „Apfelmännchen" genannt wird.
Der Mathematiker Gaston Jula entdeckte im Jahr 1919, als er mit der Formel x=x2+i experimentierte, erstmalig fraktale Strukturen.

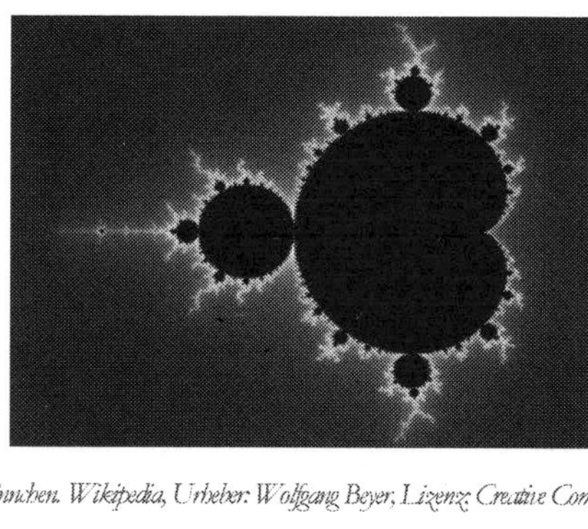

(BILD Grafik Apfelmännchen. Wikipedia, Urheber: Wolfgang Beyer, Lizenz: Creative Commons by-sa 3.0 de / Kurz)

Mandelbrot beschrieb bereits 1967 ein fraktales Paradox am Beispiel der britischen Küste: „Wie lang ist die Küste Großbritanniens?"

Mit eigenen Worten erklärt, verhält es sich wie folgt: Sie fahren mit Ihrem Pkw einmal die gesamte Küste ab, auf Ihrem Tacho können Sie dann vielleicht 3450 km ablesen. Nun wollen Sie es etwas genauer wissen und gehen die Küste zu Fuß mit einem sehr genauen Schrittzähler ab und siehe da, die Küste ist jetzt 3600 km lang. Die Küstenlänge wird umso größer, je genauer sie bestimmt wird. Würden wir die Küste nun mit einem ziemlich langen Zwirnfaden abgehen und diesen genau entlang der Wasserlinie anlegen (falls das möglich wäre), wäre die Küstenlinie wieder etwas länger.

Würden wir jetzt einen Faden, sagen wir aus Kohlenstoffnanoröhren (der 1000 mal dünner als ein Zwirnfaden ist), nehmen und die Küstenlinie mit einem gigantischen Mikroskop ebenfalls um das Tausendfache vergrößern und unseren ultradünnen Faden an der sich uns nun sichtbaren sehr feinen und sich uns (mit zuvor unsichtbaren neuen Rissen und Einbuchtungen) präsentierenden Küstenlinie anlegen, würde sich die nun ergebende Gesamtlänge erneut verlängern.

Großbritannien hat demnach also eine „unendlich" lange Küstenlinie. Je genauer man eine Küstenlinie anschaut (sie vergrößert), umso länger wird sie. Ein Paradox, das Mandelbrot zu diesem Zeitpunkt noch gebrochene (fraktale) Dimensionen nannte. Sie sollten ihn 13 Jahre später zu dem Konzept der Fraktale führen, welches dann durch Computer erstmalig als „Apfelmännchen" simuliert und gezeigt werden konnten.

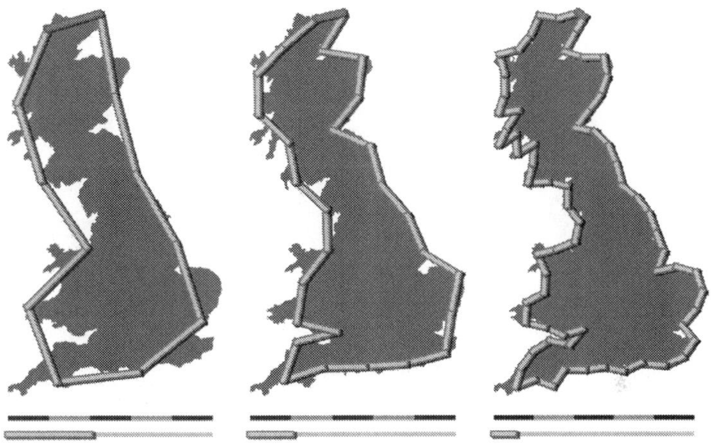

(Grafiken: Küstenlänge Großbritannien. Quelle: Wikipedia. Urheber: Alexandre Van de Sande. Lizenz: Creative Commons by-sa 3.0 de / Kurz)

Auch in der Natur finden sich überall Fraktale, häufig in der Form einer Spirale. Eine Spirale ist dabei ein uraltes heiliges Symbol aller Kulturen und gleichzeitig ein Prinzip der Schöpfung im Großen (Galaxien, Planetenbahnen) sowie im Kleinen (DNS, Schneckenhäuser, Romanesco Brokkoli). Luft (Lufthose) und Wolken bewegen sich in Spiralform. Und so verhält es sich auch mit Wasser (ablaufendes Wasser). Die schraubenförmige Knochenachse im Zentrum unserer Gehörschnecke ist ebenfalls spiralförmig. Eine Spirale

versinnbildlicht Wachstum, Entwicklung und Ausbreitung. Nach innen führt sie zum Ursprung, nach außen wächst sie. Der gesamte Kosmos entfaltet sich als

Spirale, das wussten schon unsere Urväter. Sie kann verstanden werden als die Weitergabe eines göttlichen Bauplanes, einer formgebenden Matrix ohne Anfang und ohne Ende. Dieses Muster verhindert die Verdünnung von Information (Bewusstsein), da es sich angepasst an der Entwicklung und Reifung von Bewusstsein „entfaltet".

(Bilder: Nautilus Muschel. Urheber: Wikipedia Nutzer „Chris 73". Lizenz: Creative Commons by-sa 3.0 de / Kurz. Spiralgalaxie. Urheber: Image Credit: NASA/JPL-Caltech/Space Science Institute)

Um ein Gefühl für die Unendlichkeit zu bekommen, schauen Sie sich doch einmal eines der vielen computergenerierten fraktalen Spiralen im Netz an. Sie brauchen nicht lange zu suchen, um fündig zu werden.

Ich möchte Ihnen an dieser Stelle „ein Photon" vorstellen: Photonen (hier wird eine Mehrzahl unterstellt) sind umgangssprachlich Lichtteilchen und masselos.

Ihr Name ist Programm: Photonen (das Licht), da masselos, bewegen sich mit Lichtgeschwindigkeit.

Wir nehmen jetzt einmal für einen Moment an, dass es möglich ist, ein ruhendes Objekt auf Lichtgeschwindigkeit zu beschleunigen. Mit zunehmender Geschwindigkeit vergeht für das Objekt die Zeit zunehmend langsamer. Erreicht es Lichtgeschwindigkeit, bleibt die Zeit für dieses Objekt stehen. Könnte es schneller als das Licht „reisen", würde die Zeit sich für dieses Objekt rückwärts bewegen. Es reist in die Vergangenheit.

Wie sie bereits wissen, ist es in unserer Raumzeit ausgeschlossen, dass sich Information schneller als das Licht bewegt. Selbst das Erreichen dieser Geschwindigkeit ist aufgrund von nicht zur Verfügung stehender Energie ausgeschlossen.

Für masselose Objekte ist es aber sehr wohl möglich. Und so reist ein Photon konstant mit Lichtgeschwindigkeit. Damit existiert für das Photon das Phänomen „Zeit", an das wir angebunden sind, nicht. So kann ein einziges Photon an jedem Ort im Universum „gleichzeitig" sein und dieses ausleuchten. Ein Photon existiert demnach in der Ewigkeit, zumindest aus unserer Sicht.

Wie ein Moment aus unserer zeitlichen Vorstellung, nur ohne Anfang und ohne Ende. Ein ewiger Moment.

Ob es tatsächlich so ist? Ich weiß es nicht, aber die Idee gefällt mir.

„Es gibt nichts, außer der Mathematik", hört man ab und an. Da ist was dran. Je tiefer wir in die Materie gehen, desto mehr löst sich Materie in reine Mathematik auf. Es kommt also nicht von ungefähr zu sagen, dass Gott auch Mathematik und wir letzten Endes auch „nur" Information sind.

DRITTER TEIL

Wer wir sind

ALTRUISMUS

Es gibt unter uns einige wenige Menschen, die für ihre Mitmenschen im Gespräch immer die richtigen Worte finden. Unabhängig von Alter, Intellekt oder innerer Ausrichtung sprechen sie jeden Menschen gleichermaßen an. Nein, ich meine nicht einen Politiker, ganz bestimmt nicht.

Die Menschen, die ich meine, sind da, wenn sie gebraucht werden. Und verschwinden in den Hintergrund, wenn die Situation es erfordert. Sie geben uns ein „Ohr" und Raum, um uns zu entfalten. Sie zwingen uns nie ihre Sicht oder ihre Wahrheit auf. Dabei geben sie, ohne eine Gegenleistung zu erwarten, Verständnis, Wärme, das Gefühl, „wichtig" zu sein oder gebraucht zu werden. Haben wir mit so einem Menschen gesprochen oder ihm zugehört, fühlen wir uns seltsam (angenehm) berührt. Fragt man sie, wie sie das machen, bekommt man oft zur Antwort: „Was mache ich denn? Ich mache gar nichts!" Sie wollen keinerlei Anerkennung oder Wertschätzung. Sie sind uneigennützig, selbstlos, menschenliebend und aufopfernd. Sie sind altruistisch. Altruistisches Verhalten kommt aus der Liebe heraus und ist immer bedingungslos. (Altruismus ist das Gegenteil von Egoismus).

Ich bin nicht so ein Mensch, leider. Aber ich finde so einen „Seins-Zustand" erstrebenswert. Diese Menschen sind für mich „Engel auf Erden".

Aus den Religionen und den Neuoffenbarungen wissen wir, dass Engel Gottes sich ähnlich verhalten. Sie legen großen Wert darauf, uns wissen zu lassen, dass nicht sie es sind, die Gutes (be)wirken, sondern es der Herr ist, der durch sie wirkt!

Ein Grundgesetz der Himmel ist die Nächstenliebe. Gemäß unserer Schwingung (Frequenz) werden wir dort einer der vielen Gemeinschaften nach dem Resonanzgesetz zugeordnet. Diese unterscheiden sich im Himmel durch die gewonnenen Einsichten, durch die erlangte Weisheit und die Intensität der bedingungslosen Liebe.

Innerhalb einer solchen Gemeinschaft wissen Sie immer, was ein anderer denkt und fühlt, es gibt keine Geheimnisse oder Unwahrheiten untereinander. Tun Sie nun einem „Nächsten" in Ihrer Gemeinschaft etwas Gutes, so wird dieses ein positives Gefühl erzeugen bei diesem Engel und auch bei jedem anderen Ihrer Gemeinschaft, also auch bei Ihnen. Das Resultat ist Harmonie, Glück und Seligkeit.

Die Höllen funktionieren nach demselben Prinzip. Nur, dass die Seelen sich dort gegenseitig nichts Gutes (aus der bedingungslosen Liebe heraus) tun. Der Schmerz, der dort einem anderen zugefügt wird, wird auch von allen anderen, also auch von dem Verursacher, gefühlt und wahrgenommen. Das eigentlich Bestürzende daran ist, dass diese bedauernswerten Seelen die „Wahrheit" nicht sehen (wollen) und sich somit als Verursacher nicht erkennen können. Sicher, es gibt auch dort einen Lernprozess, bedingt durch eine universale Gesetzmäßigkeit, die sie auch Barmherzigkeit nennen können, allerdings ist es ein sehr langsamer Prozess. Erkennt die Seele, dass sie, wenn sie jemand anderem schadet, sich selber schadet und ändert daraufhin ihre Ausrichtung, kann sie aufsteigen.

Bei uns noch inkarnierenden Menschen verhält es sich ebenso. Schaden sie einem anderen Wesen, schaden sie sich selber. Die meisten unter uns sind nicht in der Lage, das zu erkennen. Dabei ist es so einfach. Das Äußere reflektiert immer ihre innere Ausrichtung.

DAS "WHO IS WHO" DER SEELE

Die Seele und das Feld:

Im Kapitel „Wahrnehmung unserer Realität" habe ich Ihnen bereits einige Funktionsprinzipien unseres Bewusstseins erläutert. In diesem Kapitel möchte ich daran anknüpfen und Ihnen nun das „who is who" unserer Seele vorstellen. Dies ich wichtig, damit wir ein- und dieselbe „Sprache" sprechen und ein gemeinsames Verständnis haben. In der allgemeinen Literatur und in den Schriften der Religionen finden sich unterschiedliche Definitionen, die Übergänge sind fließend. Wenn ich von der Seele spreche, meine ich alles Geistliche, was uns ausmacht, mit Ausnahme des Gottesfunken. Dieser wird der Seele erst bei der ersten Inkarnation in einen Menschen zugefügt. Er komplementiert die Seele. Im Kapitel Reinkarnationen können Sie mehr über unsere Seele erfahren.

Im Wesentlichen setzt sich unser Bewusstsein aus Unterbewusstsein, Verstand, Gedächtnis, Ego und dem Gottesfunken zusammen. All das überdauert unseren „biologischen Tod". Wir werden in den „energetischen Welten" zunächst genauso denken und wahrnehmen, ganz so wie als Mensch, nur besser und schneller. Wir werden eine 360 Grad Wahrnehmung haben. Sehen, fühlen, hören - alles in Perfektion.

Unsere Wahrnehmung läuft auf Hochtouren. Ohne durch unsere materiellen Bedürfnisse und Notwendigkeiten eingeschränkt zu sein, erleben wir unser neues jenseitiges Umfeld „realer" als alles, was wir in der Materie erfahren haben. Erst ab einer gewissen Entwicklungsstufe, quasi mit der Zuordnung in eine Ebene der jenseitigen Welt, werden Komponenten unserer Seele entfernt. Das Ego (ein Großteil der Unwahrheit) wird entfernt, wenn Sie in die Wahrheit eingehen. Wenn Sie sich für das Materielle, dem Vergnügen der Macht über andere und dem Besitztum (also im Wesentlichen der Unwahrheit) entschieden haben, werden Komponenten der Wahrheit (Teile des Gottesfunken, Weisheit und Einsichten) entfernt.

Auch steht uns, wenn auch eingeschränkt, eine Flut von Informationen zur Verfügung. Die Informationsmenge, auf die wir zugreifen können, hängt ebenfalls von unserem Status Quo, also von unserer Nähe zum Licht ab. Je näher wir Gott kommen, umso mehr Wissen und Weisheit steht uns zur Verfügung. Bei einer Fragestellung erfolgt im gleichen Moment die Antwort und egal, wie komplex diese auch ist, Sie werden sofort „verstehen". Die Lebensrückschau (mehr dazu im Kapitel Nahtoderfahrungen) erfolgt nicht analog, also Schritt für Schritt, sondern in *einem Momen*t und wird sofort erfasst und verstanden. Schon zu Lebzeiten hier auf der Erde ist jegliches Bewusstsein in ein allumfassendes Feld eingebunden. Wenn wir unseren Körper aufgeben (der Puppenspieler lässt los), gehen wir (wieder) vollends in dieses Feld ein und stellen zumeist verwundert fest, dass wir die ganze Zeit über nirgendwo anders waren.

In diesem Feld „ist" unsere Seele mit unserem „(Gesamt)Gedächtnis". Von dort können wir Informationen, Ideen und Inspiration empfangen oder abrufen. Leider funktioniert das nicht für alle Menschen gleich gut.

Alles, was jemals gedacht wurde, jede Absicht und jeder Ton, jedes Bild, das jemals von uns gesehen wurde, befindet sich genauso dort wie die damit verbundenen Gefühle, die wir selbst empfunden, aber auch die, die wir bei anderen erzeugt haben. Nichts, rein gar nichts, ist unwichtig oder geht verloren. Einige Religionen nennen dieses absolute Gedächtnis auch das „Buch des Lebens". Diesen Datenbankverwalter nenne ich den Puppenspieler. (Dazu im weiteren Verlauf des Buches mehr.)

*

Wir träumen und denken übrigens nicht in Worten oder Sprache. Es sind immer Bilder (Surround-Ton inklusive) und Gefühle, die wir speichern und an die wir uns erinnern. Wenn wir uns erinnern, greifen wir über die „Schnittstelle" Gehirn, über unser Bewusstsein (im Feld), auf unseren Gedächtnisspeicher zu (der vom Puppenspieler vollumfänglich verwaltet wird). Dieses Zusammenspiel funktioniert nach den Regeln der Quantenmechanik.

Viele Künstler und Forscher, aber auch ganz normale Menschen haben eine erweiterte, verbesserte Anbindung an das Feld. Manche Menschen wissen noch nicht einmal, dass sie überdurchschnittliche Fähigkeiten haben. Sie denken, jeder kann das. Diese Menschen erkennt man an einer verbesserten Gedächtnisleistung, sie können gut mit Zahlen umgehen, verfügen über die Fähigkeit, Zusammenhänge leicht zu durchschauen und sie sind oft sehr kreativ, mitfühlend und tolerant.

Diese Menschen sehen und verstehen Bilder, Ideen, Formeln und Zusammenhänge. Doch ein jeder ist anders und somit einzigartig in dem, was er oder sie kann oder macht.

In Ermangelung einer Beschreibung dessen, was da passiert, werden Synonyme wie Muse oder Inspiration benutzt, um zumindest annähernd zu beschreiben, wie die eigene Kunst oder Einsicht zu funktionieren scheint. Der Bildhauer befreit die Skulptur aus dem Stein, der Maler, von der „Muse" geküsst, sieht sein Bild, irgendwie und malt es „ab". Diese Zeilen fließen über meinen Arm und weiter durch meine Hand direkt in dieses Buch. An manchen Abenden musste ich mich regelrecht losreißen, sonst hätte ich bis zum Morgengrauen weiter geschrieben oder wäre irgendwann über dem Manuskript einschlafen.

Unter den Wissenschaftlern scheint es zwei Gruppen zu geben. Die eine muss sich Erkenntnisse erarbeiten. Dies geschieht über Formeln, Zwischenschritte, Logik. Es ist harte Arbeit. Oft bekommen sie eine Vision oder eine Idee, zu der sie sich vorarbeiten sollen. (Viele Ideen und Vorlagen kommen übrigens aus der SciFi. Star Trek verdanken wir Klapphandies und Tablets sowie die Begrifflichkeiten des Warp-Antriebes und die Wurmlöcher).

Die aus der anderen Gruppe sehen oder erkennen einen Zusammenhang, eine Lösung. Quasi das Ergebnis, ähnlich einem Künstler, der die Statue in dem Block sieht und diese befreit. Nur der Lösungsweg muss noch erarbeitet werden. Einstein wusste um die Austauschbarkeit von Energie und Materie, er musste es nur noch in eine Formel packen.

Der Film „A beautiful Mind" zeigt anschaulich anhand des Beispiels des Mathematikers John Forbes Nash, wie begabte Menschen Zusammenhänge und Lösungen sehen. Ihm werden endlose Zahlenreihen gezeigt und er schafft das, was andere Wissenschaftler vor ihm nicht schafften, er „sieht" mit einem Blick auf die Zahlen den versteckten Code.

Viele Berühmtheiten verfügten über diese Fähigkeit. Goethe ebenso wie Einstein und J S Bach, der nachweislich das Komponieren nie erlernt hat. Dass, was er sah und hörte, musste er nur noch zu Papier bringen. Der Mann komponierte mit einer atemberaubenden, fast schon unmenschlichen Geschwindigkeit und war zudem ein sehr gläubiger Mensch.

Burkhard Heim (deutscher Physiker) hatte auch diese „Gabe" und entwickelte zusätzlich ein absolutes Gedächtnis. Obwohl blind und fast taub (bedingt durch einen Sprengstoffanschlag verlor er auch noch seine Hände) studierte er erfolgreich Chemie und Physik und lernte in 8 Tagen italienisch und spanisch. Für türkisch benötigte er allerdings etwas länger und zwar vierzehn Tage.

Es scheint so zu sein, dass Menschen, die über eine solch ausgeprägte Anbindung verfügen, oft auch eine verbesserte Gedächtnisleistung besitzen.

Problemstellungen werden über ein verbessertes logisches Denkvermögen durchschaut und erscheinen transparent.

Menschen, die eine bi-polare psychische Störung haben, sind in der manischen Phase ebenfalls sehr kreativ. Leider ist das kein stabiler Dauerzustand und nicht wenige nehmen sich in einer depressiven Phase das Leben. Van Gogh und Hemingway erging es so.
Aber auch Menschen, die eine andere psychische „Abnormität" aufweisen, wie Menschen mit Psychosen, Schizophrenie (J F Nash), triple X Syndrom, verfügen oftmals über eine erweiterte Anbindung und besondere Fähigkeiten.

Autisten gehören ebenfalls dazu. Bedingt durch ihre „breite Anbindung" an das Feld, können sie zum Teil unglaubliche und beeindruckende Gedächtnisleistungen vollbringen. Leider ist aber auch ihre Kommunikation mit der Außenwelt entsprechend gestört.

*

Eingeschränkte Wahrnehmung scheint eine Art Schlüssel zu sein, mit dem sich Menschen einen Zugang in oder an das Feld verschaffen. Sie schränken die Wahrnehmung ihrer Sinne ein.

Menschen, die einmal einen Blick auf die andere Seite werfen konnten, entwickeln und behalten gewisse Eigenschaften. Einige haben Vorahnungen, Einsichten, wissen plötzlich von Geschehnissen, die zeitgleich oder in der nahen Zukunft irgendwo auf dem Erdball stattfinden. Nicht wenige entwickeln künstlerische Fähigkeiten oder sind voller Ideen und Konzepten. Eines aber haben fast alle gemeinsam: Sie werden toleranter, offener und freundlicher im Umgang mit Mitmenschen und nehmen sich und die Welt um sie herum nicht mehr für so wichtig.

Dies alles kann ausgelöst werden durch Nahtoderfahrungen, außerkörperliche Erfahrungen, religiöse oder spirituelle Erfahrungen, schamanische Initialisierungsriten und durch viele weitere Praktiken.

Auch werden immer wieder gewisse Drogen, synthetische und natürliche, erwähnt, die einen derartigen Zustand ebenfalls herbeiführen können. Da dies eine sehr gefährliche Angelegenheit mit unkalkulierbaren Risiken ist, werden Sie verstehen, dass ich mich davon distanziere.

Interessant finde ich allerdings den kontrollierten Einsatz dieser Mittel z.B. durch Ärzte in einem Hospiz, um einen sterbenden Menschen, wenn er dies denn möchte, auf den Übergang vorzubereiten. Vielen (nicht wissenden) Menschen kann so die Angst vor dem Sterben genommen werden. Auch Wissenden kann es helfen, sich auf den Übergang vorzubereiten. Neugierig, wie ich nun einmal bin, wäre ich ganz sicher ein Mensch, der eine solche Behandlung auf dem Sterbebett erfahren möchte.

*

Menschen haben, angespornt durch die Berichte von Menschen mit Nahtoderfahrungen oder sonstigen Erlebnissen, seit jeher immer wieder versucht, sich durch Praktiken einen kontrollierten Zugang zu den geschilderten Welten zu verschaffen.
Der Schamanismus ist die älteste (Natur)Religion der Menschheit und hat sich mit ihr um den gesamten Globus verteilt. Ihre Praktiken, Einsichten und Rituale sind weltweit verbreitet und lassen sich in den heutigen Religionen wiederfinden. Das Fasten vor hohen Feiertagen, das Austreiben von bösen Geistern (Exorzismus), um nur einige Beispiele zu nennen. Genau genommen ist der Schamanismus eher Medizin als Religion und ist dabei aber gleichzeitig Grundlage für ein bewussteres Leben im Einklang mit „allem was ist".

*

Es ist keineswegs bewiesen, dass die Cheops Pyramide an der Stadtgrenze Kairos, tatsächlich eine Grabstätte war. Den Pharaonen war daran gelegen, ihre Reise nach dem Tod ungestört durchführen zu können. Ihre Grabkammern wurden deshalb gut versteckt (Tal der Könige) und nicht bereits auf mehrere Kilometer sichtbar (in Form einer Pyramide) mitten auf einer freien Fläche in der Nähe der „Lebenden" gebaut. Ich kann mir gut vorstellen, dass im alten Ägypten, die Cheops Pyramide zur Initialisierung der damaligen Priester benutzt wurde. Diese wurden einige Tage in einem Sarkophag gelegt und nach Einstellen und Erfahren einer „Vision" wieder befreit.

Auch dieser Initialisierungsritus hat klare schamanische Wurzeln. Durch tagelanges Fasten in Dunkelheit und Einsamkeit bei gleichzeitiger Wegnahme aller äußerlichen Eindrücke gelang es dem Aspiranten, Zugang zu finden zu den inneren Welten, die auch die „Anderswelt" genannt wird. Dort findet der Novize angeleitet sein Krafttier und Hilfsgeister. Die Anderswelt existierte bereits im „alten Himmel und der alten Erde" und tut es immer noch im mittleren Reich der heutigen energetischen Welten (siehe auch entsprechendes Kapitel).

*

Im Teutoburger Wald befinden sich die Externsteine. Seit Jahrtausenden haben Menschen diesen besonderen Kraftort aufgesucht, um dort schamanische Rituale durchzuführen.

(Bilder: Externsteine / Arkosolium, Urheber: Martin Heyden)

Auch das Christentum hat dort seine Spuren hinterlassen, das Kreuzabnahme Relief aus dem 12. Jahrhundert legt dafür Zeugnis ab. Am Rande der Externsteine befindet sich frei zugänglich das Arkosolium, das Steingrab. Eine Datierung konnte bis heute nicht durchgeführt werden und so wird dieser Stätte unterstellt, sie wäre im Mittelalter von Mönchen angelegt worden, in Anlehnung an die gefundenen Gräber in den römischen Katakomben im 3. und 4. Jahrhundert. Übersehen wird hier, ähnlich wie bei der Cheops Pyramide, die exponierte und gut zugängliche Lage des Grabes direkt am See. Ich halte es für sehr wahrscheinlich, dass diese Stätte ebenfalls dazu genutzt wurde, um Novizen zu initialisieren. Eine schwere Steinplatte (mit Luftzufuhr) würde bei einem „Suchenden“ nach einiger Zeit (bis zu drei Tagen) zu einer Ablösung der Seele führen und eine Seelenreise einleiten. Zugegeben, keine risikofreie Angelegenheit. Denn um den gewünschten Effekt zu erhalten, muss die Seele „überzeugt“ werden, dass sie

keine Zukunft mehr in ihrem Körper hat. Und das funktioniert am besten, wenn die abdeckende Steinplatte nur von außen beiseite geschoben werden kann. So neugierig wie ich auch bin, das wäre nichts für mich.

Nach erfolgreichem Zugang zur „Anderswelt“, verfügen Menschen ebenfalls über eine „verbesserte“ Anbindung und nicht selten über besondere „Fähigkeiten“, die rational nicht zu erklären sind.

Auch Jesus ging 40 Tage in die Wüste, um in Einsamkeit zu fasten. Er tat dies nicht nur, um sich im Verzichten zu üben, sondern auch, um in die energetischen Welten einzutreten.

Das Wort „Anbindung“ beschreibt es sehr gut, allerdings wäre der Ausdruck „Resonanz“, technisch gesehen, treffender. Je mehr Sie in Resonanz sind mit diesem Feld, desto ausgeprägter sind Ihre Fähigkeiten.

Zusammenfassend kann gesagt werden, dass sich diese Einsichten, Zugänge, aber auch das Reisen im Geiste innerhalb unserer Realität (Astralreisen, außerkörperliche Erfahrungen, Seelenreise etc.) durch innere Ruhe, Entspannung, monotone Rhythmen oder aber auch binaurale Beats (Fußnote 17), Schlafentzug, Fasten und Verweilen in absoluter Dunkelheit und Einsamkeit erreichen lassen. Meditation oder Gebet sind ebenfalls bewährte Praktiken.

Fußnote: Binaurale Beats sind eine akustische Täuschung, die wahrgenommen wird, wenn den Ohren Schall mit leicht unterschiedlicher Frequenz zugeführt wird. Anders als Schwebungen entstehen Binaurale Beats nicht durch Überlagerung von Schallwellen im Ohr, sondern im Gehirn. Man nimmt an, dass dieser Ton im Stammhirn erzeugt wird, im Nucleus olivaris superior, wo das Zentrum für räumliches Hören liegt. Um einen Beat wahrnehmen zu können, müssen die Trägerfrequenzen dabei unterhalb von 1500 Hz liegen. Der Unterschied zwischen den Frequenzen für das linke und rechte Ohr darf nicht größer sein als 30 Hz, da ansonsten zwei verschiedene Töne gehört werden.

Beispiel: Hört man auf dem linken Ohr eine Frequenz von 440 Hz und auf dem rechten Ohr eine Frequenz von 430 Hz, wird im Gehirn eine Frequenz von 435 Hz erzeugt. Ähnlich wie bei einer Schwebung, wird ein pulsierender Ton wahrgenommen. Die Frequenz des Pulses ist die Differenz der beiden Frequenzen, also 10 Hz. Das Interesse an Beats lässt sich in zwei Kategorien einteilen. Zum einen dienen sie der Neurophysiologie zur Erforschung des Hörsinns. Ergänzend können binaurale Beats einen subtilen Einfluss auf das Gehirn haben und die Hirnwellen stimulieren, um Entspannung, Schlaf, Meditation oder Konzentration zu fördern. (Auszug aus dem Artikel „Binaurale Beats“ aus der freien Enzyklopädie Wikipedia. Doppellizens: GNU-Lizenz für freie Dokumentation und Creative Commons CC-BY-SA 3.0 Unported. In der Wikipedia ist eine Liste der Autoren verfügbar. Stand 22.01.15)

Bewusstsein und Verstand:

Bevor wir weitermachen, ein kleines Experiment. Wenn wir „vor uns hin“ denken, ist das in etwa wie sprechen, nur ohne Aussprache. Formulieren Sie in Gedanken ein oder zwei Sätze, sprechen Sie in Gedanken zu sich selbst *und* beobachten Sie sich dabei. Keine Angst, das ist völlig in Ordnung. Jeder Mensch spricht mit sich selbst und das täglich, manche stundenlang. Prüfen Sie einmal, ob Sie sich selbst mit „Du“ oder „Ich“ gedanklich ansprechen.

(...)

Vorab: Es ist für unsere Zwecke völlig egal, ob Sie sich mit „Ich“ oder „Du“ ansprechen. Die Aufgabe war nur Mittel zum Zweck. Das, was Sie getan haben, nennt man Reflexion. Die Reflexion ist eines der Aspekte, die uns vom Tier unterscheiden.

Das, was da gedacht, also formuliert hat, ist Ihr Verstand, der das Vergangene ständig reflektiert. Er bewertet gerade Erlebtes und versorgt Sie mit Lösungen für die Zukunft. Unser Verstand ist auch ein Grund dafür, dass wir ein Gefühl für die Zeit haben. Erinnern Sie sich? Wir sind (nicht nur) die Summe all unserer Erfahrungen. Da wir uns an Vergangenes erinnern und für die Zukunft planen, haben wir ein Konzept für das Phänomen „Zeit“.

Ich nenne den Verstand auch gerne unseren Überlebenscomputer. Er hat, nach wie vor dieselbe „Programmierung“ wie die ersten „modernen Menschen“. Ötzi war also genauso programmiert wie Sie und ich, und jeder moderne Mensch ist im Grunde genommen gleich. Die ersten Menschen hatten zwar kein Internet und kannten auch noch keine Bücher oder Literatur im Allgemeinen, d.h. aber nicht, dass sie dümmer waren oder Zusammenhänge nicht erkennen konnten. Viele längst vergangene Kulturen waren geistig sehr weit entwickelt und im Einklang mit ihrer Umwelt. 90% unserer Mitmenschen in der westlichen Kultur betrachten materiellen Besitz, Rangordnung und den daraus sich ergebenden Status Quo als erstrebenswert oder sehen ihn als Lebensziel: Eine Familie gründen, ein Haus bauen, im Beruf Karriere machen, ein schickes Auto besitzen und einmal im Jahr Urlaub machen stellen für manch einen das Lebensideal dar.

Alles strebt von der Ordnung zur Unordnung, sagt uns die Thermodynamik. Die Hindus wussten das bereits vor Jahrtausenden. Shiva, ein Gott der Hinduistischen Trinität, ist die Manifestation des Zerstörers.

Als solcher ist er jedoch auch die kausale Ursache von allem neuen.

Denn neues kann nur entstehen, wenn altes vergeht.

Wir nennen diesen Umstand Entropie. Sind wir deshalb etwa weiter entwickelt? Den Gott Shiva kennt heute noch jeder Hindu. Wie viele Menschen kennen Sie, die den zweiten Satz der Thermodynamik kennen (Entropiesatz)? Und sei es auch nur in seiner vereinfachten Form.

(Bild Shiva Statue in einem Tempel in Bangalore: Wikipedia Artikel „Shiva". Urheber: Deepak Gupda. Lizenz: Creative Commons by-sa 3.0 de / Kurz)

*

Das, was bei unserem kleinen Experiment beobachtet hat, ist unser Bewusstsein. Es beobachtet und speichert jeden Gedanken, jede Absicht, jedes Gefühl und jedes Bild mit Ton, welche wir im Laufe unseres Lebens sammeln. Diese Informationen gehen direkt zu dem Ort, in das Feld, wo auch unsere Seele zuhause ist. Nichts geht verloren. Das ist der Grund, warum Demenzkranke sich eben nicht nach und nach auflösen und die „Rückschau" nach unserem biologischen Tod uns Erfahrungen zeigt, die wir längst vergessen haben. Bewusstsein und Verstand schließen sich gegenseitig aus. Wenn Ihr Verstand „spricht" und „vor sich hindenkt", ist das Bewusstsein abgemeldet. Wenn Sie denken, können Sie nicht vollumfänglich bewusst wahrnehmen. Um unser Bewusstsein zu erweitern, müssen wir den Verstand zum Schweigen bringen, nur so entsteht Raum.

Bis zu (ich möchte an dieser Stelle nichts verallgemeinern) 95% unserer Gedanken sind nicht zielführend, sind unnötig und produzieren in der Regel nur negative Gefühle. Diese sind eine biochemische Reaktion, die *Sie* erzeugen, ausgelöst durch Gedanken, die ein Ereignis aus Ihrer Vergangenheit immer wieder zum Vorschein bringen. Meiner Ansicht nach ein unnötiger Prozess: Was geschehen ist, ist geschehen. Wie viele dieser Ereignisse kennen Sie? Bestimmt einige. In fast allen Fällen wurde die Erfahrung nach einiger Zeit belanglos. Warum das Geschehene also nicht gleich abhaken?

Und wie oft haben sich Befürchtungen und Gedanken über ein kommendes Ereignis bewahrheitet? Keine Frage, sich ausgiebig vorzubereiten ist immer gut. Aber in der Regel reicht es vollkommen aus, ein Szenario einmal durchzugehen. Viele unter uns belassen es aber nicht dabei und überprüfen alle Möglichkeiten wieder und wieder. Oftmals entstehen dabei weitaus angsteinflößendere Szenarien.

Versuchen Sie negative Gedanken auszuschalten. Wer hat schon gerne schlechte Gefühle? Dadurch schlagen Sie zwei Fliegen mit einer Klappe. Zum einen haben Sie keine unerwünschten Gefühle mehr und zum anderen, gewissermaßen als Zugabe, erhält Ihr Bewusstsein noch mehr Raum, so dass Sie Ihr Äußeres durch Achtsamkeit bewusst wahrnehmen können.

Durch einfache Praktiken können Sie Ihren Verstand zur Ruhe bringen: Sport, Meditation, Atemtechniken, Gebet, Gedichte (so kam ich zu Goethe) oder gleich Yoga, welches eine gute Kombination darstellt, um Körper und Geist in Einklang zu bringen. Das sind gute Mittel, um dieses Ziel zu erreichen.

Trainieren Sie Ihre Achtsamkeit: Setzen Sie sich bei einem Spaziergang einmal auf eine Bank und versuchen Sie achtsam zu sein. Lassen Sie keine Gedanken zu und entspannen Sie sich. Versuchen Sie alles möglichst gleichzeitig in sich aufzunehmen. Lassen Sie los und versuchen Sie einfach zu „sein". Sie werden merken, dass Sie schnell ruhig werden. Auch wird sich ein gutes, befreiendes Gefühl breitmachen. Machen Sie täglich, z.B. in Pausen, Achtsamkeits-Übungen.

Sicher, unser Verstand ist wichtig. Ohne ihn gäbe es keine Problemlösungen, könnten wir weder formulieren, noch planen oder entwerfen. Nicht zu verwechseln mit unserer Kreativität und Inspiration. Letztere liefern uns Ideen und Lösungen, die wir dann mit dem Verstand umsetzen können. Zugegeben, die Übergänge können fließend erscheinen. Unser Verstand ist also wichtig und hat auch seine Funktion, hören Sie auf ihn - aber glauben Sie ihm nicht alles.

Unser Ego und unsere Ängste:

Der Sinn des Egos ist es, unser Überleben im Rudel zu sichern. Genau darauf ist seine Programmierung ausgelegt und das macht es mit höchster Effizienz. Eigentlich eine gute Sache. Der Haken ist nur, dass wir nicht mehr in einem Rudel leben. Die Programmierung unseres Egos ist so ausgelegt, im Rudel aufzusteigen, die Position zu verteidigen und den Ausschluss aus dem Rudel mit allen Mitteln zu verhindern. Je höher in der Hierarchie, je mehr Nahrung und Sexualpartner standen zur Verfügung. Ein Ausstoß aus dem Rudel kam einem Todesurteil gleich. Und genau diese Programmierung hatte Ötzi und haben Sie und ich, immer noch und unverändert. Da wir nicht mehr in einem Rudel leben und prinzipiell alle Alpha-Tiere sind, ist seine Programmierung total veraltet und bringt mehr Probleme als Nutzen mit sich.

Verstand und Ego bilden zusammen unseren „Überlebenscomputer".
Unsere Angst vor dem Alleinsein, davor, verlassen und aus einer Gruppe ausgeschlossen zu werden, werten wir immer noch als Rauswurf aus dem Rudel.

Mit einer solchen „Drohung" werden Menschen gefügig gemacht. Partner nutzen dieses ebenso aus wie einige Arbeitgeber. Unterschätzen Sie nicht Ihre eigenen Fähigkeiten. Lassen Sie sich von niemandem erzählen, was Sie können und was nicht. Lassen Sie sich nur durch Ihren gesunden Menschenverstand, durch Ihre Toleranz und Ihre Kreativität Grenzen setzen. Auch auf Ihr Gewissen sollten Sie hören, aber nie auf Ihre Ängste.

Versuchen Sie Ihren „Hemmschuh" zu erkennen. Meistens sind es grundlose Ängste, die uns daran hindern, uns weiter zu entwickeln. Wer kann Sie daran hindern selbständig zu werden, ein neues Hobby zu erlernen, eine Safari in Afrika zu machen, das Tauchen oder Fliegen zu lernen? Einen neuen Partner oder Job zu finden? Es sind unsere Ängste, die uns davon abhalten. Fliegen ist gefährlich und schwierig. Beim Tauchen begibt man sich ins Unbekannte. Eine Safari ist lebensgefährlich und wahrscheinlich nicht bezahlbar. Viele Selbständige schaffen die Existenzgründung nicht, Alleinstehende fürchten sich vor der Partnersuche und entwickeln Zweifel. Negativität hemmt unsere Entwicklung und Entfaltung. Positivität fördert sie. Werfen Sie Ihre Ängste über Bord und entwickeln Sie sich. Sie können alles das sein, was Sie wollen. Aber niemals auf Kosten anderer! Gemeint ist hiermit auch, dass Sie dem Gesetz der Nächstenliebe folgen sollten.

Einen anderen Partner unter sieben Milliarden Menschen zu finden, ist eine machbare Aufgabe. Auf jeden Topf passt ein Deckel. Einen neuen Job zu finden ist auch keine unlösbare Aufgabe. Die Grundangst, aus der das Ganze hervorgeht, ist die alte Angst vor dem Verhungern.

Wenn sich eine Angst einschleicht, leuchten Sie diese aus. Benutzen Sie Ihren gesunden Menschenverstand. Niemand verlangt von Ihnen große Risiken einzugehen. Respekt vor einem Gewitter zu haben ist absolut in Ordnung. Angst aber ist hier nicht nötig. Ich habe keine Angst, die Kontrolle über mein Auto oder mein Motorrad bei hoher Geschwindigkeit zu verlieren. Mein gesunder Menschenverstand, mein Respekt vor dem Leben und der Unversehrtheit meiner Mitmenschen, meine Verantwortung gegenüber meiner Familie und mein Wissen um unsere Gesetze, halten mich auf unseren Autobahnen zurück. Wer langsam fährt, kommt auch ans Ziel und das meist entspannter.

Ich denke, Sie wissen was ich meine. Da Ängste aber ein wichtiges Thema sind, habe ich mich entschieden, noch ein separates Kapitel dazu zu schreiben und einzufügen.

Das Ego liebt es, sich über andere Egos zu stellen. Das macht es auf vielfältige Weise.

Durch üble Nachrede erhebt sich ein anderes Ego, das sich nicht wehren kann.

Durch Informationsvorsprung: „Weißt Du schon das Neuste?"

Durch Belehrung. Der Klassiker ist ein Überholvorgang auf der Autobahn, wobei der Überholende (Sie fahren bei drei Spuren mittig) direkt vor Ihnen scharf nach rechts herüberziehtrüber zieht und Ihnen demonstrativ zeigt wo „Ihr Platz" ist. Fast jeder reagiert darauf.

Durch Zeigen von Status und Stärke.

Ich habe auf der Autobahn schon Autos gesehen, meist deutsche Edelmarken, die mit Vollgas und ohne Rücksicht auf Verluste versucht haben, ein Motorrad, das mit 240 km/h unterwegs war, einzuholen.

Durch das Aufzwingen der eigenen Wahrheit.

Der eine ist Schalke-Fan, der andere Borussia-Fan. Sie sind Arbeitskollegen und es kommt am ersten Arbeitstag in der Mittagspause zunächst zu einer Diskussion und anschließend zum Streit. Es geht um eine Tatsachenentscheidung des Schiedsrichters gegen Schalke. Als sie wieder an ihrem Arbeitsplatz sitzen und sich „abgekühlt" haben, fragen sie sich: „Was ist da passiert und vor allen Dingen, warum ist es so eskaliert?" Jeder Mensch hat seine eigene Wahrheit und das Ego versucht ständig, andere Egos davon zu überzeugen, dass seine Wahrheit (seine Überlebensstrategie für das Rudel) die einzig richtige ist.

Diskutieren Sie, das ist völlig in Ordnung, aber halten Sie sich zurück, wenn es darum geht, die eigene Wahrheit durchzusetzen. Zwingen Sie diese niemals einem anderen auf. Seien Sie tolerant. „Reden ist Silber und Schweigen ist Gold", ist ebenfalls eine gute Empfehlung. Ein Ego wird eine andere Wahrheit immer dann ablehnen, wenn dieser Vorgang ihn im Rudel heruntersetzen würde. Und das passiert immer dann, wenn es nicht Recht bekommt.

Das Ego kann aber auch anders. Wenn es sich in der Defensive sieht oder einen Ausschluss befürchtet, beschwichtigt es. „Da gebe ich Dir recht", sagt es plötzlich. Oder, ebenfalls beschwichtigend, fängt es an, sich zu erklären und zu begründen, warum es etwas gemacht hat. Machen Sie das so selten wie möglich, auch nur dann, wenn Sie dazu aufgefordert werden, nie unaufgefordert. Ansonsten nehmen Sie sich zurück. Wer sich erklärt, begibt sich automatisch in die Defensive und ins Unrecht.

*

Von frühester Jugend wird uns in der westlichen Welt ein Leistungssystem vermittelt und aufgedrückt, das uns bis ins hohe Alter begleitet und unser Handeln bestimmt: „Wenn Du brav bist, bekommst du eine Süßigkeit!" In Wirklichkeit handelt es sich um eine Karotte, wir erkennen sie nur nicht. Sie wird uns vor die Nase gehalten und wir traben los, fixiert auf die Belohnung, den Weg nicht wahrnehmend. In der Schule hat die Karotte dann einen anderen Namen, sie heißt dann „Smiley“ oder Note. Und schon laufen wir wieder, wollen besser sein als die anderen und unsere Eltern nicht enttäuschen. Haben Sie einen Mitschüler eingeholt, ist das nächste Ziel schon fixiert und weiter geht es. In der Lehre ist es dann die Übernahme, die einem von drei Lehrlingen in Aussicht gestellt wird. Später im Berufsleben ist es dann die nächste Beförderung, der Posten des Schichtführers, des stellvertretenden Chefs usw.

Der Witz ist, Sie laufen in einem Hamsterrad und werden die Karotte nie wirklich bekommen. Diese hängt immer ein Stück weit vor Ihrer Nase, gerade so weit weg, dass es möglich erscheint, sie zu fassen, aber dennoch zu weit, um sie zu ergreifen. Ist das eine Ziel erreicht, wird sofort das nächste Ziel angepeilt. Sollten Sie die Karotte mal aus den Augen verlieren und genießen gerade die innere Ruhe, die sich bei Ihnen eingestellt hat, werden Sie zum Chef zitiert: „Herr Meyer, wir müssen mal über Ihre Beurteilung sprechen. Sie könnten ja nächstes Jahr befördert werden.“ Und da ist es wieder, das schmackhafte Ding! Dieses Prinzip können Sie auf fast alle Aspekte Ihres Lebens anwenden. Sie „hangeln“ sich von Ereignis zu Ereignis. Sie warten auf die Beförderung, den Urlaub, auf die Rente und dann? Weiter, immer weiter, Hauptsache schnell ans Ziel kommen.

Die Karotte ist auch ein Synonym für unsere Jagd nach Zufriedenheit. Menschen rennen durchs Leben von Ziel zu Ziel und denken, dass der nächste Zieleinlauf, der nächste Überholvorgang, Zufriedenheit bringt. Das wird nicht passieren. Irgendwann bleiben Sie selbst auf der Strecke oder werden überholt. Spätestens dann offenbart sich die Heimtücke der Karotte. Sie „brechen“ ein. Burn-out, Depression, Verdruss und Unzufriedenheit sind die Folgen.

Die Karotte halte ich für den wichtigsten Aspekt des Egos. Er kann dazu führen, dass Sie auf dem Sterbebett liegen und Ihr Leben als unerfüllt bewerten, trotz elf Beförderungen. Es kommt Ihnen so vor, als seien Sie mit einem Schnellzug durchs Leben gerauscht.

Zufriedenheit erlangen Sie nur, indem Sie Ihren Weg bewusst gehen. „Der Weg ist das Ziel“, trifft es ziemlich genau. Um das zu erreichen, müssen Sie allerdings erst einmal stehenbleiben. Lassen Sie den Konkurrenten weiterlaufen. Das ist in Ordnung. Kommen Sie aus Ihrem Hamsterkäfig heraus. Es gibt so viel zu entdecken auf Ihrem Weg.

Nur wer steht, kann seine Position bestimmen und seine Umwelt bewusst wahrnehmen und achtsam sein. Die Karotte ist nur eine Illusion, nicht mehr. Sie müssen nicht gleich aussteigen und sich im Outback in Australien niederlassen. Entschleunigen Sie sich und fangen Sie an, bewusst zu leben.

*

Eine weitere Eigenschaft des Egos ist es, Besitz zu verteidigen. Alles, was Sie mit „meins“ oder „mir“ beschreiben, gehört Ihrem Ego. Mein Haus, mein Auto, meine Yacht, mein Geld, mein Erfolg, meine Arbeit. Aber auch, meine Frau, meine Fahrspur (besonders die auf der Autobahn), meine Vorfahrt usw. Dieser Besitz wird bis aufs Äußerste verteidigt.

Ist ein Mensch nur an Besitz und materiellem Reichtum interessiert, sieht er auch nur das in seiner Realität, zum Beispiel beim Nachbarn oder im Autohaus: Bestimmte Automarken, Villen, Frauen, erfolgreiche Menschen usw. Ein solcher Mensch denkt, dass er nur dann Zufriedenheit erlangt, wenn er etwas Begehrenswertes, etwas, dass ein anderer Mensch besitzt und er (oder sie) nicht, auch sein Eigen nennen kann. Hat er es, stellt sich aber die erwartete Zufriedenheit nicht ein; wie auch, er jagt ja einem Trugbild hinterher. Und so kommt es, dass die Jagd weitergeht. Schneller, größer, teurer: „Mein Haus, meine Yacht, meine Frau (oder Mann)“.

Sehr gerne nehmen wir auch Dinge in unseren Besitz, die wir eigentlich gar nicht wirklich besitzen können: „Hier hat keiner einen festen Sitzplatz, aber dieser Stuhl gehört mir!“ Das war der liebenswerte Spruch eines Arbeitskollegen, als ich den Versuch unternahm, mich auf seinen Platz zu setzen. Herrlich, wie kreativ wir bei der Verteidigung von Besitz werden können.

Ich hab mich vor einiger Zeit dazu entschieden, mir, unabhängig davon, in welchem Gesprächskreis ich mich befinde, immer einen anderen Platz zu suchen. Ich lehne den Besitz eines Sitzplatzes bewusst ab, um mein Ego zu disziplinieren und zu verkleinern. Auch hilft die Veränderung des Blickwinkels dabei, sich eine neue Perspektive zu verschaffen und somit neue Ideen zu entwickeln. Alteingesessene Praktiken („Das haben wir schon immer so gemacht“) können so leichter identifiziert und aufgebrochen werden. Ich habe schon öfter beobachten dürfen, wie andere Gesprächsrundenteilnehmer es mir gleichtaten und von einer positiven Erfahrung berichteten. Aber Vorsicht, einige Menschen fühlen sich durch ein derartiges Verhalten irritiert, andere sogar bedroht. Mir wurde bereits direkt, aber auch indirekt vermittelt, dass mein Verhalten Unruhe erzeugt. Ich nehme solche Hinweise dann immer dankend und kommentarlos auf. Da ich durch mein Verhalten niemanden belehren oder ärgern möchte, schränke ich mich dann zukünftig ein wenig ein, um einem gereizten Ego Zeit zu geben, sich zu beruhigen.

Sitzplätze werden immer und überall in Besitz genommen und verteidigt, in Tagungen, Kantinen, Bussen und Pausenräumen.

Zugegeben, auch ich bin nicht ohne Besitz: Zu Hause habe ich auch ein Sesselelement in Beschlag genommen.

Warum Besitz so intensiv verteidigt wird, fragen Sie? Nun, der Verlust von Waffen oder nützlichen Gegenständen in der Jungsteinzeit führte dazu, dass keine Nahrung mehr gejagt werden konnte. Ohne Feuerstein kein Feuer. Der erste Einzelhandel eröffnet erst einige tausend Jahre später. Besitz war offenbar wichtig.

*

Diese Zeiten sind vorbei. Je weniger Sie besitzen, desto weniger können Sie verlieren. Sie müssen jetzt nicht alles aufgeben und sich allem entledigen. Versuchen Sie, Ihr Ego zu verkleinern. Die Fahrspur gehört Ihnen nicht wirklich, die Vorfahrt auch nicht und Ihr Partner erst recht nicht. Viele Menschen, die Liebeskummer haben, leiden oftmals unter einem verletzten Ego. Sie leiden unter dem Verlust „ihres Spielzeuges", das ihnen von einem anderen Ego weggenommen wurde. Seien Sie sich der Situation bewusst und erkennen Sie den Auslöser. Verzichten Sie bewusst auf gewohnte Annehmlichkeiten und fasten Sie hin und wieder. Sie müssen nicht tagelang hungern, verzichten Sie einmal auf Süßigkeiten oder Snacks am Abend. Statt sich selbst etwas zu kaufen, verschenken oder spenden sie etwas (allerdings bedingungslos). Mit der Zeit wird Ihr Ego deutlich weniger „getriggert" und Ihre Ausrichtung geht weiter in die Positivität. Streben Sie mehr nach geistigen Inhalten in Ihrem Leben und nicht nach dem Besitz von materiellen Dingen. Sie können sowieso nur das „Geistige" mit auf die andere Seite nehmen.

Der Gottesfunken:

Er befindet sich in unserem Herzen, so sagt man. Der Gottesfunken macht uns zum Menschen und unterscheidet uns vom Tier, er ist Teil des Urlichtes und somit aus und von Gott. Rein wissenschaftlich gesehen wird er vom Cortex unseres Gehirns „umgesetzt" und repräsentiert. Durch den Gottesfunken haben wir schöpferische Fähigkeiten. Um die Handhabung dieser Fähigkeit zu erlernen, sind wir hier. Wir reifen mit unseren Erfahrungen und Einsichten in einer Welt des Dualismus. So werden wir geformt und unsere Möglichkeiten erweitert. Der Gottesfunken ist unsere Schnittstelle zu den Wesen und Elementalen, die uns, basierend auf unserer Ausrichtung, prägen.

Gemanagt werden wir dabei vom Puppenspieler, von dem jetzt die Rede sein wird. Die anderen Wesen und Elementale stelle ich Ihnen in einem späteren Kapitel vor.

Der Puppenspieler:

Der Puppenspieler ist mein Konzept, um unsere Anbindung an das Netzwerk Menschheit (be)greifbar zu machen. Er ist uns verborgen und agiert im Hintergrund. Sie sehen ihn jeden Morgen, wenn Sie in den Spiegel schauen. Das einzige, was Sie vom Puppenspieler unterscheidet, ist, dass er weiß, dass Sie träumen. Der Puppenspieler ist Ihr eigentliches Ich auf allen Ebenen und Sie sind ein Teilaspekt von ihm.

Der Puppenspieler benutzt unser Unterbewusstsein und unseren Verstand, um mit uns zu kommunizieren. Daraus wird ersichtlich, dass wir nicht unser Verstand „sind". Er ist Mittel zum Zweck, mit unseren Sinnen vergleichbar. Ideen, Eingebungen, aber auch Entscheidungen erreichen Sie über diesen „Sinn". Ich werde noch im Kapitel „Freier Wille und der Sinn des Ganzen" darauf eingehen. Der Puppenspieler ist unser eigentlicher Körper, eingebettet mit 7.000.000.000 anderen Seelen im Feld.

Er stellt dar und verwaltet Sie auf jeder Stufe Ihrer Entwicklung. Menschen, die außerkörperliche Erfahrungen machen, nennen ihn auch Astral- oder Geistkörper. Ihn übernehmen Sie und reisen mit ihm hier auf der Erde (Erste geistige Ebene, Kapitel „Die energetischen Welten"), aber auch in der Geisterwelt und in deren Bereiche und Sphären (ebenfalls in diesem Kapitel).

Mit ihm werden wir nach unserem Tod wieder vollumfänglich eins werden. Bis dahin steuert er unseren Traum, den wir „das Leben" nennen. Mit unserem vermeintlichen Tod werden die Fäden losgelassen, der Körper ist nutzlos und wird abgelegt. Wir wachen auf und stellen fest, dass wir geträumt haben.

Der menschliche Körper ist nichts anderes als ein Objekt das über unser Gehirn von uns (dem Puppenspieler) gesteuert wird.

Mit all Ihren Inkarnationen hat der Puppenspieler sich, haben Sie sich, entwickelt und wurde durch die göttliche Ordnung in immer höhere Formen gebracht. Der Puppenspieler ist, während wir inkarniert sind, unsere Schnittstelle (Anbindung) an das Netzwerk Menschheit. Dieses Netzwerk hat viele Namen. Ich nenne es „das Feld" (Siehe hierzu das Kapitel „Das Feld").

Die „Muse" als Quell der schönen Künste sowie die Inspiration, unser Gewissen und die Intuition, sind Deckmäntel des Puppenspielers. Der Puppenspieler ist auch unsere Datenbank und ist die Summe all unserer gemachten Erfahrungen, die wir seit Beginn unserer Existenz als Seele gemacht haben. Er ist es dann auch, der die Lebensrückschau nach unserem Ableben moderiert und uns unser Leben noch einmal zusammen mit den empfundenen Gefühlen zeigt. Diese werden genauso gespeichert wie die Gefühle, die Sie bei anderen Menschen erzeugt haben. Ihm (ihr) entgeht nichts. Alle Ihre Wahrnehmungen, Reaktionen und Aktionen sowie Ihre Gefühle werden vom Puppenspieler vollumfänglich gespeichert. Er verkörpert ihren „wahren" Charakter, der sich mit jeder neuen Inkarnation weiter entwickelt, ähnlich ihrem Charakter im Zuge eines Lebens hier auf dem Weltenkörper, den wir Erde nennen.

Mit der vollständigen Wiedererlangung Ihrer Erinnerungen nach Ihrem „Ableben" sind Sie wieder eins mit dem Puppenspieler und planen Ihre weiteren Schritte, die nächste Menschwerdung, vielleicht sogar Ihre große Reise zu einem anderen Weltkörper oder zurück zum Ursprung. Sie werden es herausfinden, ganz sicher.

Das Gewissen - Die Stimme Gottes

Wir leben in einer Welt voller Regeln, Gebote und Gesetze. Da ist es schon einmal schwer, alles richtig zu machen. Ich bin bereits vor einiger Zeit dazu übergegangen, bei einer Entscheidung, die ich zu treffen habe, zunächst zu schauen, wie sich das anfühlt.

Erst vor kurzem habe ich meinem Sohn geraten: „Stell Dich vor einen Spiegel, schau Dir tief in die Augen und dann schaust Du mal, wie sich das anfühlt. Ist es ein gutes Gefühl, dann mach es!"

Unser Gewissen ist uns auch als Lebenshilfe mit auf den Weg gegeben worden, um den rechten Weg zu finden, es repräsentiert die Wahrheit und das Göttliche in uns. Um aber tatsächlich das eigene Leben mitgestalten zu können und in die gewünschte Richtung zu lenken, erfordert es allerdings, das Sie „erwacht" sind und aufgehört haben, den „Traum des Lebens" zu träumen. In dem Kapitel „Die energetischen Welten" werden Sie eine Ebene kennenlernen, die ich die erste geistige Ebene nenne. Diesen Level betreten wir zuerst zum Beginn einer außerkörperlichen Erfahrung oder nach unserem biologischen Tod.

Wenn Sie auf dieser Ebene unterwegs sind, werden Sie die Materie so sehen wie sie ist, ein vibrierendes Konstrukt aus Energie. Ebenfalls können Sie dort erdgebundene Seelen, Elementare (dazu komme ich noch in einem anderen Kapitel) und helfende Seelen wahrnehmen. Vorausgesetzt, sie sind entsprechend ausgerichtet und in Resonanz mit Ihnen.

Diese Ebene sieht der unsrigen weitestgehend ähnlich. Sie ist aber nicht als Kopie oder als gleichwertig anzusehen, da diese von ihrer Ausrichtung, Ihren Überzeugungen und vorhandenen Konzepten mitgestaltet wird.

Treffen Sie nun auf Menschen, werden diese Sie nicht wahrnehmen oder auf Sie reagieren. Diese Menschen werden auf Sie wirken wie Schlafwandler. In diesen Fällen ist es der Puppenspieler, der die Menschen leitet und kausal koordiniert. Dieser agiert so, wie Sie ihn vor Ihrer Geburt „programmiert" haben. Diese Programmierung ist so festgelegt, dass Sie sich weiterentwickeln. Der Puppenspieler steht am Ruder und steuert Sie von Moment zu Moment im Meer der unzähligen Möglichkeiten.

Hin und wieder werden Sie während einer solchen Reise einigen Menschen begegnen, die Sie wahrnehmen und die auf Sie reagieren. Diese Menschen sind erwacht und sich ihrer selbst wahrhaftig bewusst. Wenn die Seele diesen Zustand erreicht hat, kann diese das Ruder in die Hand nehmen und selbstbestimmt ihr Leben (mit)gestalten und beliebig verändern.

Soviel vorab. Mehr möchte ich Ihnen an dieser Stelle noch nicht zumuten. Im letzten Teil dieses Buches werde ich dieses Thema, insbesondere den freien Willen, erneut aufgreifen.

Nutzen Sie Ihr Gewissen. Es gibt keinen besseren Ratgeber. Sollten Sie der Typ Mensch sein, der kein Gewissen hat, dann träumen Sie sich wahrscheinlich direkt in das, was ich in diesem Buch „Hölle“ nenne. Sind Sie hingegen einer der wenigen gewissenlosen „Erwachten“ (Ähnlich einem Menschen der weiß, dass er träumt, kann ein solcher Geist, Realitäten beeinflussen und auch erschaffen.) dann können Sie viel Schaden anrichten. Zumindest noch so lange, wie dieses Universum existiert. Der Weg zurück zum „Vater“ verbleibt Ihnen versperrt und Sie werden am Ende aller Tage mit diesem Universum vergehen (Siehe hierzu das Kapitel „Die energetischen Welten“). Keine Angst, eine Hölle, in der Sie für Ihr Handeln in alle Ewigkeit leiden, gibt es nicht wirklich (es sei denn, Sie möchten bestraft werden) und so haben Sie sicher eine Menge Spaß, zumindest bis zum Tag Ihrer Löschung.

DIE ANGST UND ANDERE GEFÜHLE

„Lass nicht zu, dass Deine Ängste Deinen Träumen im Weg stehen.“ Sergio Bambaren

Der Film „After Earth“ lief im Sommer 2013 in den Kinos und ihm voran ging eine Zeitungsmeldung, von der ich nach wie vor denke, dass sie bewusst gestreut wurde, um den Film ins Gespräch zu bringen:

„Will Smith wird unterstellt, Scientologe zu sein, und der Film ist eine Hommage an diese Glaubensgemeinschaft.“

Vorab: Ich möchte keine Werbung machen für eine Glaubensgemeinschaft aus den Vereinigten Staaten, die in Deutschland unter Beobachtung des Verfassungsschutzes steht, und für mich und wahrscheinlich auch für Sie ist es völlig unerheblich, ob Smith nun Scientologe ist oder nicht.

Ich gehe regelmäßig mit einer Gruppe von Kinoliebhabern in aktuelle Filme. Da unser Altersdurchschnitt schon etwas höher ist, dürfen es auch ab und zu weniger tempogeladene Filme sein. Und so gingen wir in den Film „After Earth", natürlich auch, um uns selbst ein Bild zu machen, was wahr ist von den Behauptungen, die im Vorfeld gemacht wurden.

Nach Ende des Films haben wir uns unterhalten und natürlich kam dieses Thema auf. Der Film sei ein von den Scientologen beeinflusster Film und vermittelt deren Werte. Auf meine Frage, welche das denn seien, kam als Antwort: „Na, keine Angst und keine Gefühle zu haben. Der Film zeigt halt Praktiken, wie diese Glaubensgemeinschaft das erreicht.“

Ich bin nicht weiter auf dieses Thema eingegangen. Mir ist durchaus der „Glaube“, auf den die Überzeugung dieser Gemeinschaft basiert, bekannt (den meisten Menschen übrigens nicht). Diese Überzeugung deckt sich allerdings nicht mit meiner Wahrheit.

Wie bei allem, so verhält es sich auch hier: Auch bei den Scientologen ist durchaus Wahrheit zu finden. Dazu gehört ganz sicher nicht, dass gefühllose Menschen weiter entwickelt sind. Mehr dazu am Schluss dieses Kapitels.

*

Unsere negativen Gefühle, insbesondere die Angst, sind des Menschen größter „Hemmschuh“ und hindern uns daran, uns zu entwickeln. Sie ist es, die uns sagt, dass es viel zu gefährlich oder zu risikoreich ist, eine Sache zu machen, einen Ort zu bereisen oder ein Wagnis einzugehen.

An diesem Punkt meldet sich normalerweise unser Überlebenscomputer und sagt uns, wie wichtig die Angst doch ist. Sie verhindert lebensgefährliche und überstürzte Aktionen, verhindert Blamagen und vieles anderes mehr.

Ist das so?

Auf den ersten Blick: ja! Wer sich sein gesamtes Leben lang alleine in dem Wohnzimmer seiner kleinen Mietwohnung aufhält, wird…

- nie einer Zwangsversteigerung seines gekauften Hauses beiwohnen müssen.

- wird nie einen Tauchunfall haben.

- nie in einem Nationalpark von einer Löwin oder einem Bären angegriffen und getötet werden.

- nie mit einem Flugzeug abstürzen oder mit dem Motorrad tödlich verunglücken.

- sich nie mit seinem Internetauftritt blamieren.

- nie einen geliebten Menschen oder ein geliebtes Tier verlieren.

- nie von einer Schlange gebissen werden.

Ich bin mir absolut sicher, man könnte die Auflistung noch um mehrere Seiten verlängern.

Menschen, die überhaupt keine Angst haben, leben gefährlicher und risikoreicher, keine Frage. Sie erleben aber auch mehr. So mancher dieser

„Adrenalinjunkies" erlebt in drei Monaten mehr, als so mancher Zeitgenosse in seinem ganzen Leben - zwei Extreme.

Lassen Sie mich das Ganze an dem Beispiel von Schlangen und Spinnen verdeutlichen. Die reine Angst vor Schlangen oder auch Spinnen (Arachnophobie), wird eine giftige Spinne nicht daran hindern, Sie zu beißen.

Aber der gesunde Menschenverstand und Wissen kann verhindern, dass Sie in ein Gebiet gehen, das als gefährdet gilt. Und falls Sie es dennoch wagen, werden Sie entsprechende Kleidung und Schuhe tragen und das Verhalten einer giftigen Spezies kennen und sich danach ausrichten.

*

Drei Fragen:

1. Wer ist besser geschützt? Derjenige, der Angst hat oder der, der das Risiko mit seinem gesunden Menschenversand und Anreicherung von Wissen minimiert?

2. Und wer entwickelt sich? Der Mensch, der sein Wohnzimmer nicht verlässt oder derjenige, der Risiken eingeht, um Erfahrungen zu sammeln.

3. Was ist denn das Schlimmste, das Ihnen widerfahren kann? Sie könnten bei einem Flugzeugabsturz ums Leben kommen, okay, und jetzt?

Wenn Sie den in Frage drei beschriebenen Umstand des Sterbens für elementar wichtig halten, haben Sie entweder das falsche Buch in der Hand oder Sie haben es (noch) nicht gelesen.

*

Neben unseren Grundängsten, auf die ich im Kapitel „Das Who is Who unserer Seele" bereits eingegangen bin, gibt es noch die Ängste in unserem Leben, die uns gedanklich aus unserem Inneren heraus unablässig beschäftigen.

Dass Gedanken keine direkten materiellen Eigenschaften haben, ist offensichtlich. Sie sind eine Energieform, die über Gedankengänge unseres Verstandes Wirkung erzielen. Zum einen über biochemische Prozesse, welche die direkte kausale Wirkung aus einer Angst heraus manifestieren.

Und zum anderen wirken diese Ängste mit bei der Gestaltung unserer zukünftigen Realität.

Ihre tief sitzenden Ängste (es müssen ja nicht immer gleich ausgewachsene Phobien sein) manifestieren sich immer wieder in Ihrem Leben. Sie sind quasi eine Reflexion Ihres inneren Zustandes (siehe hierzu auch das Kapitel „Wie wir unsere Realität beeinflussen") und werden Ihnen so lange zu schaffen machen, bis Sie sie erkannt und sich ihnen angemessen gestellt haben. Angst ist eine, wenn nicht sogar die stärkste, Energieform der Negativität. Ängste sind oft dominant und können unser gesamtes Sein beherrschen, so verlangsamen sie unsere Entwicklung. Im Film „Cloud Atlas" wird das durch Tom Hanks mit seinen aufeinander aufbauenden Charakteren anschaulich vermittelt.

Welche Ängste haben Sie?

(...)

Es lohnt sich immer, etwas Zeit für diese einfache Frage zu verwenden. Die Beantwortung alleine reicht oft schon, um einen Prozess zu starten, der Sie, von welcher Angst auch immer, fortträgt. Die Schwierigkeit ist, die kausale Ursache für die „Wirkung Angst“ zu finden. Professionelle Hilfe in Anspruch zu nehmen, ist keine Schande. Niemand ist komplett angstfrei und das soll auch nicht das Ziel einer Selbstreflexion sein. Angst, aber auch Zorn, dürfen nicht zum Leitgefühl in unserem Leben werden und Gefühle jeder Couleur sind immens wichtig.

Sie führen zu Entscheidungen und geben unserem Alltag Struktur und Richtung. Nur durch sie können wir uns entwickeln und geistiges Wachstum erfahren. Dieser biochemische Prozess, getriggert durch unseren Überlebenscomputer und genutzt vom Puppenspieler, ist einer der Hauptgründe, warum wir als spirituelle Wesen die Erfahrung machen, „Mensch“ zu sein, ganz so, wie der christliche Mystiker Pierre Teilhard de Chardin es in der Mitte des letzten Jahrhunderts formulierte:

„Wir sind keine Menschen, die eine spirituelle Erfahrung machen, sondern wir sind spirituelle Wesen, die erfahren, Mensch zu sein!“

*

Gefühle aus der Positivität heraus verändern unser Leben und unsere Ausrichtung automatisch zur Positivität hin. Damit wir das aber auch erkennen können, gibt es eben auch Gefühle der Negativität. Das eine funktioniert nur durch das andere und sie, in ihrer Gesamtheit (und darum geht es im kommenden vierten Teil), bestimmen die Richtung, in die es gehen soll.

VIERTER TEIL

Tiefe Einsichten

EVERETT

Basierend auf der Schrödingergleichung entwickelte Hugh Everett (Fußnote) die Viele-Welten-Interpretation. Diese steht entgegen der Kopenhagener Interpretation (Fußnote).

Fußnote 1: Die Schrödingergleichung und Kopenhagener Interpretation wurden umfassend dokumentiert und interpretiert. Die Filme „What the bleep do we (k)now" (Teil 1 und 2) veranschaulichen auch für den Laien nachvollziehbar und verständlich Phänomene aus der Welt der Quanten. Darüber hinaus finden Sie im Quellverzeichnis und auf der Interseite dieses Buches, www.quest-for-eternity.de, weiterführende Literatur und Filme zur Quantenmechanik. Auf Grund der Fülle an leicht zugänglichen Informationen im Internet, die relevanten Experimente der Quantenmechanik betreffend, habe ich auf eine Aufnahme in dieses Buch verzichtet.)

Fußnote 2: Hugh Everett III (* 11. November 1930 in Washington D. C.; † 19. Juli 1982 in McLean, Virginia) war ein US-amerikanischer Physiker, der für die Viele-Welten-Interpretation der Quantenmechanik, die auf seine Arbeiten zurückgeht, bekannt geworden ist. (Auszug aus dem Artikel „Hugh Everett" aus der freien Enzyklopädie Wikipedia. Doppellizens: GNU-Lizenz für freie Dokumentation und Creative Commons CC-BY-SA 3.0 Unported. In der Wikipedia ist eine Liste der Autoren verfügbar. Stand 22.01.15)

Diese möchte ich Ihnen nicht vorenthalten. Sie ist kontrovers und sie polarisiert. Sie ist also bestens dazu geeignet, sich eine eigene Meinung zu bilden.

*

Die Viele-Welten-Interpretation besagt im Wesentlichen, dass es eine endliche Anzahl von Parallelwelten gibt, die sich die gleiche Raumzeit teilen, aber nicht miteinander agieren können und abgesehen vom gemeinsamen Ursprung, unabhängig voneinander existieren.

Könnten wir diese Welten als lineare Abfolge von außen betrachten, würden sie eine baumartige Struktur aufweisen, dessen Ursprung sich aus den Anfangsbedingungen des Universums ergibt. Mit Ablauf der Zeit nach vorne, also in die Richtung, die wir Zukunft nennen, ergeben sich immer mehr Verästelungen, die parallel zueinander verlaufen - Parallelwelten.

Immer dann, wenn es in unserem Universum zu einer Entscheidung kommt (z.B. durch einen Menschen), spaltet sich von Ihnen unbemerkt die Realität auf. Diese kann bewusst oder aber auch unbewusst sein. Das passiert bei jeder 50:50-Entscheidung: Trifft oder trifft nicht. Rechts oder links. Ob es zu einer Zellmutation in unserem Körper kommt oder nicht. Ob Sie rechtzeitig bremsen oder nicht. Ob wir ins Kino gehen oder nicht.

So gesehen gibt es eine, wahrscheinlich unendlich anmutende, aber letztlich endliche Anzahl an Parallelwelten. Diese befinden sich alle im selben Raum (in derselben Raumzeit). Wenn Sie so wollen, existieren Sie, als Person, in allen möglichen Variationen. Verheiratet, ledig, berühmt, verarmt, in einer Welt mit und ohne Mond, mit zwei Sonnen usw. Natürlich ist in so einem Konstrukt auch fast alles möglich und so gibt es höchstwahrscheinlich auch eine Welt ohne Sie und ohne Menschen. Eine Welt, in der vor 65 Millionen Jahren ein Meteorit die Erde nicht getroffen hat, so dass in dieser Parallelwelt gerade eine Horde Saurier durch Ihr Wohnzimmer tobt. Allerdings nicht wahrnehmbar für Sie.

*

Angelehnt an Everetts Interpretation:

Unser Bewusstsein geht immer den Weg, der unsere Existenz sicherstellt oder aber es nimmt den „wahrscheinlichsten Weg". Mehr dazu, unabhängig von Everetts Interpretation, können Sie im Kapitel „Das Feld" nachlesen.

Während also ein anderes „Ich" von Ihnen an einer Tumorerkrankung stirbt, leben Sie weiter.

Dieses Prinzip trifft auf alle Geschehnisse unseres Universums zu und so gibt es eine enorme Anzahl an Paralleluniversen, mit denen wir unsere Raumzeit teilen und eine schier unglaubliche Anzahl an Parallel-Ichs (für mich oder für Sie), die fast jedwede mögliche Erfahrung erleben. Ich hangele mich also mit meinem Bewusstsein linear durch den Dschungel der Wahrscheinlichkeiten und erlebe somit etwas, das wir Zeit nennen.

Mit Ihrem Ende in einer jeweiligen Realität bleiben *Sie* dennoch als individuelles Bewusstsein erhalten.

*

Wenn das so funktioniert, welche Schlüsse könnten wir daraus ableiten?

Wenn in Ihrer Realität jemand verstirbt, wird der für Sie Verstorbene das nicht wahrnehmen, da er oder sie in einer anderen materiellen Realität weiterlebt. In irgendeiner „seiner" Realitäten sterben Sie, leben aber in einer Unzahl von Paralleluniversen weiter. So wäre dann ein jeder Mensch unsterblich und spätestens, wenn Sie der älteste Mensch der Welt sind, wissen Sie, dass die hier vorgestellte Annahme korrekt ist.

Ein derartiges System würde es dem Puppenspieler (also Ihnen) ermöglichen, eine schier unglaubliche Menge an Erfahrungen in sehr kurzer Zeit zu sammeln. Sobald Sie genügend Erfahrungen gesammelt haben, wird die „letzte" Inkarnation aus dem Spiel genommen und geht dann, als Summe der Erfahrungen aller Parallelleben, in die energetischen Welten ein.

Abstrakt? Paradox? Ja.

Von der Viele-Welten-Interpretation abgeleitet, ist folgendes Gedankenmodell: Ein jedes Mal, wenn Sie „gestorben" sind, haben Sie die Wahl, es dabei zu belassen und mit den gesammelten Erfahrungen in die energetischen Welten einzugehen oder weiterzumachen. Es gibt Nahtoderfahrungen, die ein solches Szenario stützen.

In diesem Fall wird eine neue Realität erzeugt, in der Sie den Unfall, die Krankheit, was auch immer, nicht hatten und die Erfahrung geht weiter.

So wird jedes Mal, wenn sich einer von uns dazu entscheidet, weiterzumachen, eine neue Realität erzeugt. Die Gedächtnisprotokolle werden angepasst und weiter geht's. Eine Kleinigkeit für den Puppenspieler.

*

Abgeleitet aus der Quantenmechanik, wollte ich Ihnen die hier vorgestellten Möglichkeiten nicht vorenthalten. Auch wenn es phantastisch und fast schon märchenhaft anmutet, unmöglich sind sie nicht.

DAS FELD

Ich werde Ihnen hier ein Feld vorstellen, welches u.a. vom Biologen Rupert Sheldrake und dem Physiker Burkhard Heim bereits vor Jahrzehnten beschrieben wurde und in der Praxis von Robert Monroe ausgiebig studiert und auch dokumentiert wurde.

Rupert Sheldrake beschrieb ein formgebendes Feld, das morphogenetische Feld (1981, *A New Science of Life*), Diese Hyphothese hat mindestens genauso viele Bewunderer wie erbitterte Gegner. Warum? Sie ist nicht beweisbar und somit für den Mainstream der Biologie faktisch nicht existent. Auch hier handelt es sich um Wahrheit und wie Sie ja bereits wissen, polarisiert diese immer und ohne Ausnahme.

Auch das verkannte Genie, der Physiker Burkhard Heim, den ich Ihnen bereits im Kapitel „Das who is who unserer Seele" kurz vorgestellt habe, hat eine Theorie entwickelt, die Raum für unsere Seele zwingend vorschreibt. Aus seiner *Einheitlichen Theorie der Elementarteilchen* geht das Konzept der 5. und 6. Dimension hervor.

*

Worum geht es hier? Sheldrakes Theorie des morphogenetischen Feldes, später umbenannt in das morphische Feld, erklärt und beschreibt, wie *Formen von selbstorganisierenden Systemen* ihre Ordnung bekommen.
Das Feld ordnet Systeme auf allen Ebenen und unabhängig von ihrer Komplexität. Atome, Moleküle, Kristalle, Zellen, Gewebe, Organe, Organismen, soziale Gemeinschaften, Ökosysteme, Planetensysteme, Sonnensysteme und Galaxien bekommen so ihre Ordnung, ihre Form.

Darüber bietet es für jede Gattung ein „Artengedächtnis", eine Art Netzwerk, das alle Mitglieder einer Art miteinander verbindet. Dieses Feld beinhaltet nicht nur alle in der Natur vorkommenden „Pläne", „Gesetze" und „Regeln", es ist auch ein unbegrenzter Speicherort von Informationen aller Art.

*

Heim beschreibt in seiner Feldtheorie zwei weitere Dimensionen, die neben den uns bekannten drei und der Raumzeit gleichberechtigt, aber nicht sichtbar existieren. Die 5. Dimension (hier wird unterstellt, dass die 4. die Zeit ist) hat eine organisierende Wirkung nicht unähnlich dem morphogenetischen Feld Sheldrakes, die von der 6. Dimension, einer Art steuernden Intelligenz, begleitet wird. Der Mensch ist in alle Dimensionen eingebettet und verbleibt nach seinem biologischen Tod weiterhin in den höheren Dimensionen existent. Heim resümierte: „Da hat sich die Naturwissenschaft lange bemüht, den Glauben an übernatürliche Mächte und Wirkungen aus ihrem Weltbild rauszuschmeißen. Und nun kommt das alles durch die modernsten Theorien wieder rein. Das ist doch ein schlechter Witz!"

Heims *Einheitliche Theorie der Elementarteilchen* ist komplex und schwer zu überprüfen. Bis heute hat sich noch keiner die Mühe gemacht, seine Theorie gründlich zu überprüfen und seine Arbeit fortzusetzen. Abgeschlossenes Studium der Physik vorausgesetzt, würden Sie anschließend viel Zeit benötigen, um sein Werk im Detail verstehen zu können. Warum sollte sich das jemand freiwillig antun?

Sie erinnern sich? Unpopuläre Ideen bringen Ihnen weder Forschungsmittel noch begehrte Posten.

Heim forschte bereits in den 50er Jahren in der Gravitation und versuchte, einen Feldantrieb zu entwickeln. Und das zuhause! Er war seiner Zeit weit voraus. Diese war aber noch nicht reif für einen Burkhard Heim.

*

Das aus beiden Thesen hervorgehende Feld verhält sich ähnlich der Gravitation. Wir können die Wirkungen dieses Feldes täglich überall beobachten und spüren. Genau wie die Gravitation ist auch das Feld unser ständiger Begleiter. Und doch

können wir die Ursache für die Gravitation nur vermuten. Hingegen bieten Sheldrake und auch Burkhard Heim schlüssige Theorien für das Feld und Heim zudem noch einen Erklärungsansatz für die Gravitation.
Beide Erklärungsmodelle könnten unterschiedlicher nicht sein und doch ist die logische Konsequenz von beiden Theorien verblüffend ähnlich! Beide Thesen untermauern, dass das menschliche Bewusstsein über die uns bekannten Dimensionen hinausgeht und unabhängig von der Materie existiert. Nicht die Materie hat das Bewusstsein erschaffen, sondern es verhält sich genau umgekehrt. Der „Geist" schafft und bewegt Materie. Die Evolution der Materie ist Mittel zum Zweck und dient dem Bewusstsein nur als Vehikel.

Beide Wissenschaftler haben sich weder gekannt, noch sich gegenseitig inspiriert. Ihre Professionen waren/sind zu unterschiedlich. Der eine ist Engländer, Autor und Biologe. Der andere war Deutscher, Physiker und lebte sehr zurückgezogen.

Die bildhaftesten Schlussfolgerungen stammen aus den Forschungen Sheldrakes. Im Folgenden möchte ich Ihnen einen Überblick geben. Alle geschilderten Phänomene lassen sich schnell im Internet recherchieren. Sie werden neben dem geschilderten Sachverhalt auch auf leidenschaftlich geführte Diskussionen stoßen, auf Zustimmung und Ablehnung. Nehmen Sie es sportlich. Sie wissen ja bereits, dass *immer* beide Sichtweisen nötig sind, um das Ganze zu verstehen.

1. Brieftauben finden ihren Weg nach Hause. In Versuchen wurde ihnen der Geruchssinn eingeschränkt. Auch wurden sie mit kleinen Elektromagneten versehen, die um die Taube ein künstliches magnetisches Feld erzeugte, welches das „natürliche" Feld überlagerte. Die Taube, derartig eingeschränkt, fand immer ihren Weg zurück.

2. Papageien scheinen um die Gedanken ihrer Menschen zu wissen und machen entsprechend verblüffende Bemerkungen, die unmöglich gesehen, gehört oder antrainiert wurden.

3. Einige Hunde wissen, wann ihr Herrchen oder Frauchen sich aufmacht und nach Hause kommt. Der Hund geht zur Tür oder an eine bestimmte Stelle, um sein Alpha-Tier zu begrüßen, wenn er oder sie eintrifft. Und das zu scheinbar willkürlichen Zeiten.

4. Menschen spüren, wenn sie angestarrt werden, ohne dass der oder die Betreffende im Sichtbereich war oder ist. Es wird gewissermaßen nur „gespürt". Kampfpiloten wird in der Ausbildung beigebracht, die Maschine, die sie verfolgen, nicht anzustarren.

5. Insekten, die in Schwärmen leben, Bienen, Ameisen, Termiten, scheinen aufgrund ihrer Arbeitsweise und ihrem „Wissen" ein gemeinsames Bewusstsein

zu haben, über das sie Informationen und Anweisungen austauschen. Informationen und Anweisungen, die nicht über biochemische Botenstoffe ausgetauscht werden können. Kein Botenstoff und kein Signal würden bei einem Fischschwarm zu einem zeitgleichen Wechsel der Richtung führen.

6. Wir denken an einen bestimmten Menschen, scheinbar grundlos. Kurze Zeit später meldet dieser sich telefonisch oder Sie begegnen ihm. „Ich habe gerade an dich gedacht" oder „Wenn man vom Teufel spricht", hört man dann, obwohl ein Teufel damit rein gar nichts zu tun hat.

Dies sind nur einige wenige Beispiele, die durch das „Feld" schlüssig erklärt werden können. Das Feld gibt einer Schneeflocke und einem chladnischen Klangmuster (Siehe hierzu das Kapitel „Sonne, Mond und Sterne") seine Form, genauso wie unserem Universum und jegliche Struktur in ihm. Ideen und Formen, alle uns bekannten und (noch) unbekannten Naturgesetze und Kräfte sind dort genauso definiert und ursächlich zu finden, wie zum Beispiel die Ursache von Gravitation. Jegliche Materie und somit auch jedwedes biologische Leben bezieht sein Aussehen aus diesem Feld. Auch ist dieses Feld die Heimat der Muse, der Inspiration und Intuition.

(Bild: Hesiod und die Muse, Gustave Moreau 19. Jh.)

Ich hatte nie die Absicht Schriftsteller zu werden, ein Buch zu schreiben oder irgendetwas zu veröffentlichen. Eines Morgens, im März 2013, wachte ich auf und da war dieser eine, nicht zu übersehende Gedanke: „Ich schreibe ein Buch über all das, was ich erfahren durfte." Ich stürzte aus dem Bett, den Gedanken festhaltend, rannte in mein Arbeitszimmer, riss ein Blatt Papier aus dem Drucker und fing mit einem Bleistift schnell an zu schreiben. Keine zwei Minuten, nachdem ich wach geworden war, hielt ich ein Blatt Papier in der Hand mit dem Titel dieses Buches und allen Themengebieten, die Sie hier vorfinden.

Alles das, was uns ausmacht, unsere Seelen und all unsere Erfahrungen, Wahrnehmungen, Gedanken, unsere erlebten und verursachten Gefühle, befinden sich ebenfalls vollumfänglich im Feld.

Das „Organ" Gehirn ist nach quantenmechanischen Grundlagen an dieses Feld angebunden und funktioniert wie eine äußerst komplexe Schnittstelle. Je komplexer das Bewusstsein, desto umfangreicher muss die Schnittstelle sein. Das Gehirn unterliegt genau wie das Bewusstsein der gesteuerten Evolution und die Arten (die Gefäße) entwickeln sich mit dem Bewusstsein, gesteuert und auf Kurs gehalten durch die ewige und allumfassende göttliche Ordnung, die ebenfalls ein Teil des Feldes ist. Wie im Übrigen unsere materielle Welt auch.

Es gibt auch einige Menschen, die dieses Phänomen praktisch untersuchten; einer davon war Robert Monroe.

Monroe war zwar kein Akademiker, fand und erforschte dieses Phänomen aber bei seinen außerkörperlichen Reisen, die sich über einen Zeitraum von mehreren Jahrzehnten erstreckten. Er war der erste Mensch, der dieses Feld in der Praxis „erlebte", über Experimente erforschte und dokumentierte.

Das M-Feld (Mind Field = Bewusstseins Feld, wie er es nannte), ist ein nicht-physikalisches Feld, welches Zeit und Raum durchdringt. Dieses Feld organisiert das physikalische Universum im Allgemeinen und die Entwicklung von Leben im Besonderen. Dieses Feld ist (noch) nicht Bestandteil menschlicher Forschung. Jegliches Bewusstsein in unserem Universum ist in dieses Feld eingebettet und bleibt dort, über den „Tod" hinaus, in seiner vollständigen Komplexität, ohne zeitliche Begrenzung und unzerstörbar erhalten. Planeten bilden hierbei Organisationseinheiten und beinhalten ausschließlich Seelen von Lebewesen, die auf dem jeweiligen Planeten gelebt haben.

*

Der „heilige Geist" wird beschrieben als eine nicht sichtbare Macht, die uns Einsichten gibt und uns mit Gaben und besonderen Fähigkeiten belohnt oder ausstattet.

An anderer Stelle erwähnte ich bereits, dass es spezielle Rituale gibt, die es uns erlauben, die energetischen Welten, die auch die inneren Welten genannt werden, zu betreten.

Diese Menschen, aber auch einige Menschen mit Nahtoderlebnissen, verfügen, zurück in unserer Welt, über besondere Fähigkeiten wie das Heilen von Kranken und das Sehen von zukünftigen Ereignissen. Zudem werden sie einsichtiger und weiser.

Vor 2000 Jahren hätte niemand das Konzept des Feldes auch nur annähernd erfassen können, genauso wenig wie unseren Platz im Universum.

Die Bezeichnungen „Geist" und „allgegenwärtig" kommen den Eigenschaften des Feldes am nächsten. Diese Beschreibungen waren auch im alten Palästina bekannt.

Das, was als der „heilige Geist" betrachtet wird (im Osten „Akasha" oder modern „Matrix" genannt), ist auch Gott und wird in diesem Buch „das Feld" genannt.

*

Jedes Objekt im Universum, das über Gravitation und Elektromagnetismus verfügt, bildet im Zuge seiner eigenen Entwicklung ein Feld, das wiederum in einem höheren allumfassenden Feld eingebettet ist, der göttlichen Ordnung.

Dieses allumfassende Feld als Träger der Ordnung und jeglicher Information expandierte mit der Entstehung des Raumes, ist dabei kausale Ursache von Bewusstsein und nimmt dieses auf. So entsteht individuell ausgeprägtes Bewusstsein auch noch im letzten Winkel des Kosmos.

Das Feld verhält sich dabei wie eine fraktale Spirale, wie ich sie Ihnen im Kapitel „Auf der Jagd nach dem allerkleinsten Teilchen" vorgestellt habe. Es entfaltet sich dabei zusammen mit der Raumzeit und der Materie (Energie) vom Ursprung aus.

Die Information betreffend, verhält es sich durchaus analog zu einem Hologramm. Wenn Sie ein solches zerstören, sehen Sie immer noch in jedem Bruchstück das komplette Bild. Und so ist es auch mit dem Feld. Alle Informationen, die gesamte göttliche Ordnung, befinden sich ausnahmslos an jedem Punkt im Universum, im Mikro- und im Makrokosmos.

Dieses Konzept verhindert eine „Verdünnung" von Bewusstsein und so expandiert das Feld mit dem Raum. Ein Werkzeug hierfür ist die Gravitation. Sie lässt Planeten, Sterne, Galaxien und schwarze Löcher entstehen. Zusammen mit der Seitenführungskraft hält sie die Ordnung aufrecht. So bilden sich die Organisationseinheiten. „Dunkle Energie" (Siehe dazu das Kapitel „Materie und Energie") wiederum sorgt dafür, dass das Universum nicht wieder in sich zusammenfällt, sondern sich weiter ausdehnt. Der Elektromagnetismus bietet durch sein Feld dem Leben den notwendigen Schutz vor der harten Strahlung aus dem All. Aber er ist noch mehr als das. R Monroe beschreibt in seinem zweiten Buch einen Zusammenhang zwischen Elektrizität/Elektromagnetismus und unserem „Zweitkörper" (Eine Bezeichnung, die Monroe benutzte; auch Astral- oder Geistkörper genannt). Auf einer seiner außerkörperlichen Reisen war er plötzlich wie in einer Art Käfig

gefangen. Später stellte sich heraus, dass sein Körper zwischen zwei Generatoren, in einem elektromagnetischen Feld, „gefangen“ war - eine Geisterfalle.
Alle Felder (energetische Welten) sind, von Beginn an, an „Gottes Netzwerk“ (das allumfassende Feld) angeschlossen. Die Einbindung eines Feldes erfolgt immer hierarchisch. In unserem Fall ist die Hierarchie wie folgt: Mond zu Erde, Erde zu Sonne, Sonne zu galaktischem Zentrum. Galaxie zu Galaxienhaufen. Galaxienhaufen zu Urzentralsonne (noch nicht entdeckt).

J. Lorber beschrieb seiner Zeit entsprechend ein ähnliches Szenario mit anderen Worten. Alle seine Vorhersagen bezüglich des hier beschriebenen Konstrukts der Hierarchie haben sich bewahrheitet. Mindestens eine Sache gibt es aber, die wir noch nicht entdeckt haben:

Die Urzentralsonne, als höchste Instanz in der Hierarchie. Ihre Gravitation muss so unvorstellbar stark sein, dass sie jeden Winkel des Universums mit ihrer Kraft erreichen kann. Ich kann mir gut vorstellen, dass diese Urzentralsonne der Ursprung unseres Universums war und ihr Dreh- und Angelpunkt ist. Vielleicht ist diese Urzentralsonne ein schwarzes Loch eines anderen Universums oder sogar Gottes Zentrum, von dem er in alle Richtungen ewig ausstrahlt.

Zumindest aber die stärkste und intensivste Konzentration Gottes in unserem Universum. Eine spannende Frage, die wir im Hier und Jetzt wohl nicht vollumfassend werden beantworten können. Vom „Wesen Gottes“ wird noch in einem späteren und gesonderten Kapitel die Rede sein.

Jedes Atom im Universum könnte ein Träger eines Seelenfunkens sein oder zumindest an eines „angebunden“ sein. Abgeleitet aus der Quantenphysik (Verschränkung, Doppelspaltexperiment) wissen wir, dass Elementarteilchen zu wissen scheinen, wenn sie beobachtet oder gemessen werden. Hier interagiert das Beobachtete mit dem Beobachter. Darüber hinaus sind sie auch noch sehr eigenwillig und es lässt sich keine Prognose abgeben, welche Position oder welche Eigenschaft das beobachtete Teilchen zum Zeitpunkt der Messung annimmt. Sie scheinen eine gewisse Intelligenz zu besitzen.

Daraus folgt, dass bereits Elementarteilchen eine Art Bewusstsein haben. Somit sind Atome nicht nur Bausteine der Materie, sondern auch gleichzeitig Bausteine von Bewusstsein. So formt die Gravitation nicht nur stellare Objekte, sondern auch Bewusstsein, das zusammen mit dem Objekt wächst und interagiert. So ist alles was ist, war und sein wird „Gott“ und so ist alles auch „Bewusstsein“. So etwas wie tote Materie gibt es demnach nicht.

Die Millennium Simulationen unseres Universums (2005, Max-Planck-Institut, Kapitel „Wenn wir sterben“) scheinen das zu unterstreichen. Deutlich sind die lokalen Gruppen und dunkle Materie zu erkennen und alle Galaxienhaufen scheinen über Gravitation miteinander vernetzt zu sein. Es sieht ein wenig aus wie ein überdimensionales neuronales Netzwerk eines Gehirns, das bei der Arbeit beobachtet wird. (Abbildung im Kapitel „Materie und Energie", *Millennium Simulation*)

Im Feld finden sich nicht nur die Definitionen unserer Naturgesetze, sondern auch Informationen über alle möglichen aktuellen und vergangenen Spezies und deren Errungenschaften aus diesem und anderen Universen. Die Informationsdichte ist enorm und kann auch als ein Bauplan oder Matrix verstanden werden. Nachdem die Expansion des Universums begann, musste nichts weiter unternommen werden: „Fire and forget" - Es bedarf keines weiteren zwingenden Eingreifens, egal was wir auch machen, wir können nichts verkehrt machen. Das Resultat wird immer dasselbe sein: Geformtes schöpferisches Bewusstsein. Mehr dazu im Schlussteil, im Kapitel „Freier Wille".

Wir sind nicht die erste Schöpfung und werden auch nicht die letzte sein. Der Mensch ist in der Tat die Krone der Schöpfung. Er ist die letzte Stufe in einer materiellen Form. Mit dem Ende unserer materiellen Existenz beginnt unsere Entwicklung im Feld, in den energetischen Welten unseres Planeten.

Ob es sich um ein mehrdimensionales Konstrukt handelt? Gut möglich, ja sogar wahrscheinlich (siehe B Heim). Wenn Sie es genau wissen möchten, fragen Sie mich doch einfach, aber bitte erst nach meinem Ableben. Dann kann ich es Ihnen genau erklären.

QUO VADIS FELD?

Im Kapitel „Außerirdische Intelligenzen" habe ich Ihnen drei Szenarien vorgestellt, wie unser Universum enden könnte (Lehrmeinung).

Das Szenario „Big Whisper" halte ich für das Wahrscheinlichste, aber nur bis zu dem Punkt, an dem das letzte Stück Materie in einem schwarzen Loch eingegangen ist.

Unsere Sonne wird in etwa 4 Milliarden Jahren beginnen, sich auszudehnen, etwa bis zur Venus. Die beiden inneren Planeten werden dabei von unserer Sonne geschluckt. Zum Zeitpunkt der größten Ausdehnung füllt die Sonne den gesamten Himmel der Erde aus. Alle Errungenschaften des Menschen existieren da schon lange nicht mehr. Die Meere sind schon vor Jahrmillionen verdampft, die Erdkruste ist geschmolzen.

Die Sonne verliert durch ihre Ausdehnung Masse, so dass die Gravitation schwächer wird und die Erde weiter nach außen „geführt" wird. Das wird sie wahrscheinlich zunächst retten. Nachdem die Sonne ihre äußere Hülle abgestoßen hat, beginnt sie sich durch den fehlenden Strahlendruck wieder zu komprimieren. Die Gravitation im Kern wird immer stärker und zum Schluss bleibt ein weißer Zwerg übrig. Seine Atome sind dermaßen „gequetscht“, dass ein Kubikzentimeter dieser komprimierten Masse eine Tonne wiegt. Unsere Sonne ist zu einem weißen Zwerg geworden. Sein Radius beträgt nur noch 8000 km. Heute hat sie einen Durchmesser von 1,5 Millionen Kilometer. Merkur und Venus gibt es nicht mehr. Von der Erde aus hat die Sonne noch eine Leuchtkraft, die in etwa der des heutigen Polarsterns entspricht. Die Erde kühlt sich wieder ab und irgendwann wird aus dem weißen Zwerg ein schwarzer und es wird dunkel und kalt in unserem System.

Und so würde es auch bleiben, wenn da nicht die schwarzen Löcher wären, das Endprodukt der Gravitation.

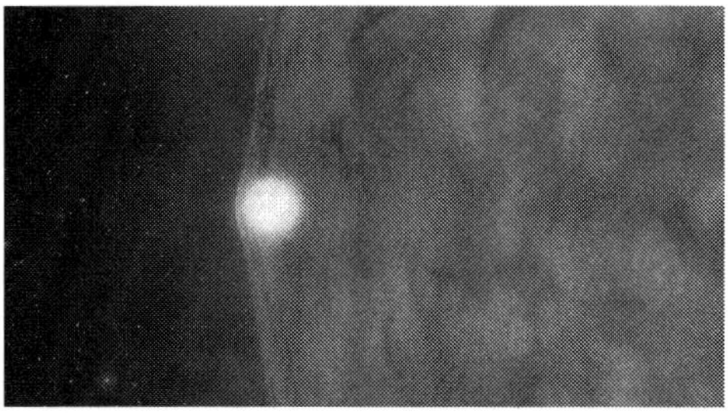

(Bild: Künstlerische Darstellung eines Doppelsternsystems. Ein Weißer Zwerg zieht an einem roten Riesen vorbei und verzerrt durch seine Gravitation das Licht. Image Credit: NASA/JPL-Caltech/Space Science Institute)

Exkurs: Massereiche Objekte im Universum

Unsere Erde würde ziemlich genau 1.300.000 x in die Sonne hinein passen.

Besitzt eine Sonne zwischen 1,44 und 3 Sonnenmassen (Fußnote 1), wird sie am Ende ihres „Lebens“ zu einem Neutronenstern (Magnetar oder Pulsar). Die Atome sind hier so dicht durch die Gravitation gepresst, dass sich ihre Atomkerne berühren. Ist die Sonnenmasse größer als 3 Sonnenmassen, kann sich der Neutronenstern nicht stabilisieren und kollabiert weiter. Er wird zu einem schwarzen Loch. An so einem Ort (es handelt sich eigentlich nicht um ein Loch, so dass „schwarzer Stern“ wohl treffender wäre) komprimiert sich Materie so stark, dass die dadurch entstehende Gravitation alles in ihrer Nähe anzieht, einverleibt und noch nicht einmal Lichtteilchen mehr entkommen lässt. Daher auch der Name, „schwarzes“ Loch. Unmittelbar im Umfeld eines solchen Objektes wird die Raumzeit mit der Nähe zum Zentrum zunehmend verzerrt und hört schließlich im Zentrum auf zu existieren. Ein unwirklicher Ort, der sich hinter dem Ereignishorizont (Fußnote 2) jeglicher weiteren Berechnung und Vorhersage entzieht.

Hier spricht die Wissenschaft, interessanterweise, wieder (siehe auch Entstehung unseres Universums) von einer Singularität. Materie, die einmal von so einem Loch „verschlungen" wurde, wird diesem nicht mehr entkommen (Zumindest nicht zurück in das Universum, aus dem sie „weggezogen" wurde).

„Sagittarius A" ist das supermassereiche schwarze Loch im Zentrum unserer Galaxie mit ungefähr 4,3 Millionen Sonnenmassen. Ein wirklich gut genährtes und immer noch hungriges Monster. Gegenüber anderen entdeckten schwarzen Löchern ist sie aber ein Winzling. Es wurden schwarze Löcher entdeckt, die um ein vielfaches massereicher sind. Schätzungen gehen heute davon aus, dass einige dieser supermassereichen schwarzen Löcher auf mehr als 21 Milliarden Sonnenmassen kommen.

Fußnote 1: Als eine Sonnenmasse bezeichnen wir Objekte, die der Größe und Masse unserer Sonne entsprechen.

Fußnote 2: Der Ereignishorizont bildet eine Grenze für Informationen und kausale Zusammenhänge, die sich aus der Struktur der Raumzeit und den Gesetzen der Physik, insbesondere in Bezug auf die Lichtgeschwindigkeit, ergibt.

Exkurs Ende

Im Universum strebt alles auseinander. Allerdings gehören Galaxien immer zu einer Gruppe, die wir Galaxienhaufen oder Gruppe nennen. Innerhalb einer solchen Gruppe dominiert die Gravitation und hält die Galaxien beieinander. Mit dieser Gruppe rast unsere Milchstraße durch die Unendlichkeit und entfernt sich von anderen Galaxienhaufen. Innerhalb unserer lokalen Gruppe, ein Supercluster mit dem Namen „Laniakea", gibt es weit mehr als 75 Galaxien unterschiedlicher Größe (Fußnote), die gravitativ aneinander gebunden sind. Diese Gravitation wird es auch sein, die alle Galaxien in unserer Gruppe eines fernen Tages zusammenbringen wird.

Fußnote: Einer Veröffentlichung des Magazins „Nature" im August 2014 zur Folge, ist unsere lokale Gruppe weit größer als zunächst angenommen. Die Menge der Galaxien überschreitet weit die zunächst angenommene Menge von 75 Galaxien. Die genaue Anzahl steht noch nicht fest, aber es gibt bereits einen Namen für unseren (nun) Supercluster (Supergalaxienhaufen): Laniakea

Am Ende wird es ein gigantisches schwarzes Loch sein, das von jeder Gruppe übrig bleibt. Die nächste Zusammenkunft mit einer anderen Galaxie aus unserer lokalen Gruppe wird in etwa vier Milliarden Jahren sein. Dann hat uns Andromeda erreicht und vermengt sich mit unserer Milchstraße. Es ist durchaus möglich, dass sich die jeweiligen schwarzen Löcher zunächst eine Weile umkreisen werden, bevor sie sich endgültig vereinen werden. Insgesamt betrachtet passt uns das ganz gut, da das auch in etwa der Zeitpunkt ist, an dem unsere Sonne zu einem weißen Zwerg wird.

Die Abstände zwischen den einzelnen Sternen bei beiden Galaxien sind so groß, dass einzelne Sternenkollisionen ausgeschlossen sind. Nicht ausgeschlossen werden kann, dass das ein oder andere Sonnensystem durch auftretende Zentrifugalkräfte aus der Galaxie, die sich da neu bildet, hinausgeschleudert wird. Nach etwa zwei Milliarden Jahren ist der Prozess dann abgeschlossen. Die Kerne (schwarzen Löcher) unserer Galaxien haben sich dann im neuen Zentrum vereint und bilden ein schwarzes Loch, welches sich im Laufe der kommenden Äonen weiter, durch Aufnahme von zusätzlicher Masse (Energie und Materie), vergrößern wird.

Nach Stephen Hawking lösen sich schwarze Löcher im Laufe von Äonen durch Abstrahlung (Hawking-Strahlung) langsam auf. Bewiesen ist das aber nicht. Ich halte es für durchaus denkbar, dass über die schwarzen Löcher, je nach Bedarf, Masse zwischen den Universen ausgetauscht wird. So gesehen ist es möglich, dass ein solches schwarzes Loch die Grundlage für ein neues Universum bildet. Energetische Welten werden über die Mechanismen von schwarzen Löchern zusammengeführt. Als Speicherort dient der Ereignishorizont, der sich am Rand eines Schwarzen Loches befindet. In ihm werden alle Informationen abgelegt, die zu den Objekten gehören, die in das Loch hineingezogen wurden.

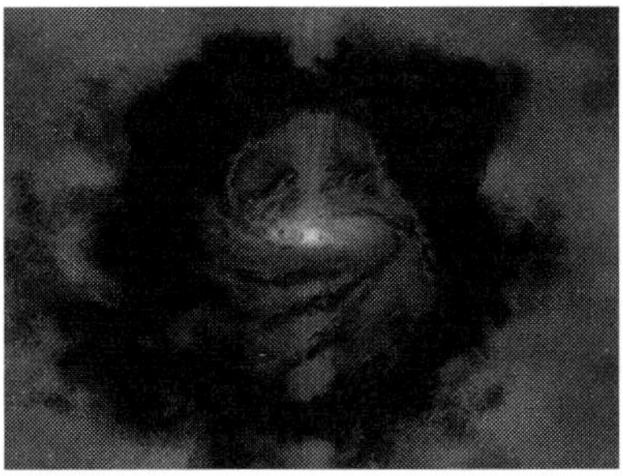

(Image Credit: NASA/JPL-Caltech/Space Science Institute). Bild: Künstlerische Darstellung eines Schwarzen Loches. Es sendet tausende Lichtjahre lange Materiestrahlen, sogenannte Jets, in den Weltraum. Diese Jets entstehen durch die sehr schnelle Rotation der angezogenen Materie, die sich um das Zentrum verteilt. Es handelt sich hierbei nicht um Masse, die aus dem schwarzen Loch abgestrahlt wird.)

Materie und Energie haben ihre Arbeit gemacht und gehen wieder zurück, um erneut als Baustoffe verwendet werden zu können. Alle Informationen, die durch sie entstanden sind, alles Bewusstsein, wird an den Ereignishorizont abgegeben.

Es ist nicht unwahrscheinlich, dass jetzt die Bereiche der energetischen Welten, die wir Hölle nennen, wieder zu einer Seelenmasse vermengt und in einem neuen Universum als Seelenfunken den dortigen Atomen zugeordnet werden. Gemäß der göttlichen Ordnung wird sich die Hälfte der erschaffenen Seelen für die Wahrheit entscheiden (siehe auch dazu das Kapitel „Die energetischen Welten").

Ein derart gigantisches Objekt hätte folglich die Energie, die Seelenfunken und die nötigen Bewusstseinsformen (Wesen, die wir Engel nennen), um ein neues Universum zu bilden und erneut Bewusstsein zur Reife zu bringen.

Es gibt durchaus wissenschaftliche Überlegungen, die besagen, dass wir in einem schwarzen Loch existieren und wir nur eine Projektion einer Realität eines früheren Universums sind. Eine derartige Projektion geht aus dem Ereignishorizont eines Schwarzen Loches hervor und wird durch Holografie an jeden Punkt im neuen Universum „projiziert". Das ist im Übrigen die wissenschaftliche Variante von: „Das Universum entfaltet sich vom Ursprung aus spiralförmig in die Ewigkeit". Erstaunlich, wie nah sich Wahrheiten manchmal sein können, ohne dass wir den offensichtlichen Zusammenhang sehen.

Eine ähnliche Überlegung machte bereits Platon mit seinem berühmten Höhlengleichnis (siehe Anlage).

So gesehen ist es ein nie endender Prozess. Wir sind die Projektion in einem Hologramm. Das deckt sich durchaus mit meiner Vorstellung von unserer Realität. Unser Universum erzeugt wiederum neue schwarze Löcher, welche mit Masse angereichert und mit Information (gespeichert im Ereignishorizont) versehen werden. Einem fraktalen Prinzip folgend, könnte so eine ewige Ausdehnung geschaffen werden.

Sie und ich, wir alle sind nichts anderes als denkende, sich bewusste Information. Gleiches gilt auch für die universale Ordnung. Das Feld nimmt all diese Information auf. Und wenn die kausale Ursache für das Feld der Ereignishorizont eines Schwarzen Loches aus einem älteren Universum ist, dann ist alles möglich. Auch eine Illusion, von der wir „Inkarnierten" ein Teil, ein Fraktal sind.

Planetenkörper, dazu zählte Jakob Lorber auch die Sonnen eines Planetensystems, wurden von ihm zwar als zentrale, aber ebenfalls erlösungsbedürftige Wesenheiten beschrieben.

Dass Sonnen (dazu zähle ich alle Erscheinungen bis hin zum Schwarzen Loch) durchaus einen göttlichen Status haben, kommt nicht von ungefähr. In vielen alten Volksstämmen und immer noch von vielen heutigen Naturvölkern werden Sonnen als göttlich angesehen. Gott ist kein alter Mann mit grauem Haar und Bart; das war Michelangelos Konzept aus „Die Erschaffung Adams" (siehe dazu Abbildung oben und das Kapitel: „Das Wesen Gottes"). Aber eines ist er ganz sicher: Licht.

Und wie alles bei uns im Materiellen eine Entsprechung des Jenseitigen ist, ist das Licht im Jenseits das Licht der Sonnen hier bei uns in der materiellen Welt.

(Bild: Die Erschaffung des Adam, Sixtinische Kapelle, von Michelangelo)

VORAHNUNGEN, AHNUNGEN UND KAUSALE ZUSAMMENHÄNGE

Neulich stellte ich, ohne ersichtlichen Grund, die Lautstärke meines Handys auf Maximum. Einen Tag später, auf unserem Nachhauseweg von einem Essen, vermisste ich plötzlich mein Handy. Es war nicht mehr in meiner Hosentasche. Als ich meine Frau bat, mein Handy anzurufen, um es klingeln zu lassen, hörte ich es unter meinem Sitz. Normalerweise ist mein Handy auf lautlos gestellt und ich hätte es nicht lokalisieren können.

*

An einem Sonntag las ich im Internet zufällig auf der Seite wissen.de einen interessanten Artikel über Hatha Yoga. Es verbessert nachweislich die kognitiven Fähigkeiten und hat einen überaus positiven Effekt auf die Psyche und die geistigen Fähigkeiten nicht nur von jungen Menschen, hieß es. Ich dachte mir noch: Welch Überraschung! Habt ihr es nun auch endlich entdeckt, dass Yoga mehr ist als „Gelegenheitssport für Yuppies". Noch am selben Abend entschloss ich mich, mir mehr Informationsmaterial zu dieser speziellen Yoga-Art zu besorgen. Gesagt, getan, bestellt. Ich dachte, dass es gut wäre, dieses Thema in mein Buchprojekt mit einfließen zu lassen. Am nächsten Tag konnte ich einen neuen leitenden Mitarbeiter begrüßen und es entwickelte sich ein anregendes Gespräch, in dem viele Gemeinsamkeiten entdeckt wurden. Beiläufig erwähnte er, dass er am Abend noch Yoga machen wird und er Hatha Yoga als ein gutes Werkzeug kennengelernt hat, um die eigenen Gedanken zu ordnen und zur Ruhe zu bringen. Ich schwöre, ich habe 18 Stunden vorher zum ersten Mal in meinem Leben von Hatha Yoga gehört und gelesen und am nächsten Tag erzählt mir ein mir bis dahin unbekannter Mensch, dass er Hatha Yoga praktiziere.

Jeden Freitag fahre ich mit dem Motorrad beruflich nach Bonn. Auf einer Rückfahrt fiel mir auf der Autobahn auf, dass die Halterung des Navigationssystems vibrierte. Nichts Besonderes, das macht wahrscheinlich jedes einzelne Teil an dem Zweirad. Mir kam der Gedanke: Wenn es ständig vibriert, muss es da nicht irgendwann zu einem „Ermüdungsbruch" kommen? Zu diesem Zeitpunkt gab es keinerlei Anzeichen eines bevorstehenden Bruches. Als ich am darauffolgenden Freitag wieder auf der Autobahn war, gleicher Abschnitt, brach die Halterung einseitig ab und weg war sie.

*

Ende Juli 2012 saß ich mit Arbeitskollegen zusammen beim Kaffee und ohne Zusammenhang kamen wir über das Thema Sonnenaktivität zu flächendeckenden Stromausfällen und deren katastrophalen Folgen. Einige Stunden später kam es zu einem massiven Stromausfall in Indien und 600 Millionen Menschen waren ohne Strom.

*

Vor kurzem kam ein ehemaliger Arbeitskollege aus dem Ruhestand zurück, quasi als Urlaubsvertretung. In einem Pausengespräch erzählte er mir, dass er sich unmittelbar nach seinem letzten Arbeitstag mit bereits gepacktem Rucksack aufmachte, um den Jakobsweg zu pilgern. Gleich am Anfang traf er jemanden, der ihn entschleunigte, zu seinem Glück (wie er selbst sagte). So wurden bei ihm der Weg zum Ziel und das Ganze eine befriedigende und tiefgehende Erfahrung. Er berichtete mir von vielen Landsleuten, welche die einzelnen Etappen „wettkampfmäßig" („Ich muss jeden Tag 30 km schaffen!“) absolvierten. Zum Ende seiner Wanderung, in Santiago de Compostela, stellte er überraschend fest, dass er 34 Tage unterwegs war. Das entsprach exakt der Anzahl der Jahre, die er vor seiner Zurruhesetzung bei unserem gemeinsamen Arbeitgeber verbracht hat. Mir hat die Geschichte gut gefallen und ich bat um Erlaubnis, sie in mein Buchprojekt aufnehmen zu dürfen. Karl Heinz erlaubte es mir und am Abend überlegte ich intensiv, an welcher Stelle ich es am besten einbauen könnte. Als ich dann auf die Nachrichten umschaltete, lief gerade ein Bericht, der von einem furchtbaren Zugunglück in Santiago de Compostela berichtete. Seien Sie versichert, Santiago de Compostela gehört bei uns nicht zum täglichen Unterhaltungsreportoire.

*

Am Anfang einer Einkaufstour blieb ich kurz vor einer Auswahl von Nüssen stehen und liebäugelte mit einer Packung Cashew Nuts. Ich entschied mich schließlich aber dafür, gesalzene Cashews mitzunehmen. Also zurück mit den ungesalzenen Nüssen und weiter mit dem Einkauf; gesalzene Cashews gab vier Regalreihen weiter. Natürlich entfiel mir mein Wunsch und ich reihte mich einige Zeit später an der Kasse ein, nur um festzustellen, dass ich mein Portemonnaie zu Hause vergessen hatte. Ich bat die verständnisvolle Kassiererin kurz auf meine Einkäufe, aufzupassen, die ich wieder vom Band zurück in den Wagen verfrachtete. Nach 30 Minuten war ich wieder an der Kasse, dieses Mal mit Portemonnaie. Ich nahm meinen Wagen wieder in Empfang und legte erneut aufs Band auf. Wie bei meinem ersten Besuch lachten mich ein paar Schokoladenriegel an, die strategisch perfekt an der Kasse positioniert waren. Nur dieses Mal war etwas anders. Da stand plötzlich eine Dose, die wohl ein Kunde dort liegengelassen hatte - eine Dose mit gesalzenen Cashews.

*

Als ich wieder mit dem Motorrad etwas sportlicher unterwegs war und mich einer kurzen Linkskurve auf der Autobahn näherte, die ich normalerweise mit 130 oder vielleicht 140 km/h in Schräglage nehme, überkam mich ein Impuls, die Geschwindigkeit deutlich zu drosseln. Auf meinem Tacho wurden mir zu diesem Zeitpunkt 160 km/h angezeigt und nach einem Blick in den Rückspiegel – frei -verzögerte ich schnell auf etwa 95 km/h. Vor mir, halbrechts auf der rechten Spur, in vielleicht 50 Meter Entfernung, fuhr ein Lkw mit etwa 90 km/h. In diesem Moment schoss, von meinem Hinterrad kommend, ein weißer Pkw rechts an mir vorbei und setzte sich zunächst schwankend hinter den Lkw und, diesem ausweichend, direkt vor mich. Die Hände entrüstet nach oben wedelnd - ich glaubte auch eine Faust erkannt zu haben - rief er mir wohl einige Verwünschungen nach hinten. Dieser Fahrer „klebte" direkt an meinem Hinterrad. So nah, dass ich ihn beim Spiegelblick, unmittelbar vor dem Bremsen, nicht gesehen habe. Als mir dieser Gedanke gerade durch den Kopf schoss, riss besagter Fahrer das Lenkrad erneut nach rechts und schwankte nun unmittelbar vor dem Lkw auf der rechten Spur. Mir gelang es gerade noch, dem toten Wild, das quer vor mir auf der Überholspur lag, durch einen Reflex rechts zu passieren. Dann sah ich auch schon den Pkw, rechts stehend mit Warnblinklicht, der wohl das Reh angefahren hatte. Bevor ich auch nur einen Gedanken fassen konnte rief ich schon laut: „Danke!". Mehr war nicht zu tun. Hinter mir kam der Verkehr zum Erliegen, ein Stau bildete sich bereits. Der Mensch, der an meinem Hinterrad geklebt hatte, beschleunigte bereits wieder und hängte sich natürlich erneut dicht mit Blinker links hinter das nächste „Hindernis".

Hätte, wäre, wenn… Wäre ich diesem Impuls nicht gefolgt und wie gewohnt mit 130 km/h in diese Kurve gegangen, wäre ich direkt in das Reh hineingefahren, ohne eine Chance auszuweichen. Das Motorrad (300 kg) wäre sofort mit mir in die Luft gegangen, wahrscheinlich direkt in die Windschutzscheibe meines Hintermannes und es hätte mindestens drei weitere Verkehrstote an diesem Tag gegeben. (Es hatte noch eine Beifahrerin neben meinem Verfolger gesessen.)

*

Solche oder ähnliche Vorkommnisse passieren mir in den letzten Monaten immer häufiger. Ich führe es zurück auf mein erweitertes Bewusstsein, erlangt durch Achtsamkeit und innere Ruhe, bedingt durch Meditation, Gebet und Sport. Ich bin Läufer. Seit zwei Jahren nur noch, um meine körperliche Fitness zu erhalten und nicht mehr, um das Hamsterrad anzutreiben. Das alles sind „Werkzeuge" für mich, um meine Anbindung an das Feld zu verbessern und dadurch ein Mehr an „Bandbreite" und somit eine Bewusstseinserweiterung zu bekommen.

Nicht immer sind die Zusammenhänge offensichtlich, oftmals sind diese auch gar nicht zu erkennen. Zumindest nicht sofort im jeweiligen Hier und Jetzt. Da ich aber um kausale Zusammenhänge und auch um die Notwendigkeit, von schlechten Erfahrungen weiß, nehme ich das Erlebte und Gezeigte so hin wie es ist, bewerte es nicht und packe es nicht in eine „Schublade" oder Kategorie. Ich nehme sie zur Kenntnis, interpretiere aber nicht jede rote Ampel oder schwarze Katze, die mir über den Weg läuft.

Normalerweise fügen sich die Abläufe und Geschehnisse in meinem Leben so wie sie sein sollen und ich es eigentlich erwarte. Ich bin ein positiv gestimmter Mensch und gehe davon aus, dass alles gut ist und es sich so fügt wie es sein soll. Und wenn nicht, ist es auch in Ordnung. Vor einigen Wochen geschah dann aber doch etwas sehr Ungewöhnliches, zumindest für meine Verhältnisse. Meine Achtsamkeit sagte mir, dass eine Menge an Vorkommnissen innerhalb kürzester Zeit stattgefunden haben, die einzeln betrachtet keinen kausalen Zusammenhang aufwiesen und eigentlich so nie hätten passieren dürfen, zumindest dem Gesetz der Wahrscheinlichkeit folgend nicht.

Eine Ursache hat immer eine oder mehrere Wirkungen und demnach Kausalität, so wie bei folgender Geschichte:

Ein Sturm hat einen Bahnhof verwüstet, von dem aus dann wiederum keine Züge mehr fahren. Ich, mit meinem Urlaubsgepäck, bin gezwungen mein Auto zu benutzen, welches dann mit einer Reifenpanne, bedingt durch Unrat, welches der Sturm auf die Fahrbahn geschaufelt hat, auf der Autobahn abrupt zum Stehen kommt. Natürlich quer zur Fahrbahn, wodurch es zu einer Massenkarambolage kommt. Dadurch verspätet sich der leitende Angestellte usw.

So oder ähnlich könnte ein offensichtlicher kausaler Zusammenhang aussehen, auch wenn hier alles klar und eindeutig zu sein scheint, doch nur auf den ersten Blick. Wer ist nun an der Verspätung des leitenden Angestellten schuld? Ich? Mein Reifen? Der Unrat? Der Sturm? Die Bahn? Meine Reiseagentur? Oder doch der Schmetterling, der mit seinem Flügelschlag vor zwei Wochen in Norwegen den Sturm in Deutschland ausgelöst hat?

Auf den ersten Blick - und für die Versicherungsgesellschaft einfach. Auf den zweiten schon schwieriger.

So, nun aber zu meiner ungewöhnlichen Geschichte.

Vor einigen Wochen hatten wir unsere Koffer gepackt und standen morgens um 05:00 am Aachener Bahnhof in freudiger Erwartung unseres Urlaubs, der mit dem Flieger um 10:15 Uhr ab Frankfurt beginnen sollte. Der Regionalexpress nach Köln fuhr dann auch pünktlich ein und los ging es. In Langerwehe blieb der Zug dann wie geplant stehen. Er fuhr aber nicht mehr weiter. Es kam die Durchsage, dass aufgrund eines Oberleitungsschadens die Fahrt nicht fortgesetzt werden könnte, es würden Taxen eingesetzt werden, die uns zum nächsten Bahnhof nach Düren bringen würden. Taxen kamen nicht, dafür aber, wenn auch erst nach 15 Minuten, ein Linienbus, der uns dann in ca. 25 Minuten nach Düren brachte. Dort angekommen fuhr die S-Bahn nach Köln vor unserer Nase weg. Als wir dann mit dem nächsten Zug endlich nach Köln kamen, verpassten wir den ICE. Richtig, dieser fuhr uns ebenfalls vor der Nase weg. Der nächste ICE brachte uns dann mit einer 30-minütigen Verspätung nach Frankfurt Flughafen. Der Bus, der uns zum Terminal 2 bringen sollte, Sie ahnen es schon, fuhr uns vor der Nase weg. Im nächsten warteten wir 8 Minuten auf die Abfahrt. Um 09:45 Uhr standen wir vor dem Check-In-Schalter von Delta Airlines und uns wurde mitgeteilt, dass es für ein Einchecken leider zu spät sei. Sollten Sie jetzt denken, dass die Maschine, die wir verpasst haben, abgestürzt ist, muss ich Sie enttäuschen. So etwas kenne ich nur aus dem Kino. Es war keine gemeinsame Ursache für all diese Verspätungen auszumachen. Die einzigen Konstanten waren gewissermaßen meine Frau und ich.

Ich habe die ganze Zeit über jede Situation, jede Entwicklung so hingenommen, wie sie ist. Ich hab es als eine Art Bewährungsprobe genommen. Es war das erste Mal in meinem Leben, dass ich eine missliche Lage nicht in eine Kategorie gepackt und bewertet habe. Auch in den anschließend stattfindenden Gesprächen blieb ich freundlich und unaufgeregt. Alles ist gut so wie es ist und alles, jede einzelne Verspätung, hat einen Sinn und ist nichts anderes als eine kausale Ursache für etwas, das sich mir zurzeit (noch) nicht erschließt.

Und ändern kann ich auch nichts mehr. Vielleicht werde ich den Grund auch nie erfahren. Im Übrigen, wie kann ich denn auch etwas zur Kenntnis nehmen, dass nicht eingetreten ist?

Der Flug wurde nach freundlicher und kompetenter Beratung um 24 Stunden auf den nächsten Tag umgebucht. Kostenlos. Die Bahn gab uns einen Voucher für eine kostenlose Übernachtung in einem sehr schönen Hotel in Flughafennähe. Mit meiner Frau habe ich einen schönen Tag in Frankfurt verbracht, der mit einem Abendessen im schönen Ambiente seinen Abschluss fand. Entspannt haben wir unsere Reise am nächsten Tag angetreten. Die Reiseleitung holte uns vom Flughafen ab und unser Urlaub wurde dann auch eine runde Sache. Zwei Monate später haben wir dann noch die Bahnfahrt und einen Teil der Pauschalreise erstattet bekommen.

Vor zwei oder drei Jahren hätte meine jeweilige Reaktion garantiert anders ausgesehen und der Urlaub hätte einen anderen, weniger harmonischen Anfang genommen. So wie wir in unserem Inneren ausgerichtet sind, so geben wir uns. Und wenn wir aggressiv auftreten und Druck aufbauen, was denken Sie, werden wir dann bekommen?

Manche Geschehnisse und Einsichten machen erst später, vielleicht erst nach einigen Jahren, Sinn. Manche Ereignisse verschließen sich uns gänzlich. Vielleicht besteht Ihre Lebensaufgabe aus einem einfachen, aber freundlichen „Guten Morgen" zu einem wildfremden Menschen in einem Linienbus, einen Tag nach ihrem 73. Geburtstag. Dadurch entwickelt sich ein nettes, kurzes Gespräch. Sie verabschieden sich, steigen aus und werden diesen Menschen nie wiedersehen.

Durch dieses eine Gespräch mit Ihnen hat die junge Frau, die von ihrem Freund verlassen wurde, nachdem sie ihm erzählt hat, dass sie von ihm schwanger ist, neuen Mut geschöpft und wird sich nun ihren Eltern anvertrauen und die Schlaftabletten, die sie von den Eltern einer Freundin geklaut hat, wegwerfen. Das alles werden Sie nie erfahren. Ihre Leistung bestand lediglich darin, der jungen Frau in dem kurzen Gespräch zu vermitteln, wie schön doch das Leben und dieser herrliche Frühlingstag sind.

*

Hin und wieder werden wir auch spürbar geführt und das mit einer Deutlichkeit, die schon fast weh tut.

Im August 2013 musste ich für ein paar Tage ins Krankenhaus nach Koblenz, um nun endlich nach mehreren Eingriffen zwei Implantate in den Unterkiefer gesetzt zu bekommen.

Sechs Monate vorher wurden mir zwei Knochenstücke (entnommen aus dem hinteren Bereich des Unterkiefers) eingesetzt, um die nötige Substanz zu schaffen, die nötig ist, um die Implantate aufzunehmen. Eines dieser Stücke wollte trotz gutem „Zuredens“ nicht anwachsen. Immer wieder legte es sich frei und nach vier erfolglosen Deckungsversuchen entschloss man sich, das Knochenstück zu entfernen. Die Schrauben wurden entfernt und schon war das Knochenstück draußen. Es war nicht einen Millimeter angewachsen. Der operierende Arzt fragte mich noch während er das Knochenstück mit der Zange herausholte, warum man an dieser Stelle eine Knochenverbreiterung durchgeführt hatte; es wäre doch ausreichend Substanz vorhanden.

Es wird schon alles seinen Sinn haben, dachte ich mir und machte einen Termin für die nun anstehende OP, um die Implantate zu bekommen.

Drei Monate später war es dann soweit. Auf der Fahrt zum Krankenhaus verspürte ich den Wunsch, Zimmer Nr. 14 zu bekommen, und mit einem „Schuss" guter Laune, ab mit dem Wunsch! Empfänger: Puppenspieler. (Mehr dazu im nächsten Kapitel).

Angekommen und kurz vorgestellt, fragte ich direkt nach Zimmer 14, das, nach einem Blick auf den Belegungsplan, glücklicherweise frei war. Und ab da wurde es seltsam.

„Sie kommen auf Zimmer Nr. 3 zusammen mit Herrn. X", Was war da geschehen? Ich sah mich plötzlich genötigt, etwas mehr Mühe zu investieren. Ohne Erfolg.

Immer noch mit mir beschäftigt, trottete ich dem Pfleger hinterher und begab mich in Zimmer Nr. 3 und bevor ich mich versah, war ich im Gespräch mit meinem Zimmergenossen. Wer war das? Er hatte dieselben Interessen und war mindestens so philosophisch veranlagt wie ich. Nach ein paar Stunden hatte ich das Gefühl, als würde ich mit mir selbst reden. Einem solchen Menschen war ich noch nie begegnet. Sicher gibt es da Menschen, die Zugang zu meinen Überzeugungen und Wahrheiten haben. Aber noch nie bin ich jemandem begegnet, der mir wie ein Spiegel vorkam, der mich ständig reflektierte.

Ich dachte: Wahnsinn, so kommt eins zum anderen, und als ich ihm sagte, dass ich bereits seit 46 Jahren unterwegs bin und ich nur selten Menschen finde, denen meine Ansichten zugänglich sind, fragte er mich, in welchem Monat ich den geboren bin. „Mai", antwortete ich. „Und an welchem Tag?" „Am 24."

Und als er dann nach der Uhrzeit fragte, wurde ich still. „Ich bin auch am 24. Mai 1967 geboren", sagte er noch. „Ich muss mal kurz raus", erwiderte ich. Auf meinem Weg am Schwesternzimmer vorbei bat ich einen Pfleger, er möge doch einmal bitte die Geburtsdaten der Patienten von Zimmer Nr. 3 vergleichen. Im Weitergehen hörte ich: „Verrückt…"

Das waren zwei sehr interessante Tage, die uns beide weiter brachten. Die OP wurde zur kaum noch wahrgenommenen Nebensache. Bemerkenswert ist noch, dass mein Zimmergenosse eigentlich an meinem Anreisetag entlassen werden sollte. Am besagten Morgen wurde sein Aufenthalt gegen seinen Wunsch um zwei Tage verlängert.

Wir sind dann gemeinsam entlassen worden.

Dem „Wir sehen uns" noch eine Zeit oder einen Ort hinzuzufügen, war überflüssig.

Interessant war noch in diesem Zusammenhang, dass ich beim Einchecken ins Krankenhaus die Wartenummer 18 zog und in Raum 1 „abgefertigt“ wurde und beim Auschecken (anderer Ort, Zahlstelle) war es ebenfalls die 18 und der erste Raum. Warum 18/1? Ich habe keinerlei Ahnung. Ich denke, da wollte einfach nur jemand ein Ausrufezeichen hinter diese zwei Tage setzen.

*

Unser Bewusstsein hangelt sich von Moment zu Moment linear in eine Richtung und verschafft uns dadurch eine Illusion, die wir Zeit nennen. Es ist dabei nicht alleine, sondern bewegt sich zusammen mit jedem anderen Bewusstsein unserer Erde in ein und demselben Feld. Dieses organisiert und stellt das Netzwerk Erde dar.

Eigentlich ist die Erde eher ein Raumschiff als nur ein Netzwerk. Wir rasen mit einer Geschwindigkeit von 29780 Metern pro Sekunde um die Sonne und mit ihr, mit einer Geschwindigkeit von 250 000 (m Mittel) Metern pro Sekunde um das galaktische Zentrum unserer Galaxie. Restlos alles ist dort draußen in Bewegung, nichts steht still. Passend dazu ist das Buch *Kinder des Weltalls* von Hoimar v. Ditfurth, erschienen 1982. Es ist nicht mehr ganz so aktuell, aber es gibt kaum einen zweiten, der Kosmologie so „mundgerecht“ vermitteln konnte. Dieses Buch ist immer noch im Umlauf und es lohnt sich, es zu lesen.

*

Das Feld liefert die nötigen Informationen und nimmt Bewusstsein auf, um es zu formen und in höhere Stadien des „Seins“ zu bringen. Es separiert die einzelnen Spezies und schafft dadurch Ordnung. Über das „Netzwerk Mensch“ bin ich mit jedem einzelnen von uns, unabhängig von Zeit und Spezies, verbunden. Und darüber hinaus auch mit allen Informationen und meinem zukünftigen und vergangenen „Ich“. Und zwar mit allen Varianten (siehe dazu das Kapitel „Everett“).

Da ständig eine Art Informationsaustausch in „Nullzeit“ zwischen allen möglichen Momenten eines „Ichs“ stattfindet, besteht auch die Möglichkeit, genau die zukünftigen Momente anzusteuern und somit zu erfahren, die wir haben möchten. Wäre dem nicht so, gäbe es auch keine Vorahnungen, Visionen, das Gefühl, angestarrt zu werden oder solche traumhaften Momente, wo Nadine Angerer (Torfrau der deutschen Frauen-Nationalmannschaft) zwei Elfmeter im Finale gegen Norwegen (28.07.2013) gehalten hat. Ohne ihre Intuition oder Vorahnung hätte sie das nicht geschafft. Auf diese berief sie sich auch im Interview nach dem Spiel).

ACHTSAMKEIT UND DER PUPPENSPIELER

Ab und an wird meine Aufmerksamkeit auf eine Tanne gelenkt, die etwas entfernt auf einem Nachbargrundstück steht. Sie hat eine Höhe von etwa 15 Metern und bietet zusammen mit einem Laubbaum, der nur einige Meter von ihr entfernt steht, einen netten Kontrast zum Himmel mit seinen vorbeiziehenden Wolken.

Heute war wieder so ein Tag. Irgendetwas ließ mich die Tanne anschauen, nur war diesmal eine Kordel unseres Terrassenvorhanges in der Sichtlinie. Erstaunlicherweise halbierte die Kordel die Tanne. Sie verlief exakt entlang ihres Stammes.

Von der Seite betrachtet, hat ein Baum immer eine rechte und eine linke Seite. Beide Seiten sind notwendig und bilden gemeinsam einen Teil des Ganzen. Der Baum ist „ausgeglichen“ und ruht so in sich.

Alsbald setzte sich eine Taube auf die Spitze der Tanne und verweilte dort. Nach etwa einer Minute flog, von links kommend, ein Sportflugzeug im Hintergrund exakt „durch“ die Taube.

Nun, Zufälle gibt es nicht. Wenn wir unsere Realität aufmerksam beobachten, ohne dabei allerdings jede schwarze Katze zu interpretieren, dann sind wir in der Lage, Zusammenhänge und Hinweise zu erkennen, die uns gegeben werden. Diese Hinweise werden Ihnen nicht ins Ohr geflüstert, sondern werden Ihnen immer über die Wahrnehmung Ihrer Realität gegeben.

Ich war deshalb so angetan von diesem Szenario, da ich die Absicht habe, mit der Ausbildung zum Piloten (Kleinflugzeuge, PPL-A) zu beginnen.

Seit 8 Jahren sind meine Frau und ich Sporttaucher. Irgendetwas in uns scheint es zu mögen zu „schweben“. Da erscheint es mir nur folgerichtig, auch den Pilotenschein anzustreben.

*

Wir sind nie alleine, stets sind wir von der universalen göttlichen Ordnung (Siehe dazu das Kapitel „Das Feld“) und von einer Vielzahl unterschiedlicher Wesen umgeben, die mit uns über die Inspiration, Intuition und über unser Gewissen kommunizieren. Ihr jenseitiges Ich ist eine Art Schnittstelle nach drüben. Es ist ein Teilaspekt von Ihnen und ist im Besitz all Ihrer Erfahrungen, die Sie je gemacht haben.

Er (oder sie) ist es, der alles Erfahrene speichert, er ist dabei aber mehr als nur ein Backup. Er ist Ihr wahres Ich und weiß um alle Ihre vorherigen Inkarnationen und Erfahrungen. Er ist der Puppenspieler, der Sie steuert. Sie sind der Teil von ihm, der träumt. Er weiß das, Sie nicht. Wie in einem Traum denken Sie, dass das, was Sie erleben, real ist. Wenn Sie nachts einschlafen, sind Sie wieder ganz der Puppenspieler und planen Ihre nächsten Schritte. Hierbei geht es nicht um Besitz, Reichtum oder der Befriedigung von Begierden. Der Puppenspieler (die meisten jedenfalls) weiß um die Wertlosigkeit dieser Sachen, sie bringen ihn nicht weiter.

Er (Sie) will sich spirituell entwickeln, aber auch Erfahrungen machen und Ihre Wahrheit weiter ausprägen, wie auch immer diese aussieht.

Menschen tun oder unterlassen Dinge immer aus ihren Überzeugungen heraus und sehen keinen Anlass, sich in eine andere Richtung, konträr zu ihrer eigenen Wahrheit, zu entwickeln. Erst nach ihrem Ableben erkennen einige Seelen die verpassten Chancen.

Der Puppenspieler weiß um die Wahrheit, sie wurde ihm gezeigt. Nur verstehen und übernehmen kann er sie nicht. Dies kann er nur aus dem Teil von ihm gewinnen, der träumt. Und der sind Sie! Diese Einsicht ist es, die uns als Produkt unserer Erfahrungen reifen lässt. Damit das geschehen kann, müssen wir uns ständig orientieren und uns entscheiden. Keine leichte Aufgabe.

Der Puppenspieler ist im Leben unsere Schnittstelle und Anbindung an das Netzwerk Menschheit. Er ist ein Teil des Feldes und hat sich zusammen mit Ihnen aus Gott heraus entwickelt. Er schwimmt förmlich in Lösungen, Ideen, noch nicht komponierter Musik und Bildern, die nur darauf warten, gemalt zu werden. All diese „geistigen Produkte" stehen uns zur Verfügung. Aufgrund unseres ständig brabbelnden Verstandes und unseres Egos können die meisten Menschen diese nur nicht hören. Das ist ungefähr so, als befänden Sie sich in einer „Zappelbude" (haben wir früher Disco genannt) in der Nähe der Tanzfläche und möchten sich mit jemandem unterhalten. Es funktioniert überhaupt nicht.

Diese Hinweise, versteckt in Geschehnissen unserer erlebten Realität, beziehen sich auf die Gegenwart und die Zukunft gleichermaßen.

Diese Anbindung ist keine Einbahnstraße.

Wir interagieren mit diesem Feld über (uns) den Puppenspieler. So wie er Ihnen Hinweise gibt, die Sie mit Hilfe der Achtsamkeit erkennen können, können Sie Einfluss nehmen auf die Entwicklung Ihrer Realität. Sie sind der Teil des Puppenspielers, auf den es ankommt. Ihr Wunsch, also Ihre Ausrichtung, ist ihm Befehl und er wird die Realität so umsetzen, wie Sie es tief in Ihrem Inneren wünschen.

Alles wird über Bilder mit Ton und Gefühle gespeichert und abgewickelt. Dies ist die effizienteste Art der Kommunikation und der Standard in den energetischen Welten.

Materielle Wünsche sind möglich. Dosieren Sie diese angemessen, da Sie mit so einem Wunsch in der Resonanz mit der Unwahrheit sind. Aber auch diese werden von Ihnen (Sie sind der Puppenspieler!) umgesetzt, wenn Sie ohne Zweifel so an den Wunsch denken, als sei er bereits erfüllt.

Auch sollten Sie prüfen, ob Ihr Wunsch vielleicht konträr zu Ihrer geistigen Haltung ist. Ist dem so, dann wird er so nicht funktionieren. Sollten Sie den Wunsch haben, viel Geld zu besitzen, damit Sie endlich wunschlos glücklich und sorgenfrei sind, dann wird dieser Wunsch ein Eigentor, da er aus einer Sorge, Angst, hervorgeht. Genau diese Angst ist es aber, die Ihnen Ihr Puppenspieler immer und immer wieder in Ihrer Realität manifestieren und zeigen wird und zwar solange, bis Sie diese Angst gelöst haben. Statt Geld und Reichtum werden Sie Schulden und Armut erzeugen. Das ist auch der Grund, warum bei fast allen Wunschbüchern- und Seminaren der Hinweis vermittelt wird, den Wunsch nach seiner Formulierung abzuhaken und nicht mehr an ihn zu denken.

Aussagen wie: „Ich habe gar nicht mehr an meinen Wunsch gedacht, als es passierte", sind Ausdruck eines Wunsches, der nicht auf einer Sorge oder einer Angst basiert.

Bevor Sie sich also etwas wünschen, sollten Sie das bedenken.

*

Es ist immer eine gute Idee, den folgenden Gedanken mit dem Wunsch zu „senden“: Dies ist zum Wohle meiner Entwicklung und zum Wohle aller! Ich brauche Ihnen hier jetzt nicht zu erklären, dass ein Pkw in der Luxusausführung zwar Ihrem Wohlstand dient, nicht aber Ihrem spirituellen Wohle. Und allen helfen werden Sie damit schon einmal gar nicht, höchstens den Menschen, die bei dem jeweiligen Autohersteller arbeiten und durch Ihre Bestellung einen Monat weiterbeschäftigt werden können.

Der Gedanke aus dem Altruismus verstärkt Ihren Wunsch um ein Vielfaches. Das war eines der ersten Erkenntnisse, die Rob Monroe auf seinen vielen Reisen machte. Der Gedanke findet zudem Bestätigung in den Religionen, im Spiritismus und Schamanismus. Das altruistische Gedankengut, da Wahrheit, ist weit verbreitet.

Das Senden Ihres Wunsches geschieht immer nach demselben Schema. Senden Sie Ihren Wunsch als ein Bild, das Ihre Zukunft mit dem erfüllten Wunsch zeigt, so als betrachteten Sie Ihre Zukunft als Beobachter und der Wunsch wäre kein Wunsch mehr, sondern hätte sich bereits erfüllt. Versehen Sie das Ganze dann noch mit dem nötigen Porto (gemeint ist ein Gefühl aus der Positivität), zusammen mit dem altruistischen Gedanken, dass dies zu Ihrem und zum Wohle Aller geschieht und dann ab mit dem Wunsch: „fire and forget". Dann heißt es abhaken und nicht mehr daran zu denken. Geben Sie Ihrem jenseitigen Ich Zeit, die Realität so umzugestalten, wie es nötig ist. Wenn Sie Ihr Leben radikal ändern möchten, wird diese keine Vollbremsung hinlegen und sich mit blockierten Reifen einmal um die eigene Achse in entgegengesetzter Fahrtrichtung drehen. So etwas gib es nur im Kino. Im wahren Leben dauert so etwas Jahre. Seien Sie also geduldig mit sich (dem Puppenspieler).

Menschen, die ihren Körper verlassen können, übernehmen ihren Geistkörper (den Puppenspieler). Robert Monroe macht die Erfahrung, dass, bevor er außerkörperliche Erfahrungen machte, sein Geistkörper, immer wenn er schlief, quasi die Schulbank drückte.

Auch im Schamanismus kennt man das Phänomen der Seelenwanderung oder Seelenreise. Der Schamane begleitet einen Verstorbenen und weist ihm den Weg, weg von der Welt, durch den Void, zur Anderswelt, der Geisterwelt. Auch können Schamanen ihren Geist in ferne Gegenden unserer Erde senden, um diese zu erkunden. Da es keinen Duden gibt, der außerkörperliche Erfahrungen definiert, gibt es die unterschiedlichsten Namen für die jenseitigen Orte und für Seelenreisen (außerkörperliche Erfahrungen, luzide Träume).

Wenn wir morgens aufwachen, wissen wir nicht, was wir über Nacht geplant und gelernt haben. Dies basiert auf einem Mechanismus in den energetischen Welten, der uns vergessen lässt. (Mehr dazu im entsprechenden Kapitel.) Müssen wir auch nicht, der Puppenspieler in uns weiß, was zu tun ist, damit Sie über bestimmte Erfahrungen zu der nötigen Reife kommen, die es uns erlaubt, „aufzusteigen".

Er wird Ihnen all das zeigen, was notwendig ist. Er füttert Sie unbemerkt aus dem Hintergrund heraus mit Hinweisen. Er stellt ihnen aber auch Aufgaben, die im Zusammenhang mit einem innerlich noch nicht gelösten Problem stehen. Sie müssen nur zuhören und Ihre Wahrnehmung entsprechend schärfen und ausrichten. Yoga ist da sehr zielführend.

Ein „Nichterkennen" führt dazu, dass Sie immer wieder in dieselbe meist ungewünschte und unangenehme Situation geraten. Sie fahren schnell aus der Haut und reagieren aggressiv auf Kommentare von Ihren Mitmenschen? Wenn Sie den Auslöser dafür nicht erkennen und diesen nicht „abarbeiten", werden Sie immer wieder auf andere Menschen treffen, die Ihnen den Tag „vermiesen". Eigentlich machen Sie das ja selber, denn es ist Ihr Körper, der auf biochemischem Weg die Gefühle erzeugt, die Sie in Rage bringt.

Der Puppenspieler veranlasst Sie, zu einem gewissen Punkt zu gehen, den linken und nicht den rechten Weg zu nehmen. Plötzlich kommt Ihnen die Idee, dass Sie eigentlich schon immer mal in Heidelberg Urlaub machen wollten. Oder es kommt Ihnen in den Sinn, mal wieder einen Freund anzurufen. Kurz, der Puppenspieler weiß, was wichtig ist und gibt Ihnen Hinweise über Gedanken und über Ihre Realität. Er ist die Spinne im Netz und gleicht sich ständig mit den anderen 7.000.000.000 Seelen ab. Leider machen wir nicht immer gute Erfahrungen. Manchmal müssen wir leiden, um zu erkennen.

Sie und der Puppenspieler sind eins. Er hat den freien Willen, Sie haben die Illusion einer Wahlmöglichkeit (In einem weiteren Kapitel wird davon die Rede sein).

Und nicht nur Sie und der Puppenspieler sind eins. Sie werden nach Ihrer ersten Inkarnation als Mensch immer einer Gemeinschaft zugeordnet. Diese Gemeinschaft von Gleichen kann von Ihnen, wahlweise als Kollektiv oder als Individuum wahrgenommen werden. Sie kennen ein anderes Mitglied Ihrer Gemeinschaft voll umfänglich, so sehr, dass Sie es sein könnten. Diese Gemeinschaften sind auch Organisationseinheiten. Sie können weitere (Re)Inkarnationen ihrer Mitglieder veranlassen, sie planen und überwachen, so dass fehlende Erfahrungen gemacht werden können. Erfahrungen, die nötig sind, um die Gemeinschaft weiterzubringen. Sie stellt, in diesem Fall, alle Hilfen und Informationen zur Verfügung, die Sie brauchen. Das ist eine sehr effiziente Methode, um Erfahrungen zu sammeln. Je weiter Ihre Gemeinschaft entwickelt ist, umso besser funktioniert das auch. Oder anders ausgedrückt, je weiter Ihre Gemeinschaft in der Dunkelheit angesiedelt ist, umso weniger Entwicklung ist zu erwarten.

Mit einer neuen Inkarnation verfolgen die Gemeinschaften immer ein Ziel, welches Sie auch gerne „Lebensaufgabe" nennen dürfen (Siehe dazu das Kapitel, „Nahtoderfahrungen").

All das, was ich Ihnen hier geschildert habe, basiert auf meinen Konzepten. Beachten Sie das. Gerade am Beispiel des Puppenspielers wird dies deutlich. Hier gibt es zum Teil sehr unterschiedliche Interpretationen, Hohes Selbst, Ich-Dort usw. Am Ende werden wir wahrscheinlich feststellen, dass wir alle dasselbe gemeint haben oder auch nicht.

Zweifel und Ängste sind Ausdruck von Negativität und absolut unproduktiv. Diese sind Ihr ganz persönlicher „Hemmschuh". Sie verhindern Wünsche und insbesondere die Angst erzeugt unangenehme Geschehnisse (siehe dazu auch das Kapitel „Wie wir unsere Realität beeinflussen"). All das, wovor Sie Angst haben, wird immer und immer wieder in Ihre Realität eingearbeitet und zwar so lange, bis Sie das geklärt haben. Eigentlich gibt es im Leben nichts, wovor man Angst haben muss. Das ist ungefähr so, als hätten Sie in einem Computer-Rollenspiel Angst vor einer bestimmten Entwicklung.

Sie können im Leben alles sein, was Sie wollen. Lassen Sie sich von niemandem erzählen, was Sie können und was nicht, höchstens von Ihrem Puppenspieler. Der Einzige, der Ihnen Grenzen aufzeigen kann, sind Sie selbst. Diese Grenzen sollte Ihnen der gesunde Menschenverstand aufzeigen, nie irgendwelche Ängste. Ich wünsche Ihnen von Herzen, dass Sie den Unterschied erkennen mögen.

WIE WIR MIT ALLEM, MIT UNS UND DER ZEIT INTERAGIEREN

Die Wahrnehmung der Gegenwart wird durch einen Drei-Sekunden-Intervall definiert und wird als Gegenwartsdauer (Fußnote) bezeichnet, umgangssprachlich nennen wir diesen Zeitintervall einen „Moment".

(Bildquelle: Clipdealer, Lizenz erteilt)

Fußnote: Weiterführende Informationen: Artikel „Zeitwahrnehmung" aus der freien Enzyklopädie Wikipedia. Doppellizens: GNU-Lizenz für freie Dokumentation und Creative Commons CC-BY-SA 3.0 Unported. In der Wikipedia ist eine Liste der Autoren verfügbar. Stand 22.01.15.

*

Schauen wir uns diesen „Moment" unseres Zeitempfindens etwas genauer an.

Damit ich eine passende Analogie aufbauen kann, ist es notwendig, diesen einen Moment zu visualisieren. Beschränkt wird diese Analogie durch unser dreidimensionales Denken.

Stellen Sie sich nun diesen einen Moment als eine absolut glatte Wasseroberfläche vor und egal wohin Sie schauen, nur Wasser, spiegelglatt, ein absolut gerader Horizont. Diese Wasseroberfläche ist Teil des Feldes und stellt unseren Moment dar. Es ist exakt der Moment, dessen wir uns gerade bewusst sind. Dieser stellt sich uns in diesem Beispiel als eine zweidimensionale Fläche dar, ohne ein Oben, ohne ein Unten.

Und jetzt kommen Sie ins Spiel. Sie sind ein Punkt auf dieser Oberfläche, der in alle Richtungen Wellenbewegungen erzeugt, ähnlich eines Steines, den Sie ins Wasser werfen. Und neben Ihnen, einige ganz nahe, andere sehr weit weg, sind andere Menschen, die ebenfalls Wellen erzeugen. Diese Wellen breiten sich aus, interagieren miteinander, blockieren und neutralisieren sich. Hier wird ersichtlich, wie wir miteinander verbunden sind und warum es möglich ist, Informationen zu erhalten, die man eigentlich gar nicht erhalten kann. „Da ist etwas Schlimmes passiert! Ich weiß es. Ich ruf sofort meine Eltern an!", ist der Klassiker. Wir spüren, dass mit Menschen, mit denen wir sehr verbunden sind, etwas nicht stimmt und fangen an, uns zu sorgen.

Neben diesem einen Moment, den wir gerade erfahren, gibt es noch eine Unmenge weiterer Momente (siehe dazu das Kapitel "Everett"), parallel zueinander, innerhalb der gleichen (Raum)Zeit.

Schauen wir uns nun die nächsten Momente an, die aus unserer Sicht in der Zukunft liegen. Von unserer gegenwärtigen Position aus werfen wir nicht nur Wellen innerhalb unserer Zeit, sondern auch in die Zukunft und in die Vergangenheit. Jede Welle, die wir erzeugen, wirkt sich also in alle Richtungen gleichzeitig aus und ist kugelförmig zu verstehen.

Wir interagieren also nicht nur mit unseren Mitmenschen, sondern auch mit der Zukunft und der Vergangenheit. Aber mit wem oder was genau?

Mit uns selber. Wir sind die Konstante, über die wir Informationen über zukünftige Ereignisse bekommen können. Wir sind quasi ein 4D-Objekt, das ganzheitlich (dreidimensional) von der Geburt bis zum Tod (vierdimensional) als ein Ganzes existiert. Und das (fast) unendlich oft, da parallel zueinander.

Für Wesen, wie wir es sind, die an die Zeit und den dreidimensionalen Raum gebunden sind, ist dies so gut wie nicht zu erfassen oder zu begreifen.

*

Nun schauen Sie sich diese verschiedenen Schichten einmal aus einiger Entfernung an. Sie können sehen, wie sich unser Bewusstsein von einem Moment zum nächsten höher und höher hangelt. Mal nach rechts oben, mal direkt, mal nach links. Es nimmt immer den wahrscheinlichsten Weg, der durch Ihre innere Ausrichtung (positiv oder negativ) bestimmt wird. Oder basierend auf Everetts Theorie der „vielen Welten", den Weg, der Ihr Überleben sicherstellt. Ein krasser Kurswechsel ist übrigens unwahrscheinlich. Wenn Sie heute anfangen Violine zu spielen, werden Sie es in einer Woche nicht zur Perfektion gebracht haben. Aber unmöglich ist grundsätzlich erst einmal gar nichts, nur unwahrscheinlich. Nicht umsonst sprechen selbst Mediziner ab und zu bei Spontanheilungen von Wundern.

*

Wenn Sie von Ihrem Wohnzimmer in die Küche gehen, so existieren alle nur denkbaren Möglichkeiten des genommenen Weges gleichzeitig nebeneinander.

- Durch die Tür über den Flur.
- Durch die Wand über den Flur.
- Über den Mond und dann erst über den Flur.
- Und so weiter.

Jede Möglichkeit ist mit einer Wahrscheinlichkeit versehen. Die erste Lösung hat eine Wahrscheinlichkeit von 99,99%. Die letzte von 0,0_hier stehen jetzt ganz viele Nullen_1%. Sie werden mir zustimmen, dass ein Buch nicht ausreichen würde, um alle Varianten mit der entsprechenden Wahrscheinlichkeit darzustellen.

Realisiert wird also die wahrscheinlichste Variante, also die erste Möglichkeit. Ob die nicht genommenen Varianten wie eine Welle in der Quantenmechanik bei Beobachtung, also Messung, tatsächlich kollabieren oder ob einige, vielleicht sogar alle, durch Parallel-Ichs erfahren werden, kann ich Ihnen nicht beantworten. Aber seien Sie versichert: Sie werden es erfahren, eines Tages...

*

Wie aber jetzt das System (unsere Realität) beeinflussen? Nun...

...über unsere Ausrichtung. Sie bekommen immer das präsentiert, was Sie in Ihrem tiefsten Innern benötigen oder wollen oder noch nicht „abgearbeitet" haben, wie zum Beispiel Ängste.

...über „Achtsamkeit" und dem Erkennen von Zusammenhängen.

...über Ihre Intuition und über die Inspiration. (Was will mir der Puppenspieler sagen?)

Durch Achtsamkeit geben Sie Ihrem Bewusstsein, also sich selber die Möglichkeit, Dinge und Abläufe wahrzunehmen. Diese Information, die Sie sich selbst erarbeitet haben, steht Ihnen dann in allen Zeitebenen zur Verfügung. Gewöhnen Sie sich an, besonders schöne Momente möglichst umfassend in sich aufzunehmen. Nehmen Sie so viel in sich auf (Bilder, Gerüche, Emotionen) wie Sie können und - ganz wichtig - der Verstand muss dabei die „Klappe halten". Verpacken Sie all das dann in ein schönes Paket und schicken Sie es bewusst zurück in die Vergangenheit an Sie selber. Am besten Sie tun das ganz für sich, ohne dass es jemand mitbekommt, dann funktioniert es meistens besser. Das ist wie mit einer Sternschnuppe: schnell etwas wünschen, aber für sich behalten.

Warum etwas in die Vergangenheit schicken? Das ist doch sowieso schon zu spät. Zum einen wird es Ihr anderes, jüngeres „Ich" Ihnen danken und zum anderen entwickeln Sie, wenn Sie es regelmäßig machen, eine gewisse Dynamik. Immer mehr Parallel-Ichs werden damit anfangen, auch die aus ihrer Sicht Zukünftigen. Das nennt man dann neudeutsch einen Synergieeffekt. Wie auch immer, Sie sind (immer) der Nutznießer.

Im Übrigen lernen Sie dadurch Achtsamkeit, innere Ruhe und schöne Momente in vollem Umfang wirklich zu genießen. Was spricht also dagegen?

Nichts. Ach so, vielleicht Ihr Ego. Aber das haben Sie doch inzwischen im Griff, oder?

WIE WIR MIT UNSERER REALITÄT INTERAGIEREN UND SIE BEEINFLUSSEN KÖNNEN

Das Äußere ist ein Spiegelbild des Inneren

Immer wenn wir etwas nicht rational erklären können, bemühen wir den Zufall, das Schicksal oder Gott. Hat man dann eine beweisbare, wissenschaftliche These für etwas gefunden, werden diese „Platzhalter" mit der These oder mit dem nun Beweisbaren ausgetauscht.

Zufälle gibt es nicht. So etwas wie Schicksal nur bedingt. Wir gestalten unsere Realität selbst. Dies geschieht unbewusst aus unserer inneren Ausrichtung heraus. Das heißt als logische Konsequenz, dass wir unsere Realität beeinflussen, ja steuern können, wenn es uns nur gelingt uns zu öffnen und unsere innere Ausrichtung zu ändern.

In der Quantenmechanik kennen wir das Phänomen der Verschränkung. Verschränkung ist ein deutlicher Fingerzeig, dass alles mit allem über eine Ebene, die für uns nicht sicht- und messbar ist, verbunden ist. Auf dieser Ebene (Siehe dazu das Kapitel „Das Feld") werden Informationen in „Sofortzeit" ausgetauscht. Die Einschränkung, dass Informationen nicht schneller als mit Lichtgeschwindigkeit übertragen werden können, gilt dort nicht.

Ebenfalls wird uns in diesem Teilausschnitt der Quantenmechanik vor Augen geführt, dass „Beobachter" und „beobachtetes Teilchen" sich wechselseitig beeinflussen.
Die Welt der Quanten ist die Welt der Elementarteilchen, die wir auch den Mikrokosmos nennen. Einen Kosmos, der sich uns visuell verschließt und den wir nur aus Ableitungen, Experimenten und Messungen kennen. Photonen, die über gewaltige Entfernungen Informationen in Nullzeit austauschen. Elektronen, die durch stabile, „dichte", undurchdringlich erscheinende Materie rasen, als sei sie „Luft" und gar nicht vorhanden. Diese Welt erscheint uns widersprüchlich und abstrakt, aber in Wahrheit ist es genau umgekehrt, es ist unsere Welt, die Welt des Makrokosmos, die paradox ist. Noch nie hat ein experimenteller Test in der Quantenmechanik versagt, das ist in unserem Makrokosmos deutlich anders. Allzu häufig werden Thesen neu definiert: Dann ist das, was gestern noch Lehrmeinung war, heute schon wieder hinfällig.

Oft hört man, dass das, was in der Welt der Quanten gilt, noch lange keine Gültigkeit in der Welt des Makrokosmos hat. Aber nur weil die Wechselwirkung von Beobachter und Beobachtetem im Makrokosmos keine sofortige, messbare Auswirkung hat oder direkt „beweisbar" ist, heißt das noch lange nicht, dass es sie nicht gibt.

Wir und alle Materie um uns herum bestehen im Grunde genommen aus nichts anderem als Elementarteilchen, die miteinander verschränkt sind. Diese Teilchen bilden Atome, dann Moleküle und auf einer etwas höheren Ebene wieder Zellen. Sie und ich, wir sind wie eine Komposition aus solchen Zellen. 100 Billionen sollen es geschätzt sein.

Alles setzt sich so vom Kleinen (Mikro) zum Großen (Makro) zusammen und folgt dabei einer für uns nicht immer sicht- und begreifbaren Ordnung.

Die wechselseitige Wirkung durch die Verschränkungen auf Ebene der Quanten (Verbindungen) gehen dabei aber nicht verloren. Alles bleibt mit allem verbunden.

Sie wird vielleicht etwas träger, mittelt sich aus und ist nicht sofort ersichtlich.

*

Wir, alle Materie und Energie, waren am Anfang unseres Universums in einem einzigen kleinen Punkt vereint. In einer Singularität, kleiner als das kleinste uns bekannte Teilchen. Unvorstellbar klein und ohne geltende Naturgesetze und Kräfte. Ein vollkommen unlogischer und chaotischer Ort, so die Wissenschaft. Zu diesem Zeitpunkt war also alles, was heute ist, eins. Es ist daher logisch konsequent anzunehmen, dass daher alles miteinander verschränkt und somit verbunden ist. Und aus dieser Singularität heraus, irgendwann vor 13,82 Milliarden Jahren entstand das uns bekannte Universum.

*

Wir kommen alle (alle Materie, alle Energie) aus dieser Singularität. Wir haben alle denselben Ursprung und sind auch dadurch miteinander verbunden. Im Übrigen, Singularität hört sich wichtig und vielsagend an, ist aber auch nur ein Platzhalter für unsere Unwissenheit.

Es ist durchaus möglich, dass unser Ursprung im Zentrum eines Schwarzen Loches, eines anderen, älteren, uns übergeordneten Universums, liegt. Von dort strömt Energie in unser Universum ein. Zusammen mit der allumfassenden universalen Ordnung, dem Feld, resultierend aus dem Ereignishorizont des übergeordneten Schwarzen Loches, entfaltet sich unser Universum von diesem Punkt aus.

Davon wird noch im Kapitel „Das Wesen Gottes“ die Rede sein.

Positivität und Negativität

So wie wir im Innern eingestellt und ausgerichtet sind, gestaltet sich auch unsere Realität, unser Leben. Sie kennen bestimmt Menschen, die pessimistisch veranlagt sind. Ihr Glas ist ständig halb leer. Andauernd suchen diese Menschen nach Schuldigen, nach Gründen, die sie dann verantwortlich machen können für ihre Miseren. Auch wenn sie nichts sagen, fühlen wir uns in ihrer Nähe irgendwie unwohl, je nachdem wie wir selbst gestimmt sind.

Manchmal kann sich auch eine düstere Stimmung breit machen und wir atmen auf, wenn dieser Mensch nicht mehr in unserer Nähe ist.

Schauen Sie sich das Leben eines Pessimisten, eines negativ orientierten Menschen, einmal näher an. Dessen innere Ausrichtung läuft wie ein roter Faden durch sein gesamtes Leben. Kleinere und größere Unfälle, „Erfolglosigkeit“, Trennungen, Bußgelder, Unglücke am laufenden Band. Oft ist auch ein Schuldbewusstsein kaum bis gar nicht vorhanden. „Diese verflixte Radarfalle, hat die Polizei nichts Besseres zu tun, als unbescholtene Bürger zu nötigen?" Einige dieser Menschen scheinen vom „Pech“ verfolgt sein.

Nun, auch so etwas wie Pech gibt es nicht. Es ist nur ein gern genommener Grund, der es uns erlaubt, nicht selbst am eigenen Unglück schuld zu sein. Das Schicksal, aber auch Gott, wird hier gerne bemüht. Gott „ist“. Keine Frage. Aber er „ist“ ganz sicher nicht für das Wohl und Wehe von uns Menschen verantwortlich (zu machen). Er sympathisiert nicht mit einer Kriegspartei und ist auch nicht verantwortlich zu machen für den Tod eines geliebten Menschen.

Gott ist gleichzeitig das Opfer einer Krankheit und die Krankheit selbst. Gott hat keine Präferenzen und spiegelt sich in allem, was existiert und gleichermaßen in vermeintlich „toter“ und lebender Materie. Gott kann und wird nicht gegen seine eigene Ordnung handeln, da Gott die Ordnung ist.
Es gibt natürlich aber auch Menschen, die oft gut gelaunt sind. Zweifel kennen sie nicht, alles fügt sich für diese Menschen so, wie es sein soll. Sie scheinen die Leiter „herauf zu fallen“. Diese Menschen erfreuen sich (meistens) bester Gesundheit, sind weniger krank, haben oft ein kreatives Hobby. Sie sind auch mit dem, was sie machen, erfolgreich und in jedem Fall aber zufrieden. Das hat nichts mit Glück zu tun, sondern lässt sich auf die innere Ausrichtung zurückführen.

Es gibt Menschen, nicht nur in Führungspositionen, die, um dies zu lernen, viel Geld für Seminare ausgeben, nur um über positives Denken zum Erfolg zu kommen. Positivität macht auch durchaus Sinn. Nur wenn ich von meinem Projekt überzeugt bin, keine Zweifel habe und eigentlich schon vorher weiß, dass es zweifelsfrei funktionieren wird, wird es auch funktionieren. Umgekehrt: „Ach, das wird sowieso nicht klappen!“ Das wird es auch nicht, das ist fast schon garantiert - auch keine wirklich neue Erkenntnis.

Unsere inneren Überzeugungen werden in unser Äußeres projiziert und bestimmen und erzeugen unsere Realität.

Sagen Sie mal einem Pessimisten: „Du bist negativ ausgerichtet!", was denken Sie, was der Ihnen antwortet: „Ich doch nicht! Suchst Du Ärger?". Viele von uns ahnen vielleicht ihre Ausrichtung, wollen sie aber nicht wahrhaben, leugnen oder kennen sie schlicht und ergreifend nicht.

Ich habe vor einiger Zeit einen Artikel über einen US-amerikanischen Geistlichen gelesen. Ihm missfiel das ständige Klagen seiner „Schäfchen“. „Ich bin schon wieder krank", „ich komme zu nichts", „ich komme auf keinen grünen Zweig" usw.

Er ersann ein einfaches, aber effizientes Konzept. Dazu müssen Sie wissen, dass sich unsere Art zu denken durch Affirmation (eine bewusst ausgedrückte Haltung) umprogrammieren lässt. Eine Verhaltensweise kann so in etwa 21 Tagen erlernt werden.

Er verordnete seinen Schäfchen ein Gummiarmband. Immer, wenn sich ein negativer Gedanke einstellte, sollte dieser ins Positive gewandelt werden. Anschließend musste das Armband von der einen Seite auf die andere umgelegt werden. Aus „Regen, wie mies“, sollte dann „Regen, da freut sich die Natur und ich brauch den Garten nicht zu sprengen, wie schön", werden.

Ziel ist es, das Armband 21 Tage auf einer Seite zu tragen. Was soll ich sagen, eine wunderschöne Idee. Ich habe es gleich ausprobiert und habe (zu meiner

Überraschung) festgestellt, dass ich das Armband nur einmal wechseln musste, um auf 21 Tage zu kommen.

Ich bin kein perfekter Mensch, ganz und gar nicht. Ich habe mich in mittleren Jahren schon vom Saulus ein wenig zum Paulus gewandelt. Das macht aus mir aber ganz bestimmt noch keinen Heiligen. Insgesamt bin ich ein durchaus positiv gestimmter Mensch und sogar kein Morgenmuffel, zum Leidwesen meiner Familie. Das, was ich anfange, bringe ich in aller Regel auch zu meiner Zufriedenheit zu Ende. Dass ich das Armband nur einmal gewechselt habe, hat mich dennoch überrascht.

Insgesamt eine wirklich funktionierende und gute Idee. Und dabei eine einfache, effiziente und fast kostenfreie Möglichkeit, sein Leben auf die Positivität auszurichten.

„Erfolg“, „Erfolglosigkeit“, „erfolgreich“ sein oder nicht, verbinde ich mit Zufriedenheit. Ich bin immer dann mit mir zufrieden, wenn ich etwas erfolgreich zu Ende gebracht habe.

Der Wunsch nach Zufriedenheit ist also meine absolute „Nummer 1“ .Was meine „Nummer 2“ ist? Da bin ich mir nicht ganz sicher, da „Nummer 1“ schon fast alle Aspekte meines Lebens abdeckt. Aber wenn Sie so wollen, ist das vielleicht unsere Gesundheit.

Gesundheit ist in unserer Gesellschaft ein wichtiges Thema. Ich habe mir heute mal den Spaß gemacht und auf meinem Nachhauseweg die Apotheken gezählt. Da ich mit dem Rad (ist eigentlich ein Pedelec und ein wenig wie schummeln) zur Arbeit komme, ist die Strecke überschaubar. Unglaublich, aber jedes gefühlte dritte Geschäft war eine Apotheke oder ein Reformhaus oder sogar beides. Daran lässt sich, glaube ich, gut der Stellenwert der Gesundheit in unserer Gesellschaft ableiten. Sie ist nicht so wichtig, wenn wir gesund sind, dominiert aber unser Leben, wenn sie uns fehlt. Dann verliert, je nach Schwere der Erkrankung, alles andere schnell an Bedeutung.

Gesundheit ist also okay. Gesund bleiben auch. Krankheit ist aber ein eher schwieriges Thema. Einem todkranken Menschen zu sagen oder zu unterstellen, er sei ja selbst schuld an seiner Erkrankung, ist ein absolutes „No-go!“

Objektiv betrachtet ist das aber in vielen Fällen leider genau der Fall.

Zunächst einmal: An irgendetwas müssen wir ja nun mal sterben. Die Todesursache ist manchmal (nicht immer!) auch ein Hinweis auf die Art, wie wir gelebt haben. Unsere Ernährung, ob wir Sport getrieben haben, viel oder wenig Bewegung hatten, ob wir geraucht haben oder nicht, Alkohol usw. All das spielt schon eine gewichtige Rolle bei unserem „letzten Akt“ hier auf Erden.

Wir kennen die Ursachen für Herz-Kreislauf-Erkrankungen, für bösartige Tumore und viele weitere Erkrankungen. Aber was löst sie aus, was „triggert“ sie?
Es gibt Hinweise, dass unsere Seele einiges damit zu tun hat.

Wenn Sie eine starke Angst gegenüber einer bestimmten Erkrankung über einen langen Zeitraum haben, erhöht das Ihr Risiko, genau daran zu erkranken. Ängste können heutzutage sehr gut behandelt werden. Angstlöser wie Alkohol sind hier absolut kontraproduktiv. Scheuen Sie nicht den Gang zum Arzt.

Onkologen (Tumorärzte) befragen Patienten in der Anamnese nach einem emotional aufwühlenden Ereignis vor 7 Jahren. Ein Durchschnittszeitpunkt, an dem ein Tumor entsteht.

Ein Tumor entsteht, wenn eine von den vielfach täglich vorkommenden Zellmutationen nicht vom Immunsystem erkannt und vernichtet werden konnte. Die nehmen im Laufe eines Lebens zu und das Immunsystem wird im Alter schwächer. Jeder bekommt also irgendwann Krebs. Spätestens mit 240 Jahren entwickelt jeder einen bösartigen Tumor, eine Handvoll Erdenbürger ausgenommen, so will es das Gesetz der Wahrscheinlichkeit. Allerdings habe ich persönlich noch keinen Menschen kennengelernt, der auch nur die Hälfte dieses biblischen Alters erreicht hat.

Neben dem Alter ist unser Gemütszustand ebenfalls ein Faktor, der unser Immunsystem beeinflusst und mitverantwortlich ist für das Entstehen und Auslösen von Krankheiten.

In diesem Zusammenhang ist wohl die Volkskrankheit „Lippenherpes“ am bekanntesten, die durch Ekel oder Unwohlsein ausgelöst werden kann. Aber auch die Vernichtung einer Zellmutation kann aufgrund von massivem dauerhaften psychischen Stress versagen und so einen Tumor auslösen.

Positiv denkende und lebende Menschen - damit ist die geistige Haltung gemeint - erkranken im Allgemeinen seltener.

Stress (eine Flucht- oder Angriffsreaktion), der dauerhaft nicht abgebaut wird, macht krank.

Mir ist es durchaus bewusst, dass Krankheit in vielen Fällen nicht lediglich durch Negativität zu erklären ist. Auch positiv denkende Menschen erkranken und selbst Kinder bekommen unheilbaren Krebs. Warum? Ich weiß es nicht. Vielleicht ist es in diesen Fällen tröstlich zu wissen, dass unser Tod im Diesseits, die Geburt im Jenseits ist und wir unsere Lieben wiedersehen werden. Bei Swedenborg können wir nachlesen, dass alle Kinder im Himmel beim Herrn sind, ob geboren oder nicht, da sie alle unschuldig sind. Exakt dasselbe können sie auch im Buch *Den Himmel gibt's echt* nachlesen.

Der Verlauf einer Erkrankung kann durch positives Denken (z.B. durch Affirmation) zum Guten beeinflusst werden. Auch meditieren und das innere Fokussieren auf den Krankheitsherd kann helfen. Man geht mit seinem „inneren Auge" zu diesem Punkt, visualisiert ihn. Angekommen, bringen Sie Wärme (z.B. in einem verspannten Muskel) zur Ausbreitung. Probieren Sie es aus, schaden wird es Ihnen nicht. Den Gang zum Arzt ersetzt das allerdings auch nicht. Es ist eine unterstützende Maßnahme.

Wenn Positivität die Heilung unterstützt, dann wird es nachvollziehbar, dass Negativität auch krank machen kann. Wer an das eine glaubt, kann das andere nicht ausschließen.

Beide Denkweisen, Positivität und Negativität, sind Ausdruck der Dualität, in der wir leben. Hell – Dunkel, oben – unten, Mann – Frau, Sonne – Regen, gut – böse. Das eine bedingt das andere.

Das Äußere

Das Beobachtete wird vom Beobachter beeinflusst. Wir interagieren mit unserer Realität, mit dem Äußeren. Das funktioniert wechselseitig. Würden sieben Milliarden Menschen gleichzeitig an Regen denken, würde es auch regnen. Der Geist beeinflusst die Materie, die Realität.

Sie erinnern sich bestimmt an Uri Geller. Der Mann ist berühmt geworden, weil er mit der Kraft seiner Gedanken Löffel verbiegen konnte. Er wurde vielfach überprüft, man konnte aber keinen „Trick" finden. Als er Zuschauer aufforderte zu versuchen, eine analoge Uhr in ihrem Haushalt zum Stehen zu bringen, so funktionierte auch das bei vielen Menschen. Warum? Nun, je mehr Menschen an etwas „glauben", desto stärker wird der Gedanke, der in diesem Fall Uhren zum Stehen brachte. Gebete funktionieren auch nach diesem Prinzip: je mehr Leute beten, desto intensiver wird die Bitte wahrgenommen.

Im Laufe der Geschichte gab es immer wieder Menschen, die ihre Umwelt durch die Kraft ihrer Gedanken beeinflussen konnten. Leider waren diese nicht so populär wie der oben genannte Künstler. Alles, was man nicht erklären konnte, war im Mittelalter erst einmal „Teufelswerk". Die Kirche sorgte dann dafür, dass viele Begabte auf dem Scheiterhaufen endeten. So entging uns eine große Menge an Weisheit. Zugegeben, nicht alle nutzten ihre Begabung, um Gutes zu tun.

Wenn Sie nur fest genug an etwas glauben, ohne irgendwelche Zweifel, dann können Sie ebenfalls Ihre Realität beeinflussen. Das Problem dabei sind unsere

Zweifel. Da ich rational veranlagt bin, verfüge ich über einen sehr dominanten Verstand. Dieser streut nur zu gerne Zweifel ein. Das ist auch der Grund, warum ich im Lotto noch keinen Sechser hatte. Über einen Vierer kam ich bislang nicht hinaus. Ich spiele kaum Glückspiele, da ich eigentlich nur dann gewinne, wenn ich nicht spiele. Aber ausprobieren musste ich es trotzdem.
Im Kapitel „Der Puppenspieler und die Achtsamkeit" haben sie schon einiges über das Wünschen erfahren können. Wenn Sie mehr über die Realisierung von Wünschen wissen möchten, empfehle ich Ihnen das Buch *Bestellungen beim Universum* von Bärbel Mohr oder wenn Sie es gerne wissenschaftlich mögen, das Buch von Jörg Starkmuth, *Die Entstehung der Realität: Wie das Bewusstsein die Welt erschafft.*

Alles ist mit allem verbunden und hat seinen Sinn, auch wenn sich uns dieses nicht sofort im Hier und Jetzt erschließt. In meinem Leben gibt es keinen Platz mehr für Zufall, Glück, Pech oder Schicksal. Ich gestalte mein Leben und bin für meine Realität voll umfänglich verantwortlich und sonst keiner.

Alles ist gut so wie es ist und alles wird sich so fügen, wie es sein soll.

NAHTODERFAHRUNGEN

„Wenn man einmal den Tod erlebt hat, wie ich es getan habe, dann weiß man im Innersten: Es gibt gar keinen Tod. Man geht immer nur weiter von einem zum nächsten - wie man weitergeht von der Grundschule zur Oberschule zur Hochschule." -Raymond A. Moody-

„Ich habe das Licht gesehen, das meine Patienten erblicken, wenn sie an die Schwelle des Todes kommen, und ich war umgeben von der unglaublichen bedingungslosen Liebe, die wir alle erleben, wenn wir uns zu dem Übergang anschicken, den wir Tod nennen." –
Dr. med. Elisabeth Kübler-Ross-

„Ich erlebe große Vorurteile und das ist äußerst schwierig, wenn jemand das (Nahtodforschung) mit Wissenschaft kombiniert. Für mich bedeutet Wissenschaft, Fragen zu stellen. Diese Leute [seine Kritiker-Kollegen] stellen jedoch keine Fragen, sondern setzen Antworten voraus. Es ist einfach nicht möglich, dass die Nahtoderfahrung auf einer Einbildung besteht. Aber diese Erfahrung ist natürlich subjektiv. Fällt in der Wissenschaft jedoch der Begriff der Subjektivität, dann hat man ein Problem. Denn wie soll man beweisen, dass ein Gemälde schön ist? […] Für den, der die Erfahrung macht, ist es eine subjektive Realität." -Willem (Pim) van Lommel-

„Der spontane Ausbruch in ein Lied nach einer transpersonalen Erfahrung begegnet uns bei vielen schamanischen Initiationen. Während einer Nah-Todeserfahrung hören wir, wie die modernen Untersuchungen zeigen, Sphärenklänge von unbeschreiblicher Schönheit, die Atmosphäre ist geradezu gesättigt mit Klangfiguren, ja sie ist selbst reine Musik. Es scheint,

als ob in einem erweiterten Bewusstseinsraum alle Strukturen des Seins sich gleichzeitig als musikalische Kompositionen darstellen und selbst Töne sind." -Holger Kalweit-

Aus: Traumzeit und innerer Raum, Die Welt der Schamanen, (Bern u. a.: Scherz, 2000, S. 160)

Nahtoderfahrungen (NTEs) gibt es, seit es uns Menschen gibt. Wie Sie bereits im Kapitel „Wenn wir sterben" lesen konnten, geschehen diese häufig, aber nicht immer, in Verbindung mit einem Zusammenbruch des Kreislaufes. Manchmal aber auch spontan, ohne ersichtlichen Grund. Es gibt Hinweise, dass alle Menschen, die einen Kreislaufzusammenbruch überleben, eine solche Erfahrung machen, diese aber, ähnlich unseren nächtlichen Träumen, schlichtweg vergessen, so dass sich nur 1%, nach einigen Wochen, noch an ihre NTE erinnern können. Dies geht aus Erfahrungen hervor, die Dr. Sam Parnia in seiner AWARE-Studie machte. Ein weiterer Kardiologe, der sich auf dem Gebiet der Erforschung von NTEs einen Namen machen konnte, ist der Niederländer Dr. Pim van Lommel. Erwähnen möchte ich auch Dr. Moody und Dr. Elisabeth Kübler-Ross, sie können durchaus als Pioniere der Sterbeforschung in der Neuzeit betrachtet werden. *(Bild: Der Flug zum Himmel von Hieronymus Bosch)*

In allen Epochen beschäftigten sich Menschen mit NTEs und sie wurden auch dokumentiert und interpretiert und stehen dem Forschenden zur Verfügung. Die vergangenen Suchenden kannten sich und ihre Werke nicht untereinander und das macht sie besonders interessant. Sie unterschieden sich vielleicht in der Sprache, nicht aber von ihren Inhalten und ihren Folgen für den Betroffenen.

Wer sucht, braucht dies nicht lange zu tun. Informationen, Dokumentation und eine riesige, täglich wachsende Zahl an NTEs aus allen Kulturkreisen und Epochen stehen im Netz und können recherchiert werden.

Nahtoderfahrungen sind dahingehend individuell, dass sie, je nach vorhandenen Konzepten des Betroffenen, eingefärbt sind. Sie erscheinen unterschiedlich, abhängig von Kulturkreis, Alter, persönlichen Vorstellungen und der Zeit, in welcher der Erfahrende gelebt hat oder es noch tut.

Es gibt allerdings Kernelemente, die immer wieder auftauchen. Nicht jeder erfährt alle Elemente. Manche nur eines, andere wiederum drei oder vier. Das ist völlig unterschiedlich. Insgesamt lassen sich aber diese Kernelemente in neun Punkten zusammenfassen und wie folgt beschreiben.

1. Das Erlebte wirkte absolut real und greifbar, unbeschreiblich schön und mit einem Gefühl der absoluten Geborgenheit versehen. Farben, Musik, Landschaften von unglaublicher Schönheit werden beschrieben. Ein Traum wirkt, zum Vergleich, weit weniger plastisch. Er wird zwar, während er stattfindet, als real empfunden, wird aber in den meisten Fällen, kurz nach dem „Erwachen", als Traum oder Halluzination (bei Drogenkonsum) erkannt. Auch ist der Traum nach kurzer Zeit verblasst und vergessen. Nahtoderlebnisse hingegen haben noch Jahre später nichts von ihrer Plastizität und Eindringlichkeit verloren.

2. Verstorbene Verwandte und Freunde sind immer wieder Bestandteil einer Nahtoderfahrung. Bemerkenswert ist, dass es nie noch lebende Personen sind, die auftauchen. Bei Kindern möchte man annehmen, dass während einer solchen Erfahrung, wäre sie denn eine Einbildung oder Wunschdenken, die Eltern im Traum erscheinen, sind sie doch die Hauptbezugspersonen. Aber es sind auch hier bereits verstorbene Verwandte. Oftmals Menschen, die Jahre vor der Geburt des Kindes verstorben sind. Ein Fall ist bekannt, in dem Vater und Sohn am gleichen Tag, aber an unterschiedlichen Orten, einen Herzinfarkt erleiden. Der Sohn hat eine Nahtoderfahrung, in der ihm sein Vater begegnet und zu ihm sagt: „Mann, hast du ein Glück!" Als der Sohn erwacht, fragt er besorgt zuerst nach dem Vater, von dessen Herzinfarkt er eigentlich gar nichts wissen kann. Ihm wird bestätigt, dass der Vater zum gleichen Zeitpunkt einen Infarkt hatte und verstorben ist.

(Bild: Darstellung des göttlichen Lichts von Gustave Moreau, 19. Jh.)

3. Der „Erfahrende" wird von einem Licht angezogen. Auch wird von einer Tunnelerfahrung berichtet, an deren Ende ein unbeschreiblich schönes und

warmes Licht ist, einhergehend mit einem Gefühl der Geborgenheit und dem Gefühl, bedingungslos geliebt zu werden. Es kommt einigen Betroffenen vor, als würden sie das Universum und die damit verbundene Raumzeit verlassen. Von hinter der Tunnelwand werden manchmal dunkle Gestalten oder aber Hilferufe wahrgenommen.

4. Alle Sinne bleiben erhalten und werden als verbessert oder besser funktionierend beschrieben. 360 Grad Wahrnehmung, intensives Sehen, Hören und das Fühlen. Ja sogar das Riechen und auch das Schmecken sind möglich und um ein vielfaches intensiver als gewohnt. Keine Halluzination und kein Traum kann das. Der Akt des Ablegens des Körpers wird als Befreiung des Geistes empfunden.

5a. Lichtgestalt: Häufig erscheint eine wohlwollende Gestalt oder ein „warmes“ Licht. Den meisten Menschen ist das Konzept des Puppenspielers, auch hohes Selbst genannt, nicht bekannt und so interpretieren sie dieses Licht, je nach vorhandenem Konzept, als Jesus, Allah, Gott oder Krishna. (Natürlich kann nicht ausgeschlossen werden, dass diese nicht doch dem einen oder anderen erscheinen). Atheisten erscheint es meistens als übernatürliches Licht. Das Phänomen verurteilt nicht, bietet Hilfe an und ist sorgend und liebevoll. Er überwacht den Teil von sich, der den Traum des Lebens träumt und belässt sich (Sie) solange im „Spiel“, bis die Aufgabe, die Sie sich selbst gegeben haben, erfüllt wurde. Die Aufgabe, die zu erfüllen ist, wurde von Ihnen festgelegt, bevor Sie inkarnierten und sich dem „Vergessen“ hingeben mussten.

5b. „Point of no return“: Je nach kultureller Einfärbung und vorhandenen Konzepten gibt es eine Linie, einen Fluss oder eine Mauer, die der Betreffende nicht überschreiten darf. Der Seele wird (oft vom Puppenspieler, manchmal aber auch von verstorbenen Freunden oder Verwandten) erläutert, dass, falls sie diese „Linie“ überschreitet, ein „Zurück ins Leben“ nicht mehr möglich ist. Oft wird der Person auch gesagt oder gezeigt, dass sie noch eine Aufgabe auf der Erde zu erfüllen hat und es noch Erfahrungen gibt, die gemacht werden müssen. Sind alle Aufgaben erledigt, kann die Seele wählen, ob sie die Erfahrung beenden oder weitermachen möchte. Mit Überschreiten dieses „Point of no return“ wird eine Rückkehr in den Körper unmöglich und die Seele wird sich wieder mit dem Teil von ihr, den ich hier den Puppenspieler nenne, vereinen und sich dann erinnern, wer sie wirklich ist.

5c. Die Lebensrückschau: Den Betroffenen wird ihr ganzes Leben gezeigt, ebenso wie alle Gefühle, die sie gehabt und bei anderen erzeugt haben. Die Szenen beginnen mit der Geburt und enden mit dem vermeintlichen Tod oder genau umgekehrt. Dies impliziert eine Reihenfolge, die gibt es aber nicht, da alles gleichzeitig wahrgenommen, gefühlt und verstanden wird. Und das alles mit einer unglaublichen Leichtigkeit. Dadurch, dass der Körper abgelegt wurde, ist der Geist wie entfesselt und arbeitet und versteht mit unglaublicher Geschwindigkeit und Tiefgang. Es ist kein strafender Richter oder Gott,

sondern der Teilaspekt von uns, den ich den Puppenspieler nenne, der das Leben Revue passieren lässt. Und so kommt es, dass der Betroffene liebevoll von sich selbst durch sein eigenes Leben geführt wird, ganz ohne Verurteilung. Die jeweiligen Beschreibungen dieses Elementes sind stark abhängig von der Epoche, in der wir leben. Während man heute von einem „Film" spricht, war es in der Vergangenheit ein „Panorama", eine „Bühne" oder eine „Schau".
6. Einige wenige Menschen, vor allem die, die einen Suizid durchführen und diesen überleben, aber nicht nur diese, berichten von einer Höllenerfahrung, so wie wir sie aus dem tiefsten Mittelalter her kennen. Durch Gebete und nach der Bitte um Hilfe erscheint ein Licht (siehe Punkt 5. Der Puppenspieler) und führt die Seele aus der Hölle, die sie sich selbst geschaffen hat. Allerdings kann dies auch ausbleiben. Menschen, die so eine Erfahrung gemacht haben, sind besonders bemüht, ihr Leben zum Guten hin zu ändern. Auch versuchen sie, sich zukünftig von Suiziden zu distanzieren. Eine Erklärung dieser Negativerfahrung ist der „Void" (Siehe dazu das Kapitel „Energetische Welten").

7. Die Betroffenen schweben über ihrem Körper, sehen sich, die Unfallszene oder den OP. Sie können im Nachhinein Abläufe und Gespräche schildern, die sie unmöglich gesehen oder gehört haben können. Aber das Erstaunlichste ist, sie haben diese Erfahrung zu einem Zeitpunkt, an dem ihr Kreislauf zusammengebrochen und das Gehirn nicht durchblutet und ohne Funktion ist. In diesem Zustand kann es weder wahrnehmen noch Informationen speichern (siehe dazu das Kapitel „Wenn wir sterben"). Sobald das Herz wieder zu schlagen anfängt, kehren die Betroffenen wieder „ruckartig" in ihren Körper zurück. Die Betroffenen befinden sich immer oberhalb ihres Körpers, nie darunter. Die losgelöste Seele sieht sich selbst als Geist (Astralkörper - Fußnote), der mit einer silbernen Schnur an den Körper angebunden ist. Aber auch von körperlosen Erfahrungen wird berichtet, wobei die Seele zwar eine Art Zentrum zu haben scheint, aber keine Grenze: „Ich war im ganzen Raum und habe alles gleichzeitig wahrgenommen!"

Fußnote: Wir benutzen den Astralkörper bei außerkörperlichen Reisen und übernehmen ihn vollends mit unserem Tod im Diesseits. Er ist unser feinstofflicher Körper, bis wir in die Himmel aufgenommen werden können.

8. Viele von denen, die sich erinnern, aber und das ist bemerkenswert, auch viele, die stundenlang „weg waren" und sich nicht erinnern, haben im Anschluss neue Interessen und Neigungen, erkennen und erfahren zunehmend häufig unwahrscheinliche Zusammenhänge und Begebenheiten. Sie verfügen über neue Fähigkeiten und Einsichten. Ich würde lügen, wenn ich behaupten würde, dass es bei mir anders war und ist.

9. Was NTEs über alle Skepsis erhaben macht, ist der Umstand, dass alle Nahtoderfahrenen ihr Leben im Nachhinein ändern. Sie sind weit über das Glauben hinaus, diese Menschen wurden berührt und *wissen.* Dabei spielt es überhaupt keine Rolle, ob ihr Erlebnis lang oder kurz oder zu den positiven

oder (eher seltenen) negativen Erlebnissen gehört. Sie alle haben ihre Einstellung zum Leben und Tod geändert. Sie glauben nicht mehr an ein „Leben nach dem Tod", sie wissen, dass sie weiter existieren werden.

Fast automatisch ändert sich damit einhergehend auch die Einstellung, das Handeln gegenüber dem Nächsten. Jeder bringt auf seine Art mehr Verständnis und mehr Liebe für seine Mitmenschen auf. Sie werden offener, freundlicher und warmherziger. Der eine mehr, der andere weniger. Aber alle haben eines gemeinsam, sie haben keine Angst mehr vor dem Tod und sehen anschließend ihren biologischen Tod als das, was er in Wirklichkeit ist, ein Übergang, ein freudiges und schönes Ereignis.

*

Nicht wenige sehnen sich nach diesem überwältigenden Gefühl, im Licht wieder absolut geborgen zu sein und geliebt zu werden. Sie sehnen sich nach der dort erlebten Realität, die realer und wirklicher erschien als alles, was die vermeintliche Wirklichkeit hier auf Erden zu bieten hat. Die dort erlebten Farben, Töne, Gesänge, einfach alles, haben zwar eine Entsprechung im Leben, wirken aber nach einem solchen Erlebnis nur noch wie schlechte Kopien.

Das Wissen um die Wahrheit hat einige Menschen bewusst risikoreicher leben lassen. Sie unternahmen riskante Kletterpartien oder sie begannen mit Hobbys, die sie zuvor als zu risikoreich bewertet haben; Fallschirmspringen und Tauchen, um wieder das Gefühl für das Schwerelose zu bekommen. Hier ließe sich jetzt eine lange Liste einfügen.

*

Skeptiker führen gerne an, dass die Betroffenen all das Gesehene nur gehört haben und ihr Gehirn die außerkörperliche Erfahrung anhand „gehörter Informationen" nur konstruiert hat. Dagegen spricht, dass der Kreislauf zusammengebrochen ist und das Gehirn nicht in der Lage war, das Gehörte (zudem noch so präzise) zu verarbeiten.

Sagen wir einmal, das Gehirn könnte es dennoch.

Verbinden Sie sich die Augen, lassen Sie sich von einem Bekannten in die Stadt fahren, steigen Sie an einer belebten Kreuzung mit ihm aus und nehmen Sie so viel auf, wie es Ihnen nur möglich ist. Wieder zuhause erzählen Sie Ihrem Bekannten, was alles passiert ist auf dieser Kreuzung. Ihre Schilderung der Ereignisse wird überaus schlecht sein und dabei waren sie bei vollem Bewusstsein und hoch konzentriert. Was denken Sie, wie präzise eine derartige Schilderung wird, wenn Sie gerade einen Herzstillstand haben?

*

Im August 2013 wurde eine Studie zum Sterbeprozess an Ratten veröffentlicht. (Bericht auf: http://science.orf.at/stories/1722989/. Stand: 22.01.15)

Nach einem herbeigeführten Kreislaufzusammenbruch konnte noch für 30 Sekunden eine erhöhte Hirnaktivität gemessen werden. Dieses für die Forscher überraschende Ergebnis führte zu der öffentlich gemachten Spekulation, dass es sich beim Menschen wahrscheinlich genauso verhält und sich somit NTEs als finale Halluzination erklären lassen könnten.

Um zu diesem Ergebnis zu kommen, hätte keine Ratte ihr Leben lassen müssen. Nach Eintritt eines Herzstillstandes löst sich die Seele vom Körper, es kommt zu einer Synchronisation der Gehirnhälften, die quantenmechanische Vorgänge vermuten lässt. Da keine äußeren Reize mehr verarbeitet werden bzw. diese das Gehirn nicht mehr erreichen, erfolgt zudem ein Zusammenbruch der Filtermechanismen, die uns in der Illusion, die wir Realität nennen, festhalten. Dies „öffnet" uns und erlaubt den Zugang zu den jenseitigen Welten.

Das ist in diesem Sinne keine neue Erkenntnis. Robert Monroe fand bereits vor Jahrzehnten heraus, dass sich außerkörperliche Erfahrungen durch eine „Hemisphären-Synchronisation" herbeiführen lassen. Ein wichtiger Aspekt hierbei ist es, die äußeren Reize auszublenden. Schamanische Rituale, die als Ziel das Bereisen der Anderswelt oder eine Seelenreise in unserer Realität haben, werden durch monotone Rhythmen (Sync der Hemisphären) und Isolation, das Abschalten der äußeren Reize, initiiert. Ist das Bewusstsein erst von den Fesseln der Filtermechanismen gelöst, läuft es zur Hochform auf.

Die gemessene gesteigerte Aktivität des Gehirns gehört also zu dem Prozess der Loslösung der Seele vom Körper und entlarvt in keinster Art und Weise eine NTE als Halluzination eines sterbenden Gehirns, sondern ist eher als finaler Datenaustausch (Synchronisation) und als Anforderung eines direkten Zuganges zu den energetischen Welten zu verstehen. Da die Seele evolutioniert, trifft dies ausnahmslos auf alle Arten zu, auch auf Ratten.

Im Übrigen gibt es Nahtoderfahrungen, die als außerkörperliche Erfahrungen erlebt werden (also mitten unter uns), und die nachweislich um einiges länger dauern als dreißig Sekunden. Zudem haben nicht nur Sterbende Nahtoderfahrungen.

Wäre das Erlebnis nur das Konstrukt eines sterbenden Gehirns, eine Halluzination, bedingt durch einen finalen „Drogenausschuss" oder einer Übersättigung durch Kohlendioxyd; der Tunnel nur ein in sich zusammenfallender Lichtpunkt auf der Netzhaut, wie bei einem alten Röhrenfernseher, der ausgeschaltet wurde, dann wäre das Erzählte nicht so strukturiert und lebendig, wie Nahtoderlebnisse es nun einmal sind.

Das Erlebte wirkte überaus real, realer als alles bisher Erlebte hier im „Äußeren". Es wirkte logisch und in sich schlüssig und war keinesfalls wie eine drogeninduzierte Halluzination oder ein Traum. Diese sind im Allgemeinen wirr und oftmals absolut zusammenhanglos. Nahtoderfahrungen sind auch bei weitem komplexer als ein Lichtkreis, der sich von außen beginnend nach innen auflöst, der eigentliche „Film" beginnt dann erst.
Das Konstrukt, dass das menschliche Gehirn Nahtoderlebnisse evolutioniert hat, um uns und unseren Angehörigen das Sterben zu erleichtern, ist widersinnig. Heute beschränken sich NTEs auf 1% derjenigen, die man gewissermaßen zurückholen konnte. Vor 100 000 Jahren lag allein die Quote derer, die nur einen Herzstillstand überlebten, bei knapp über 0 %. Menschen, die von einer NTE berichten konnten, waren extrem selten und förderten höchstens die Entstehung oder Entwicklung einer neuen Religion.

Das Sterben ist für die Evolution „Mittel zum Zweck". Alles muss vergehen, damit Neues entstehen kann. Welchen evolutionstechnischen Grund sollte es also geben, uns das Sterben zu erleichtern?

Psychologen führen gerne an, dass es sich hierbei um Wunschdenken handelt. Es ist aber so, dass auch Atheisten Nahtoderfahrungen haben, die inhaltlich identisch sind mit den Erfahrungen, die sogenannte Gläubige oder Agnostiker gemacht haben. Diese Atheisten finden übrigens nach einer solchen Erfahrung zu einem Glauben an ein Leben nach dem Tod.

Unabhängig davon, wie viele Menschen kennen Sie, die sich eine Höllenerfahrung wünschen?

Egal, welche Erklärungen Skeptiker auch anführen, sie alle greifen um Längen zu kurz.

Die Erlebnisse sind alle stringent logisch und gleichen sich frappierend. Auch das Argument, dass Nahtoderlebnisse seit Moodys Veröffentlichung (1975) rasant zugenommen haben, und ein erneuter Anstieg nach der Sendung von diversen TV-Serien in den USA zum Thema zu verzeichnen war, ist kein gültiges Argument. Denn selbst, wenn die Hälfte oder dreiviertel davon weniger der Wahrheit, sondern vielmehr der Fantasie entstammen, so ist doch die schier unglaubliche Menge der Übrigen, die unabhängig von Ort, Kulturkreis und Zeit (etwa in den letzten vier Jahrtausenden) gemacht wurden, schier überwältigend. Und welchen Beweggrund sollten Menschen haben, ein Nahtoderlebnis an die Organisation (www.nderf.org) zu melden? Um dort dann anonym veröffentlicht zu werden?

*

Das Erlebte während einer Nahtoderfahrung wirkt überaus real, realer als alles bisher Erlebte im Äußeren. Es wirkt logisch und in sich schlüssig und ist keinesfalls wie eine induzierte Halluzination oder ein Traum. Diese sind im Allgemeinen wirr und oftmals absolut zusammenhanglos. Nahtoderfahrungen sind auch bei weitem komplexer als ein Lichtkreis, der sich von außen beginnend nach innen auflöst, der eigentliche „Film“ beginnt erst dann. Während eines Traumes oder einer Halluzination erscheinen noch lebende Personen, in Nahtoderfahrungen hingegen nicht, bei diesen erscheinen nur bereits Verstorbene.

Online und in vielerlei Büchern finden Sie eine große Auswahl an Nahtoderfahrungen. Die größte und umfassendste im Netz ist wohl die „Near Death Experience Research Foundation“ (www.nderf.org).

FÜNFTER TEIL

Woran ich glaube

RELIGIONEN

„Wer glaubt, ein Christ zu sein, weil er die Kirche besucht, irrt sich. Man wird ja auch kein Auto, wenn man in eine Garage geht.“
-Albert Schweitzer-

Nachdem ich die Natur-, Geistes- und auch Grenzwissenschaften nach dem gemeinsamen Nenner durchforstet hatte, ging es an die Glaubensinhalte der Religionen.

Jede dieser Religionen ist ein Spiegelbild ihrer Zeit und enthält die Wahrheit der jeweiligen Epoche, in der sie gestiftet wurde. Die einmal gestifteten Religionen stagnierten aber und versäumten es, sich weiterzuentwickeln, um sich so den Erkenntnissen einer zukünftigen Epoche anzupassen.

Zu Zeiten des Hinduismus und des Buddhismus gab es noch keine Erlösung aus der Reinkarnation, sie war und ist immer noch Naturgesetz. Erst durch den Opfertod Jesus, der dadurch in die energetischen Welten einging, wurden neue Ebenen - die Himmel - geschaffen. Das war die prophezeite Erlösung. Wir Menschen konnten fortan bei entsprechender Reife aus dem Lernzyklus genommen und in die Himmel aufgenommen werden, um durch und mit Jesus eines Tages zum Vater zurückzukehren.

Auch der Islam spiegelt Entwicklung wider und ist auch eine Lehre, gezogen aus den Fehlern, die in den Anfängen des Christentums gemacht wurden. Im Zuge der kommenden Jahrhunderte gab es immer wieder neue Erkenntnisse, Offenbarungen und Religionen, die sich aus den vorangegangenen entwickelten oder sie neu interpretierten, da sich ja auch die Erkenntnisse der Menschen weiter entwickelten. Jesus konnte seinen Jüngern nicht die Konstellationen unseres Universums, die Rolle von Sonnen und Zentralsonnen (Schwarze Löcher) erklären, sie hätten es nicht verstehen können, da ihnen die nötigen Konzepte fehlten. Jakob Lorber beschrieb erstmals Mitte des 19. Jahrhunderts die Existenz von unzähligen Galaxien, gewaltigen Schwarzen Löchern und Zentralgestirnen, Jahrzehnte bevor die Wissenschaft sie entdeckte. Die Existenz von Schwarzen Löchern wurde 1967 erstmalig vermutet. Lorber nahm zudem Ergebnisse und Verhaltensweisen aus der Welt der Quanten vorweg, die erst ein halbes Jahrhundert später, als Einstein die Relativität beschrieb, bekannt werden sollten. Aber der Zeitraum war dahingehend günstig, dass die Menschen zumindest eine Ahnung von dem hatten, was offenbart wurde. Und es war gerade so früh oder rechtzeitig vor der eigentlichen Entdeckung, dass die Offenbarung als eine solche erkannt werden konnte.

Warum unterscheiden sich die Religionen und Glaubensgemeinschaften, die aus dem Alten Testament hervorgegangen sind, so sehr voneinander und von den

Neuoffenbarungen der letzten 500 Jahre? Vieles ist ähnlich, einiges auch widersprüchlich. Woran liegt das?

Das liegt zum einen daran, dass fast alle Religionen, die auf dem Alten Testament beruhen, sagen, dass nach ihnen keine neuen Prophezeiungen mehr stattfinden werden. Das sagen alle ohne Ausnahme, vom Judentum angefangen über das Christentum und den Islam, bis hin zu den Mormonen. Eine Religion, die auf Neuoffenbarungen eingeht, widerspricht sich selber, es sei denn, sie erfindet sich durch Auflösung neu. Das müssten aber als Folge alle monotheistischen Religionen (Fußnote), denn die Neuoffenbarungen - als solche werden alle Offenbarungen der letzten 500 Jahre angesehen - sehen allesamt einen Gott, einen Glauben und nur eine (Einheits-) Kirche vor.

Fußnote: Der Begriff Monotheismus (gr. mónos „allein" und theós „Gott") bezeichnet Religionen bzw. philosophische Lehren, die einen allumfassenden Gott kennen und anerkennen. Damit werden diese in der Religionswissenschaft vom Polytheismus unterschieden, der viele Götter kennt und verehrt. (Auszug aus dem Artikel „Monotheismus" aus der freien Enzyklopädie Wikipedia. Doppellizens: GNU-Lizenz für freie Dokumentation und Creative Commons CC-BY-SA 3.0 Unported. In der Wikipedia ist eine Liste der Autoren verfügbar. Stand 22.01.15)

Ein weiterer Grund, warum es zum Teil gravierende Unterschiede gibt, ist der Umstand, dass die katholische Kirche (nur um ein Beispiel zu nennen) eine große und mächtige Organisation war und ist. Um eine solche Institution überhaupt führen zu können, benötigt sie eine straffe Organisation und eine hohe Führerdichte.

Da, wo Menschen miteinander konkurrieren, kommt es zu Intrigen, Machtspielen, Verrat und Verleumdung. Nicht selten haben daher Kirchenfürsten „das Wort" derart geändert und interpretiert, dass es ihnen, ihren Vorstellungen und ihrem Verhalten entsprach. In allen Neuoffenbarungen wird das angeprangert. Und nicht nur darüber sind sich die Neuoffenbarungen einig, sondern auch darüber, was eine Einheitskirche und die Versöhnung aller Menschen angeht.

*

(Neu)Offenbarungen entstammen dem Judentum, dem Islam und dem Christentum.

Unabhängig von Zeit und Kulturkreis sind sie sich verblüffend ähnlich. Besonders beeindruckt haben mich neben Lorbers und Swedenborgs Werken die Thesen und Offenbarungen von Baha 'u'lla hs. Was ihn von den christlichen Offenbarern wie Swedenborg und auch Lorber unterscheidet, ist die Annahme, dass Gott (die göttliche Ordnung, Anm. des Autors) dafür sorgt, dass ständig ein Lehrer unter uns ist, der uns anleitet. Abraham, Krishna, Moses, Buddha, Jesus, Muhammad, er selbst und viele andere. Sie waren entweder

Religionsstifter von Christentum, Islam und Buddhismus oder aber weise Führer ihres Volkes (Anm. des Autors.)

Auch aus den Offenbarungen Baha 'u'lla hs ging eine Glaubensgemeinschaft hervor. Mit mehr als fünf Millionen Anhängern und Vertretern in fast jedem Land der Erde, steht diese Religion hinsichtlich ihrer Wachstumsrate weltweit an zweiter Stelle und wird darin nur vom Christentum übertroffen. Baha 'i leben in über 100.000 Orten, verteilt über den ganzen Planeten. In einigen Ländern werden die Anhänger allerdings auch verfolgt.

Auszug aus den Glaubensinhalten der Bahai:

„Die Bahai-Schriften rufen alle Menschen zu selbständiger Suche nach religiöser Wahrheit auf. Ziel ist, mit eigenen Augen zu sehen, nicht mit denen anderer und durch eigene Erkenntnis Wissen zu erlangen und die Wirklichkeit zu erforschen. Die Bahai-Religion erweitert den Reichtum der bisherigen Religionen um neue Lehren. Ihr Ziel ist geistig-spirituelle Erneuerung und die umfassende Vereinigung der ganzen Menschheit."

An der Diskussion, ob Jesus einer von vielen, von Gott gesandten Lehrern ist, möchte ich mich nicht beteiligen. Es macht für mich und meine Überzeugungen keinen Unterschied.

Das Glaubensbekenntnis der Bahai allerdings teile ich, wie oben dargestellt, durchaus.

*

Auch im Judentum gibt es eine Weiterentwicklung, die traditionelle „Kabbala". Sie entstand im mittelalterlichen Judentum Spaniens. Das Hauptbuch, der Sohar, entstand um 1300.

Die traditionelle Kabbala versteht sich als mystische Geheimlehre. Ihre Ausrichtung gleicht in ihren Ansätzen der Gnosis, einer Lehre, die die menschliche Seele als Teil des Göttlichen ansieht, die durch Erkenntnis und entsprechende Entwicklung wieder zu ihrem Ursprung zurückkehren kann und wird. Aus ihr haben sich unterschiedliche Strömungen sowohl im Juden- als auch im Christentum entwickelt.

Sehr interessant ist der Ansatz dieser Lehre, dass die Ordnung der göttlichen Eigenschaften sich in der Welt als Ganzes und im einzelnen Menschen widerspiegelt. Die Schöpfung gleicht in ihrem Aufbau dem Menschen und beide zusammen spiegeln die Ordnung Gottes wider.

Somit unterscheidet diese Lehre den Makro- vom Mikrokosmos. Die gesamte Schöpfung - das Universum - ist ein Mensch - Gott - und in ihr ist jeder Mensch (nach seinem Bilde) wiederum ein Universum im Kleinen. Letzteres findet sich auch in ähnlicher und weiterentwickelter Weise in den Werken Swedenborgs (*Homo Maximus*). Es ist heute unstrittig, dass Swedenborg durch die christlich orientierte Kabbala beeinflusst wurde.

All diese neuen Sichtweisen und Interpretationen waren und sind wichtig und enthalten wertvolle Wahrheiten, die uns helfen, das große Ganze zu erkennen und zumindest im Ansatz zu verstehen.

*

Nun wollen wir uns ansehen, wie Religion benutzt wurde und sich aus einer politischen Motivation heraus verändern kann.

(Die Sixtinische Madonna von Raffael - 1512/1513)

Maria ist eine Frau reinen Herzens und Glaubens und wird nicht nur im Christentum verehrt, auch im Koran wird Maria als eine fromme und ehrwürdige Frau vorgestellt. Sie ist die einzige Frau, die im Koran namentlich erwähnt wird. Viele Religionen sind sich darin einig, dass Maria ohne Sünde war und von Gott ausgewählt wurde.

Maria und Jesus, Mutter und Sohn, verband ein lebenslanges starkes Band, welches den Tod überdauerte. Für mich ist Maria eine verehrens- und anbetungswürdige Frau. Sie ist für mich genauso real und existent wie es der Sohn ist.

Für einige Glaubensgemeinschaften ist sie die Mutter Gottes, für wiederum andere die Mutter des Propheten oder die Mutter des Messias.

So weit, so gut.

*

Wie alles begann:

Im Konzil von Ephesos, im Jahr 431, wurde das wörtliche Glaubensbekenntnis von Nicäa ausdrücklich bestätigt und erklärt, dass es nicht verändert werden

dürfe, es wurde dogmatisiert. Aus diesem Glaubensbekenntnis geht hervor, dass Gott, Jesus und der Heilige Geist eins sind (Trinität).
106 Jahre vorher herrschte Kaiser Konstantin der I. in Rom. Er beendete die Christenverfolgung und bereitete den Weg für das Christentum zur späteren Staatsreligion. Seine Absicht war es, mit dem Christentum eine Stabilisierung seines Herrschaftsgebietes zu erreichen. Schon seit längerem tobte ein heftiger Streit zwischen zwei Lagern, die unterschiedliche Auffassungen vom Wesen Gottes und Jesus hatten. Das eine Lager, angeführt von Arius, sah in Jesus ein Geschöpf, geschaffen aus der Schöpfung, wie alle Menschen. Ein Geschöpf, das Gott unterstellt war. „Dieses muss so sein", argumentierte er, da Jesus vor seiner Geburt nicht existierte und somit nicht Gott sein kann. Athanasius, ein Diakon von Bischof Alexander in Alexandria, dem Arius diente, stand dem entgegen. Jesus, der Retter der Welt und aller Menschen, kann nicht selbst ein erlösungsbedürftiges Geschöpf sein und muss somit Gott sein. Gott, Jesus und der Heilige Geist sind eins und Ausdruck eines Wesens. Dieser Disput ging mit dem Namen „Arianischer Streit", benannt nach den Anhängern des Arius, den Arianern, in die Geschichte ein.

Da eine gütliche Schlichtung nicht möglich war und der Streit auch in der Bevölkerung eskalierte, rief Konstantin zum Konzil nach Nicäa, um eine Spaltung des gerade wiedervereinten Reiches zu verhindern. Sein Ziel war es, am Ende des Konzils einen Konsens zu haben, der für alle christlichen Gemeinden bindend sein sollte. Wie der Konsens letzten Endes aussah, war nicht wichtig. Wichtig war, dass am Ende einer erreicht wurde. Und dafür würde der Kaiser schon sorgen, denn als römischer Kaiser war er auch gleichzeitig oberster Priester. Es oblag dem Kaiser, die weltlichen und geistigen Geschicke des Reiches zu lenken. Und so, aus politischem Kalkül heraus, steuerte Konstantin das Konzil so, dass die Trinität sich durchsetzte. Arius wurde in die Verbannung geschickt und exkommuniziert, weil er seine Unterschrift verweigerte. Damit war die Geschichte aber noch lange nicht vom Tisch. Die beiden Lager zeigten sich unversöhnlich und mal hatte das eine Lager Hochwasser, mal das andere. 106 Jahre später, in Ephesos, wurde dann die Trinität dogmatisiert und die zukünftige Marschrichtung des Christentums festgelegt. Diese Marschrichtung des Christentums wurde von einem Mann festgelegt, der selbst noch nicht einmal ein überzeugter Christ war. Konstantin hatte zwar eine persönliche Nähe zum Christentum, seine Mutter war Christin und seine Söhne wurden ebenfalls mit dem christlichen Glauben erzogen, er selbst betete aber den Sonnengott Sol Invoctus an. So ergab es sich auch, dass der Sonntag, benannt nach dem Sonnengott, durch Konstantin zum Ruhetag gemacht wurde, an dem die Gerichte geschlossen hatten.

Dass die alten Völker den Sonnengott anbeteten, kam nicht von ungefähr. In den Neuoffenbarungen, z.B. nach Lorber, wird den Sonnen eine wesentliche Rolle im göttlichen Plan zugeordnet. Hinzu kommt, dass Gott in den jenseitigen Welten als Licht ohne Schatten wahrgenommen wird. Dieses Licht hat besondere Eigenschaften. Gekoppelt an die Intensität sind Weisheit, Liebe und Seligkeit. Die diesseitige Entsprechung ist das Licht der Sonnen. Je näher sie an eine Sonne herankommen, umso mehr Wärme, Energie und Licht bekommen sie. Kommen sie zu nah, verglühen sie.

(Grafik: Wappen des Papstes Franciscus. In der Mitte die abgebildete Sonne, zusammen mit den Initialen IHS und dem hochgestellten Kreuz, stellt sie dar, das Wappen der Jesuiten)

Und so ist es auch in der jenseitigen Welt. Würden Sie Gott in Ihrem jetzigen Entwicklungszustand sehen, Sie würden auf der Stelle vergehen.

Mit der Trinität änderte sich auch der Status von Maria. Bis dahin war sie zwar bekannt und geachtet, hatte aber keine besondere Bedeutung oder Verehrung erfahren. Das entsprach durchaus dem Bild der Frau im römischen Reich. Dies änderte sich nun: fortan sollte sie Gottesgebärerin, auch Muttergottes oder Gottesmutter genannt werden. Das löste erneut eine heftige Kontroverse aus.

In der damaligen Zeit diskutierte man darüber, ob Frauen überhaupt eine Seele haben und jetzt sollte eine Frau sogar Gott geboren haben, das war für viele Bischöfe nicht akzeptabel. Maria hat den Menschen Jesus geboren, nicht Gott, war ihr nachvollziehbares Argument. Zudem rückte die Bezeichnung „Gebärerin" Maria in die Nähe von heidnischen Göttinnen. Dies alles führte zu heftigen Auseinandersetzungen und die eine Seite exkommunizierte die andere. Der römische Kaiser, zur Zeit des Konzils von Ephesos, machte die Not zu einer Tugend. Inzwischen war das Christentum zur Staatsreligion erklärt worden und die heidnischen Kulte wurden unter Androhung der Todesstrafe verboten. Nun wurde es notwendig, sich in gewisser Weise den religiösen Vorstellungen der Menschen anzupassen und denen, die von den alten Muttergöttinnen nicht lassen konnten, einen Ersatz anzubieten. Die Statusänderung von Maria zur Muttergottes kam also gelegen. In der Geschichte kam es nun immer wieder mal zu Phasen, in denen die Marienverehrung so intensiv gelebt wurde, dass es den Anschein hatte, sie wäre eine Göttin, die einem rachsüchtigen und strafenden Gott entgegenstand und Gott dazu brachte, nachsichtig mit uns Menschen zu sein.

Dabei ist es doch Jesus Christus, der im Zentrum der christlichen Religionen steht.

Bitte missverstehen Sie mich nicht. Ich möchte weder Maria noch Jesus in irgendeiner Form abwerten. Im Gegenteil. Ich bekenne mich zu Beiden und lege Zeugnis ab. Meine Überzeugungen lege ich Ihnen im Kapitel "Die energetischen Welten" und das "Wesen Gottes" dar. Nur so viel vorab. Gott ist für uns Menschen nicht begreifbar, Jesus und Maria sehr wohl. Und so sind sie, für mich, greif- und fassbarer Ausdruck des Göttlichen.

Alles andere, insbesondere das Konzept, welches ich von Gott habe, würde also Gott "selbst" auf etwas Menschliches und somit Unvollkommenes reduzieren. Gott ist auch Mensch, aber auch gleichzeitig so viel mehr.

*

Alle diese Entscheidungen wurden nicht von Gott getroffen, sondern von Menschen, die oft aus politischem Kalkül heraus handelten, um Macht und Einflussbereiche zu erhalten. Auch die Reinkarnationslehre, die im Christentum in den Anfängen von der Gnosis gelehrt und vertreten wurde, wurde so aus der christlichen Lehre entfernt. Ich habe einen Exkurs eingefügt, der eine kurze Beschreibung der Gnosis aus Wikipedia wiedergibt. Viele Aspekte der Glaubenselemente der Gnosis entsprechen in vielerlei Hinsicht meinen Überzeugungen und spiegeln sich in verschiedenen neuzeitlichen Religionen und Offenbarungen, aber auch in den Inhalten von sogenannten „Geheimgesellschaften“ wider.

Die Uneinigkeit und Zerstrittenheit fand Ausdruck in vielerlei Aufspaltungen oder in neuen Religionen wie dem Islam.
Die damaligen (und auch später getroffenen) Entscheidungen hätten ebenso sehr anders ausfallen können, und wir hätten heute ein ganz anderes Weltbild, mit wahrscheinlich vielen unterschiedlichen und auch aufgesplitterten Religionen.

Exkurs Hauptmerkmale der Gnosis

Es gibt einen vollkommenen, allumfassenden Gott.

Durch einen eigenmächtigen bzw. selbstbezogenen Akt in den Äonen tritt ein unvollkommener Gott ins Dasein.

Dieser wird Demiurg oder Schöpfergott genannt, weil er seinerseits eigenmächtig das materielle All erschafft.

Der Demiurg wird in vielen gnostischen Schriften mit JHWH identifiziert, dem Gott des Tanach, des Alten Testaments der Bibel.

Daher gehen die Gnostiker davon aus, dass Jesus von Nazareth nicht der Sohn des Gottes der Juden ist, sondern eine Inkarnation des Christus, das Kind der vollkommenen Gottheit, also geistig verstanden, nicht etwa körperlich.

Ebenfalls erschafft der Demiurg den Menschen und verbringt diesen in immer dichtere Materie.

Die Schöpfung (und der Mensch) tragen jedoch grundsätzlich das Prinzip der ursprünglichen vollkommenen Gottheit in sich, von dem sie nicht zu trennen sind.

Einige gnostische Strömungen sehen die materielle Welt inklusive menschlichem Körper als „böse" an, andere legen den Schwerpunkt auf das innewohnende geistige Prinzip, das den Rückweg zur geistigen Vollkommenheit respektive Einheit ermöglicht.

Das innewohnende geistige Prinzip, auch Funke oder Samenkorn genannt, muss dem Menschen bewusst werden, um die Verhaftungen an die materielle Welt erkennen und lösen zu können.

(Auszug aus dem Artikel „Gnosis" aus der freien Enzyklopädie Wikipedia. Doppellizens: GNU-Lizenz für freie Dokumentation und Creative Commons CC-BY-SA 3.0 Unported. In der Wikipedia ist eine Liste der Autoren verfügbar. Stand 22.01.15).

Exkurs Ende

REINKARNATION UND KARMA

Reinkarnation ist wohl das umstrittenste Thema zwischen den Religionen überhaupt. Entweder wird sie kategorisch abgelehnt oder es ist ihr Kerninhalt. Selbst bei den Neuoffenbarungen gibt es auf den ersten Blick hinsichtlich der Reinkarnation Unterschiede. Warum ist das so?

Das liegt insbesondere an der Interpretation bzw. an den Auslegungen. In allen Religionen finden sich deutliche Hinweise, dass es sie gibt, ja geben muss. Bestätigt wird das durch den Spiritismus, die außerkörperlichen Erfahrungen des Robert Monroe, den Schamanismus und selbst durch die modernen Geisteswissenschaften. Prof. Ian Stevenson (Fußnote) war „die Kapazität" in der Reinkarnationsforschung.

Fußnote: Ian Stevenson (31. Oktober 1918 in Montreal, Kanada; † 8. Februar 2007 in Charlottesville, Virginia, USA) war ein kanadischer Psychiater und Begründer der Reinkarnationsforschung.*

Für mich ist die Reinkarnation keine religiöse Frage, sie ist Naturgesetz und ein Werkzeug, um Bewusstsein zu formen. Angefangen als einfache Materie bis hin zur Krone der Schöpfung.

Die Frage, die sich mir stellt, ist also nicht, ob oder warum wir reinkarnieren, sondern: welche Variante kommt der Wahrheit am nächsten?

*

Was ist das Überhaupt, RE - IN - KARNA - TION und KARMA?

Es steht für die

- wieder (RE)
- Fleisch (KARNA)
- Werdung (IN).

KARMA beschreibt ein spirituelles Konzept, nachdem jede Handlung (physisch und geistig) unweigerlich eine Folge hat. Karma wird im Laufe vieler Leben gesammelt. Es wird nicht von einer Gottheit oder einem „Richter" vergeben, sondern durch eine universale Gesetzmäßigkeit. Dies ist die allgemeine Lehrmeinung. Mehr über die universale Gesetzmäßigkeit finden Sie im Kapitel „Der Puppenspieler".

„Schlechtes Karma" kommt aus körperlichen und geistigen Handlungen, die der Negativität entspringen: Lüge, Gier, Selbstsucht, Eitelkeit, üble Nachrede, Gewalt.

„Gutes Karma" hingegen geht aus Handlungen der Positivität hervor: Wahrheit, Selbstlosigkeit, (bedingungslose) Liebe, Barmherzigkeit, Aufopferung.

Es zählt immer die Absicht. Sie können Geld spenden, um jemandem zu gefallen (A), um sich einen Vorteil (B) zu verschaffen oder um der Barmherzigkeit (C) willen. Eine Tat, die im Äußeren immer gleich ist, im Inneren aber drei unterschiedliche Absichten und somit auch unterschiedliches Karma darstellt.

Karma ist ein Klassiker der Kausalität. Jede Handlung und jede Absicht ist Ursache einer Wirkung, die meist erst in späteren Leben stattfindet. So dargestellt im Film „Cloud Atlas".

Im Mittelalter hat die katholische Kirche zur „Gewissensberuhigung" Ablassbriefe verkauft. Diese wurden an zahlungskräftige Sünder verkauft, um den Bau des Peterdoms zu finanzieren. Mit solch einem Ablassbrief sollte die

Zeit im Fegefeuer verkürzt werden. „Wenn das Geld im Kasten klingt, die Seele aus dem Feuer springt“, (Johann Tetzel) war der damalige „Werbeslogan“. Eine geschickte, wenn auch völlig wirkungslose Methode. So wurde den Menschen über ihre Angst das Geld aus den Taschen gezogen. Das wird auch in ähnlicher Art und Weise heute noch so gemacht, nur nicht mehr ganz so offensichtlich. Auch die Werbung weiß das und versucht über zumeist unnötig geschürte Ängste, ihr Produkt an den Mann oder die Frau zu bringen.

*

Die Seele inkarniert, sie geht bei der Geburt eines Menschen in einen Körper und verlässt ihn wieder bei seinem biologischen Tod. Wird eine Seele erneut als Mensch geboren, nennt man das Reinkarnation.

Der Buddhismus lehrt, dass eine Seele, je nach Karma, auch als Tier wiedergeboren werden kann.

Diese Ansicht teile ich so nicht. Unabhängig von „Raum“ und „Zeit“ durchlaufen wir eine lineare Entwicklung. Eine einmal erreichte Stufe (Mensch) wird nicht rückgängig gemacht.

Nach unserem Ableben gehen wir zurück in die energetischen Welten. Diese sind zwar an unsere Erde, nicht aber an die Raumzeit gekoppelt. Und so ist es durchaus möglich, in 300 Jahren eine Inkarnation zu haben, die eine Vorinkarnation von Ihnen ist. Auch ist es möglich, eine Reinkarnation nach dieser, zu Zeiten der alten Römer, zu durchlaufen. Auch ist es denkbar, dass Sie sich selbst zum Beispiel als Katze über den Weg laufen. Die menschliche Seele ist ein Produkt der Evolution von Bewusstsein. Die göttliche Ordnung - Sie können sie auch gerne Naturgesetze nennen - bedingt, dass eine Seele sich zusammen mit den materiellen Formen zur Krone der Schöpfung entwickelt. Sie entwickelt sich durchaus linear und wird nicht einfach aus dem Hut gezaubert. Aus der Raumzeit heraus beobachtet kann es schon sein, dass eine zukünftige Inkarnation von Ihnen als Tier stattfindet. Allerdings aus linearer Sicht gesehen haben Sie die Inkarnation als Katze in 200 Jahren „vor“ ihrer Inkarnation als Mensch bereits absolviert.

Jede Seele hat also bereits eine Unzahl an Reinkarnationen durch zunächst unbelebte Formen, dann durch belebte Formen hinter sich gebracht, bevor sie erstmalig in einen Menschen inkarniert und mit dem Gottesfunken versehen wurde. Das schließt die gesamte Flora und Fauna eines Planeten ein.

An einer Stelle erwähnt Robert Monroe eine verängstigte Seele, die er traf. Sie war ein Hund gewesen und hat ihrem Herrn treu gedient. Nun wartete sie - ängstlich ob der kommenden Erfahrung - auf ihre erste menschliche Inkarnation.

Erinnerungen an die Existenz als Wasser oder Erdreich, als Insekt oder Saurier, als kleines oder großes Säugetier, bleiben erhalten und sind ein Teil Ihrer alles umfassenden Erinnerung, die von dem Puppenspieler verwaltet wird. Und so ist es durchaus möglich, dass Menschen sich an Inkarnationen erinnern, die sie als Tier oder in der Form als Wasser hatten. Zudem geschehen alle Inkarnationen einer Seele nicht zeitlich linear. So ist es z.B. möglich, dass der Hund, den Sie gerade kraulen, eine Vorinkarnation von Ihnen ist und eine weitere Ihrer Vorinkarnationen zeitlich erst in 500 Jahren stattfindet, für Sie aber schon Geschichte ist.

Sie sollen selbst die Wahrheit suchen und finden und sie nicht durch die Augen oder Überzeugungen anderer einfach übernehmen. Nur weil 450 Millionen Anhänger des Buddhismus an die Richtigkeit einer Sache glauben, heißt das noch lange nicht, dass sie auch oder immer noch stimmt. Vor 1000 Jahren glaubten nahezu alle Menschen, sofern sich ihnen diese Frage überhaupt stellte, dass unsere Erde flach und der Mittelpunkt des Universums ist.

Und falls Sie jetzt denken sollten, dass wir als sogenannte moderne Menschen zukünftig keine großen Entdeckungen mehr machen werden und bereits jetzt schon alles wissen, dann sei Ihnen folgendes gesagt:
1. Zur Kaiserzeit, am Beginn des 20. Jahrhunderts, beantragte das Patentamt die Schließung des Amtes, da in Zukunft keine neuen Erfindungen mehr erwartet wurden. Das war vor mehr als 100 Jahren.

2. Die gesamte Wissenschaft ging bis 1924 davon aus, dass unser Universum statisch ist. Jede davon abweichende Entdeckung wurde belächelt. Am 01. Januar 1925 lieferte ein bis dahin nahezu unbekannter amerikanischer Astronom, Edwin Hubble, den Beweis, dass unser Universum expandiert und demnach rein rechnerisch einen Anfang gehabt haben muss. Diesen Zeitpunkt datierte er zwischen 13 und 14 Milliarden Jahre. Heute ist es so, dass diese Entdeckung die allgemeine Lehrmeinung ist.

3. Grundsätzlich ist die Reinkarnationslehre zunächst einmal nicht mit der heute gültigen christlichen Lehre vereinbar. Die Vorstellung der Wiederauferstehung des ganzen Menschen, also Körper und Seele, schließt die Reinkarnation der Seele in verschiedenen Körpern wie auch die Erlösung der vom Körperlichen befreiten Seele aus. Die Erlösung des Menschen durch die Gnade Gottes wird im Allgemeinen als unvereinbar mit karmaartigen Gesetzmäßigkeiten betrachtet.

Die Reinkarnation war am Anfang Bestandteil der christlichen Lehre, die von den Gnostikern vertreten wurde. Ab dem Konzil in Nicäa (335) galten sie als Häretiker und die Lehre von der Reinkarnation geriet nach und nach in Vergessenheit.

Beim Konzil von Nicäa brachte Kaiser Konstantin der I. seine zukünftige Staatsreligion (er selbst war zu diesem Zeitpunkt noch kein Christ) auf Linie. Heute sind 2,25 Milliarden Menschen in einer christlichen Kirche organisiert und werden von dieser auf eine „Linie“ gebracht, die vor 1700 Jahren bereits sehr fragwürdig war. Auch hier gilt: nur weil mehr als 2 Milliarden Christen denken oder glauben, dass es so richtig ist, heißt das nicht, dass es auch stimmt.

4. Lesen Sie noch einmal das erste Kapitel des zweiten Teils dieses Buches und zwar den Teil, in dem ich ausgearbeitet habe, wie viel wir wirklich wissen.

*

Ich will ganz sicher nicht, dass Sie sich gegen Ihre Religion wenden sollen. Ich möchte nur erreichen, dass Sie einige Dogmen einfach einmal hinterfragen und sich dann eine eigene Meinung bilden, denn auf genau diese kommt es an. Es gibt gerade in unserer Geschichte genug Beispiele, wo Millionen von Menschen einer politischen oder religiösen Idee folgend zu Tode gekommen sind. Also hinterfragen Sie und folgen Sie nicht automatisch dem erstbesten Anführer: Es gibt nicht viele Regeln und Gebote aus dem Diesseits, die auch auf der anderen Seite eine Gültigkeit haben. Aber eine Regel ganz gewiss: Unwissenheit und Dummheit schützen nicht vor Strafe. Die Wahrheit zu suchen ist auch immer eine Suche nach sich selbst und nach Gott. Und genau das ist es, was von uns allen verlangt wird. Machen Sie das nicht, werden Sie zwar nicht bestraft, aber Sie werden zu der Erkenntnis kommen, dass Sie eine Chance verpasst haben.

Nicht nur unsere Welt, auch die spirituelle Welt entwickelt sich. Als der Hinduismus erste Formen annahm, war diese Lehre absolut auf der Höhe der bis dahin erreichten Entwicklungsstufe. Gleiches gilt für alle folgenden gestifteten, großen und kleinen Religionen sowie die Neuoffenbarungen und das bis in die heutige Zeit. Wir dürfen gespannt sein, wie es weiter geht.

*

Folgende Möglichkeiten der Reinkarnation erscheinen möglich. Diese Auflistung ist nicht als „entweder/oder Auflistung“ zu verstehen. Insbesondere die ersten vier Möglichkeiten sind durchaus als Kombination möglich.

1. Reinkarnation als Schulungsmittel

Bevor eine Seele erstmalig in einen Menschen inkarnieren kann, muss sie sich entwickeln, um die nötige Reife zu erlangen. Dies erreicht sie durch wiederholte Inkarnationen in immer komplexere und höhere materielle Lebensformen auf irgendeinem Weltenkörper in diesem Universum. Um in die energetischen Welten der Erde aufgenommen werden zu können, bedarf es einer Inkarnation auf der Erde. Die Seele, die einmal den Status einer Inkarnation in ein Geschöpf, das als die Krone der Schöpfung bezeichnet wird, erlangt hat, bleibt integer. Die

Ich-Form bleibt also erhalten. Entwicklung findet zunächst nur über Einsicht statt, während einer Inkarnation in eine sterbliche Hülle, eingebettet im Dualismus. Eine solche Seele möchte dem Schöpfer nahekommen und eine Reife erreichen, die berechtigt, in die Himmel aufgenommen zu werden, um sich dort geistig weiterzuentwickeln. Eine solche Entwicklung geht nur über den Altruismus, dem universellen Mitgefühl, dem Lehren und reger geistiger Aktivität in der Positivität. Die Seele steuert ihre Entwicklung selbst und bedient sich des Puppenspielers, der ein Wesensteil einer jeden Seele ist. Eine solche Entwicklung ist absolut freiwillig und hat ihren Preis: Das Gefühl getrennt zu sein, Gefühle, Krankheit, Leid, Krieg, Verluste und schließlich das eigene Sterben, verbunden mit dem Gefühl, ausgelöscht zu werden.

Ein geistiges Leben ohne oder mit einer entsprechenden Entwicklung in der Negativität ist ebenfalls möglich. Das eine bedingt nun einmal auch das andere.

Eine Seele verliert sich und wird nur dann aufgelöst, wenn sie geistig absolut inaktiv und teilnahmslos geworden ist. Ist sie nicht mehr zu irgendetwas zu bewegen, ist sie verloren.

2. Die Seelenmasse

Bewusstsein ist aufgeteilt in Organisationseinheiten (Seelenmassen). Diese inkarnieren und entwickeln ihre Bewusstseinsanteile durch wiederholte Inkarnationen. Von „toter Materie" über Flora und Fauna bis zu Inkarnationen als Mensch. Das Werkzeug ist die Evolution, die aus dem Feld heraus gesteuert wird. Alle Erfahrungen dieser Inkarnation fließen in die Seelenmasse ein. Nach Beendigung einer menschlichen Inkarnation geht die neu geformte Seele in die energetischen Welten ein und verbleibt dort. Dort sammelt sie weitere Erfahrungen, die wiederum in die Gesamtheit einfließen. Die Masse veranlasst nun auf Basis aller bereits gewonnenen Erfahrungen neue Inkarnationen (eine oder mehrere) aus sich heraus. Diese inkarnieren erstmalig und sind eine karmische Konsequenz aus den Vorinkarnationen ihrer Organisationseinheit. Erinnerungen bei sogenannten Seelenrückführungen sind nicht direkt ihre eigenen, auch wenn sich diese so anfühlen, sondern stammen von ihren Seelenschwestern und -brüdern, die auch Bestandteil von ihnen sind. Jede Seele inkarniert nur einmal und geht dann in die energetischen Welten ein. Das vollzieht sich so lange, bis alle Erfahrungen, die nötig sind, gemacht wurden. Die Seelenmasse als Organisationseinheit könnte auch den Namen „Hohes Selbst", „Ich-Dort" (nach R Monroe) oder Puppenspieler haben.

In einem solchen Konstrukt, das auch von R Monroe in ähnlicher Weise beschrieben wurde, empfindet sich die Seele als Individuum und gleichzeitig als Totalität, je nach Wunsch und momentanem Empfinden. Das Paradoxon der völligen Einheit und der Kontinuität des Teilaspektes.

Hat die Seelenmasse alle Erfahrungen gemacht und alle ihre Inkarnationen wieder eingesammelt, kehrt sie zurück zum Schöpfer. Problematisch sind nach Monroe die Seelen, die sich in einem Glaubenssystem festsetzen. Damit ist nicht ein Religionssystem gemeint, sondern ich verstehe das vielmehr so, dass die Seele sich in der Hölle durch ihre Begierden und Triebe selbst gefangen hält. Sie träumt weiter den Traum der Materie. Mehr dazu in dem Kapitel „Die energetischen Welten".

Monroe beschreibt den Ursprung eindeutig nicht als „Big Bang", sondern als Sender, der über einen sehr starken Strahl ein Hologramm erzeugt und seitlich einen Rücklauf beinhaltet. Eine Art Schleife. Der Ursprung und das Zentrum allen „Seins".

Bewusstseinsfraktale (Seelenfunken, die zu einer Seelenmasse reifen sollen) wurden am „Anfang" überall in der Raumzeit verteilt und jedes einzelne ist ein Teil des Ganzen, ein Fraktal des Urlichtes aus dem Ursprung. Nach Reifung und Wachstum kehren diese wieder zurück und werden zusammen mit allen anderen zuvor Ausgesandten wieder ein Ganzes. Kein einziges Individuum, keine gereifte und geprägte Seele, geht dabei verloren oder verliert sich in diesem Prozess. Alles wächst, reift, existiert, unendlich und ewig, in völliger Einheit und gleichzeitig als Teil der Einheit. Eine Art der Existenz, die sich unserem beschränkten menschlichen Verstand, solange wir inkarniert sind, entzieht.

3. Angelehnt an das vorangegangene Beispiel ist die Variante, dass Gemeinschaften in den energetischen Welten Inkarnationen aus sich heraus planen. Wie Sie in dem entsprechenden Kapitel bereits lesen konnten, handelt es sich bei diesen Gemeinschaften um Gruppen, die sich so ähnlich und gleich sind, dass sie sich, je nach Wunsch, als Individuum oder als Gemeinschaft fühlen oder sehen. Es gibt in den energetischen Welten der Erde so viele Gemeinschaften, wie es unterschiedliche Menschen gibt. Auch ist nicht unwahrscheinlich, dass so eine Gemeinschaft eine in 2. geschilderte Seelenmasse darstellt.

4. „Gaia" ist das Gesamtbewusstsein unseres Planeten. Es ist denkbar, dass Gaia die übergeordnete oder aber eine gleich gestellte Organisationseinheit zu 2. und 3. darstellt. Sehr wahrscheinlich ist es sogar so, dass Seelenmassen, wie in 2. beschrieben, eine Symbiose eingehen mit einem Planeten und dort so lange verbleiben, bis keine weiteren neuen Erfahrungen mehr gemacht werden können. Dann ziehen sie weiter zu einem neuen Weltenkörper oder zurück zum Ursprung.

5. Die klassische Reinkarnation.

Die Seele inkarniert wieder und immer wieder, bis alle karmischen Erfahrungen gemacht wurden und ausgeglichen sind. Das Wesen der Seele bleibt erhalten. Handlungen aus vergangenen Leben haben immer eine Folge (Ursache und

Wirkung), entweder noch im selben Leben oder im darauffolgenden. Der Film „Cloud Atlas“ zeigt diese Art der Reinkarnation.

6. - ?. Es gibt sicher noch weitere Varianten, geboren aus der menschlichen Interpretation heraus. Ich habe mich hier auf die Möglichkeiten beschränkt, die ich für die wahrscheinlichsten halte.

*

Bedingt durch den Dualismus neigen wir dazu, unsere Welt in schwarz und weiß einzuteilen. Aber so einfach ist das nicht, dazwischen gibt es noch 256 Graustufen und so ist die Reinkarnation zwar Naturgesetz und die individuell ausgeprägte Seele hat sich dem zu beugen, aber sie kann auch die Reinkarnation selbst einleiten oder sie aussetzen. Und so gesehen sind auch alle hier aufgeführten Varianten möglich und ergänzen sich.

*

Eine Kernfrage lautet, wer sind Sie wirklich? Von der Beantwortung dieser Frage hängt ab, welches Reinkarnationsmodell für Sie in Frage kommen könnte.

Vielleicht sind Sie eine Seele von „außerhalb“, die unseren Planeten zufällig gefunden hat und herausfinden möchte, wie es ist, als Mensch auf dieser blauen Kugel zu leben. Nach Beendigung der Inkarnation haben Sie genug erlebt und empfanden diese als grauenhaft. Traumatisiert verschwinden Sie und kehren unserem System den Rücken zu. Vielleicht wurden Sie aber auch „angefixt“ und wollen „mehr“ und Hals über Kopf stürzen Sie sich in die nächste Erfahrung. Aus einer Inkarnation werden Dutzende. Irgendwann stellen Sie fest, dass sich Inkarnationen planen lassen und diese dann effizient die eigene Entwicklung fördern können. Sie finden Gleichgesinnte und mit Ihnen eine Gemeinschaft, die perfekt zu Ihnen passt. Hier gibt es Seelen, die mit diesem Planeten evolutioniert sind und schon unzählige Inkarnationen hinter sich haben. Die aber insgesamt weniger Inkarnationen als Mensch hinter sich gebracht haben als Sie. Seelen, die auf und mit dem Planeten evolutionieren, sind besser an die menschliche Form angepasst und adaptieren besser, während Seelen von außerhalb oft zunächst Probleme mit der Anbindung haben und inkarnierte Behinderungen oder Limitierungen wie völlige Abwesenheit von Intellektualität oder mangelnde Gefühlskontrolle aufweisen können.

Robert Monroe machte so eine ähnliche Erfahrung. Er kam von „außerhalb“. Allerdings finden sich bei seinen Inkarnationen keine Behinderungen. Diese Erfahrung wird allerdings von anderen Reisenden über die Jahrhunderte beschrieben.

Vielleicht sind Sie aber auch eine Seele, die Ihre Entwicklung schon so weit voran gebracht hat, dass sie jederzeit in die Himmel aufsteigen könnte. Sie lieben es aber, zu inkarnieren und suchen daher immer wieder die Herausforderung und das Besondere. Mal sind Sie ein Rennfahrer, dann Kriegsheld, dann vielleicht spiritueller Führer oder König, dann wieder Extremsportler oder Entdecker. Inkarniert genießen Sie das Leben in vollen Zügen, Angst kennen Sie nicht. Sich selbst aber und ihrem Entwicklungsstand bleiben Sie treu und die Charaktereigenschaften jeder einzelnen Inkarnation spiegelt das ausnahmslos wider (Siehe dazu das Kapitel „Was wirklich zählt").

Oder aber Sie sind eine entwickelte Seele, die nicht mehr inkarniert und es sich zur Aufgabe gemacht hat, sich dadurch weiter auszuprägen, indem Sie inkarnierten Freunden hilft, sie anleitet und unterstützt.

*

Für mich ist zum Thema Reinkarnation nicht wichtig, wer ich war, sondern vielmehr, wie geht es weiter? Ich für meinen Teil freue mich auf die Antworten, die ich bekommen werde, wenn ich wieder „zu Hause" bin.

EINE KLEINE ANALOGIE

„Du und ich: Wir sind eins. Ich kann dir nicht wehtun, ohne mich zu verletzen." - Mahatma Gandhi -

Alles Bewusstsein ist aus Gott und ist im Grunde genommen „Eins". Es ist auch absolut folgerichtig, in diesem Zusammenhang zu sagen: Ausnahmslos alles ist Bewusstsein.

Verletzen wir ein anderes Bewusstsein, verletzen wir uns selber. Es ist ungefähr so, als würden Sie Ihr Knie als separat von sich betrachten und mit dem Vorschlaghammer draufhauen, um der lahmen Krücke eins auszuwischen. Auf unsere Realität oder Illusion bezogen bedeutet das: Der Schmerz kommt erst nach Ihrem Ableben während der Lebensrückschau. Wir empfinden die Emotionen, die wir bei anderen verursacht haben, zeitverzögert. Die Hölle ist genau deshalb so unangenehm und der Himmel entsprechend selig, weil das, was wir dem Nächsten antun, sofort und unmittelbar wirkt. Auch deshalb ist es einer egoistischen Seele unmöglich, unter den Engeln zu leben. Ihre Ausrichtung würde sofort von allen Engeln gespürt werden. Bei Anwesenheit einer „teuflischen Seele" würde die Schwingung sich zur Unwahrheit hin verändern. Seelen aus der Unwahrheit können sich nur sehr schwer und für einen kurzen Moment verstellen, sie werden schnell erkannt und entfernt.

*

Stellen Sie sich folgende Analogie vor. Sie als Geistwesen wollen erfahren, wie es ist, in der Serengeti als Tier zu leben. Sie könnten sich eine Doku anschauen, aber das ist nicht die Erfahrung, die Sie wollen. Sie wollen „Total Recall!"
Also teilen Sie sich auf und inkarnieren als Löwe und als Antilope. Beiden Inkarnationen wird das Wissen um ihre Herkunft genommen. Der Löwe schlägt die Antilope. Sie bekommen das, was Sie erfahren wollten. Die Jagd, das Adrenalin, Panik, Angst, Befriedigung des Hungers und Schmerz. Die Antilope stirbt und Sie nehmen diesen Teilaspekt von Ihnen, den Sie bedingungslos lieben, wieder auf.

Nun pflegen Sie die Antilope und lassen sie sich wieder erholen und suchen ihr eine angemessene, schöne Umgebung, in der sie sich dann entwickeln kann, die Antilope und somit auch Sie selber! Mit der Antilope, die ja aus Ihnen heraus existiert, gewinnen auch Sie an Erfahrung.

Irgendwann kommt der Teilaspekt „Löwe" ebenfalls zurück und erkennt, dass er sich auf Erden eigentlich selbst gefressen hat, er nie allein war und bedingungslos geliebt wird. Und, ganz wichtig, dass alles einen Sinn hat(te).

Nun geht auch er ein in die geschaffene Umgebung, die energetischen Welten, und gesellt sich zu der Antilope. Befreit von allen materiellen Zwängen, muss der Löwe nicht mehr jagen und die Antilope nicht mehr fliehen. Sie wissen umeinander und sind zusammen mit Ihnen, dem Erschaffer, eins.

Kausalität ist ein Grund, warum wir vergessen müssen, wer wir sind. Außerhalb der Illusion der Raumzeit wirkt die Kausalität sofort. Schlagen Sie Ihre Zähne dort in eine andere Seele, erleben Sie den verursachten Schmerz im selben Moment. In den unteren Etagen der energetischen Welten, wo der Egoismus und nicht die Nächstenliebe zu Hause ist, verhält es sich genauso.

Um noch kurz bei unserem Beispiel zu bleiben: Sobald Sie alle notwendigen Erfahrungen aller Tiere, Pflanzen und Fische gemacht haben (Fressen und gefressen werden als karmische Erfahrung) und kein neues Karma mehr erzeugt werden kann, gehen Sie zurück zum Ursprung und schaffen dort, wo noch nichts ist, außer Gott eine neue Serengeti. Das notwendige Wissen haben Sie ja nun.

Was folgert aus dieser kleinen Analogie?

1. Liebe Deinen Nächsten wie Dich selbst, denn er oder sie - ist Du.

2. Wer, was und *wie viele bin ich*?

DIE ILLUSION GETRENNT ZU SEIN

„Communicating with God is the most extraordinary experience imaginable, yet at the same time it's the most natural one of all, because God is present in us at all times. Omniscient, omnipotent, personal-and loving us without conditions. We are connected as One through our divine link with God."
Eben Alexander III

Alles ist eins. Es gibt keine getrennte Existenz, nur die Illusion getrennt zu sein.

Am Anfang unseres Universums wurden mit der Entfaltung desselbigen, Seelenfunken im gesamten Raum vom Ursprung mitgegeben, um diese zur Reife und Blüte zu bringen.

Zu verstehen sind diese Seelenfunken wie ein Samen, der sich einen fruchtbaren Boden sucht, um zu reifen. Auf unserer Suche im weiten Raum trafen wir eines Tages einen blauen Planeten, der um eine gelbe Sonne kreiste. Ihn wählten wir aus und leiteten mit anderen Seelenfunken vor 542 Millionen Jahren die Evolution mit der „Kambrischen Explosion" ein. Andere Seelenfunken stießen später hinzu, wiederum andere entschieden sich für einen anderen Weltenkörper. Auch gibt es die Möglichkeit, dass wir schon vorher einen anderen Planeten besuchten und solange dort blieben, bis es nichts Neues mehr zu erfahren gab.

Wie die Blüte aussieht und wie wir „ausgewachsen" sein werden, wenn wir den Zustand eingenommen haben, der uns berechtigt, unserem innigsten Wunsch nachgehen zu können, zum Ursprung zurückkehren zu dürfen, entzieht sich mir. Wie könnte ich das wissen? Jeder Samen, der diesen Zustand erreicht hat, hat bereits seinen Weg zum Vater zurück angetreten oder ist noch genauso in der Entwicklung wie ich, wie wir, wie Sie es sind.

Gott schuf uns nach seinem Ebenbild, heißt für mich: Ein jeder Seelenfunken, der wie ein Samen im sich entfaltenden Raum verteilt wurde, wird gereift so sein, wie sein Ursprung. So ist es in unserer Biologie, die eine Entsprechung des Jenseitigen ist und so wird es auch mit unserer Seele sein. Ob das heißt, wir sind dann wie Gott? Ich weiß es nicht. Ist jeder gepflanzte Baum, der sich über Samen reproduziert, ein Mensch, der ihn gepflanzt hat?

Wohl nicht. Die Reproduktion ist ein Baum, dessen Ursprung ein Baum war.

Sie sehen, ganz so einfach lässt sich die Frage auf unserer Entwicklungsstufe nicht beantworten.

Seelenfunken gehen im Raum die Symbiose mit einem fruchtbaren Boden, einem Planeten ein. Zeit spielt keine Rolle. Wie am Anfang die Aufteilung in

Seelenfunken, kann sich dieser nach einigem Wachstum durch Erfahrungen erneut aufteilen und es sich dadurch ermöglichen, über viele gleichzeitige und aufeinander folgende Inkarnationen schneller zu reifen. Aus dem Seelen-funken wird dann ein gewachsenes Seelenbündel, das sich trotz seiner vielen Inkarnationen als „eines" versteht.

Mein Seelenbündel ist wiederum ein Teil, ein Fraktal, eines höheren Ganzen, welches sich am Anbeginn unserer Raumzeit aufgeteilt und Fraktale (Seelenfunken) aus sich heraus in den Kosmos gegeben hat, wo sie, wir, ich wachsen sollten.
Ich bin gleichzeitig „Ich" und „Sie". Wenn meine Organisationseinheit, die aus vielen, vielleicht Tausenden oder sogar Millionen Seelen zurückkehrt, so gehe ich mit allen diesen Inkarnationen, gereift und dem gleich, was mich ausgesandt hat, zurück.

So wird verständlich, dass einige frühere Autoren, Philosophen oder Religionsstifter schrieben oder verkündeten, dass wir alle irgendwann göttlich sein werden, ja sogar, dass wir Gott sein werden. Ich habe oft gelesen und darauf stützt sich diese Annahme, dass Jesus ein vollkommener Mensch oder aber der ältere Bruder ist und wir auch dieses erreichen werden.

Das alles stimmt und stimmt wiederum nicht, denn wir wissen nicht, was Gott denn nun tatsächlich ist. Einen Erklärungsversuch des Wesen Gottes biete ich Ihnen im entsprechenden Kapitel an. Anmaßen, dass ich und Sie wie Gott sein werden, tue ich nicht. Wie und warum auch? Ich habe bereits ein Vorbild, Jesus von Nazareth, der Christus.

Das Paradox, individuell zu sein im „Eins-Sein", ist inkarniert nur schwer zu beschreiben und zu verstehen, aber genauso wird es sein. Einige Menschen mit Nahtoderfahrungen erleben das exakt so. In dem gerade erschienenen Buch *Blick in die Ewigkeit: Die faszinierende Nahtoderfahrung eines Neurochirurgen* von Eben Alexander III werden Sie genau diesen faszinierenden Widerspruch finden.

Interessant ist diese Nahtoderfahrung auch dahingehend, dass Alexander, ein überzeugter Materialist war, bis er ins Koma fiel. Jahrelang operierte er Gehirne und war fest davon überzeugt, dass mit seinem Tod auch sein Bewusstsein erlöschen würde. Nach seiner Rückkehr aus einem längeren Koma änderte sich alles für ihn.

*

Ich bin alle Seelenbündel und ich bin eine individuelle Inkarnation eines Seelenbündels. Ich bin mit jedem Bewusstsein in diesem Kosmos verbunden, weil ich jedes Bewusstsein bin. Ich bin alles was da ist, war und jemals sein wird. Du suchst mich? Schau in einen Spiegel. Du möchtest mit mir reden? Komm zur Ruhe und gehe in dich.

DIE DREI ZUSTÄNDE

(Aus den Neuoffenbarungen, Jakob Lorber) Jesus: "Den Seelen der Verstorbenen wird das Evangelium von meinen zahllos vielen Engeln verkündet. Die es anhören, annehmen und sich danach richten, werden auch zur Seligkeit gelangen, doch nicht so leicht wie auf dieser Erde, auf der der Mensch viele und oft recht beschwerliche Kämpfe mit der Welt, mit seinem Fleisch und mit noch gar vielen Dingen - wenn auch kurz dauernd - in aller möglichen Geduld, Selbstverleugnung, Sanftmut und Demut durchzukämpfen hat." (jl.ev10.002,05)

Die drei Zustände verdeutlichen, dass alles gut ist und wird. Sie können nichts verkehrt machen. Egal, woran Sie glauben, Sie werden genau das bekommen, was Sie tief in Ihrem Inneren lieben und begehren.

Nach unserem Ableben kommen wir direkt in den ersten Zustand. Dieser ist in fast allen Punkten unserem irdischen Sein identisch. Der einzige Unterschied ist, dass Sie nun ein Geist ohne Körper sind.

Wir haben weiterhin unsere Wahrheit, unsere Überzeugungen und unsere Begierden. Der Zustand ist derart verblüffend ähnlich dem Zustand in unserem Körper, dass viele Seelen gar nicht realisieren, dass sie verstorben sind. In diesem Zustand ist es uns möglich, von anderen, bereits früher Verstorbenen, empfangen, besucht oder begrüßt zu werden. Da in diesem Zustand auch die Interessen identisch mit unserem letzten Zustand auf Erden sind, machen viele mit dem weiter, womit sie auf Erden aufhörten. Einige forschen, andere machen nichts, wieder andere leiden weiter, da sie glauben, immer noch todkrank zu sein. Das, woran Sie glauben und was Sie wirklich wollen, bekommen Sie auch in diesem Zustand, und zwar schnell.

Im ersten Zustand finden auch die Erholung vom vermeintlichen Tod und die Reflexion, die Lebensrückschau statt. Der Zustand kann einige Tage, Wochen oder auch Monate andauern. Zeit ist dort aber auch relativ, und so kann es sein, dass Stunden sich wie Jahre anfühlen können und umgekehrt. Auch wird der Seele hier die Wahrheit gezeigt, falls sie diese noch nicht kannte, so dass sie wählen kann.

Die Naturvölker und die Angehörigen einer jedweden Glaubensgemeinschaft haben ebenfalls eigene Bereiche in der Geisterwelt und meiner Definition entsprechend auch in der Hölle. In diese gehen sie dann meist schon im ersten Zustand. Nicht alle Ebenen bis zu den Himmeln sind dem Gesetz der Entwicklung durch Reinkarnation unterworfen. Alles bewusste Leben der Erde hat dort einen Bereich, der ihrer Art entspricht, Menschen und Tiere. Wenn Sie so wollen, ist dort auch der Hundehimmel anzutreffen. Dann folgt der zweite Zustand. Der Zustand der Wahrheit. Das Äußere der Seele gleicht sich dem inneren Zustand an. Die Seele wird gewissermaßen „umgekrempelt“. Nichts bleibt mehr verborgen, alles wird sichtbar. Das Äußere der Seele spiegelt jetzt Ihre entwickelte Wahrheit und Ausrichtung wider. Konnte der Mensch sich im Leben noch verstellen, so ist das nun beendet.

(Gemälde: John Martin, 1789 - 1854)

Swedenborg und Monroe beschreiben ein Phänomen, welches in dieser Phase auftritt und verdeutlicht, wie wichtig es ist, während unserer Inkarnation zu lernen, unsere Gefühle und Begierden, unsere Triebe und Süchte zu kontrollieren. Kann die Seele das nicht, wird sie von ihren Gefühlen und Begierden gesteuert und wirkt auf andere Seelen wie ein psychotischer Mensch in unserer Welt. Sie träumt den Traum des Lebens, sie träumt ihn in der Hölle weiter, von der später die Rede sein wird.

Ihr weltlicher Status spielt im Übrigen überhaupt keine Rolle dort „drüben“, nur Ihr wahres Ich, das, was Sie im Wesentlichen ausmacht. Sie waren Abgeordneter, General, Bürgermeister? Schön, wer waren Sie denn wirklich? Was für ein Mensch waren Sie? Was machte Sie als „Mensch“ aus? Wie weit ist Ihre bedingungslose Liebe entwickelt?

Menschen, die in der Wahrheit gelebt haben, werden „schöner“ von anderen in den höheren Ebenen wahrgenommen. Die, die in der Unwahrheit gelebt haben, werden als hässlich empfunden. Interessant zu erwähnen ist hier, dass ein „Nicht-Engel“, ein Teufel, einen anderen Teufel seiner Gemeinschaft als schön und attraktiv empfindet, was wiederum auf die bereits erläuterte Thematik der Resonanz verweist.

Hier trennt sich nun auch die Spreu vom Weizen.
Diejenigen, die eine gewisse Reife erlangt haben, beenden den Reinkarnationszyklus und werden in die Himmel aufgenommen. Dort werden sie nach dem Resonanzgesetz einer Gemeinschaft zugeordnet, die ihrer Weisheit, ihrer Ausrichtung und Liebe entspricht. Ein freudiger Tag für die Seele und die Gemeinschaft und ein Ende der Entwicklung durch Reinkarnation.

Das ist der Zeitpunkt, an dem der Herr „hinweg nimmt die Sünden der Welt". Alles Unwahre wird aus der Seele entfernt, denn im Himmel kann nur die Wahrheit existieren. Dies ist die wahre Erlösung.

Dann gibt es da noch die Seelen, die eindeutig der Unwahrheit zugetan sind. Diese wollen sich nicht weiter zu einem Engel entwickeln, weil sie das aus tiefstem Herzen ablehnen. Einige halten sich für genauso göttlich wie Gott selbst. Andere lieben schlichtweg nur das Unwahre, das für sie die Wahrheit ist und so gehen sie dann dorthin, wo sie sich wohl und beheimatet fühlen: in die Hölle. Ihrer Wahrheit folgend, werden sie dort, ebenfalls nach dem Resonanzgesetz, einer Gemeinschaft zugeordnet, die ihrer (Un)Wahrheit entspricht. Und auch sie werden angepasst und die Wahrheit wird aus ihnen entfernt.

Und dann gibt es da noch die breite Masse, die noch nicht reif ist für die Himmel. Sie alle wollen zurück zum Vater und somit zum Ursprung. Sie werden einer Gemeinschaft zugeordnet, die sich in der Geisterwelt befindet. Jede dieser Gemeinschaften hat eine zugeordnete Gemeinschaft in den Himmeln, so dass die Novizen schon wissen, wo sie irgendwann aufgenommen werden. Bis es aber soweit ist, müssen Reinkarnationen geplant und gelebt werden. Dem Gesetz der Reinkarnation ist die gesamte Geisterwelt, auch die Hölle, unterworfen. Ohne Reinkarnation, der damit verbundenen Dualität und den daraus resultierenden Emotionen kann es keine Entscheidungen geben. Und ohne diese folglich auch keine Entwicklung.

So ist der dritte Zustand auch der meinige, der Zustand des sich Entwickelnden.

WIE SICH UNSERE KONZEPTE IN DEN ENERGETISCHEN WELTEN AUSWIRKEN

All unsere Wahrnehmungen in den energetischen Welten entsprechen immer unseren eigenen Konzepten, die wir im Laufe unseres Lebens über Erfahrungen ausgeprägt haben. Sie als „Energiewesen" beobachten andere „Energie" und interagieren mit ihr. Der Beobachter nimmt aktiv am Prozess der Beobachtung teil (siehe dazu die Thematik der Quantenmechanik und das Doppelspaltexperiment).

Andere Energie nimmt immer eine Form an, die Ihren Konzepten entnommen wird und Ihnen bekannt ist. Wäre das anders, könnten Sie diese andere Energie nicht wahrnehmen. Sie würde für Sie nicht existieren.

Wirklichkeiten, die durch viele Seelen aufrechterhalten werden, sind stabil und reagieren träge. Sind Sie alleine in einem bis dahin konzeptfreien Raum unterwegs, sind es ausschließlich Ihre Konzepte, die anderen Energien Form und Aussehen geben und den bis dahin leeren Raum füllen. Dieses kann bei entsprechender Reife und Selbstbeherrschung gesteuert werden. Falls aber weder das eine noch das andere vorhanden ist, sollten Sie solche Orte meiden. Es kann eine sehr unangenehme und verstörende Erfahrung sein, plötzlich aus Ihrem tiefsten Inneren heraus eine Realität projiziert zu bekommen, die einzig und allein auf Ihren tiefsitzenden Ängsten basiert.

*

Für den einen ist da ein Ungeheuer, ein anderer sieht einen Dämon, der Nächste einen Alien. Alle drei Konzepte sind unterschiedliche Manifestationen ein und derselben Angst, betrachtet von drei verschiedenen Menschen, die anschließend drei unterschiedliche Geschichten erzählen, obwohl sie alle dasselbe gesehen haben. Eine Angst nimmt immer die Form an, die nötig ist, um einen entsprechenden Effekt beim Beobachter zu erzeugen. Sie bedient sich bei den jeweiligen Konzepten eines „Energiewesens“ und findet sich dort über die Resonanz.

*

Beseelte Wesen aus den energetischen Welten können nach einiger Zeit ihr Äußeres wählen. Sie passen sich dem Beobachter an und können sich so darstellen, wie es die jeweilige Situation erfordert. (Würden Sie Ihren Großvater erkennen, wenn er plötzlich als junger Mann vor Ihnen steht?) Im Übrigen scheint es tatsächlich so zu sein, dass es in den energetischen Welten ein Durchschnittsalter von 30 Jahren gibt.

Diese Wahlmöglichkeit ergibt sich aber erst nach einer längeren Verweildauer. Zu Beginn greift das Konzept der individuellen Nähe zum Licht. Im zweiten Zustand werden Menschen, die in der Wahrheit leben, schöner als diejenigen, die in der Unwahrheit leben. Diese werden hässlich. Zumindest aus der Sicht der Seelen in der Geisterwelt. Aber, wie Einstein schon treffend bemerkte, es ist alles relativ und abhängig vom Standpunkt des Beobachters.

DIE ENERGETISCHEN WELTEN

„Ich glaube nicht, ich weiß" - C. G. Jung -

Als die energetischen Welten bezeichne ich die Welten, in die wir vollständig eingehen werden, wenn wir unseren Körper loslassen. Diese Welten gehören zu unserem Planeten und wurden durch die göttliche Ordnung zusammen mit ihm erschaffen. Zusammen ergeben sie ein Ganzes, unsere Welt kann ohne die energetischen Welten nicht existieren und umgekehrt. Wir, die Menschen, und die gesamte Flora und Fauna stehen in einer Wechselbeziehung mit den energetischen Welten. Diese Welten sind Teil des Feldes, welches ich in dem entsprechenden Kapitel beschrieben habe. Ausnahmslos alles in den energetischen Welten wurde und wird durch Seelen, die zuvor auf der Erde inkarnierten, erzeugt und aufrechterhalten. Jede jemals gemachte Erfahrung auf der Erde, spiegelt sich dort wider und so hat alles Jenseitige eine Entsprechung im Diesseits und umgekehrt. *(Bildquelle: Clipdealer, Lizenz erteilt)*

Diese Welten befinden sich außerhalb von Raum und Zeit, daher erübrigt sich zumindest das „Wann". Mit dem „Wo" ist es ein wenig schwieriger. Im Äußeren werden Sie sie nicht finden. Es ist vielmehr so, dass wir, die Materie, die äußere Kruste dieser Welten darstellen. In diesen Welten gibt es keine Entfernungen und keine sichtbaren Grenzen oder Übergänge. Alles ist fließend und zeigt sich Ihnen oder auch nicht, Ihren vorhandenen Konzepten und Ihrem Entwicklungstand entsprechend.

Jeder Körper im Universum, der über Gravitation und Elektromagnetismus verfügt, bildet energetische Welten. Sie bilden Organisationseinheiten, die auch als Felder betrachtet werden können, die miteinander in Verbindung stehen. Wir bewegen uns in dem Feld unseres Planeten und sind ein fester Teil von ihm, ohne es allerdings wahrzunehmen. Es ist in etwa so, als würden wir Zeit unseres Lebens in einem Ozean schwimmen, ohne je das Wasser, das uns umgibt, zur Kenntnis zu nehmen.

Die energetischen Welten wurden schon von den Religionen, von vielen Forschern und unzähligen „Reisenden“, sehr umfassend beschrieben. Sie alle beschreiben dasselbe Phänomen mit unterschiedlichen Worten, Konzepten und Einteilungen. Das liegt zum einen an der unterschiedlichen Interpretation und zum anderen an der jeweiligen Epoche sowie an den jeweils vorhandenen Konzepten. So benutzte und sah R. Monroe 27 verschiedene Ebenen, Swedenborg die drei Höllen, die drei Himmel und einmal die Geisterwelt. Und C W Leadbeater (Fußnote) wiederum Sphären, allerdings namentlich sortiert nach ihrer „Fein- bzw. Grobstofflichkeit“ (eine Ausdrucksform der Schwingung).

Fußnote: Charles Webster Leadbeater (* 17. Februar 1847 in Stockport, Großbritannien; † 1. März 1934 in Perth, Australien) war Priester, Theosoph und Okkultist.

Ohne Einteilung keine differenzierte Beschreibung. Da sind wir uns sicher einig.

*

Spätestens seit der Stringtheorie wissen wir, dass alles schwingt und somit Frequenz ist. Die einzelnen Welten unterscheiden sich demnach nur durch ihre Frequenz oder Schwingung. Auch wir im Diesseits sind nur Frequenz, allerdings auf einer sehr niedrigen Ebene. Wesen, die eine höhere Schwingung haben, können von Wesen mit einer niedrigeren Schwingung nur dann wahrgenommen werden, wenn das höhere Wesen es will und seine Schwingung entsprechend anpasst. Umgekehrt funktioniert das nicht. Durch diese Schwingungen erklärt sich auch das überall gültige Resonanzgesetz. Dieses besagt, dass Gleiches sich erkennt und das Gleiche gleichen Gemeinschaften zugeordnet werden. Die Entsprechung in unserer Welt ist, dass „Gleiches sich gern mit Gleichen gesellt“ (siehe dazu das Kapitel „Die drei Zustände“). Wenn wir „sterben“ und unseren grobstofflichen Körper ablegen, verschiebt sich unsere Frequenz und damit auch unsere Wahrnehmung. In „Todesnähe“ können einige Menschen beide Welten wahrnehmen, sehen Verwandte oder Engel, die sie abholen wollen oder aber wunderschöne, atemberaubende Welten.

Zugang zu diesen Welten haben nur Lebensformen unseres Planeten. Geister anderer Welten oder gar Dämonen gibt es dort nicht. Jedes Wesen in unseren energetischen Welten, ohne Ausnahme, lebte und inkarnierte mindestens einmal auf der Erde.

Der Erschaffer eines neuen Himmels und einer neuen Erde:

Gott ist die göttliche Ordnung und kann und wird nicht gegen sich selbst handeln. Jesus ist eine oder die Inkarnation Gottes. Durch die Menschwerdung konnte er, bedingt durch seine eigene Ordnung, in die energetischen Welten eingehen und sie für uns bereiten. Das ist gemeint, als gesagt wurde: Er wird einen neuen Himmel und eine neue Erde erschaffen. Der Himmel ist bereit, nun geht es daran, „eine neue Erde zu schaffen".

„In dem Hause meines Vaters sind viele Wohnungen; wenn es nicht so wäre, würde ich es euch gesagt haben; denn ich gehe hin, euch eine Stätte zu bereiten." Johannes 14,2

Dadurch, dass Jesus konsequent den Gesetzen Gottes folgend über seinen Tod in die Geisterwelt eingegangen ist, konnte er dort, der göttlichen Ordnung entsprechend, das „Feld" (energetische Welten der Erde) umstrukturieren. So entstanden aus einer Geisterwelt und einer Ebene sieben Himmel.

Diese bedürfen einander und werden von dem, der aus Gott heraus gesandt wurde, Jesus, im Gleichgewicht gehalten und regiert. Jesus im Übrigen hat das Christentum, so wie es sich heute darstellt, zwar begründet, aber nicht geschaffen; das waren Menschen.

Durch diese neue Ordnung konnte der Mensch bei entsprechender Reife (Himmel des Menschengeschlechtes) aus dem Reinkarnationsprozess genommen und der weiteren rein geistigen Weiterentwicklung zugeführt werden. Die alte Ordnung wurde nicht ersetzt, sie wurde ergänzt und erweitert und somit wurde der fortgeschrittenen Entwicklung des menschlichen Bewusstseins Rechnung getragen.

*

Jesus ist von Gott gesandt und ist der im Alten Testament angekündigte „Engel des Herrn". Nicht irgendein Engel, sondern von und aus Gott gesandt, ihm gleich und mit allen Vollmachten ausgestattet. Gott wirkt durch Jesus und so wird Gott für mich begreifbar. Dieser besondere Engel inkarnierte auf Geheiß des Herrn in einen Menschen. Die Frage, an der sich viele Glaubensgemeinschaften reiben („Ist Jesus Gott? Ist er die oder eine Inkarnation Gottes oder ist er ein Engel und/oder ein älterer Bruder? Gar ein Prophet?"), stellt sich mir nicht wirklich.

Gott ist alles, was „ist". Demnach bin ich genauso ein Teilaspekt Gottes, wie Sie es sind. Würden wir uns treffen und ich schaue Sie an, dann schaut Sie auch Gott an. Und so ist es mit jedem Lebewesen. Schaut es mich an, schaut Gott mich an. Und wieso soll dann jetzt ausgerechnet Jesus nicht Gott sein?

Er ist allerdings im Gegensatz zu uns ein vollkommener Mensch und gereift, man könnte auch sagen, er ist auch eine Art „Meister", ein Name, der heutzutage häufig in der Esoterik zu finden ist. Er lebte unter uns vollkommen nach der Wahrheit und erreichte dadurch göttliche Vollkommenheit. Ich verstehe ihn darüber hinaus als eine Inkarnation Gottes und es gibt nach meiner bescheidenen Auffassung niemanden, der ihm gleich ist. Ich habe hier bewusst

„eine Inkarnation Gottes" gewählt und nicht „die Inkarnation". Letzteres würde Gott, das allumfassende Wesen, limitieren.

Jesus ist für mich Vorbild und anbetungswürdig, da er stellvertretend für Gott steht und somit Gott für mich darstellt und das Konzept „Gott" so für mich begreifbar macht. Es ist mir nicht gegeben, Gott zu verstehen oder gar zu begreifen. Jesus hingegen schon.

Im Alten Testament wird „der Christus" dementsprechend immer als Engel des Herrn angekündigt und bezeichnet.

Gott, dem Zentrum und Ursprung im Besonderen, kann ich mit meiner jetzigen Entwicklung nicht nahe kommen, ohne zu vergehen (Siehe dazu das Kapitel „Das Wesen Gottes").

Es gibt keinen lebenden Menschen, der Gott in vollem Umfang kennt, begreift und versteht. Wie, frage ich Sie, wollen Sie also jemanden mit etwas vergleichen, das Sie weder kennen noch begreifen, noch verstehen können? Wie kann also die Behauptung aufgestellt werden, Jesus sei Gott oder er sei es nicht?

Was auch immer Gott ist, es wirkt durch Jesus, den ich begreifen und lieben kann. Für mich verkörpert er also alles Göttliche, welches für mich durch die Fleischwerdung Jesu begreifbar geworden ist. Er ist der Leuchtturm, der mir den Weg weist und nur durch ihn komme ich zum Vater. Mehr muss ich nicht wissen.

(Joh.14,6) : „Jesus spricht zu ihm: Ich bin der Weg und die Wahrheit und das Leben. Niemand kommt zum Vater als nur durch mich."

Und am Ende wird der Sohn dem Vater den Himmel des Menschengeschlechtes übergeben und sich ihm wieder unterordnen.

*

Um Ihnen aber zumindest eine Idee zu geben, wie das Phänomen Gott von mir verstanden und begriffen wird, habe ich ein gesondertes Kapitel („Das Wesen Gottes") im späteren Verlauf eingefügt. Jeder von uns hat ein Konzept von Gott. Hätten Sie kein solches Konzept, dann wäre „Gott" nur ein Wort für Sie, nicht mehr. Mein Konzept von Gott bildet die Grundlage meines Glaubens und meiner Überzeugungen.

Die Lehre der Entsprechung und unser Weg hin zum Licht:

Alles in den energetischen Welten hat eine Entsprechung hier bei uns auf der Erde. Aber im Vergleich mit unserer Realität ist dort alles intensiver, plastischer und nachhaltiger. Menschen, denen es gegeben war, einen Blick zu Lebzeiten auf diese Welten zu erhalten, empfinden unsere Realität danach nur noch als schlechte Kopie. Eine Erinnerung an diese Welten ist auch nach Jahrzehnten noch so präsent, als hätte sie gestern erst stattgefunden.

Auch ist die Wahrnehmung gesteigert und der Geist unterliegt nicht mehr den trägen Denkmechanismen und Einschränkungen des Körpers (siehe dazu das Kapitel „Nahtoderfahrungen"). Zu einer Frage bekommt man direkt die Antwort dazu. Es ist in etwa so, als wären Sie eins mit jedem Wesen und jeglichem Wissen dieses Universums, eingeschränkt nur durch die Nähe bzw. die Entfernung zum Ursprung, zu Gott.

Gott wird, unabhängig von Jesus, dort als Licht wahrgenommen. Ein Licht, das keine Schatten wirft und allgegenwärtig ist. Je näher ein Wesen sich entwickelt hat, desto intensiver ist auch das Licht. Dieses Licht reguliert durch seine Intensität den Level an Weisheit, Wissen, Liebe und Seligkeit, die einem Wesen zur Verfügung stehen. Selbst in der äußersten Finsternis ist noch Licht und somit auch Gott, wenn auch nicht viel. Es ist auch gleichzeitig die Versinnbildlichung des Zentrums und des Ursprunges, zu dem wir wieder zurückgehen, indem wir uns ihm durch unsere stetige Weiterentwicklung nähern. Das Licht ist somit ein spürbarer Ausdruck unseres innigsten Wunsches, wieder zum Vater zurückzukehren.

So ist also unser Weg auf Gott zu ein Entwicklungs- und Lernprozess von der Dunkelheit zum Licht, zurück zum Ursprung. Weg von der Unwahrheit, dem Materialismus, den Süchten und der Selbstverliebtheit, hin zur Wahrheit, der eigenen geistigen Entwicklung, der Selbsterkenntnis und dem Sammeln von Erfahrungen und Bildern. Durch die Suche nach Gott werden Sie sich mehr und mehr selbst entdecken. Oder umgekehrt, Sie suchen Gott und werden sich finden.

Erreichen können Sie das zunächst in der Materie, durch innere Ruhe, Beherrschung Ihres Egos, Altruismus, Demut und durch das Entdecken von neuem, dem Studium des Unbekannten. Der Suche nach der Ewigkeit.

Es steht Ihnen natürlich frei, sich von sich selbst abzuwenden und weiterhin der dauerhaften Untätigkeit, der Macht über andere, Ihren Trieben, dem Materialismus, dem Egoismus und der Eigenliebe zu frönen. Kein Gott wird Sie dafür bestrafen, das tun Sie später dann schon selber.

Sie entscheiden also selbst, wo es hingeht.

Die Reise

Ich nehme Sie nun mit auf eine Reise, die in der diesseitigen Welt in Todesnähe beginnt, dann über die „Leere" durch einen Tunnel weitergeht über einen

Ankunftsbereich in die Welt der Geister. Von dort gebe ich Ihnen einen Ausblick auf den Himmel und die Hölle.

Nur eines noch. Ich habe mich für die Klassifizierungen von Swedenborg und seine Aufteilung in Himmel, Hölle und Geisterwelt entschieden. Auch habe ich seine Namensgebungen „Geist", „Engel" und „Teufel" übernommen. Diese Bezeichnungen sind den meisten Menschen in meinem Kulturkreis bekannt. Wenn Sie gleich weiterlesen, denken Sie daran, dass diese Namen absolut austauschbar sind: Die sieben Himmel, die Gebiete der Anderswelt, Himmel oder Nirwana, Hölle oder Samsara (der Kreislauf des Leidens durch Reinkarnation) sowie das Fegefeuer (Geisterwelt) der katholischen Kirche. Diese Orte haben viele Namen und somit auch Konzepte und sind doch ein und dasselbe. Selbst Nirwana und Samsara, Begriffe aus dem Buddhismus, haben unterschiedliche Interpretationen und Bedeutungen.

Auch gibt es in den energetischen Welten keine klaren Grenzen, an denen man die einzelnen Ebenen erkennen könnte. Es ist vielmehr so, dass es ein gleichmäßiger Übergang ist, der sich nur in der Intensität des Lichtes unterscheidet. Von der äußersten Finsternis bis hin zu Gott. Dazwischen ist unendlich viel Raum für jedwede menschliche Reife und Gesinnung. Neben Himmel und Hölle gibt es noch unendlich viele Zwischenreiche und Orte, die so geschaffen sind, jede noch so geartete Seele zu beherbergen.

Beachtenswert ist, dass von einer Einteilung in Himmel und Hölle oder in mehrere Himmel erst seit Jesus von Nazareth die Rede ist. Jede neue Religion oder Neuoffenbarung spricht seitdem von mehreren Ebenen, Stufen, Himmeln etc.

Diese Darstellung der energetischen Welten ist zwar angelehnt an Emanuel Swedenborgs Werk *Himmel und Hölle*, stellt aber meine eigenen Überzeugungen dar und ist angepasst an den heutigen Entwicklungsstand des Jenseitigen und an unseren modernen Sprachgebrauch.

Elemente, insbesondere die Reinkarnation, sind vom „Schreibknecht Gottes", Jakob Lorber, und den frühen Christen, der Gnosis, sowie den Erfahrungen des R Monroe und weiterer Reisender, entnommen.

Auch ist Swedenborg die „Leere" nicht bekannt oder er interpretiert sie anders. Das verwundert nicht, da dort nur sehr wenige Menschen zu Lebzeiten Zugang zu dieser trennenden Sphäre erhalten. Meistens sind es Selbstmörder, die ihre Absicht nicht zur Vollendung gebracht haben und eine Nahtoderfahrung mit zurückbringen oder aber unerfahrene Reisende, die dort länger als vorgesehen verweilten.

Todesnähe

In den allermeisten Fällen, dann, wenn wir vorbereitet sind und wissen was kommt, wird es ein schöner Moment und wir gehen ohne Angst, in spannender Erwartung, aus dem Leben.

Die meisten Menschen ahnen in Todesnähe nicht nur, dass da mehr sein muss, sondern scheinen zu wissen, dass da tatsächlich mehr ist. Wenn wir diesen Prozess des Überganges annehmen und uns darauf einlassen, können wir schon vor unserem letzten Atemzug Einblicke in wunderschöne Welten bekommen. Wir können Seelen, die uns abholen und helfen wollen, schon vorher wahrnehmen. In jedem Fall aber bekommen wir Gewissheit. Viele sterbende Menschen wissen dann einfach, dass alles gut ist und wird. Oft werden sorgende Angehörige in so einem Fall gebeten, den Raum kurz zu verlassen. Der Sterbende kann nicht loslassen und will es den Angehörigen leicht machen, um zu gehen.

(Bild zu Todesnähe: Die Allegorie auf den Tod des Dauphins stellt dar, was ein Sterbender in einer Totenbett-Vision sehen könnte, von Louis-Jean-François Lagrenée)

Haben wir aber Zeit unseres Lebens in der Unwahrheit gelebt und unser Wissen um die Wahrheit ist verkümmert, dann kann es passieren, dass wir verkrampfen und anfangen, uns an das Leben zu klammern. Die Angst dominiert uns und der Übergang wird zur Qual.

Die Seele verlässt den Körper zwischen dem vorletzten und letzten Herzschlag.

Einige Seelen gehen auf Grund unterschiedlicher Ängste und Motivationen nicht in das Licht und verbleiben bei den Lebenden als „erdgebundene Seele“. Von ihnen und von Elementalen, die sich ebenfalls unter uns aufhalten, wird in einem anderen Kapitel noch die Rede sein.

In dieser Phase kann sich die Seele noch nicht erinnern. Ihr Weg geht weiter auf das Licht zu. Viele nehmen diese Bewegung auf das Licht zu als Tunnelerfahrung wahr.

Tunnelerfahrung

Die einzelnen Ebenen haben keine Grenzen und existieren im selben Raum, unterscheiden sich aber vom Grad der Schwingung, der Frequenz. Die Tunnelerfahrung, wenn wahrgenommen, beginnt in der ersten geistigen Ebene, vollzieht sich durch den Void, weiter bis zu dem Ort, welcher der persönlichen Schwingung und Ausrichtung entspricht.

Die Reihenfolge der Ebenen entspricht dem Grad ihrer Schwingung. Unsere grobstoffliche und somit träge Realität ist von der Schwingung her sehr niedrig, der feinstoffliche Himmel sehr hoch. So kann folgende Reihenfolge angenommen werden:

1. Unsere Realität
2. Direkt an unsere Realität angebunden, die erste geistige Ebene (Erste Astralebene)
3. Void (Die Leere)
4. Äußerste Finsternis
5. Hölle
6. Geisterwelt (Letzte Astralebene)
7. Himmel des Menschengeschlechtes

Die erste geistige Ebene

Die erste geistige Ebene ist eine Welt, die fast genauso aussieht wie die unsere. Wie die Hölle und die Geisterwelt zählt sie zu den Astralebenen, welche die nächsthöheren Entwicklungsstufen nach dem physischen Leben darstellen. Die erste geistige Ebene wird auch für die reale materielle Welt gehalten, sie ist es aber nicht direkt. Unsere materielle Realität ist eine Illusion, erzeugt in und von unserem Bewusstsein. Auf der ersten Ebene sehen wir, was sie in Wirklichkeit ist: Ein vibrierendes Konstrukt aus Energie, unserer Welt verblüffend ähnlich. Menschen, die Seelenreisen machen oder Nahtoderlebnisse haben, bewegen sich ebenfalls zunächst auf dieser Ebene. Sie können durch Wände gehen, andere Menschen beobachten und manchmal auch mit ihnen reden, je nach Entwicklungsstand des Angesprochenen. Nur, dass sie in diesem Fall mit dem Puppenspieler eines Menschen reden. Hier werden die anderen Namen deutlich, die dem Puppenspieler gegeben wurden, Äther -, Astralkörper, Hohes Selbst und viele andere. Alles Materielle hat ein Gegenstück - daher auch die Lehre der Entsprechungen - in jeder Schwingungsebene bis in das hellste Licht hinein, angefangen mit unserem grobstofflichen und trägen Körper in der uns bekannten Welt.
Wird ein Puppenspieler - er sieht genauso aus und verhält sich auch wie das „Pendant“ in der Materie - von einem Reisenden, der die Seelenwanderung durchgeführt hat, in der materiellen Welt darauf angesprochen, kann sich dieser nicht an ein solches Gespräch erinnern. Diese Erfahrung machte auch Robert

Monroe. Um dieses Phänomen beweisbar zu machen, kniff er einen Menschen, mit dem er auf dieser Ebene ins Gespräch kam. Dieser sagte ihm zwar, dass sie (eine Dame) sich ganz sicher an das Gespräch erinnern würde. Monroe wollte aber sichergehen und kniff sie. Am nächsten Tag, zurück in unserer Wirklichkeit, auf das gestrige Ereignis angesprochen, konnte sie sich nicht mehr an ein Gespräch erinnern. Sie wunderte sich aber, woher der blaue Fleck kam, den sie seit gestern hatte - genau an der Stelle, an der Monroe sie gekniffen hatte.

Diese Ebene wird zu „Lebzeiten" sehr häufig von uns aufgesucht oder durchreist. Sie hat noch viele weitere, ihr folgende, Abstufungen und Bereiche, die alleine ein ganzes Buch füllen würden. Genauso, wie wir unsere Träume vergessen, entschwindet uns auch die Erinnerung an einen Besuch in den energetischen Welten. Dies ist ein gewollter Mechanismus, der verlernt werden kann und muss, will man diese Welten bewusst zu Lebzeiten bereisen.

Dem ungeübten Beobachter erscheint diese Welt durchgehend, über die Hölle, bis in die Geisterwelt hinein. Der Raum, falls als solcher wahrgenommen, ist unendlich. Höhere Bereiche grenzen nicht aneinander an, sondern sind im selben Raum wie unsere materielle Welt, diese Ebene, so wie alle Welten. Die eine blendet sich aus, die nächsthöhere blendet sich ein.

Verstorbene bleiben häufig zunächst einige Tage auf dieser ersten Ebene, um sich zu verabschieden, bevor sie weiterziehen.

Dies ist die erste geistige Welt, die sich direkt „hinter" der unsrigen befindet und den Aufenthaltsort der erdgebundenen Seelen und Elementalen darstellt.

Der Tod

Unmittelbar nach unserem Versterben sind wir noch in der hiesigen Raumzeit und in der Nähe unseres Körpers. Der Prozess der Loslösung beginnt vor dem letzten Herzschlag. Das ist der Moment, wo Ihr letzter Gedanke, Ihre geistige Entwicklungsstufe, festgehalten wird. Ab da heißt es: Nichts geht mehr. Die Würfel sind gefallen und Ihre erlangte Wahrheit verbleibt unverändert.

Mit der Abkühlung des Körpers trennt sich die Seele mehr und mehr vom Körper und übernimmt ihren Astralleib. In dieser Phase bekommt der Verstorbene - da in der Nähe seines Körpers - alles mit, was gesagt und gedacht wird. Falls Sie einen Menschen beim Sterben begleiten wollen, sollten Sie sich genau überlegen, was Sie in jenen Momenten von sich geben oder aber auch denken.
Wenn Sie sich als Organspender gemeldet haben, beginnt es nun. Ihr Körper wird gekühlt und am Leben gehalten. Er hat zwar keine messbare Hirnaktivität mehr, aber nach meiner Überzeugung bleibt die Seele so lange an den Körper angebunden, bis dieser abgekühlt ist. Bei einer Organspende muss die Seele der

Ausweidung ihres Körpers beiwohnen und erlebt sie bei vollem Bewusstsein. Eine Spende ist in der göttlichen Ordnung nicht vorgesehen. Zumindest ist das meine Sicht der Dinge und deshalb lehne ich sie kategorisch ab.

(Eine Seele wird in den Himmel getragen, Gemälde von William Bouquereau)

*

Im Regelfall ist der oder die Sterbende nicht alleine und wird von einer ihm/ihr bekannten Seele oder von Engeln abgeholt und durch den Void geleitet. Aber nicht immer, je nach Todesursache und innerer Einstellung, kann es jetzt zu einer Panik- und Angstreaktion kommen. Die Seele ist verkrampft und nimmt mögliche Helfer oder das Licht nicht wahr und sie verbleibt in unserer Welt (siehe dazu das Kapitel „Foppgeister“). Einige Seelen (meistens Seelen, die nicht an eine Existenz nach ihrem Tod geglaubt haben) reinkarnieren überstürzt erneut. Da dies aber ungeplant ist, ist so eine erneute Fleischwerdung nicht zielführend, sondern wirft eine Seele, ähnlich wie bei einem Suizid, in ihrer Entwicklung zurück. Aber das sind Ausnahmen. Nach einer Zeit des Abschiednehmens, spätestens nach der eigenen Beerdigung, geht die Seele ihren Weg durch den Void ins Licht

„Die Leere“, Void

Im Kapitel „Realität“ habe ich Ihnen aufgezeigt, dass unsere innere Ausrichtung und unser Glaube unsere Realität beeinflusst und mitgestaltet. In Szene gesetzt wird unsere Realität durch die uns zur Verfügung stehenden Konzepte. Deutlich wird das auch bei den Nahtoderfahrungen, diese werden durch die jeweiligen Überzeugungen, Glaubenssätze und Vorstellungen, individuell eingefärbt.

Diese Aspekte haben einen unmittelbaren Effekt nach unserem „Tod“ im Void. Die meisten Seelen nehmen den Void gar nicht wahr, sondern gehen durch ihn (Tunnelerfahrung) direkt in das Licht. Aber nicht alle.

Menschen, die plötzlich gestorben sind oder sich selbst getötet haben, enden oft erst einmal im Void. Manchmal verirrt sich auch einfach eine Seele oder sie unterbricht aus irgendeiner Angst heraus ihre Reise ins Licht. Auch Menschen, die aus unterschiedlichsten Gründen das Konzept einer unsterblichen Seele abgelehnt haben, können im Void enden. Das kommt daher, da die Leere ihrem Glauben entspricht und diese Seelen sich gegen den Übergang, den sie gleichsetzen mit ihrer Auslöschung, bis zuletzt wehren.

Im Void gibt es nichts außer den mitgebrachten eigenen Konzepten und Vorstellungen. Die Seele kann dort die Realität nicht mehr derartig steuern wie noch auf der trägen Erde. Ihr innerer Zustand wird dort unmittelbar zu ihrem äußeren, ihre vorhandenen Ängste, eine mögliche innere Zerrissenheit und Panik verwandeln sich in ein äußerst reales Szenario. „Ich komme sicher in die Hölle für das, was ich getan habe!", kann ein Expressticket zu einer Höllenerfahrung sein.

Aber auch angenehme Erfahrungen sind dort möglich. Das hängt ganz von Ihrer Einstellung, Ihrer inneren Ruhe und Ausrichtung ab.

Und das genau ist der Punkt, wie Sie den Void verlassen können. Die Seele muss zur Ruhe kommen, sich entspannen und darauf fokussieren, was sie wirklich will: ins Licht. Gebete und/oder antrainierte Meditationstechniken, aber auch Mantras (Fußnote) sind hier sehr zielführend. Genauso schnell wie Teufel und Dämonen, Monster und wilde Tiere als Ausdruck ihrer Angst erschienen sind, so schnell verschwinden sie wieder und weichen dem Licht. Schon das alleinige Denken an die Wärme und Güte des Lichts vertreibt die Dunkelheit. Und was das Licht ist, wissen Sie ja bereits.

Fußnote: Ein Mantra ist eine Ansammlung von Buchstaben, die das Gewünschte fördern und Schwierigkeiten oder Hindernisse überwinden helfen. „Man“ bezieht sich auf den Geist und die Kontemplation. „Tra“ betrifft die Vitalenergie und Schutz. Auf einer höheren Ebene bedeutet es Kontemplation, durch welche sich das Wissen über die Einheit des gesamten Universums auf eine Person ergießt. Bei diesem Punkt endet die Kontemplation, der Geist löst sich auf und das Mantra kommt zum Stillstand. In diesem Stadium wird die Person vom Zyklus der Wiedergeburten befreit. Die Wirkungen eines Mantras können folgendes beinhalten: Spirituelles Wachstum, Vernichtung des Feindes, Erreichung übernatürlicher Kräfte, Annullierung der Sünden und Reinigung der Sprache. Ein Mantra zu chanten (Mantra singen) ist nicht das Gleiche wie das Chanten eines Gottesnamens. Es gibt viele Regeln und Vorschriften für das Chanten oder Singen von Mantren, die es beim Chanten von Gottesnamen nicht gibt. Zum Beispiel muss ein Mantra an einem sattvischen Platz gesungen werden, den Namen Gottes kann man immer und überall chanten. Die spirituelle Energie, die man durch ein Mantra erlangt, kann für gute oder schlechte Zwecke verwendet werden. Es ist genauso wie mit dem Geld: wie es verwendet wird, hängt von der jeweiligen Person ab

(Quelle: http://www.spiritualresearchfoundation.org/de/mantra. Stand 22.01.15).

Eine längere Verweildauer kann zum Verlust aller Erinnerungen führen. Dieser Mechanismus stellt sicher, dass zum Beispiel Seelen mit einer Nahtoderfahrung diese vergessen (Nur 1% kann sich erinnern, siehe dazu das Kapitel „Wenn wir sterben"). Ähnlich ergeht es Seelen, die sich „unbefugt" unter uns mischen wollen. Wie bei den erdgebundenen Seelen wissen sie nicht mehr um ihre Herkunft und ihre Absichten. Dieser Mechanismus ist zum einen wichtig, damit Seelen Erfahrungen in der Dualität machen können (sie müssen „sich" vergessen) und zum anderen verhindert diese „Zone", dass Seelen sich unbefugt einmischen und die Entwicklung von uns Menschen beeinflussen.

Der Neurochirurg Dr. Eben Alexander machte eine solche Erfahrung. Er erkrankte schwer an einer Hirnhautentzündung und fiel ins Koma. Während einer dann einsetzenden Nahtoderfahung, die sich über sieben Tage hinzog, konnte er nicht mehr auf seine Erinnerungen zugreifen, er verlor sich. Er erwachte aus dem Koma ohne Folgeschäden und verarbeitete seine Erfahrungen in dem Buch *Blick in die Ewigkeit.*

Viele Nahtoderfahrungen finden im Void statt bzw. beginnen dort. Auch Menschen, die außerkörperliche Erfahrungen gemacht haben, kennen diesen „Ort". Fast alle Selbstmörder, die es nicht geschafft haben und zurückgekehrt sind, berichten von einer Höllenerfahrung. Nicht alle, aber viele fanden im Void statt. Es gibt allerdings auch NTEs - und das ist eine Besonderheit bei Selbstmördern - die eindeutig gesteuert sind und den Betroffenen Konsequenzen ihres Handelns aufzeigen. Sie sind unmissverständlich, zielgerichtet und erzeugen Motivation, zunächst durch Angst, später durch Hoffnung. Gesteuert wird diese Art von Erfahrungen fast immer vom Puppenspieler, immer aber zum Besten des Betroffenen. Eine solche Erfahrung finden Sie zum Ende dieses Kapitels.

Viele Erfahrungen, die im Void gemacht wurden, führten zu falschen Auslegungen innerhalb von Religionen. Die Hölle, mit der meine Kirche ihren Schafen im Mittelalter noch Angst gemacht und sie damit zum Gehorsam gezwungen hat, entsprang einer solchen Erfahrung. Ich möchte keineswegs verallgemeinern, es gibt nicht nur schwarze Schafe. In der Tat sind sie eher selten. Wenn sie an die falsche Position gelangt, kann eine solche Seele allerdings viel Unheil anrichten.

Die Geisterwelt: Ankunftsebene

Die meisten Menschen legen im Laufe ihres Lebens einen Großteil ihrer Begierden ab. Gepaart mit Nächstenliebe und einem gesunden Maß an Selbstlosigkeit, reicht der Status Quo in den meisten Fällen aus, um ausgehend von der eigenen Schwingung im mittleren Reich zu verbleiben. Diese Ebene stellt die letzte Astralebene dar, auf welcher der Astralkörper Verwendung findet. Nach dieser Ebene kommen direkt die Himmel und es gibt unabhängig von ihrer Religionszugehörigkeit viele Seelen, die direkt in diese eingehen.

(The Subsiding of the Waters of the Deluge: 1829, von Thomas Cole)

In der Geisterwelt angekommen, benötigt die Seele Zeit, um sich zu orientieren, zu erholen und Zeit, um sich vom Trauma des Todes zu erholen. Dass es dort rege zugeht, ist wohl nachvollziehbar, wenn man bedenkt, dass Menschen im Sekundentakt sterben. Da es dort aber keinen begrenzenden Raum gibt, stellt Platz kein Problem dar.

Es gibt dort spezielle, wunderschöne Bereiche, in denen sich die Seelen vom Trauma des nicht stattgefundenen Todes erholen und Besuche von früher verstorbenen Freunden und Verwandten empfangen können. Auch kommt die Erinnerung an unsere früheren Leben und wir werden wieder wissend um unseren Status sein. Robert Monroe nannte dieses Gebiet Fokus 27. Dazu mehr im nächsten Kapitel. Die Verweildauer dort liegt zwischen einigen Tagen und Wochen, dann geht die Reise weiter.

Hat ein Mensch seine erste Inkarnation hinter sich gebracht und hat dieser Mensch die Wahrheit, das Göttliche, auf Erden nicht erkannt oder nicht erfahren, so wird sie der Seele gezeigt, so dass sie eine Entscheidung treffen kann. (Siehe dazu auch das Kapitel „Die drei Zustände".)

Die Geisterwelt (Das mittlere Reich)

(The voyage of life, Youth, von Thomas Cole)

Dass Sie dort keine Harfe bekommen, wissen Sie ja bereits. Müßiggang und Faulheit sowie Desinteresse sind für eine Seele destruktiv. Nur ein reger Geist währt ewig und kann sich weiterentwickeln.

Die Geisterwelt bietet Raum und Gemeinschaften für alle beseelten Wesen unseres Planeten. Sie interagiert mit unserer Welt und ist mit uns in einer wechselseitigen Beziehung. Die eine Welt kann nur existieren, weil es die andere gibt. Diese Welt der Geister ist wie alle Welten dort grenzenlos. Hier herrscht das Gesetz der Reinkarnation aus der göttlichen Ordnung heraus und jedes Wesen dort ist ihr unterworfen, vom Einzeller bis zur Krone der Schöpfung, denn nur so kann sich nach und nach Bewusstsein entwickeln und zur Reife gelangen. Alle Wesen unseres Planeten reinkarnieren so lange, bis sie die nötige Reife erlangt haben und in die Himmel „aufsteigen" können.

In der Geisterwelt befinden sich demnach die Seelen, die bereits einen gewissen Entwicklungsstand haben, die sich mit dem Ziel entwickeln, irgendwann die Reife, das Ablegen des hier beschriebenen Astralkörpers, für den Eintritt in die Himmel zu haben. Dort geht die Entwicklung als kontinuierlicher Prozess weiter.

Alle sich Entwickelnden sind in ein hierarchisches System eingebunden und werden dabei von jemandem angeleitet, der ein wenig weiter ist als sie. Dieses

System erstreckt sich von den Himmeln über die Geisterwelt, bis in einige wenige Bereiche der Hölle hinein. Solange die Seele nur einsichtig ist, kann sie sich auch entwickeln.

Sie leiten also Seelen an, die noch nicht im gleichen Stadium sind wie sie. Mit ihrer Entwicklung steigen sie auf und übernehmen zunehmend mehr Verantwortung. Wenn sie um Anleitung und Hilfe bitten, wird sie ihnen zuteilwerden. Es ist das höchste Glück für einen Engel, zu helfen und anzuleiten. Und das nicht erst in den Himmeln. Bitten Sie hier auf Erden ehrlich um Hilfe und Anleitung, um sich spirituell weiter zu entwickeln oder um einem Mitmenschen zu helfen, werden Sie auch Hilfe erfahren. Sie sind nie alleine. Entscheidend hier ist Ihr Vertrauen. Seien Sie achtsam und geduldig und werden Sie auch selbst aktiv. „Gott gibt keinen Vorschuss“ - Sie müssen sich zuerst ihm - sich selbst, gehen Sie in sich - zuwenden und den ersten Schritt tun. Sie kennen bestimmt das Sprichwort „Hilf dir selbst, dann hilft dir Gott!“ Von Seelenreisenden wissen wir, dass diese sich oftmals selbst helfen und sich dadurch komplementieren. Wir alle sind Fraktale Gottes. Ein Teil des Ganzen (siehe dazu das Kapitel „Das Wesen Gottes“).

*

Bedenken Sie, dass Ihnen zumindest kein Engel dabei helfen wird, Ihren neuen Mercedes zu finanzieren. Hilfe, um den Materialismus auszuleben, gibt es nicht aus den oberen Etagen. Sollte Ihnen doch einmal Hilfe angeboten werden, um etwas rein Materialistisches zu bekommen, ist Vorsicht geboten. Kein Wesen, das der Positivität zugewandt ist, wird Ihnen so etwas anbieten. Und denken Sie daran, Ihnen werden weder kleine Engelchen oder Teufelchen erscheinen. Beeinflusst werden Sie über unsere wahrgenommene Realität, über Geschehnisse, über andere Menschen, Ihre Intuition und Inspiration und letztlich über den Puppenspieler.

Kommunikation erfolgt dort nicht über Sprache, das wäre viel zu missverständlich. Sie wissen bereits, dass wir Menschen nicht in Sprache oder Wort denken, sondern in Bildern. Alles, was wir beschreiben, wird von uns als Bild und Gefühl im Bewusstsein generiert und im Feld gespeichert. Die Kommunikation in den energetischen Welten erfolgt dann auch folgerichtig telepathisch auf die Art, dass Bilder, Gefühle und Absichten übertragen werden. Die perfekte Kommunikation.

Anders gestaltet es sich ebenfalls mit dem Fortkommen. Nicht mit den Beinen gelangt man zu einem Ort oder einer Person, sondern über den Wunsch, dort oder bei jemandem zu sein. Ein Umstand, den Neuankömmlinge erst einmal lernen müssen.

So vielfältig wie die Menschen, so sind auch die Gemeinschaften in der Geisterwelt. Ein jeder wird dort seiner Wahrheit entsprechend einer

Gemeinschaft zugeordnet. Es gibt dort Dörfer, gigantische Städte, Einsiedeleien, aber auch Eremiten. Je mehr Menschen in einer Gemeinschaft gemeinsam eine Realität aufrechterhalten, desto stabiler ist sie. Natürlich können Sie auch abgelegene Orte alleine oder mit Ihrer Frau oder Ihrem Mann zusammen bewohnen. Dort wird alles aus Ihren Gedanken, Ihrer Stimmung und Ausrichtung heraus geschaffen und realisiert. So bewohnen Sie dort vielleicht ein fiktives wunderschönes geräumiges Haus oder eines mit der entsprechenden malerischen Umgebung aus Ihrer Erinnerung. Das ist auch ein Grund, warum es wichtig ist, möglichst viele Bilder hier auf Erden zu sammeln. Je mehr Sie gesehen, erfahren und erlebt haben, desto mehr Schöpfungspotenzial besitzen Sie.

Sie erkennen, alles macht mehr und mehr Sinn. Um zu erschaffen, benötigen Sie demnach was? Richtig, Erfahrungen und die daraus resultierenden Konzepte.

Die Geisterwelt stellt eine Ebene dar. Alle Wesen einer Ebene können sich gegenseitig sehen und wahrnehmen, wenn sie das wollen. Es ist so, dass beide einem „Besuch" zustimmen müssen, sonst funktioniert es nicht. Das erweist sich als praktisch, da Sie nicht das Licht ausmachen müssen, um so zu tun, als seien Sie nicht zu Hause, wenn „ein alter Bekannter" vor der Tür steht, auf den Sie gerade keine Lust haben.

*

Mann und Frau wurden geschaffen, da sie zusammen eine Einheit bilden. Und so ist es auch in den energetischen Welten. Man lebt in Gemeinschaft. Eine Seele sucht sich eine andere Seele als Partner und so bleiben sie auch, vereint bis in alle Ewigkeit. Das geht in den Himmeln irgendwann sogar bis zu einer karmischen Verbindung, einer Art Verschmelzung. Aus zwei Seelen wird eine. Dies zu erläutern, ist bei weitem zu abstrakt und überfordert zumindest mein Denken.

Ihr Partner hier auf Erden ist nicht auch zwingend Ihr Partner in der Geisterwelt. Seelen, die mehrfach verheiratet waren, wählen sich einen Partner aus denen, mit denen sie auf Erden zusammen waren. Ehen müssen nicht zwingend fortgeführt werden. Manche Ehen, die auf der Erde geschlossen wurden, gehen in der Geisterwelt auseinander, da sich dort die Seele im zweiten Zustand nicht mehr verstellen kann und Mann oder Frau sieht, wen er oder sie auf Erden geheiratet hat. Manchmal reicht ein Leben einfach nicht aus, um einen Menschen kennenzulernen. Sollte einer von beiden in die Hölle gehen und der eine oder die andere nicht, ist es sowieso vorbei, da die Hölle eine Art Sperrgebiet ist. Seelen können sich zunächst nur dort aufhalten, die ihrer Wahrheit, ihrer Resonanz entspricht.

Über gleichgeschlechtliche Paare hier auf Erden möchte ich mich nicht allzu ausgiebig äußern. Reinkarnation beinhaltet die Möglichkeit, in weibliche und männliche Körper zu inkarnieren. Deshalb ist dieses Thema für mich kein Thema. Nur so viel: Ein Paar komplementiert sich immer durch eine weibliche und eine männlich ausgeprägte Komponente.

Bevor ich Ihnen den Himmel und die Hölle vorstellen werde, möchte ich Ihnen noch genauer erklären, wie es mit den Gemeinschaften funktioniert.

Insgesamt gibt es in den energetischen Welten 7 Ebenen, die mittlere davon ist die Geisterwelt. So wie wir Menschen auf der Erde, befinden sich die Geister genau in der Mitte und werden so von beiden Seiten - Wahrheit und Unwahrheit - gleichermaßen beeinflusst. So haben sie auf dieser speziellen Ebene wie auf der Erde immer die Wahl, sich für das eine oder das andere zu entscheiden.

Auf jeder Ebene können sich die Wesen (Engel, Geister, Teufel) gegenseitig wahrnehmen. Wie ich Ihnen bereits erklärt habe, funktioniert dies zwischen Wesen von verschiedenen Ebenen anders.

Auf jeder Ebene zeigt die Helligkeit die Nähe oder den Abstand zu Gott auf. Auf einer jeden Ebene gibt es eine fast unendliche Anzahl von unterschiedlichen Gemeinschaften. Diese spiegeln die unterschiedlichen Ausrichtungen des Menschen wider. Jede Seele kennt ihre Gemeinschaft und wünscht sich nichts Sehnlicheres, als wieder mit ihr vereint zu sein. Innerhalb einer Gemeinschaft gibt es keine Unterschiede, da alle Seelen in ihr gleich sind (Resonanzgesetz). Sie alle lieben und begehren dasselbe, schätzen und verehren dasselbe. Jede Seele ist zwar anders - wie wir auf der Erde auch - und als Individuum zu betrachten, aber doch gleichen sie sich von ihrer Ausrichtung und ihren Überzeugungen und empfinden sich als ein Wesen. Je nach Wunsch kann das Individuum sich mehr als ein Ganzes mit der Gemeinschaft oder mehr als separate Seele „erleben". Die Übergänge sind nahtlos zu jeder Zeit durch das Individuum änderbar. Nur die jeweiligen Extreme sind ausgeschlossen: völliges Aufgehen oder Abkoppeln in oder aus der Gemeinschaft, denn sie alle bilden zusammen ein Ganzes, welches wiederum das Fraktal eines anderen höheren Ganzen darstellt.

Innerhalb der Gemeinschaft wissen alle, was ein anderer denkt, fühlt und empfindet. Tun Sie einem anderen in Ihrer Gemeinschaft etwas Gutes, so tun Sie sich selbst und allen anderen Ihrer Gemeinschaft etwas Gutes damit.

Um eine solche Gemeinschaft aber auch positiv nutzen und begreifen zu können, bedarf es einer gewissen Erkenntnis, die wiederum aus der Weisheit kommt. Und diese ist abhängig von der Nähe zum Herrn. Daraus folgert, dass in den Himmeln die Weisheit mit der Nähe zum Herrn zunimmt und in der Hölle kaum Erkenntnisse, geschweige denn Weisheit existiert.

Wenn Sie in der Geisterwelt einer anderen Seele Ihrer Gemeinschaft schaden, schaden Sie sich selbst. Da Sie auf dieser Ebene zumeist die nötige Erkenntnis und Weisheit haben, tun Sie das nicht. In der Hölle fehlt diese Erkenntnis und dort, wo sich ein jeder für Gott hält, brennen und leiden sie tatsächlich alle, da ein jeder versucht, sich über seinen Nächsten zu erheben. Einer bösen Seele sind dazu alle Mittel recht. Sie merkt nicht, dass sie sich selber verbrennt, wenn sie einer anderen Seele einheizt und da die Seele nicht zerstört werden kann, kann sie in diesem Fall für ein oder zwei Ewigkeiten leiden. Irgendwann vielleicht kommt es durch das erzwungene Reflektieren zu einer Einsicht. Jeder Seele, die einsichtig ist, wird durch Engel Gottes geholfen. Sie erfährt dann Belehrungen und kann durch Änderung ihrer Wahrheit, durch Reinkarnation zu einer Gemeinschaft auf einer höheren Ebene aufsteigen.

Da die meisten Menschen in der Hölle aber in ihre (Un)Wahrheit verliebt sind, ist es ein kaum wahrzunehmendes Ereignis und so selten, dass einige Kirchen von ewiger Verdammnis sprechen.

Die Hölle

… ist notwendig, weil sie das Gegengewicht zum Himmel darstellt.

Die Pforten oder Tore zur Hölle befinden sich, genau wie die Zugänge zu den Bereichen der Himmel, in der Geisterwelt. Die Zugänge öffnen sich nur für jene, die ihre Wahrheit in ihr haben. Für alle anderen, die keine Resonanz zu ihr haben, sind diese Zugänge verschlossen und nicht sichtbar. Die Zugänge zur Hölle werden von speziellen Engeln bewacht. Je tiefer eine Seele in der Unwahrheit gelebt hat, desto weiter ist sie vom Licht entfernt.

Gott hat keinen Gegenspieler. Alles ist Gott und wird durch ihn in die universale allgemein gültige Ordnung gebracht. Die Seelen, die sich in die Hölle stürzen, werden auch Teufel genannt. Sie können diese Seelen auch gerne als „Uneinsichtige", „Unwissende", „Verwirrer", „böse Geister" oder „Dämonen" bezeichnen. Ich bevorzuge die Bezeichnung „verirrte Seelen".

(Pandemonium, Gemälde von John Martin)

Sie alle haben ohne Ausnahme ein oder mehrmals auf der Erde als Mensch gelebt. In der Ordnung und im Gleichgewicht gehalten wird die Hölle durch spezielle Engel. Diese achten darauf und sorgen dafür, dass die Seelen dort nicht zu sehr über die Stränge schlagen, aber auch dafür, dass einsichtige Seelen Hilfe erfahren. Das Hierarchiesystem in den tieferen Regionen der Hölle ist in der Weise aufgebaut, dass eine höher gestellte Seele immer ein wenig boshafter ist als die Seelen, die sie zu organisieren hat. Dadurch wird sichergestellt, dass die Seelen sich dort an Gesetze und Vorgaben halten. Dieses geschieht nicht immer aus Einsicht wie in der Geisterwelt und in den Himmeln, sondern auf Grund von Angst und Drohung.

Die Hölle mit ihren vielschichtigen Gesellschaften ist Teil der Astralebenen. Sie beginnt unterhalb der Geisterwelt und reicht von dort bis zur äußersten Finsternis. Wie die Himmel hat auch sie drei Ebenen.

Keine Seele wird in die Hölle gestoßen, das macht sie ganz allein, indem sie ihrer Wahrheit und ihren Einsichten folgt. Die Seele aus der Hölle erträgt die Umgebung der Geisterwelt und der Himmel nicht. Sie fühlt sich dort gepeinigt und äußerst unwohl. Sie können sich nur für einen sehr kurzen Zeitraum verstellen und werden schnell von den Geistern und Engeln erkannt und vertrieben, da sie aufgrund ihrer boshaften Ausrichtung die jeweilige Intensität der Seligkeit stören. Teufel können ebenfalls nicht die Anwesenheit eines Engels ertragen. Je höher dieser über ihnen steht, umso mehr Qualen empfinden sie, wenn sie ihn anschauen müssen oder in seiner Nähe sind.

Wie bereits gesagt, die Hölle ist nicht der Ort, an dem Seelen aufgrund ihrer begangenen Sünden gefoltert und gequält werden, sondern ein Ort mit Gemeinschaften von Gleichen.

Wer in der Unwahrheit lebt und stirbt, der wird in den energetischen Welten auch nur die (Un)Wahrheiten erkennen, die seiner eigenen entsprechen. Dieser wird er mit Freuden folgen und sich ihr hingeben. Für Außenstehende erscheint es so, als würde sich die Seele selbst kopfüber in die Hölle stoßen.

Wenn Wahrheit für Sie Sex, Macht, Reichtum oder vielleicht die Eitelkeit ist, dann werden Sie auch genau das in Ihrer Gemeinschaft vorfinden und erfahren, oder aber an einem Ort, der ihnen besonders gut gefällt, werden Sie das, wonach Sie streben, durch Ihre innere Ausrichtung erschaffen. Wie bei uns in der Materie, erfolgt die Erschaffung der Realität unbewusst.

Alle anderen, die Sie dort wahrnehmen, werden genauso sein, wie Sie es sind. Alle Ihre früheren „Untergebenen“ oder „Opfer“ sind in einer höheren Etage und für Sie nicht mehr zugänglich. Sich selbst im Dunkeln zu begegnen, kann ein traumatisches Erlebnis sein.

Und wenn dieses Erlebnis noch eine kleine „Ewigkeit“ dauert, ihr Boss dort noch ein wenig boshafter ist als Sie es sind, dann wird womöglich deutlich, weshalb einige Religionen die Hölle als flammendes Inferno darstellen.

Je stärker eine Seele an der Lüge der Materie, dem Äußeren, das uns umgibt, hängt, desto weiter ist sie vom Licht entfernt. Neben der Verhaftung am Materiellen sind es hauptursächlich Ängste und Trägheit, die eine Weiterentwicklung verhindern und die Seele in der Hölle halten.

Ich hatte bereits an anderer Stelle erwähnt, dass geistige Wesen, unabhängig, ob sie aus der Hölle oder den Himmeln kommen, nicht gerne in unsere Welt „gehen“ (ausgenommen jene, die versuchen, ihre Sucht unter den Lebenden befriedigen zu wollen). Sie empfinden es - meiner Interpretation zufolge - wie einen Abstieg in eine „Kloake". Das lässt darauf schließen, dass sich eine Seele auch in der Hölle durchaus wohl fühlt. Eine Ausnahme dazu stellt die äußerste Finsternis dar. Hier quälen sich unter anderem die stoffgebundenen Süchtigen. Sie können ihr Verlangen nicht weiter befriedigen, da sie keinen physischen Körper mehr haben. Sie suchen häufig „lebende" süchtige Menschen in unserer Welt auf, um über diese ein gewisses Maß an Suchtbefriedigung zu erfahren, die aber nie vollständig den Suchtdruck nimmt. Und da die Seele sich im Jenseits nicht mehr entwickeln kann, oder zumindest nur sehr langsam, dauert eine Entwöhnung, die im Diesseits vielleicht ein Jahr dauert, in den energetischen Welten sehr lange, wenn nicht sogar eine Ewigkeit. Auch wenn die energetischen Welten sich außerhalb der Raumzeit befinden, gibt es dort sehr wohl einen linearen, zielgerichteten Ablauf und, wie überall, eine Art Tagesrhythmus, der aus vier verschiedenen Gefühlszuständen, die sich nacheinander ablösen, besteht (Quelle: Swedenborg).

Eine Möglichkeit, die eine süchtige und somit kranke Seele hat, ist eine erneute Inkarnation, in der Hoffnung, dieses Mal den Absprung von der Sucht - und sie wird sehr wahrscheinlich wieder eine entwickeln - zu schaffen. Eine Sucht ist eine Krankheit und kann behandelt werden. Hier genauso wie in den Welten, die kommen werden und es ist ein gut gemeinter Rat, dies bereits im Hier und Jetzt zu tun. Dieses sehr kontroverse Thema wird anschaulich im Film „Astral City – Unser Heim" (2014, siehe Anlage) dargestellt.

*

Die äußere Finsternis ist sehr nah an unserer Welt. Es gibt durchaus Anhaltspunkte, dass diese sich in der ersten geistigen Ebene befindet oder sie einen direkten Anschlusspunkt zu ihr hat.

Es gibt in der Hölle genauso viele Gemeinschaften wie in den Himmeln und nicht jede ist derart extrem aufgestellt, wie ich das zuvor mit einigen Beispielen dargestellt habe. Die Unwahrheit wie auch die Wahrheit haben viele Gesichter. Alle denkbaren Formen der Habgier, der Eitelkeit, der Rangsucht sind dort ebenso vertreten wie Orte, an denen man sich mit unnützem Wissen brüstet oder Gegenden, wo hübsche (aber nur aus Sicht der Erbauer) Häuser mit Einzäunungen, Warnhinweisen und scharfen Hunden zu finden sind, deren Bewohner sich äußerst wohl dabei fühlen, ihren Besitz zu verteidigen. Hier trägt ein jeder eine Krone und betet das selbst Erschaffene, seinen Besitz an und schwelgt dabei in Selbstverliebtheit. Auch „nicht-spirituelle" religiöse Menschen, die einer Religion nur deshalb frönten, um das Äußere zu wahren oder um Macht über andere zu bekommen, finden sich dort. Und sie alle sind zufrieden mit dem, was sie „erreicht" haben. Und so ist die Hölle unserer Welt sehr ähnlich, da ihre Bewohner sie mit ihren Begierden und Trieben, die sie aus ihren Inkarnationen mitgebracht haben, mit erschaffen haben.

Ich habe bewusst „Zeit verbringen" geschrieben, da die Hölle nicht ewig ist und wie die materielle Welt, aus der sie erwachsen ist, vergehen wird. Sie wurde erschaffen durch ihre Bewohner, bedingt durch ihre aus der Materie mitgebrachten Begierden. Diese halten die Seele in der Hölle gefangen und die selbige aufrecht und stabil. Erkennt die Seele das, kann sie aufsteigen. Bittet sie um Hilfe, wird ihr geholfen. Ein seltenes Ereignis.

Wenn die Religionen von ewiger Verdammnis sprechen, dann meinen sie, dass die Hölle nicht ewig ist und zusammen mit dem materiellen Universum vergehen wird. Nur diejenigen, die sich selbst und ihren Ursprung erkannt und gefunden, alles Materielle als wertlos und nicht von Dauer erkannt, sowie ihr Sein (im Diesseits und in den hier beschriebenen Bereichen) als Traum und Illusion durchschaut haben, können in die Himmel aufsteigen und am Ende aller Tage zum Vater zurückkehren.

Und so betrachtet macht es dann auch wieder alles in allem Sinn zu sagen: „Alles wird gut, Sie können nichts verkehrt machen." Wenn Sie den Gedanken unerträglich finden, ein Engel zu werden und es für Sie völlig in Ordnung ist, die Zeit mit Ihresgleichen zu verbringen, dann ist alles in bester Ordnung. Ich werde nicht da sein, wo Sie sind und Sie sind an dem Ort Ihrer Wahl.

Ewiges Leben gibt es nur im, mit und durch den Vater.

Die Himmel:

(Der Garten Eden von Thomas Cole)

Der (oder die) Himmel ist die Heimat derjenigen, die erhoben wurden und die Nähe zu Gott gesucht und gefunden haben. Wie in der Hölle, nur sinngemäß umgekehrt, werden die Engel in ihrer Gesamtheit „Himmel" genannt. Es sind die Seelen, deren Bewusstsein sich entwickelt hat und bedingt durch die erworbene Reife, durch Ablegen ihres Astralkörpers aufgestiegen sind. Ein Übergang durchaus vergleichbar mit dem unsrigen, wenn wir diese Welt verlassen. Dieses geschieht über die Erlösung, „indem der Herr hinweg nimmt die Sünden der Welt". Das heißt nichts anderes, als dass die Unwahrheit, also die Verhaftung im Materiellen, im Äußeren, von der Seele genommen wird, denn im Himmel kann die Unwahrheit nicht existieren. Das ist mit „Vergebung der Sünden" gemeint und ist die Einlösung des Versprechens, das Jesus jedem Menschen ohne Ausnahme gegeben hat.

Dieses Versprechen gibt uns eine erste Ahnung davon, welche Bedingungen erfüllt sein müssen, um aufgenommen zu werden. Wir müssen mehr in der Wahrheit als in der Unwahrheit leben. Daran können wir erkennen, dass es nicht allzu schwer ist, wir müssen unser Leben nur ehrlich zur Wahrheit ausrichten. Und das können Sie zu jeder Zeit Ihres Lebens, aber nicht mehr nach Ihrem letzten Herzschlag.

Im Gegensatz zum Himmel wird den Seelen, die in die Hölle gehen, die Wahrheit entfernt, denn diese hat ihren Platz im Himmel.

Die Bewohner des Himmels des Menschengeschlechtes werden Engel genannt, aber auch „Boten des Himmels", „Schutzgeister oder -engel" und „Wächter". Sie alle sind die Lehrer, die Überbringer, die ausführenden Organe des Herrn. Das Maß ihrer Kraft wird bestimmt durch ihre Nähe zum Herrn, der durch sie wirkt. Ein Engel weiß das und es ist ihm heilig. Er wird daher niemals einen Dank für das Vollbrachte annehmen, denn alles, was er ist und tut, ist aus und von Gott oder Christus, durch den Gott wirkt. Sollte es also einmal in Ihrem Leben zu einer solchen Gelegenheit kommen und Sie einen Kontakt mit einem Wesen haben, welches sich als „Engel" ausgibt, machen Sie doch einfach einmal die „Nagelprobe" und bedanken sich direkt bei dem Wesen für das, was es geleistet hat. Nimmt das Wesen diesen Dank an und verweist er (oder sie) nicht auf den Herrn, so wissen Sie schon, um was für eine Seele es sich nicht handelt. In einem derartigen Fall ist sie nicht Gott zugewandt (Siehe dazu das Kapitel „Foppgeister") Dieser Hinweis findet sich bereits im Werk „Himmel und Hölle" von Emanuel Swedenborg. Ein Buch, welches in der Sprache seiner Zeit tiefe Einblicke in die Himmel gewährt.

Engel sind ebenfalls die Boten des Herrn und derer gibt es Unzählige. Sie verkünden die Botschaft und das Heil.

Letzteres ist nichts Geringeres als das Versprechen des ewigen Lebens, welches durch den Weg zum Ursprung, zurück zum Vater, erreicht wird.

*

Es scheint mehrere elementare Wahrheiten zu geben, die Sie verinnerlicht haben müssen. Ist dies nicht der Fall, können Sie nicht in die Himmel aufgenommen werden, ihren Astralkörper nicht ablegen, da Sie nicht in der entsprechenden Resonanz sind. Ich würde diese zu erreichende geistige Stufe auch mit dem Wort „Erleuchtung" bezeichnen. Hier gilt ebenfalls: „Erleuchtung" ist nur ein Name und es bestehen mindestens so viele Definitionen dieses Begriffes wie es Meinungen dazu gibt.

1. Nichts existiert aus sich selbst heraus. Alles Leben, alle Wahrheit, alles Wissen ist aus und von Gott.

2. Jesus und der Vater sind dahingehend eins, da der Vater durch den Sohn wirkt. Somit verkörpert der Sohn den Vater. Es gibt keine drei Götter (Trinität) und nur einen wahren allumfassenden Gott, den Vater. Jesus kann auch als Inkarnation des Göttlichen, des einen Gottes, verstanden werden.

3. Sie müssen Ihre Begierden und Triebe kontrollieren und sich nicht umgekehrt von ihnen leiten lassen.

4. Sie müssen Ihre Bindungen an die Materie weitestgehend abgelegt haben. Dazu zählen die Rangsucht mit all ihren Abarten, die Eitelkeit und das Besitzstandsdenken, Ihre Begierden und Triebe. Letztere müssen Sie kontrollieren können. Das ist einer der Gründe, warum gefastet wird oder Menschen sich in Enthaltsamkeit üben und/oder in die Askese gehen. Sie müssen lernen verzichten zu können, also lernen, Ihre Triebe zu kontrollieren und derer haben wir viele. Mit einer Sucht zu sterben ist unvorteilhaft. Ganz egal ob stoff- oder nicht stoffgebunden. Sie kann Sie an das Äußere ketten. Der Mensch muss seinen Ursprung und sein wahres „Ich" im Diesseits erkennen. Nur so kann er den Prozess einleiten, der notwendig ist, um seine Anbindungen an die Unwahrheit, das Äußere, nach und nach zu kappen.

5. Ohne Altruismus und universales Mitgefühl keine Entwicklung. Altruismus, Empathie, Demut und Dankbarkeit sind Wesenszüge eines Engels.

Dies gehört zur Reife, die entwickelt sein muss, um in die Himmel aufgenommen zu werden. Wenn Sie Gott und sich selbst suchen, werden Sie diese Einsichten finden.

*

Wie auch in der Hölle, gibt es in den Himmeln drei Ebenen. Die Gemeinschaften und die Umgebung des Geisterreiches zu beschreiben ist bereits ein schwieriges Unterfangen, die Himmel mit all ihren Facetten fast unmöglich.

Geister aus dem mittleren Reich sind eingebettet in eine Liebe und Seligkeit, die so stark ist, dass eine inkarnierte Seele nur dann im „Fleisch" lebensfähig ist, wenn sie die in der Geisterwelt empfundene Wärme und Geborgenheit vergisst. Würde sie dieses Wissen und dieses Gefühl mit auf die Erde nehmen, wäre jede Sekunde hier eine unendliche Qual. Ein lebenslanger schwerer „Entzug" wäre die Folge. Viele Reisende missinterpretieren aus diesem Grunde Gebiete der Geisterwelt als den Himmel oder das Paradies.

Nehmen Sie nun die empfundene Wärme und Geborgenheit aus der Geisterwelt und multiplizieren Sie es um das Tausendfache. Dann bekommen Sie eine Ahnung von der Seligkeit, der Liebe und Geborgenheit im untersten Himmel.

Die Ebenen unterscheiden sich nicht nur in der Intensität der Seligkeit, Nächstenliebe und Weisheit, sondern auch in der Art, wie sie den Herrn zu Lebzeiten wahrgenommen und geliebt haben.

Im obersten Himmel sind alle die Engel, deren Liebe zu Gott und deren Unschuld besonders stark und ausgeprägt ist, und die schon zu Lebzeiten die Wahrheit erkannt, aufgenommen und gelebt haben. Ihre Liebe und ihre Unschuld ist so gewaltig, dass ihre Gewänder in Flammen zu stehen scheinen. Die damit einhergehende Weisheit und Kraft entzieht sich jeglicher Beschreibung.

„Die Engel des höchsten Himmel sind Formen der himmlischen Liebe und haben die schönste und vollkommenste Menschengestalt, während die Engel der unteren Himmel weniger vollkommen und schön sind. Es gibt Engel im dritten Himmel, die ein so schönes Antlitz haben, dass kein Maler mit aller Kunst seiner Farben je eine solche Leuchtkraft verleihen könnte, um auch nur den tausendsten Teil davon wiederzugeben. Sie sind die wahrhaft Unschuldigen und erscheinen vor den Augen der anderen Engel als nackte Kinder, wird doch die Unschuld durch Nacktheit vorgebildet, über die man nicht errötet. Dieser höchste Himmel wird auch als die Wohnstatt des Herrn bezeichnet." Swedenborg aus „Himmel und Hölle".

Der Thron des Herrn steht im mittleren Himmel. Dort befinden sich die Engel, die zu Lebzeiten Gott über das Wort angenommen haben. Dieser Himmel wird auch „das geistige Reich" genannt und es sind hauptsächlich diese geistigen Engel, die das Wort und die Lehre verbreiten und unterrichten.

Im untersten Himmel befinden sich alle die Engel, die zu Lebzeiten moralisch im Sinne des Herrn gelebt und an ihn geglaubt haben.

Am Ende, nachdem Jesus das Böse, die Unwahrheit, niedergeworfen hat, wird der Himmel durch Jesus dem Vater übergeben. Dann wird sich der Sohn wieder dem Vater unterordnen. So steht es geschrieben.

*

Im Himmel wie in der Hölle und im Geisterreich gibt es unzählige Gesellschaften, welche die Vielfältigkeit der menschlichen Natur widerspiegeln. Die Individualität bleibt immer erhalten und jedes Wesen in der energetischen Welt, vom bösesten Teufel bis zum höchsten Engel, behält seinen freien Willen. Der Wille zur Weiterentwicklung und der Glaube an die eine Wahrheit nimmt in den tieferen Ebenen immer mehr ab. Je mehr sie der Unwahrheit zugetan sind, desto dunkler wird es. Auch gibt es dort Bereiche für jene, welche diese eine Wahrheit kannten und sich gegen sie, also aus freiem Willen, gegen Gott entschieden haben. Sie taten dies, weil sie sich selbst für Gott halten. Der Anfang solch einer Ausrichtung ist die Überzeugung, dass alles, was den Menschen ausmacht, was er weiß und kann, nicht aus Gott, sondern aus dem Menschen und somit aus sich selbst heraus entstanden ist. Dies ist die Grundlage und Basis der Unwahrheit und somit das Böse schlechthin. Jene sind es dann auch, die im Jenseits den Herrn und die eine Wahrheit leugnen und sich selber zum Gott erklären. So ausgerichtet, werfen sie sich selbst in eine Region innerhalb der äußeren Finsternis und kommen zusammen mit den Seelen, die genauso sind wie sie selbst. Jeder versucht dort den anderen mit allen zur Verfügung stehenden Mitteln und mit unbeschreiblicher Boshaftigkeit zu unterwerfen. Dort, wo diese sind, brennt die Hölle am heißesten. Den Engeln und der Barmherzigkeit des Herrn ist es zu verdanken, dass die Auswüchse in der Hölle nicht überhand nehmen und mit dem Himmel im Gleichgewicht sind und bleiben.

*

Alle die hier aufgeführten Welten existieren nicht wirklich getrennt voneinander, sie haben aber aus Sicht der Seelen Grenzen, die sich in etwa so darstellen, dass sich bei Annäherung höhere und niedere Bereiche ein- oder ausblenden. Die aufgeführten Grenzen entspringen unseren Konzepten. Sollten Sie aber eindeutige Grenzen suchen, werden Sie sie nicht finden. Das, was nicht in Resonanz mit Ihnen ist, ist für Sie so ohne weiteres auch nicht sichtbar. Dort, wo Sie verweilen, ist der Raum „grenzenlos“. Sie werden kein Schild sehen: Achtung! Hölle. Sperrgebiet!

Alle Ebenen befinden sich quasi im selben Raum. Sie überlagern sich. Um in eine niedere oder höhere Ebene zu wechseln, müssen Sie Ihre Schwingung (Resonanz) anpassen. Das ist nicht immer wünschenswert. Gehen Sie in niedere Bereiche, verlieren Sie Weisheit, Einsicht und Seligkeit. Die Hölle ist dabei in der Tat Sperrgebiet. Gehen Sie in höhere Bereiche, gewinnen Sie nicht zwangsläufig geistige Fähigkeiten. Wenn Sie Ihre Resonanz nicht über Inkarnationen und Einsicht entsprechend entwickelt haben, werden Sie eine höhere Schwingung nicht ertragen können und sich gepeinigt anstatt selig fühlen. „Fliegen“ Sie zu hoch, vergehen Sie! Das ist der Grund, warum wir Gott in unserem jetzigen Entwicklungsstand nicht sehen können.

Ausblicke

Teil der göttlichen Ordnung ist eine Hierarchie, in der ein jeder eingebunden ist. Ihr Sinn und Zweck ist die Weiterentwicklung, die Erlangung der Reife zum Eintritt in die Himmel und die Weiterentwicklung im Himmel des Menschengeschlechtes.

Irgendwann gehen die einsichtigen Seelen, die der Wahrheit zugewandt sind, mit dem Himmel des Menschengeschlechtes zum Vater. Dann wird Jesus dem Vater den Himmel übergeben und sich ihm wieder unterordnen. Dadurch, dass wir unser vergängliches materielles Universum in dieser Weise verlassen, erlangen wir ewiges Leben. Sie wollen das Schicksal von Materie in einem schwarzen Loch nicht teilen? Dann ist der Himmel des Menschengeschlechtes ihre bevorzugte Wahl.

Solange unser Planet existiert, existieren auch die energetischen Welten und so ist es nur logisch konsequent, dass es keine energetischen Welten ohne den dazugehörigen Planeten gibt, da sie sich wechselseitig bedingen. Aber es ist genauso denkbar, dass diese Welten, bedingt durch die Gravitation, sich mit anderen Welten vereinen. So wird in ferner Zukunft ein monströses schwarzes Loch alle heutigen Galaxien unserer lokalen Gruppe (Fußnote) vereinen. Diese hat sich übrigens, vor kurzem, durch neue Erkenntnisse, vergrößert.

Fußnote: Einer Veröffentlichung des Magazins „Nature“ im August 2014 zur Folge, ist unsere lokale Gruppe weit größer als zunächst angenommen. Die Menge der Galaxien überschreitet weit die zunächst angenommene Menge von 75 Galaxien. Die genaue Anzahl steht noch nicht fest, aber es gibt bereits einen Namen für unseren (nun) Supercluster (Supergalaxienhaufen): Laniakea.

Alle Materie, komprimiert im Loch selbst, dient dann als Ausgangsenergie für ein neues Universum. Dort kann Energie wieder, eingebettet in die göttliche Ordnung, über Erfahrung reifen und wachsen. Die Möglichkeit, dass Schwarze Löcher Materie von einem Universum in ein anderes, ihm nachgeordnetes, transportieren, wird auch von einigen Zweigen der Wissenschaft vertreten.

(Schwarzes Loch, künstlerische Darstellung, Credits: NASA JPL)

Was genau mit den Seelen passiert, die in der Unwahrheit, also in der Hölle verbleiben, ist schwer zu sagen. Über eines bin ich mir jedoch sicher, sie werden nicht ewig existieren. Da sind sich die Religionen und Spiritualisten weitestgehend einig.

Vielleicht ist es so, dass nach Unterwerfung des Bösen alle verlorenen Söhne und Töchter am Ende doch noch einsichtig werden und ebenfalls durch Jesus zum Vater kommen.

Auch gibt es da noch die Seelenbündel. Möglicherweise gelingt es ihnen rechtzeitig, Seelen, die den „Traum der Materie in der Hölle" träumen, zu befreien und dann gemeinsam mit dem „Sohn" zum Ursprung, dem Vater, zurückzukehren.

Oder aber, sie werden zusammengenommen und in Seelenfunken aufgeteilt und jedes einzelne dieser Seelenfragmente wird in ein Atom, als Ausgangsmasse für ein neues Universum, gesperrt. Die Seelenfunken des vergehenden Universums gehen gewachsen zurück, ohne ihre „verlorenen Söhne". So kann diese Menge an Seelen, die zuvor alles Böse eines vergangenen Universums repräsentiert hat, sich wieder über Evolution zu neuem individuellen Bewusstsein entwickeln. Eine neue Chance. Das ähnelt ja auch irgendwie der Legende vom „Gefallenen Engel, der in die Materie verbannt wurde", finden Sie nicht? Die göttliche Ordnung sieht vor, dass mindestens die Hälfte dieser ehemals „bösen" Seelen die Wahrheit erkennen wird und somit zum Vater kommt. Auch bei dieser Möglichkeit kommen alle verlorenen Söhne und Töchter irgendwann wieder zum Vater zurück. Zeit spielt nun wirklich keine Rolle. Diesem Prinzip folgend, haben wir vielleicht auch schon einige Auflösungen und Auslöschungen unserer

Seele mit dem jeweils damit verbundenen Beginn eines neuen Universums hinter uns.

Alles scheint möglich, sicher ist aber nur eines: Die Hölle ist ein Gefängnis, das sich Seelen selber erbaut haben. Ein Gefängnis, welches im Moment der Zerstörung seine Insassen mit in die Auslöschung nimmt.

*

Obgleich anders von den „Erfahrenden" interpretiert, zeigt folgendes, wirklich besonderes Nahtoderlebnis, in welche Richtung es gehen kann

Die äußerste Finsternis kommt ebenso vor wie das Ende derjenigen, die sich in der Hölle festgesetzt haben und sich nicht befreien und zum Licht entwickeln konnten. Es zeigt aber auch, dass es immer Hoffnung gibt, und wir uns jederzeit für einen Weg entscheiden können, der zu Heil und Erlösung führt.

NTE - Frau Rita Groß-Grevenbroich (Zitat)

(http://www.origenes.de/nte/gross-grevenbroich/gross.htm#2 Nahtoderfahrung, entnommen am 16.02.2014).

Der Vortrag wurde gehalten auf der Tagung „Dem Tode so nah…“ in der ev. Akademie Arnholdshain 2005.

Vorgeschichte

Bevor ich auf meine Nahtoderfahrung näher eingehe, möchte ich kurz meine Lebenssituation beschreiben, die dazu führte.

Ich bin seit ca. 30 Jahren Lehrerin und habe seinerzeit sehr unter Alkoholproblemen gelitten, die ich recht gut verstecken konnte, da ich während der Schulzeit meist trocken blieb, während der Ferien allerdings immer wieder Rückfälle in die Sucht erlitten habe. Es gelang mir trotz erheblicher Kraftaufwendung nicht, mein Problem in den Griff zu bekommen. Dass ich dazu Hilfe benötigt hätte, wollte ich mir nicht eingestehen. Die immer wiederkehrenden Rückfälle führten zu Depressionen, die mir die Kraft, das Selbstwertgefühl und den Lebensmut raubten. So hatte ich schon manchmal daran gedacht, meinem Leben ein Ende zu setzen.

Ein heftiger Rückfall während der Schulzeit bewirkte, dass ich Ende August 1999 vorher besorgte Tabletten einnahm, um - wie ich glaubte - den aussichtslosen Kampf mit der Sucht endgültig zu beenden. Mir erschien der Zwang zum Trinken wie ein Dämon, der mich trotz aller Gegenwehr fest umklammert hielt. Ich nahm am frühen Nachmittag 100 Tabletten, Phenaemal“ ein, dies ist ein Phenobarbital zur Beruhigung des zentralen Nervensystems, das in kleinen Dosen Epileptikern verabreicht wird. Ich wusste, dass bereits eine Dosis von 30-50 Tabletten ausreichen würde, das zentrale Nervensystem zu lähmen und zum Tode führen würde. Ich wollte sicher gehen, nicht weiter leben zu müssen.

Nach der Einnahme legte ich mich auf ein Sofa und verlor bald das Bewusstsein. Wie man mir später berichtete, fanden danach noch einige erstaunliche paradoxe Reaktionen meinerseits statt, von denen ich nichts mehr weiß, die es anderen allerdings schwer machten, meinen Zustand richtig einzuschätzen. So konnte mein Mann erst am nächsten Morgen feststellen, dass ich bewusstlos war und nicht mehr sichtbar atmete.

Nahtoderfahrung:

Meine Nahtoderfahrung im Zustand des Tiefkomas bestand aus drei sehr unterschiedlichen Phasen:

In der ersten Phase konnte ich ein sehr positiv empfundenes Erleben verspüren. Ich schwebte vollkommen intakt, aber körperlos, in einem strahlenden, blauen Raum. Ich fühlte mich frei, schmerzfrei, angenommen und glücklich. Der Raum war weit, hell und warm. Ich genoss diesen Schwebezustand sehr, als ich unvermittelt von einer wunderbar weichen und liebevollen Stimme angesprochen wurde. Ich konnte niemanden ausmachen, zu dem die Stimme gehörte. Diese Stimme sprach mich auf meine Lebensprobleme an und stellte ohne Vorwurf oder Verurteilung fest, warum ich meinem Leben ein Ende gesetzt hatte. Sie fragte mich aber, ob ich noch einmal ins Leben zurück wolle und versprach, mir dabei zu helfen, ein neues, besseres Leben zu führen - ohne Sucht. Ich müsste allerdings durch Dunkelheit gehen, Prüfungen überstehen. Wenn ich eine bestimmte „Formel" fände, würde mir jedoch immer Hilfe zuteil. Ich stimmte zu; denn dieser Stimme schenkte ich vollstes Vertrauen. Ich hielt sie für einen „guten Arzt“, der mich nicht verlassen würde. Danach durfte ich noch eine Weile schweben, bis ich erneut in einen Zustand der Bewusstlosigkeit versank. Im Nachhinein kommen mir die bewusstlosen Pausen zwischen den einzelnen Phasen wie Ruhepausen vor, in denen ich Kraft schöpfen konnte für das Kommende.

Die zweite Phase meiner Nahtoderfahrung kann als, „NPE - NTE“ angesehen werden. Sie enthält verschiedene erschreckende Visionen, die Angst bis zu Panik in mir hervorriefen. Ich will nur kurz die Situation verdeutlichen, obwohl mir dieses Erleben sehr lang andauernd vorkam: Ich befand mich in einem unheilvoll anmutenden Haus, in dem ich nach unten gezogen wurde. Ich war gefangen, wie gelähmt und wollte fliehen. Dort traf ich auf unheilvolle Gestalten, die mir deutlich machten, dass ich keine Chance hätte, dort wieder weg zu kommen, was meine Angst und Lähmung noch steigerte. Als ich in einem schmutzig-weißen Raum bewegungsunfähig und allein gelassen wurde, konnte ich auf der gegenüberliegenden Wand einen winzigen schwarzen Fleck erkennen, den ich anvisieren musste. Dieser Fleck, der mich zu Beginn der Situation an Fliegendreck erinnerte, wuchs im Zeitlupentempo und zeigte sich mehr und mehr als kaltes, schwarzes Loch, in das ich sicherlich hineingesogen würde, um im „Nichts“ gänzlich zu verschwinden. Je größer das schwarze Loch wurde, desto unermesslicher wurde meine Angst. Niemandem wünsche ich jemals, in solch einer Schwärze für immer verschwinden zu müssen, ausgelöscht zu werden.

In meiner Panik begann ich schließlich, Gebete zu stammeln. Ich erinnere mich gut an die Worte, die ich benutzte: „Im Namen des Vaters und des Sohnes und des Heiligen Geistes!" und „Herr, hilf!" Zu zusammenhängendem Gebet war ich nicht fähig, ich konnte nur stammeln und stottern. Das schwarze Nichts war inzwischen schon sehr groß und sehr nah; doch indem ich betete, wuchs es nicht mehr. Plötzlich tauchte am linken unteren Rand des Raumes ein Kreuz auf, das sich langsam in einem Halbkreisbogen zwischen das schwarze Loch und mich schob. Es war ein grobes Holzkreuz, das aber wunderbar strahlte und mir Hoffnung und Rettung vermittelte. Ich hatte nun keine Angst mehr, dachte sofort an die liebevolle Stimme aus meinem ersten Erlebnis und wusste, dass ich die erlösende Formel gefunden hatte. Mein „guter Arzt“ hatte mich nicht verlassen und würde mich befreien. Ich betete ohne Unterbrechung und sah, dass sich das schwarze Loch genau so langsam wieder verkleinerte, wie es vorher gewachsen war. Ich wurde immer ruhiger und zuversichtlicher und hatte das Gefühl, nichts und niemand könne mir nun noch Schaden zufügen. Ich erinnerte mich auch an die Worte, die ich im „blauen Raum“ wahrgenommen hatte über „Prüfung und Dunkelheit“, durch die ich hindurch musste; und nun empfand ich eine ungeheure Klarheit über meine gesamte Situation.

Nach weiteren Geschehnissen, die ich hier überspringen werde, weil sie nun für mich nicht mehr wichtig waren, da ich meine „Lebensspur“ gefunden hatte, fand ich mich in einem engen Tunnel, und ich wusste, durch diesen Tunnel hindurch würde ich zum neuen Leben gelangen.

Ich wurde darauf in großer Geschwindigkeit durch den langen Tunnel geschickt. Nach einer kurzen Pause sah ich mein gesamtes Leben wie in einem Schwarz-Weiß-Film sehr schnell an mir vorüber ziehen, bei dem ich nun nicht mehr beteiligt, sondern Zuschauer war. Ich konnte die verschiedensten Lebenssituationen wertfrei betrachten und stellte erstaunt fest, dass mein Leben gar nicht so negativ gewesen war, wie ich es vor meinem Suizidversuch empfunden hatte. Zum Schluss des Films konnte ich sehen, wie ich die Tabletten schluckte und mich hinlegte, um auf den Tod zu warten. Danach trat wieder eine längere Pause ein, in der ich „bewusstlos“ war.

Nach dieser Pause befand ich mich wiederum in einer anderen Umgebung. Um mich herum war alles neblig, schwer zu erkennen. Ich nahm einen schlammigen, schlecht begehbaren Weg wahr, der vor mir lag. Ein umgekippter Baum, dessen Wurzeln und Stumpf noch fest im Boden verankert waren, dessen Stamm, Äste und Rinde aber verstreut herumlagen - so als hätte ein Blitz ihn getroffen - war mitten auf diesem Weg zu erkennen. Ich wusste sofort, dass dieser Baum mein Leben darstellte. Dieses Leben schien zerstört, hatte aber noch lebensfähige Wurzeln und war noch fest in der Erde verankert. Ganz langsam, wiederum im Zeitlupentempo, fügte sich nun der Baum wieder zusammen und wurde zu einer kräftigen, gerade gewachsenen, hohen Tanne. Gleichzeitig verzog sich der Nebel um mich herum und die Umgebung gewann zunehmend an Farbe. Die Tanne mitten auf dem Weg bekam ein gesundes Grün, der Weg selbst wurde gut begehbar und führte nun gerade durch einen Wald bis zum Horizont, an dem ein wunderbares, helles, leuchtendes Licht erschien. Es zog mich magisch zu diesem Licht hin. Ich wusste aber, dass ich dieses Licht erst erreichen kann, wenn ich mein Leben bis zum vorbestimmten Ende gelebt haben würde. Ich wusste auch, dass die Bäume des Waldes um mich herum Menschen symbolisierten, die mich auf dem Weg zum Licht begleiten würden.

Dieses Bild empfand ich als sehr schön und beruhigend, und ich schaute mir „meine Tanne“ näher an. Da nahm ich plötzlich Gesichter zwischen den

Zweigen wahr. Es handelte sich um Kindergesichter, die mich freundlich anlächelten. Mir war sofort klar, dass diese vielen Kinder meine noch nicht erledigten Aufgaben sein würden, und ich freute mich darauf, auch wenn sie mich noch daran hinderten, zum Licht zu kommen.

Dieses wunderschöne Bild habe ich oft vor Augen, wenn ich in der Schule mit meinen Kindern arbeite, und es schenkt mir immer wieder die Kraft, mit diesen Kindern so umzugehen, wie es eine „Lebensaufgabe“ oder „Berufung“ erfordert.

In den höheren Ästen sah ich weitere Kinder mit südamerikanischen Gesichtern und ganz weit oben im Wipfel des Baumes einige Bücher.

Heute bin ich überzeugt davon, dass auch diese Kinder in meinem Leben eine Rolle spielen werden. Durch „Zufall“ bekam ich Kontakt zu einer Frau, die in Bolivien ein Heim für Straßenkinder errichtet hat. Mit dieser Frau und ihren Zöglingen stehe ich nun in ständiger Verbindung und unterstütze sie. Ich bin mir nicht sicher, ob ich mich so sehr für dieses Projekt engagieren würde, wenn ich diese Kinder in meinem Nahtoderlebnis nicht auch als Aufgabe gesehen hätte.

Mit den Büchern im Wipfel des Baumes konnte ich während der NTE nicht recht etwas anfangen. So fragte ich danach. Eines fiel herunter; es war ein Buch mit Kindergeschichten. Da ich gern und oft für meine Schulkinder altersgerechte Geschichten schreibe, die meine Kinder sehr mögen, denke ich, dass ich vielleicht einmal diese Geschichten als Buch herausgeben werde, wenn ich mehr Zeit für solche Beschäftigungen habe.

So kann ich immer gespannt darauf sein, wie die verschiedenen Aufgaben, die ich im Baum vorausahnen durfte, in meinem Leben zum Tragen kommen."

Die ebenfalls interessanten Veränderungen im Leben von Frau Groß-Grevenbroich sowie ihre Schlussfolgerungen können auf der am Beginn genannten Webseite nachgelesen werden.

WAHRNEHMUNGSZUSTÄNDE NACH MONROE

Fokus 1: Wachzustand, Zentrierung im Hier und Jetzt

Fokus 3: Ab hier beginnt die „Hemisphären-Synchronisation“

Anm des Autors: Unter anderem erreicht durch „Binaurale Beats“.

Hemi Sync wurde von R Monroe entwickelt. Damit soll eine Synchronisierung beider Hirnhälften erreicht werden, so dass diese Gehirnhälften im Gegensatz zum normalen Wachbewusstsein gleichsam zusammenarbeiten. Dadurch werden Kanäle für erweitertes Bewusstsein geöffnet. (Weitere Informationen: Monroe-Institut, www.monroeinstitute.de)

Fokus 10: Körper in leichtem Schlaf - Geist ist hellwach - Schlafstarre setzt ein

Fokus 11: Körper, Geist und Seele schwingen synchron

Fokus 12: Körper schläft etwas tiefer - die Wahrnehmung dehnt sich über die Körpergrenzen aus

Fokus 15: Wahrnehmung bewegt sich außerhalb der Zeit. Die Wahrnehmung dehnt sich weiter aus. Möglichkeiten, das eigene Selbst zu erforschen.

Fokus 21: Grenze der Raumzeit. Erste Ebene auf der Interaktion mit anderen Realitäten und mit Energiewesen möglich ist.

Fokus 22: Ebene derjenigen, die narkotisiert sind oder im Koma liegen.

Anm. des Autors: Narkotisiert durch Drogen, Alkoholmissbrauch, aber auch Narkose während einer OP.

Fokus 23: Erster Bereich nach unserer Wirklichkeit; Aufenthaltsort derjenigen, die in Schock und Trauma gefangen sind.

Anm. des Autors: Erdgebundene Seelen in der ersten geistigen Ebene oder im Void.

Fokus 24-26: Glaubensebenen.

Anm. des Autors: Fokus 24-26 wird häufig als Ebene der Glaubenssysteme der Religionen (Himmel und Hölle) übersetzt und interpretiert. In der Geisterwelt gibt es viele Religionen und Sekten, viele davon sind Naturreligionen. Den Himmel aber werden sie dort nicht finden. Meines Ermessens nach ist es so, dass Monroe hier die Bereiche von Gleichen beschreibt, die in der Hölle und der Geisterwelt angesiedelt sind. Die Himmel konnte Monroe mit seinem grobstofflichen (Geist- oder Astral-) Körper nicht besuchen und auch nicht wahrnehmen. Genau diesen aber hätte er, entsprechende Reife vorausgesetzt, ablegen müssen, um in die Himmel zu gelangen. Das wiederum hätte aber eine Rückkehr in seinen Körper weitestgehend unmöglich gemacht.

In den Glaubensbereichen unterwegs, bei einen seiner vielen Reisen, vernimmt R Monroe plötzlich ein Posaunensignal, worauf sich ausnahmslos alle mit dem Rücken auf den Boden legen, ihren Bauch vorwölben (verletzlichste Stelle des Menschen) und zur Seite blicken. Dann kommt „Er“ und geht durch die Reihen.

Monroe wird im Anschluss berichtet, dass „Er" hin und wieder eine Seele mitnimmt und diese dann nicht mehr zurückkommt. Im Kapitel „Lasset die Kinder zu mir kommen" habe ich den relevanten Auszug aus einem der Bücher Monroes eingefügt.

Ich vermute, dass hier eine gereifte Seele, ihren Astralkörper zurücklassend, in die Himmel aufgenommen wurde. Ein eindeutiges Indiz dafür, dass Monroe die Himmel nie erblickt oder religiös verstanden hat.

Dass es Interpretationen gibt, die besagen, dass in diesem Fokusbereich das Paradies oder die Himmel zu finden sind, liegt daran, dass es bereits in der Geisterwelt traumhaft schöne und atemberaubende Bereiche gibt, die durchaus mit unseren Vorstellungen eines Paradieses im Einklang sind. Hätte Monroe die Himmel wahrnehmen und erleben können, hätte er die zuvor als Paradies wahrgenommenen Orte nur noch als farblose Kopie empfunden.

Monroe berichtet in seinen Büchern, dass Seelenbündel sehr oft Seelen an diese Glaubenssysteme verlieren. Sie setzen sich über ihre Begierden und Süchte selbst fest und können erst dann wieder aufgenommen werden, wenn diese sich selbst über Einsicht befreien können. Bitten sie dann um Hilfe, werden sie Hilfe von ihrer Gemeinschaft und/oder Seelenbündeln bekommen.

Die Fokusebenen 23-26 sind demnach nur eine andere Sichtweise, um die Geisterwelt und die Hölle differenziert zu beschreiben.

Focus 27: Ort, an dem sich die Seelen von dem Trauma des nicht stattgefundenen Todes erholen und Besuche empfangen können.

Anm. des Autors: Fokus 27 ist als Ankunftsgebiet zu verstehen. Jedwede Seele wird hierher geleitet. Das Gebiet gleicht einem paradiesischen Garten. Jede Seele hat sich dort durch die Erschaffung von Landschaften und Unterkünften verewigt. Die Seele verlässt diesen Ort relativ schnell wieder, um sich einer Gemeinschaft anzuschließen. Das Erschaffene bleibt.

Wer sich für außerkörperliche Erfahrungen interessiert und eine nicht-religiöse Sichtweite bevorzugt, kommt nicht an den Büchern von R. Monroe vorbei. (Seine Veröffentlichungen finden Sie im Quellennachweis als Anlage).

VON ENGELN UND FALSCHEN SOWIE WAHREN PROPHETEN

Wenn Sie im Internet einmal nach „Medium", „Jesus" oder „Gott" und „channeling" googeln, werden Sie viele Menschen finden, die einen Kontakt haben. Ich bin mir sicher, dass diese Menschen, abgesehen von den Lügnern, glauben eine Stimme zu hören und dass sie in Kontakt mit einem nicht sichtbaren Wesen stehen. Ziehen wir jetzt noch jene ab, die mit oder ohne Diagnose eine Psychose oder sonstige psychische Erkrankungen haben, bleiben immer noch einige. Ich frage mich, welche Absichten diese Wesen haben. Ist es wirklich Jesus oder Gott, der zu ihnen spricht? Die Propheten in der Bibel traten nicht zeitgleich, sondern verteilt über die Jahrhunderte auf. Zurzeit tritt Jesus oder Gott aber in Kontakt mit einer Vielzahl von medial begabten Menschen, die man früher auch Propheten nannte. Hätten alle dieselbe Botschaft, wäre dies immerhin noch ein Hinweis, dem ist aber nicht so. Als am 21.12.12 die Welt untergehen oder die Evolution des Bewusstseins einen Quantensprung vorwärts machen sollte, geschah - nichts.

In den ersten Tagen hielt sich jedes Medium bedeckt. Als sich dann nach Tagen das erste Medium an die Gemeinde wandte, folgten die anderen mit Abstand und einige waren derselben Meinung. Andere hatten aber auch gänzlich anderes zu verkünden. Was auch immer, es wurde Zeit. Die Szene in Deutschland, die sich für weiterentwickelte Wesen aufgrund der von ihnen gelebten Nächstenliebe hält, war gerade dabei, sich gegenseitig zu zerfleischen. Allerdings nicht alle, auch das muss gesagt werden. Einige zeigten auch Haltung in der Niederlage. Über einen Zeitraum von einigen Wochen kam es so zu mehreren Erklärungen. Ich habe hier einmal drei Beispiele von den einzelnen Internetseiten verschiedener Foren herausgesucht, die ich damals für repräsentativ gehalten habe:

1. Der Aufstieg hat stattgefunden, es hat nur keiner gemerkt. Er vollzieht sich schleichend.

2. Die Menschen, die aufsteigen sollten, sind auch aufgestiegen und wurden durch andere Wesen ersetzt, die sich alle für die Person halten, die sie ersetzten. Und so hatte es auch keiner gemerkt.

3. Der Aufstieg hat für alle stattgefunden und begann schon vor Jahrzehnten und endet erst in weiter Zukunft. Er ist ein schleichender Prozess.

Zu 1, 2 oder/und 3 tauchten schließlich unterschiedliche Mengenangaben derer auf, die zum Aufstieg ausgewählt seien.

Diese Liste ist nicht vollständig.

Aber das, was mich am meisten erstaunte, war der Umstand, dass die Durchsagen (channelings) es innerhalb von kürzester Zeit schafften, die Menschen dazu zu bringen, an sie zu glauben, obwohl sie in den letzten Jahren immer wieder Beweise versprachen, diese aber nie erbrachten und ständig neue, teilweise haarsträubende Entschuldigungen hervorbrachten. Ein Phänomen.

Zum Thema „Außerirdische“ habe ich bereits etwas in dem entsprechenden Kapitel gesagt. Wenn es sie gibt, dann werden sie wahrscheinlich nicht materiell sein. Diesbezüglich habe ich eine interessante Begebenheit in R Monroes Veröffentlichungen gefunden.

An einer Stelle erwähnte er einen Außerirdischen (aus einer Untertasse), der zur Erde kam, nicht, um unsere DNS zu studieren, sondern um Witze zu sammeln. Sicher, diese Erfahrung basierte auf seinen Konzepten und Erfahrungen und könnte einer Szene aus einem Woody Allen-Film entnommen sein. Interessant finde ich sie trotzdem. Fairerweise muss ich dazu sagen, dass es sehr wohl außerirdische Wesen nach R Monroe gibt, die ein wenig mehr Tiefgang haben. Wesen, die nicht in der Materie, sondern als Energiewesen, als Geister existieren.

*

Im Folgenden einige Gedanken zum Thema „Channeling“:

1. Teufel werden auch „Verwirrer“ genannt - warum nur?

2. Jesus hat eine Vielzahl von Engeln verschiedenster Ausprägung, die sein Wort verkünden, und für die es nichts Schöneres und Seligeres gibt, als zu helfen und sein (das) „Wort“ zu verkünden. Was denken Sie? Dass Jesus seinen Engeln nicht mehr traut und er daher selbst den Job übernimmt? Im Universum gibt es ja auch sonst nichts zu regeln...

3. Kapitel „Foppgeister“ (gleich im Anschluss).

4. Wenn Reinkarnation ohne Erlösung der Wahrheit entspricht, dann funktioniert es. Wenn nicht, was passiert mit den 105.000.000.000 Menschen, die bereits verstorben sind, wenn der Aufstieg nur Lebende betrifft? „Zug verpasst“?

Sollten Sie zur Gruppe der Menschen gehören, die eine andere Sicht der Dinge zu diesem, zugegeben, sensiblen Thema haben, möchte ich, dass Sie wissen, dass ich zwar anderer Meinung bin wie Sie, ich aber Ihren Standpunkt durchaus respektiere. Mir entzieht sich nur die jeweilige Logik und somit der Sinn. Ich bin nur ein unvollkommener Mensch und sehe die Welt durch die Brille meiner Wahrheit. Bitte sehen Sie mir das nach. Und zumindest in einem Teilaspekt sind wir auf jeden Fall einer Meinung: Gott spricht zu jedem seiner Geschöpfe und das ständig. Wir müssen nur zur Ruhe kommen und zuhören. Alles Göttliche kommt aus der Bauchgegend, die Inspiration, die Muse, unsere besten Ideen, die Wahrheit. Einige nennen unser Gewissen auch eine Konsequenz des Gottesfunken.

Ich will daher auch nichts verallgemeinern, schließlich sind auch nicht alle Schafe schwarz. Aber falls ein weißes, ein wahrer Prophet, sich unter ihnen befindet, welches ist es dann? Meine Wahrnehmung zeigt mir nur schwarze. Aber wie das mit unserer Wahrheit so ist, vielleicht sehe ich auch nur in die falsche Richtung. Je nach Standpunkt Ihrer Wahrheit könnte ich ja auch ein Mensch mit bösen Absichten sein (Unwahrheit - aus ihrer Sicht).

Nun, die Welt ist nicht untergegangen und das wird sie auch nicht in naher Zukunft. Zumindest nicht in den nächsten drei oder vier Milliarden Jahren. Auch werden nicht bestimmte Sekten oder Glaubensgemeinschaften in naher Zukunft „entrückt" oder von außerirdischen Helfern abgeholt. Zumindest erachte ich das als für sehr unwahrscheinlich und da Sie inzwischen das Konzept der energetischen Welten kennen, wissen Sie auch warum.

Wir leben sehr wohl in einer Zeit des Umbruches (davon wird noch im Schlussteil dieses Buches die Rede sein) und einige Umstände deuten darauf hin. Es scheint in der Tat so zu sein, dass unsere Realität, also die Illusion, die wir gemeinschaftlich erzeugen und aufrechterhalten, sensibler geworden ist und etwas von ihrer Trägheit verloren hat.

Sehen wir uns den 21.12.2012 einmal etwas genauer an: An diesem Tag standen die meisten Menschen mit einem Gefühl der Beklommenheit oder einer bestimmten Erwartung auf. Unsere Medien weltweit haben uns perfekt auf diesen Tag vorbereitet. Ich behaupte jetzt mal, dass die meisten dieser Menschen ein eher negatives Gefühl hatten.

Wir beeinflussen unsere Realität mit unseren Gedanken und Gefühlen. Wenn 7 Milliarden Menschen sich gleichzeitig als kollektiv erkennen und gemeinsam einen Gedanken formulieren und formen würden, wäre dieser von einer derartigen Kraft und Intensität, dass wir damit locker einen Planeten aus seiner Bahn katapultieren könnten. Bundesliga-Fußballmannschaften, die zu einem Auswärtsspiel bei einem der größeren Vereine in Deutschland auflaufen müssen, kennen das. Dort entsteht schnell das Gefühl, man renne gegen eine Wand - Fankurve der Heimmannschaft, 12. Mann - an.

*

Denken Sie einmal bitte über das Folgende nach:

In Deutschland hatten wir seit Aufzeichnung der Wetterdaten noch nie so wenig Sonnenstunden wie im Winter 2012/13 - Ihnen ist bekannt, dass dieser mit der Wintersonnenwende am 21.12.12 beginnt.

Die Grippe- und Erkältungswelle in diesem Winter erreichte traurige Rekordmarken. Der Frühling fiel ebenfalls sprichwörtlich ins Wasser. Viele

Menschen in Deutschland und den Anrainerstaaten leiden unter der katastrophalsten Hochwasserkatastrophe seit Aufzeichnung der Messdaten.

Der Sommer begann mit Regen und kühlen Temperaturen in Deutschland. Fast zeitgleich kam es an der Westküste Nordamerikas im Juni/Juli 2013 zu Rekord-Höchsttemperaturen, hervorgerufen durch eine nie da gewesene Hitzewelle. In Phönix/Arizona wurden 52 Grad (Celsius) gemessen und am Polarkreis in Kanada 30 Grad. Die Durchschnittstemperatur an der Westküste pendelte sich auf 45 Grad ein.

Bedingt durch warme Luft aus dem Süden, stieg die Temperatur im November in Mittelasien um 8 Grad höher als ihr Durchschnittswert. Dadurch stieg die Durchschnittstemperatur der Erde in Bodennähe auf ihren Novemberhöchststand seit Beginn der Messungen in 1891 (Quelle NOAA).

Während in Russland im Dezember Wärmerekorde aufgestellt wurden - Moskau meldete den wärmsten Dezembertag seit 100 Jahren - kam es im Nahen Osten im Dezember zu einem Wintereinbruch und zum ersten Mal seit Jahrzehnten fiel in manchen Vororten der Hauptstadt Kairo Schnee.

Im Norden der USA und in Kanada kam es bedingt durch Schneestürme zur Weihnachtszeit zu flächendeckenden, lang anhaltenden Stromausfällen. 800.000 Menschen waren zeitweise ohne Strom. Weltweit kam es zum anschließenden Jahreswechsel zu Rekordtemperaturen: Kanada -48 Grad Celsius, Russland -50 Grad. Australien meldete zum gleichen Zeitpunkt, +48 Grad Celsius. Bedingt durch den harten Winter kam es in Nordamerika zu tausenden von Flugausfällen.

Der Winter 2013/14 in Deutschland war der mildeste, der November 2014 der wärmste Monat seit Aufzeichnung der Wetterdaten und ohne weiter ins Detail zu gehen kann gesagt werden, dass die Wetterrekorde weltweit fast wöchentlich neu aufgestellt werden.

Auch scheint unser "Dynamo", der unser schützendes Erdmagnetfeld erzeugt und aufrechterhält, anzufangen unruhiger zu laufen. Die vulkanischen Aktivitäten auf unserem Globus haben in den letzten fünf Jahren ungewöhnlich stark zugenommen.

Es hört sich harsch an, aber weder der Zufall, das Schicksal, noch Gott oder sonstige fremde Mächte sind meiner Meinung nach für diese, zum Teil, katastrophalen Zustände verantwortlich zu machen. Wer aber dann? Unsere Realität ist sensibler geworden und hat etwas von ihrer Trägheit verloren. Es könnte also durchaus eine Änderung eingetreten sein. Das kann aber auch an unserer medialen Berichterstattung und somit an unserer selektiven Wahrnehmung liegen. Überregionale Studien dazu gibt es nicht. Falls Sie eine kennen, lassen Sie es mich wissen. Es wäre zudem interessant, einmal einige unabhängige Wahrscheinlichkeitsrechnungen zu diesen Konstellationen zu bekommen.

Unsere Erde und auch wir als Lebensform werden uns verändern. Dies wird von Lorber, aber auch von R Monroe und vielen anderen Reisenden sowie unzähligen Propheten nahczu aller Religionen vorhergesagt.

Monroe gibt uns einen Einblick in die Zeit, 1500 Jahre in die Zukunft. Die Erde ist wieder ein Paradies, materielle Körper stehen zur Verfügung und können von interessierten Seelen benutzt werden, um eine körperliche Erfahrung zu machen. Die gesamte Menschheit wird in dieser Zukunft in den energetischen Welten „leben", nach wie vor in Symbiose mit unserem Planeten.

Auch in den Neuoffenbarungen von Lorber wird eine solche Zukunft beschrieben. Den Menschen wird die Verantwortung für die Erde übergeben. Das Jenseits wird nach und nach zum Diesseits. Unsere Welt wird wieder zum Paradies.

Auszüge aus den Neuoffenbarungen nach Jakob Lorber :

Das große Evangelium Johannes

(jl.ev02.215.15): „Ja, der Boden der Erde wird zuvor noch vielfach durch das Blut und Fleisch der Menschen durchgedüngt werden müssen, und aus solch einem neuen geistigen Humus erst wird dann die auch leiblich unsterbliche Epoche für diese Erde beginnen, so wie zu Adams Zeiten die Epoche begonnen hatte, in der aus dem fetten Lehmhumus die Seele sich einen vollkommenen Leib in ihrer Gottform bilden konnte."

(jl.ev02.215.16): „Aber die Menschen, die hier im Geiste schon völlig wieder geboren worden sind in ihrem sterblichen Leibesleben, werden dann für immer über diese neue Epoche als reine Geister und Engel herrschen, und sie wird ganz ihrer Führung anvertraut werden. Hingegen Menschen dieser Zeit, die da keine geistige Vollendung erreicht haben, werden in dieser neuesten Epoche der Erde zwar wohl mit unsterblichen Leibern auf die Erde gesetzt werden, aber in großer Armseligkeit, und werden sich sehr auf das oft sehr harte Dienen verlegen müssen, was ihnen sehr bitter munden wird, weil sie sich ihres früheren sehr glücklichen Zustandes in ihren sterblichen Leibern nur zu klar erinnern werden. Diese Epoche wird dann sehr lange währen, bis endlich alles in ein rein geistiges Sein übergehen wird nach dem ewigen Plane Gottes. Und siehe, das ist der Gang der Ordnung Gottes, aller Dinge, alles Werdens, Bestehens und Seins!"

Besonders deutlich wird es im Folgenden. Hier wird eine neue Epoche beschrieben, in welcher die Menschheit das Materielle überwunden hat und mit einem Bewusstseinssprung eine neue Stufe der Entwicklung beginnt.

(114,46) „Dieses wird die Zeit, (sein), wo das Geistige das Materielle besiegt hat. Wo der Mensch als Bürger zweier Welten sich so heimisch in der einen wie in der andern fühlen wird, damit endlich Meine Worte verstanden und Mein einstiges Darniedersteigen auf eure Erde im ganzen Lichte seines göttlichen Berufes geschätzt und mit Liebe befolgt werden wird. Dieses wird die Zeit sein, wo der Drache geschlagen und gefangen (offb.20,02), die zehn Gebote Mosis und Meine eigenen zwei in ihrer ganzen Bedeutung verstanden werden..."

Vorher wird es aber noch zu einer Endzeit und einem Gericht kommen. Es gibt Stellen in den Neuoffenbarungen nach Lorber, die den Beginn in unserer Epoche sehen. Interessant ist hier die Angabe „nahe 2000 Jahre", die Jesus zu seinen Lebzeiten machte.

> *„[jl.ev09.023,05] Wenn das einmal auf der Welt unter den Menschen ein gewisses Übermaß erreicht hat, dann kommt auch ein großes Gericht und mit demselben auch eine große und unmittelbare Offenbarung Gottes an die Menschen, die noch einen Glauben an Gott und also auch eine Liebe zu ihm und zum Nächsten in ihrem Herzen bewahrt haben.*
>
> *[jl.ev09.023,05] Da werden die Gottesleugner und stolzen Betrüger und Bedrücker von dem Erdboden hinweggefegt und die Gläubigen und Armen aufgerichtet und aus den Himmeln erleuchtet werden, wie das nun soeben (zur Zeit Jesu, d. Hg.) der Fall ist und später, nach nahe 2000 Jahren, auch wieder einmal der Fall werden wird."*
>
> *Band 6, Kap. 174, 5–6: „Es werden dann sein große Kriege vereinzelt unter den Völkern, und es wird ein Volk wider das andere ziehen; auch wird dann eine große Teuerung sein, und es werden allerlei pestilenzartige Krankheiten entstehen, wie sie unter den Menschen bis jetzt noch nie bestanden. Dem werden große Erdbeben vorangehen, auf daß sich die Menschen dadurch zur Buße und zur Liebetätigkeit ermahnen sollen. Wohl denen, die sich danach kehren werden! Aber gar viele werden sich nicht daran kehren und werden das alles den blinden Kräften der Natur zuschreiben, und die Weissager werden Betrüger gescholten werden."*
>
> *Band 5, Kap. 108,1: „Aber es wird kommen am Ende eine Zeit, in der die Menschen zu einer großen Klugheit und Geschicklichkeit in allen Dingen gelangen werden und erbauen werden allerlei Maschinen, die alle menschlichen Arbeiten verrichten werden wie lebende, vernünftige Menschen und Tiere; dadurch aber werden viele Menschenhände arbeitslos, und die Magen der armen, arbeitslosen Menschen werden voll Hungers werden."*

Ob es so kommen wird? Niemand weiß das mit Gewissheit. Lorbers Aussichten sind düster und die letzten 100 Jahre menschlicher Geschichte scheinen ihm Recht zu geben. Aber es gibt noch Hoffnung, schließlich sind wir immer noch da. Gemessen an unserer jüngsten Geschichte ist das nicht selbstverständlich. Und eines sollten wir hinsichtlich Prophezeiungen und Visionen bedenken. Wir sind nicht einmalig. Den Menschen hat es schon unzählige Male auf anderen Weltenkörpern, in anderen Universen, in Vergangenheit und Gegenwart gegeben. Und es werden auch zukünftig noch unzählige Schöpfungen stattfinden.

Das, was gesehen und aufgeschrieben wurde über all die Jahrtausende, die wir schon hier sind, muss nicht zwangsläufig ein Szenario unserer eigenen menschlichen Zukunft sein. Es kann durchaus sein, dass eine empfangene Vision die Auslöschung einer anderen Schöpfung auf einen anderen Weltenkörper zeigt, oder aber es handelt sich um „Erinnerungen" vergangener Schöpfungen, die sich im Feld befinden - nichts wird vergessen - und die Auslöschung einer längst vergangenen Zivilisation zeigen.

Wir werden uns in nicht allzu ferner Zukunft verändern. Und wir werden uns dabei auch neu entdecken. Daran glaube ich. Ich verbinde das allerdings mit der Hoffnung, dass dieser Weg nicht allzu schmerzhaft für uns wird. Die Visionen, die Monroe uns diesbezüglich hinterlassen hat, gefallen mir um einiges besser als die ein oder andere religiös motivierte Prophezeiung. Eines wird auch indirekt bei Monroe ersichtlich: Irgendetwas ist passiert und hat dazu geführt, dass kaum noch Spuren von uns in der beschriebenen Zukunft zu finden waren. Keine Gebäude, Technik, Umweltverschmutzung und keine Menschen mehr, zumindest keine wie Sie und ich, nichts dergleichen.

FOPPGEISTER, ERDGEBUNDENE SEELEN, ELEMENTALE

Eines Morgens ergab es sich, dass in unserer illustren Kaffeerunde über Exorzismus geredet wurde. Schnell wurde das Ganze in die Schublade „geistig krank" gelegt, und somit war das Thema erledigt.

Einige Tage später gab es im Fernsehen eine Dokumentation zu diesem Thema. Eine Frau kam bei einem Pendelversuch an eine Seele, die sich ihr namentlich vorstellte. Immer mehr Fragen des täglichen Lebens wurden nun an diese Seele gestellt und beantwortet. Das erreichte irgendwann einen Umfang, dass diese Frau keine eigenen Entscheidungen mehr traf und „Frank", so sein Name, zu allem und jedem Entscheidungen herbeiführte. Auch war nach einiger Zeit ein Pendel nicht mehr nötig. Frank machte sich inzwischen direkt bemerkbar.

Eines Tages in der Stadt verlangte er plötzlich, sie solle ins Café auf die andere Straßenseite gehen und dort ein Stück Torte essen. Sie wollte das aber nicht und weigerte sich. Nun drohte Frank ihr weh zu tun, falls sie ihm nicht Folge leisten würde. Als sie sich weiter weigerte, würgte er sie. Mitten auf der Straße brach die Frau mit Atemnot zusammen und wurde mit dem Krankenwagen ins nächstgelegene Krankenhaus gebracht. Befragt, erzählte sie dem Ersthelfer, was passiert war. Was glauben Sie, wo diese Frau hinkam? Richtig, in die geschlossene psychiatrische Abteilung.

Diese wahre Geschichte wurde von einem katholischen Priester im Rahmen einer Dokumentation vorgetragen. Einem Exorzisten.

Warum ich Ihnen das alles hier zumute? Wer an das eine glaubt, darf das andere nicht ausschließen.

*

Dämonen und Teufel sind von uns Menschen erstellte Konzepte und Bezeichnungen. Sie sind ebenso wenig wahr oder real wie die Darstellung der Hölle durch die Kirche im Mittelalter. Entstanden sind sie wahrscheinlich durch Nahtoderfahrungen im Void.

105 000 000 Seelen sind bereits im Diesseits gestorben und in die energetischen Welten eingegangen. Wir wissen um das Gleichgewicht, bedingt durch die Dualität und den freien Willen. Nicht alle waren nette Menschen. Die Geschichte weiß um viele grausame und wirklich böse Menschen. Diese haben sich mit ihrem Übergang nicht zu ihrem Vorteil verändert. Und da uns der freie Wille bleibt, ist es nur folgerichtig, dass einige sich von Gott abgewandt und in die Dunkelheit begeben haben. Einige dieser wirklich verderbten Seelen verdienen mit Sicherheit die Bezeichnung „Teufel".

Mit anderen Worten, jeder böse Geist war auch ein Mensch auf Erden gewesen. Neben bösen Seelen gibt es auch noch die eitlen, diejenigen ohne Schuldbewusstsein, die es lieben, Witze und Klamauk auf Kosten anderer zu machen. Die gesamte Bandbreite menschlich möglicher Motivationen ist dort drüben zu finden.

Für diese Seelen ist es zwar ein Leichtes, uns zu beobachten, mit uns zu interagieren ist für sie aber mindestens genauso schwierig wie für uns, mit ihnen in Kontakt zu treten.

Unter uns gibt es begabte Menschen, sogenannte Medien. Diese können Botschaften von drüben empfangen. Allerdings haben wir kaum Möglichkeiten, die Glaubwürdigkeit einer Quelle zu überprüfen.

Eines sollte immer bedacht werden: Nur weil Sie eine Botschaft von „drüben" bekommen, haben Sie es noch längst nicht mit einem Engel zu tun.

Denken Sie einmal bitte über Folgendes nach:

Wenn Sie jemand anruft, mit Ihnen telefoniert und sagt, er sei Gott, Jesus oder der Präsident der Vereinigten Staaten, Stephen Hawking oder eine andere Berühmtheit, was würden Sie tun? Ich würde die Verbindung beenden. Wie wahrscheinlich ist es wohl, dass gerade Sie von so einer Person angerufen werden?

Jesus hat eine schier unglaubliche Zahl an Engeln, die das Wort mit Freuden verkünden. Und ob Einstein noch Gesprächsbedarf hat? Ich habe da so meine Zweifel.

Eine Möglichkeit, eine Überprüfung vorzunehmen, wäre es, sich bei dem Wesen im Gespräch dafür zu bedanken, dass es Ihnen hilft. Nimmt es den Dank an, ist es mit Sicherheit kein Engel. Nicht nur von Swedenborg, dem es gegeben wurde, Himmel und Hölle über einen Zeitraum von mehreren Jahrzehnten zu erkunden, wissen wir, dass Engel immer auf den Herrn verweisen. Alles ist aus und von Gott, der durch sie wirkt. Nichts existiert aus sich selbst heraus. Jene, die das glauben, sind nicht in den oberen Etagen anzutreffen. Diese halten sich in den etwas wärmeren und dunkleren Bereichen auf, wo der eine sich zum Gott des anderen erklärt.

Es war Swedenborg zudem verboten, mit den Angehörigen von Verstorbenen zu reden, um ihnen Botschaften zu überbringen. Angehörigen des Himmels ist es untersagt, sich den Lebenden zu offenbaren, es sei denn, sie handeln im Auftrag oder im Sinne des Herrn. Nicht umsonst werden sie auch Himmelsboten oder Abgesandte genannt.

*

Oft liest man folgende Interpretation von (5. Mose 18, 9-13):

> *„Wenn du in das Land kommst, das dir der Herr, dein Gott, geben wird, so sollst du nicht lernen, die Gräuel dieser Völker zu tun, dass nicht jemand unter dir gefunden werde, der seinen Sohn oder Tochter durchs Feuer gehen lässt oder Wahrsagerei, Hellseherei, geheime Künste oder Zauberei treibt oder Bannungen oder Geisterbeschwörungen oder Zeichendeuterei vornimmt oder die Toten befragt. Denn wer das tut, der ist dem Herrn ein Gräuel, und um solcher Gräuel willen vertreibt der Herr, dein Gott, die Völker vor dir her. Du aber sollst untadelig sein vor dem Herrn, deinem Gott.“*

In den energetischen Welten werden die als geistig tot bezeichnet, die sich von Gott abgewandt haben (Neuoffenbarungen nach Jakob Lorber). Ob es tatsächlich dieser Personenkreis ist, der im vorangegangenen Vers gemeint ist, kann ich nicht sagen. Ich konnte nur Aussagen finden, dass es Engeln nicht gestattet ist, mit den Lebenden zu reden, es sei denn, sie handeln im Sinne und im Auftrag des Herrn.

Die geistig Toten, also diejenigen, die sich in der Hölle selbst festgesetzt haben, da vom Herrn abgewandt, befolgen nicht die Gesetze des Herrn. Dann wäre da noch die gewaltige Menge an Seelen, die weder der einen, noch der anderen Seite zugeordnet sind. Und noch alle die Wesenheiten, die nicht zu den energetischen Welten des Menschengeschlechtes gehören. Vergessen sollten wir auch nicht, dass es im Alten Testament einen rachsüchtigen und strafenden, aber untergeordneten Gott gab, den die christliche Gnosis als den „Demiurg" beschrieben hat.

Wer denken Sie also, meldet sich da? In der Tat keine einfache Frage.

*

Seelen, die eine falsche Identität vorgeben, nenne ich Foppgeister. Diese können ehemalige Menschen (die große breite Masse), aber auch „Wesen" von anderen Weltenkörpern sein. Materielle Lebewesen wie wir sind die absolute Ausnahme im Kosmos. Der „Standard-Alien" ist ein energetisches Lebewesen und ist eher weniger an uns interessiert. Wir sind für sie ohne Belang. Sie verhalten sich gegenüber uns, wie wir uns gegenüber einzelligen Lebensformen: völliges Desinteresse.

Manchmal begeben sich Foppgeister einfach unter uns, um sich einen Spaß auf unsere Kosten zu machen. Sie foppen uns. In seltenen Fällen heften sie sich direkt an einen „offenen" Menschen und saugen Energie ab. Sie können dies nur bei solchen Menschen tun, die sich ihnen durch Glauben geöffnet haben. Aber auch solche, die abhängig sind von Süchten, gleich welcher Art, sind anfällig. Innere Zerrissenheit, Angst - setzt „Glauben" voraus - oder sonstige Gefühle aus der Negativität können uns öffnen. Der Mensch fühlt sich dann schlapp und antriebslos, schwächelt und wird krank. Sie sind bei dieser Tätigkeit nicht von erdgebundenen Seelen oder Elementaren zu unterscheiden (Von diesen Wesen wird noch später die Rede sein).

Einige von ihnen sind an unserer Energie, die wir durch Glaubenssysteme und Gedanken erzeugen, interessiert. Sie geben sich als Gott, Jesus, Erzengel, Föderation des Lichts aus und erzählen den „Gläubigen", was sie hören möchten und wollen. Zum Beispiel, dass er als Gläubiger privilegiert ist und in Kürze in die 5. Dimension aufsteigen wird. Das Internet als globales Netzwerk, ist dafür ein hervorragendes Werkzeug, um in kurzer Zeit viele Menschen über ein Medium zu erreichen.

Sie alle haben nur wenige und begrenzte Möglichkeiten, uns direkt zu beeinflussen. Nur wenn wir labil sind und Warnungen in den Wind schlagen, bieten wir auch Angriffsfläche. Im Normalfall haben wir immer jemanden um uns herum, der uns schützt und leitet. Auch sind eine positive Ausrichtung und unser Glaube ein guter Schutz, der uns umgibt.

Warum machen Seelen das? Gedanken sind reine Energie oder wie Robert Monroe sagte, „reine Action". Wenn Leute bewegt werden können, an etwas oder jemanden zu denken oder sogar etwas zu tun, dann stärken sich diese Seelen daran. Je mehr Menschen sie durch ihr „Durchsagen" (Channelings)

dazu bringen, an sie zu glauben, desto stärker werden sie. Sie nutzen unsere Gutgläubigkeit aus und reden uns nach dem Munde.
Seelen können auch Angst, Streit, Zwietracht und Aggressivität provozieren, um sich dann an den dabei entstehenden negativen Gefühlen zu stärken, wobei die Angst eines der stärksten Gefühle ist.

Oft halten sie sich an Orten auf, an denen Negativität dominiert. Erst gestern war ich in einem Gebäude, in denen mehrere Menschen arbeiten, deren Umgang untereinander sozusagen professionell ist. Neid und Missgunst sind die dort vorherrschenden Gefühle. Bewusst wurde mir das erst, als ich das Gebäude wieder verließ. Ich bin fast fluchtartig wieder hinausgegangen. In dem Gebäude überkam mich sehr rasch ein Gefühl der Beklommenheit und zudem fröstelte ich. Als ich wieder draußen war, bemerkte ich erst den Unterschied. Langsam löste sich diese Umklammerung und ich „taute" auf.

*

Medial begabte Menschen sind real und keineswegs selten. Die Herausforderung ist, die wahren von den falschen zu trennen. Professionelle Medien wissen um all das, was sie hier lesen können und verfügen über nachvollziehbare Empfehlungen. Sie sehen ihre Aufgabe darin, Ihnen zu helfen, Ihren spirituellen Weg zu finden und ihn zu beschreiten.

Sie sind nicht dazu da, Ihr Leben zu leben und Ihnen sämtliche Entscheidungen abzunehmen, die sich Ihnen stellen. „Soll ich diese Person wiedersehen?", „Wie lauten die Lottozahlen?", oder „Soll ich dieses oder jenes machen?", sind einige solcher Fragen, die an Medien gestellt werden. Ein Profi wird diese Fragen nicht beantworten wollen, da er damit das genaue Gegenteil von dem erreicht, was für Ihre spirituelle Reife und Ausrichtung wichtig und notwendig ist.

Beseelte Wesen, die uns beeinflussen

Wir sind nicht alleine. Ständig befinden sich Schutzgeister - wenn Sie das Konzept „Schutzengel" vorziehen, völlig in Ordnung - in unserer Nähe. Dies können verstorbene Verwandte oder Freunde von Ihnen sein oder aber ein Wesen, mit dem Sie in den energetischen Welten befreundet sind. Sie schützen uns, wenn wir das zulassen und sie weisen uns den Weg. Diese können nicht direkt mit uns kommunizieren. Sie machen das über unsere Schnittstelle, den Puppenspieler, sie „spielen" Gedanken, Ideen ein oder lenken unsere Aufmerksamkeit auf etwas in unserer Umgebung. Sie müssen nur auf Ihre eigenen Gedanken achten und auch darauf, wo Sie hinsehen, sich demnach in Achtsamkeit üben.

Ihre Ausrichtung bestimmt durch das Resonanzgesetz, welche Art von Wesen sich um Sie bemühen. Wie im Leben gibt es auch „drüben" wahre und falsche Freunde und nicht jeder Verwandte möchte nur Ihr Bestes.

Elementale, die Kraft der Gedanken

Mit jedem positiven Gedanken, sich selbst betreffend, schützen Sie sich. Mit jedem negativ ausgerichteten Gedanken öffnen Sie sich und legen Rezeptoren frei, über die schlechte Einflüsse in Sie hineingelangen. Es verhält sich wie mit fließendem Wasser, das über eine Vielzahl von Rohren läuft. Ist eines dieser Rohre auf, fließt das Wasser sofort hindurch.

Stellen Sie sich jeden Ihrer Gedanken als ein reales, greifbares Energiekonstrukt vor, das Sie erschaffen. Bestehend aus Adressat (meistens Sie selbst oder eines Ihrer vielen Herausforderungen), dem Wunsch („Friede sei mit dir") und der Ausrichtung. Je länger und häufiger Sie ein solches Konstrukt stricken und je mehr Menschen daran beteiligt sind, desto stärker und langlebiger wird es. Durch häufige Wiederholungen entwickelt ein von Ihnen erschaffenes „Wesen" eine Eigendynamik, in dem es Sie ständig auf sich aufmerksam macht und sich so selbst am Leben hält. Diese Wesen („Einflüsse") werden auch allgemeingültig Elementale genannte. Beschreibungen finden sich überall im Netz, meistens Kopien von Kopien. Umfassend beschrieben wurden sie bereits in den Anfängen des Hinduismus (vorher „Veda"). C W Leadbeater fasste sie in seinem Werk *Die Astralwelt* (*The Astral Plane*, 1894) zusammen. Im Normalfall existieren Elementale nur eine sehr kurze Zeit, die sich nicht in Tagen bemisst.

Manchmal aber werden sie zu einem hartnäckigen Begleiter. Insbesondere Kreaturen der Negativität erhalten sich so. Hier einige Beispiele:

- alle Formen der Sucht
- ständige Sorgen
- Hypochondrie, Phobien und Ängste
- Minderwertigkeitskomplexe
- Depressionen

Dieses Wissen können wir uns zu Nutze machen, um unsere positive Ausrichtung und geistige Entwicklung voranzubringen.

Lieben Sie sich und nehmen Sie sich an. Wenn es Ihnen gut geht, geht es auch Ihrer unmittelbaren Umgebung gut, wie zum Beispiel Ihrer Familie. Begreifen Sie jeden Ihrer Gedanken als ein geistiges Wesen, das Sie erschaffen. Seien Sie sich dessen bewusst und schicken Sie ständig diese kleinen Helferlein mit einem Lächeln auf die Reise zu Menschen, die Ihnen begegnen oder an die Sie gerade denken. Versehen Sie dieses Wesen (diesen Wunsch) mit einem Lächeln und packen Sie jedwede Positivität dazu, nach der Ihnen gerade ist.

Eine Konzentration von Positivität kann dadurch erreicht werden, dass viele Menschen an einem Gebet oder einer Meditation teilnehmen. Je mehr Menschen teilnehmen, desto deutlicher wird die Bitte dort vernommen, wo sie gehört werden soll bzw. wirkt sie, wo es nötig ist.
Das bewusste Anzünden einer Kerze für einen verstorbenen Verwandten, Freund oder Bekannten verstärkt dieses Prinzip. Das dadurch erzeugte Wesen geht sofort auf die Reise zu der Person und wird dort registriert und positiv aufgenommen.

Wesen, die von einem Kollektiv durch deren Überzeugung oder Glauben erschaffen werden, sind mächtige Kreaturen. Sie sind seelenlos, verfügen aber über Intelligenz. Je mehr Menschen diesem Gedanken, diesem Wesen folgen, desto stärker wird es. Dazu gehören Gottheiten, aber auch Wesen aus der Negativität. Die großen Religionen haben einigen von diesen bösen Wesen Namen gegeben, die Ihnen bekannt sein dürften. Ich werde sie hier nicht auflisten.

Auch gibt es Wesen, welche die Ausrichtung der gesamten Menschheit widerspiegeln. „Reisende", welche kürzlich (die letzten 100 Jahre) die energetischen Welten besucht haben, berichten von ihnen als bösartige und selbstsüchtige Wesen. Überraschend ist das nicht, schauen Sie sich mal Nachrichtensendungen an und vergleichen Sie mal die guten mit den schlechten Nachrichten

Das war nicht immer so. Von „Reisenden" aus längst vergangenen Zeiten wissen wir, dass diese Wesen auch gütig und hilfsbereit sein konnten. Mit dem Beginn der Industrialisierung zum Ende des 19. Jahrhunderts änderte sich das. Damals begannen wir uns mehr und mehr, dem Materialismus zuzuwenden und entfernten uns insbesondere in der westlichen Welt von der Wahrheit.

Erdgebundene Seelen

Verstirbt ein Mensch plötzlich, kann es passieren, dass er seinen Tod nicht wahrnimmt, das Licht nicht sieht und weiter hier unter den Lebenden bleibt. Der Tod wird gemeinhin überbewertet und ist oft für den Betroffenen nicht zu erkennen, den Angehörigen präsentiert sich im Allgemeinen ein gänzlich anderes Bild. Er ist kein wahrnehmbarer Zeitpunkt und für den Fall eines abrupten Todes, zum Beispiel erwirkt durch einen Unfall oder ein Gewaltverbrechen, oft nicht zu erkennen. Das liegt daran, dass sich für den Betroffenen nichts ändert. Er ist weiterhin in menschlicher Gestalt und alle Wahrnehmungen bleiben unverändert oder verbessern sich. Auch ist seine Umgebung zunächst die gleiche. Der Verstorbene wundert sich vielleicht, dass keiner ihn zur Kenntnis nimmt. Einige Seelen - und genau das scheint die ganze Angelegenheit schwierig zu gestalten - scheinen nicht mehr in der Lage zu sein, neue Einsichten über Erfahrungen zu gewinnen, zumindest nicht mehr in der ersten geistigen Ebene. Oder zumindest nur schwerlich. Einige vergessen schlicht und ergreifend wie es ist, inkarniert zu sein und halten ihren Zustand für normal.

Um gewohnte Gefühle und Erfahrungen zu machen, „heften“ oder klammern sie sich an Lebende und versuchen diese zu bewegen, genau das zu machen, wonach ihnen gerade ist.
Einige Seelen gehen nicht ins Licht, weil sie eine komplette Auslöschung oder eine Bestrafung befürchten. Es gibt viele Beweggründe, warum Seelen hier bleiben. Hass, das Gefühl noch etwas erledigen zu müssen, Kinder, die bei ihren Eltern bleiben wollen. Hier alle aufzuführen, würde den Rahmen sprengen.

Einige Seelen sind noch Jahrhunderte hier auf Erden, bis sie von anderen Seelen, die aus den energetischen Welten stammen oder von Menschen, die sich auf solche Seelen spezialisiert haben, überredet werden können, ins Licht zu gehen. Exorzisten der katholischen Kirche und sogenannte „Energiearbeiter“ gehören zu dieser Gruppe von Menschen. Auch Schamanen zählen dazu. Ihre Aufgabe ist es, einen Verstorbenen ins Licht zu bringen, zum Schutz der Zurückgebliebenen und zum Wohle der übergewechselten Seele.

Hilfe?

Seit aus Übersee-TV-Serien, die dieses Thema bedienen, im deutschsprachigen Raum gesendet werden, ist die Anzahl der sogenannten „Energiearbeiter“ im Internet massiv gestiegen. Die Häufigkeit von sogenannten Besetzungen oder klammernden Seelen ist analog dazu ebenfalls signifikant nach oben gegangen.

Es gibt sicherlich Menschen, die Probleme mit bösartigen Seelen, negativen Elementalen oder Foppgeistern haben. Es ist aber nach wie vor ein sehr seltenes Ereignis. Hier wird mit der Angst von Menschen versucht, Profit zu machen. Sollten Sie ein Problem dieser Art vermuten und haben Sie die Absicht, im Internet nach einem „Profi" suchen, so sind Sie immer dann gut beraten, wenn zum einen nachvollziehbare Empfehlungen vorliegen und zum anderen die Person nicht profitorientiert arbeitet. Natürlich ist es in Ordnung, Geld für eine Dienstleistung zu verlangen. Wir müssen ja schließlich alle von etwas leben. Eine Bezahlung bei Erfolg wäre eine faire Sache für beide Parteien.

Bei sogenannten „Besetzungen" oder „Besessenheit" gilt auch: wer an das eine glaubt, kann das andere nicht ausschließen. Auch so etwas kommt vor und nur sehr kurzsichtige Menschen schließen solche Ursachen aus.

In den allermeisten Fällen, ich denke an etwa 95%, sind psychische Erkrankungen die Ursache, die von einem Fachmann abgeklärt werden sollten. Nicht alle lehnen die hier aufgeführten Sachverhalte ab. Gerade unter den Psychiatern und Psychologen gibt es Menschen, die daran glauben, dass es mehr gibt zwischen Himmel und Erde. Mehr als die moderne Medizin heute oder in absehbarer Zukunft erklären kann.

Im deutschsprachigen Raum gibt es inzwischen nicht wenige studierte Mediziner, die sich neben der Schulmedizin mit dem Spiritualismus und im Besonderen mit dem Schamanismus auseinandersetzen. Dies können Sie im Internet bei einer entsprechenden Suchmaschine überprüfen.

*

Alle in diesem Kapitel aufgeführten Wesen, deren Eigenarten und insbesondere deren Machenschaften, sind oft, aber nicht ausschließlich Ursache für Mythen, Märchen, Fabelwesen und spukhafte Erscheinungen jeglicher Art: Gespenster, Feen, Gnome, Vampire (energieraubende Wesen), Kobolde, Poltergeister und was unserer Phantasie ansonsten alles entspringt. In der Moderne, unserem jetzigen Entwicklungsstand entsprechend, kommen Aliens (Außerirdische, die in ferner Vergangenheit das Leben und oder uns auf die Erde brachten, verlagern übrigens nur das Problem der Entstehung von intelligentem Leben und zwar auf einen anderen Weltenkörper), UFOs und unerklärliche Lichtphänomene sowie astronomische Phänomene hinzu.

Die Aufzählung wäre ohne sie unvollständig: Die imaginären Freunde unser Kindheit. Über diese geht es im nun folgenden Kapitel.

LASSET DIE KINDER ZU MIR KOMMEN

„15 Sie brachten auch junge Kindlein zu ihm, dass er sie anrühren sollte. Da es aber die Jünger sahen, bedrohten sie die. 16 Aber Jesus rief sie zu sich und sprach: Lasset die Kindlein zu mir kommen und wehret ihnen nicht; denn solcher ist das Reich Gottes. 17 Wahrlich ich sage euch: Wer nicht das Reich Gottes annimmt wie ein Kind, der wird nicht hineinkommen.“ Matthäus 18

Tsunami 2004:

Als das Wasser sich aus dem Yala Nationalpark zurückzog, fand man 200 menschliche Leichen, aber nicht ein einziges totes Tier. Wasserbüffel, Elefanten, Affen, Leoparden, alle Tiere zogen sich rechtzeitig zurück und brachten sich in Sicherheit. Nicht mal einen toten Hasen fand man. Ihr sogenannter „sechster Sinn“ warnte sie.

Ein weiterer Hinweis der Richtigkeit der Thesen von R Sheldrake (Siehe dazu das Kapitel „Das Feld“).

Tiere sind sich, im Gegensatz zum Menschen, des Göttlichen gewissermaßen bewusst und haben einen erweiterten Zugang zum Feld und wissen um nahende

Gefahren und um ihren Status im göttlichen Plan. Auch „sehen“ sie beide Welten. Ein Engel bleibt ihnen nicht verborgen. Achten Sie ab und an mal auf Ihr Haustier.

Unser Hund Jack starrt hin und wieder völlig unmotiviert „etwas" an; dorthin, wo eigentlich nichts ist. Auch „unterwirft“ er sich manchmal ohne erkennbaren Grund. Auf dem Rücken liegend, dreht er seinen Kopf weg und stellt seinen Bauch dar.

Interessant ist hier der Zusammenhang mit einer Erzählung aus dem Buch R. Monroe *Der Mann mit den zwei Leben* (Kapitel 8: *Weil es die Bibel sagt.* Heyne Verlag, 2005), in dem sich Seelen bei der Ankündigung des Herrn genauso verhalten und sich anstandslos und ohne irgendwelche Einwände unterwerfen. In einer Art, als wäre es das Normalste und Selbstverständlichste auf der Welt. Hier der relevante Auszug.

Zitat:

„Und doch, wenn ich den Schauplatz II aufsuche, findet gelegentlich immer wieder einmal ein sehr ungewöhnliches Ereignis statt. Es spielt keine Rolle, wo auf dem Schauplatz II (Anm. des Autors: Definition Monroes: Gebiet in dem es keine Materie gibt und alles durch den Geist erschaffen und erhalten wird. Nach meiner Definition: Geisterreich/Hölle) ich mich befinde, das Ereignis ist stets das gleiche. Mitten in die normale Tätigkeit, welche das auch sein mag, tönt ein fernes Signal, fast wie von Heroldstrompeten. Alle nehmen dieses Signal ruhig auf, stellen das Sprechen und jede Tätigkeit ein. Es ist das Signal, daß Er (oder sind es mehrere?) durch Sein Reich kommt. Es gibt kein ehrfürchtiges Niederfallen oder Hinknien. Die Haltung ist weit nüchterner. Es ist ein Geschehnis, an das alle gewöhnt sind; ihm nachzukommen, geht allem ändern vor. Es gibt keine Ausnahmen. Bei dem Signal legt sich jedes Lebewesen hin - meinem Eindruck nach auf den Rücken, den Körper bogenförmig hochgewölbt, so daß der Bauch (nicht etwa die Genitalien) exponiert ist; der Kopf wird zur Seite gewendet, damit man ihn nicht sieht, wenn Er vorüberkommt. Der Zweck scheint zu sein, eine lebende Straße zu bilden, über die Er ziehen kann. Ich habe erfahren, daß Er gelegentlich einen aus dieser lebenden Brücke auswählt; von dieser Person hört und sieht man nie wieder etwas. Die Preisgabe des Bauches ist ein Ausdruck des Vertrauens und der völligen Unterwerfung, da der Bauch der verletzbarste Teil des Körpers ist und am leichtesten Schaden nehmen kann. Wenn Er vorübergeht, gibt es keine Bewegung, nicht einmal Denken. Alles ist vorübergehend zum Stillstand gekommen, zum völligen Stillstand, solange Er vorüberzieht. Ich habe dies mehrmals erlebt und mich mit den ändern niedergelegt. Der Gedanke, etwas anderes zu tun, ist in diesem Augenblick unvorstellbar. Wenn Er vorübergeht, erklingt ein brausender musikalischer Ton, und eine strahlende, unwiderstehliche Lebenskraft von höchster Stärke steigt zu einem Gipfel an und verschwindet in der Ferne. Ich erinnere mich, einmal darüber nachgedacht zu haben, was mir wohl geschehen würde, falls Er meine Anwesenheit, die eines vorübergehenden Besuchers, entdeckte. Ich war froh, dass es nicht der Fall war. Nach Seinem Vorübergehen erheben sich alle und nehmen ihre Tätigkeit wieder auf. Der Vorfall wird nicht erwähnt, man denkt auch nicht weiter daran. Das Ereignis wird als gewöhnlicher Teil des Lebens völlig anerkannt, und das ist der feine, aber große Unterschied. Es ist ein Tun, ebenso beiläufig, wie man an einer verkehrsreichen Straßenkreuzung vor der Ampel wartet oder an einem Eisenbahnübergang, wenn das Signal einen nahenden Zug meldet; man ist nicht interessiert und verspürt dennoch einen unausgesprochen Respekt vor der Macht, die der vorüberfahrende Zug repräsentiert."

Zitat Ende.

Uns Menschen ist das Wissen um den göttlichen Plan genommen worden, mit dem Ziel der Entwicklung von Bewusstsein über Erfahrungen. Diese könnten wir nicht machen, wüssten wir von unserer Unsterblichkeit, unseren Vorleben und unserer „wahren" Existenz und den damit verbundenen Zielen.
Diese Abkapselung erfolgt aber erst dann, wenn unser Verstand, bedingt durch unsere geistige Entwicklung und Reife, zwischen der Wahrheit und Unwahrheit unterscheiden kann, und wir somit eine bewusste Wahl treffen können.

Dieses geschieht einige Zeit vor dem Beginn unserer Pubertät, jedoch spätestens mit dem Eintritt der selbigen. Spätestens dann ist unser Verstand mit all seinen Filtermechanismen so entwickelt, dass er unlogische Konzepte wie imaginäre Freunde, Geister und Schutzengel ausblendet. Wir sind zum Vernunftmenschen geworden und können und wollen nicht mehr so wahrnehmen, wie wir es als junges Kind taten.

Die meisten Schriften und Religionen geben ein Alter von 8 bis 9 Jahren an und viele religiöse Reifegrade liegen in diesem Altersband. Die katholische Erstkommunion in Deutschland erfolgt in der Regel, wenn das Kind im dritten Schuljahr ist, in Österreich ist es das zweite Schuljahr.

Verstirbt ein Kind vor diesem Zeitpunkt, wird der Unschuld eines Kindes Rechnung getragen und es geht direkt ein in die Himmel und wird dort fortan durch Engel angeleitet und geschult. Dieses gilt auch für ungeborenes Leben. Collin (*Den Himmel gibt es echt*) traf während seiner Nahtoderfahrung im Alter von 4 Jahren seine ältere Schwester, von der er nichts wusste, da diese noch vor ihrer Geburt verstorben war.

Swedenborg legt großen Wert auf die himmlische Verfahrensweise mit unschuldig und früh verstorbenen Kindern und beschreibt diese ausführlich in seinen Werken.

*

Wer die Welt mit den Augen eines Kindes betrachtet, ohne die Filter, die wir uns als Erwachsene selbst auferlegt haben, erfährt eine erweiterte Kreativität und erlebt dadurch längst vergessene oder verlernte Produktivität. Wir schwimmen in Ideen und Information, sind umgeben von beseeltem Bewusstsein und Wahrheit. Unser Verstand filtert all das aus und versperrt uns die Sicht auf diese Schätze. „Nicht sein kann, was nicht sein darf!", ist der stärkste dieser Filter; er macht uns faktisch blind.

Auf Manager-Seminaren wird genau diese verlernte Fähigkeit aufgegriffen und geschult. Es wird „Think outside the box!" oder auch „Querdenken" genannt. Probieren Sie es einmal aus. Wie würde ein Kind an eine Herausforderung, die sich Ihnen stellt, herangehen? Durch wiederholtes Üben können Sie Ihre Anbindung an das Feld erweitern und Sie werden dadurch ungeahnte Einsichten und Kreativität erfahren.

Kinder haben ohne Zweifel eine blühende Phantasie und viele ihrer Schilderungen sind schlichtweg Fehlzündungen eines sich entwickelnden Gehirnes. Aber nicht alles lässt sich anhand dessen erklären. Einige Kinder haben „das zweite Gesicht" und wissen um bevorstehende Unglücke oder auch Sterbefälle. Ein guter Freund von mir wusste während seiner Kindheit, wenn ein Mensch in naher Zukunft sterben würde. Er verlor diese Fähigkeit noch vor dem Eintritt in die Pubertät.

Einige Kinder können Verstorbene, Engel oder andere Wesen sehen und mit ihnen kommunizieren. Die Sammelbegriffe sind hier wohl „Gespenster", „Geister" oder „imaginäre Gefährten". Auch andere verblüffende Fähigkeiten oder Erinnerungen aus vorherigen Leben sind möglich. Nicht jedes Hirngespinst eines Kindes ist auch eines. Ganz egal, was Sie als erwachsener Verstandsmensch davon halten, nehmen Sie ein Kind, das Ihnen von seinem unsichtbaren Freund erzählt, immer ernst. Für das Kind ist dieser „Kumpel", ob erfunden oder nicht, real. Und entgegen früherer Meinungen, ist ein solcher Freund nicht Ausdruck einer wie auch immer gearteten Fehlentwicklung. Im Gegenteil, sie sind Zeichen einer lebendigen Einbildungskraft. Außerdem entwickeln Kinder mit imaginären Freunden deutlich bessere Kommunikationsfähigkeiten als Kinder ohne.

Dieses Phänomen tritt meistens im Alter von 3 bis 7 Jahren auf.

*

Bereits in den 50er Jahren des letzten Jahrhunderts erforschte Dr. Ian Stevenson die Reinkarnationslehre an Kindern. Ohne in Hypnose zu sein, berichten diese oft spontan über Geschehnisse und Umstände aus früheren Leben. Stevenson gelang es nachzuweisen, dass sich Erfahrungen aus früheren Leben dieser

Kinder oft in psychologischen und körperlichen Eigenschaften manifestieren. Er dokumentierte und veröffentlichte hunderte von Fällen, in denen Kinder, die in jungen Jahren von früheren Leben berichteten, Phobien, Muttermale oder körperliche Beeinträchtigungen aufwiesen, die im direkten Zusammenhang mit dem vorherigen Leben, meistens der Todesursache, standen. Kinder und Menschen, die gewaltsam aus dem Leben gerissen wurden und nicht in den energetischen Welten verbleiben, reinkarnieren schon nach kurzer Zeit wieder und das oftmals in der Nähe ihres vorherigen Geburtsortes, unabhängig davon, wo der Tod eingetreten ist. Stevensons Studien stellen derzeit die besten Argumente für die Annahme dar, dass Reinkarnation ein natürliches Naturphänomen ist.

*

Ende April 2013 las ich einen äußerst interessanten Artikel über gruselige Aussagen von Kindern gegenüber ihren Eltern. In einem englischsprachigen Forum („Reddit“) stellte ein Vater ein solches Statement ein und fragte, ob auch andere solche Erfahrungen gemacht haben. Damit trat er regelrecht eine Lawine los.
Innerhalb weniger Tage kam es zu tausenden von Beiträgen. Ein virales Phänomen, das durch die Medien in Europa ging.
Die allermeisten Geschichten sind sicher Phantasiekonstrukte, von Erwachsenen erfunden oder einfach nur „Brainfarts“. Allerdings, und das sagt uns jede Statistik, müssen einige wahr sein.

Hier sind diverse Beispiele: (Entnommen aus SPIEGEL ONLINE *Gruselige Kindersprüche: „Bevor ich zu euch kam, war ich in diesem Tunnel“* von Rainer Leurs, Artikel vom 08.05.2013)

*

„Meine Großmutter war seit Jahren sehr krank. Meine Tochter R. hat sie immer wieder besucht, mit ihr geredet, obwohl meine Oma selbst gar keine Reaktion mehr zeigen konnte. Vor einem Jahr sind wir nach Süddeutschland gezogen, so dass der intensive Kontakt nicht mehr gegeben war. Trotzdem richtete R. immer noch Grüße an Oma Berta aus, wenn sie mit meiner Mutter telefonierte. Als R. fünf Jahre alt war, ging es meiner Großmutter schlechter. An einem Nachmittag spielte meine Tochter sehr intensiv. Plötzlich stand sie auf, nahm mich in den Arm und sagte: 'Oma Berta ist gerade gestorben.' Dann ging sie wieder weg und spielte weiter. Ich versuchte, meine Mutter zu erreichen. Erst nach zwei Stunden gelang es mir, sie an den Apparat zu bekommen, und ich erfuhr, dass meine Oma in exakt dem Augenblick gestorben ist, in dem R. zu mir kam. Wir mussten es ihr auch nicht mehr sagen. Als ich damit anfing, sagte sie nur: 'Das weiß ich doch schon!' Von: Manon Sander

*

„Mein Sohn - jetzt 17 Jahre alt - war damals sechs, und wir waren in Mailand. Gegen 8 Uhr abends schlief er ein und erwachte kurz darauf. Er rief: 'Was machen wir, wenn eine der Omas stirbt?' Als wir wieder daheim waren, erfuhren wir, dass an diesem Samstagabend seine Urgroßmutter gestorben war.“ Von: Elke Peterssen

*

„Mein Sohn hat mit circa zwei Jahren den Opa meiner Frau auf einem Foto erkannt, obwohl der fünf Jahre vor seiner Geburt gestorben ist und er ihn unseres Wissens nach noch nicht gekannt hat. Auf die Nachfrage, ob er diesen Mann schon einmal gesehen hat, rannte er in unser Schlafzimmer und zeigte mit dem Finger auf unser Bett - genauer, auf die Seite meiner Frau - und sagte: 'Da, sitzen.' Wir haben das Haus damals geerbt.“ Von: Benjamin Kniebe

*

„Als Zweijährige erzählte uns unsere Tochter oft von ihrem Bruder in Rosenheim (dort sind wir nie gewesen, die Stadt war uns bis dahin unbekannt), der aber schon tot sei. Sie erzählte dann, dass sie mit ihm zu Fuß in der Stadt unterwegs gewesen sei, ihr Bruder dann auf der Straße gegangen sei und er von einem Auto erfasst wurde. Er habe einen kleinen Hund gehabt und sei schon viel älter als sie gewesen. Das sei alles auch schon viel früher geschehen, als sie noch in Rosenheim lebte. Unsere Tochter lernte erst sehr spät sprechen, aber diese Geschichte hat sie sehr klar erzählt. Später hat sie nicht mehr davon gesprochen.“ Von: Leser T.W.

*

„Unsere Tochter war etwa drei Jahre alt. Wir spielten. Plötzlich sagte sie: 'Bevor ich zu euch kam, da war ich in diesem Tunnel.' Ich wurde hellhörig und fragte, was sie denn in dem Tunnel gemacht hätte. Sie: 'Ich hab meine Mama gesucht.' Ich: 'Und wo war ich?' Sie: 'Nein, da warst du doch noch gar nicht meine Mama.' Ich: 'Aha.... und was ist dann passiert?' Sie (ganz sachlich und ruhig): 'Dann hat mich das Auto überfahren.' Ich: 'Was denn für ein Auto?' Sie: 'So ein rotes mit einem Pferd drauf.' Ich: 'Und was ist dann passiert?' Sie: 'Dann bin ich doch zu euch gekommen.'“ Von Anonym eingesandt

SECHSTER TEIL

Konsequenzen

WAS WIRKLICH ZÄHLT

„Was der Sinn des Lebens ist, weiß keiner so genau. Jedenfalls macht es wenig Sinn, der reichste Mann auf dem Friedhof zu sein." Peter Ustinov

Welchen Wert das Materielle (abgeleitet von Materie) wirklich hat, erkennen wir leider erst kurz vor unserem biologischen Tod. Auf einmal ist all das Angehäufte, das Haus, die Firma, das schicke Auto, der Status und der erworbene Rang nichts mehr wert. Sie werden feststellen, ob Sie es wollen oder nicht, dass man nichts davon mitnehmen kann. Auch Ihren Körper, dem Sie ein Leben lang viel Aufmerksamkeit geschenkt haben, müssen Sie zurücklassen. Alles Materielle, aus der Materie Geschaffene, ist ohne Dauer, hat einen Anfang und ein Ende. Ihr Haus zerfällt am Ende genauso wie Ihr Körper. Nichts Materielles ist wirklich von Bestand. Alles muss vergehen, damit Neues entstehen kann.

Ich will Ihnen kein schlechtes Gewissen machen und Ihnen das Leben vermiesen. Auch ich wäre nicht gerne arm, mag ein schönes Auto und habe gern ein Dach über dem Kopf. Es geht mir im Wesentlichen darum, nicht blind zu werden für das Geistige, nicht blind zu werden für die Probleme und Bedürfnisse unserer Mitmenschen.

Ihr einziger wahrer Besitz im Jenseits ist Ihr angereichertes Wissen um die Wahrheit - das Göttliche. Angereichertes weltliches Wissen, ohne göttlichen Bezug, ist ohne Wert und nutzlos. Wenn Sie ein hervorragender und renommierter Jurist waren, hilft Ihnen Ihr juristisches Wissen, mit dem Sie Karriere gemacht haben, kein bisschen weiter. Dieses Wissen ist nutzlos. Haben Sie Ihr angereichertes Wissen aber immer als göttlichen Ausdruck verstanden, also als etwas, das nicht von Ihnen stammt, sondern als etwas, zudem Sie sich bekannt haben und das Ihnen zuteil wurde, dann sieht es schon anders aus, und das Wissen ist Wahrheit und Teil Ihrer geistigen Entwicklung.

Jede wahre Einsicht und jedes Studium des Wahren, das der geistigen Entwicklung dient, können Sie zu Ihrem „Guthaben" rechnen, dass Sie mit in die energetischen Welten nehmen können. Diese Einsichten und dieses Wissen sind von wahrem Nutzen.

Wichtig ist, dass wir uns mit uns selbst auseinandersetzen. Dass wir die Wahrheit suchen und finden. Dass wir nicht nur nach dem Materiellen, dem Äußeren streben, sondern auch das wahre Geistige, das Innere in uns entdecken, pflegen und entwickeln.

Die Seele muss ihr wahres Ich und ihren Ursprung, während sie inkarniert ist, erkennen. Nur so kann sie einen Prozess starten und sich nach und nach von der Illusion des Äußeren, unserer Realität lösen. Erst, und nur durch diesen Prozess, kann die Seele der Hölle (oder den Glaubensgebieten, wie Monroe sie nannte) entgehen und ihren Platz zunächst im Geisterreich oder direkt im Himmel einnehmen.

„Liebe Gott über alles und Deinen Nächsten wie dich selbst."

Das Akzeptieren, Erforschen und Annehmen dieser Wahrheit und sein Leben danach auszurichten, ist weit mehr wert als eine unmotivierte oder durch Geburt bekommene Zugehörigkeit zu einer Religion. Die regelmäßige Teilnahme an Gottesdiensten nur zum Zweck der Wahrung des Äußeren bringt Sie keineswegs weiter. Wahrer Gottesdienst ist die Liebe zu Gott, uneingeschränkte Toleranz, gelebter Altruismus und die eigene geistige Entwicklung.

Erfahrungen und Bilder, die Sie gesammelt haben, werden ebenfalls mitgenommen. Sie sind quasi die Summe all Ihrer Erinnerungen und Handlungen; dazu zählen auch Ihre Unterlassungen.

Reisen Sie, schauen Sie um die nächste Ecke, erfahren Sie die Schöpfung. Erhöhen Sie Ihr schöpferisches Potential. In den energetischen Welten wird alles durch den Geist erschaffen und wenn Sie für etwas kein Konzept haben, können Sie es auch nicht erschaffen.

Wenn Sie in die energetischen Welten eingehen, wird man Ihnen kein weißes Gewand überstreifen und eine Harfe in die Hand drücken.

Sie werden im Jenseits zunächst der- oder dieselbe bleiben, der oder die Sie im Diesseits waren. Sie werden dort mit Gleichgesinnten zusammenkommen (Siehe dazu das Kapitel „Resonanzgesetz"). Wenn Sie hier egoistisch und selbstsüchtig waren, werden Sie das „drüben" auch bleiben. Diese Eigenschaften gehören zu Ihrem Wesenskern und bestimmen Ihren Platz in den energetischen Welten (Siehe dazu die Kapitel „Die drei Zustände" und „Die energetischen Welten").

Ein gewissenloser Mensch wird kein Wohltäter und wird einen Platz unter seinesgleichen bekommen. Da bekommt die Aussage, „Ich möchte mir nachts nicht im Dunkeln begegnen", gleich eine ganz andere Bedeutung.

*

Grundsätzlich spielt es keine Rolle, *wo* Sie spirituell stehen. Die Richtung ist wichtig.

Es gibt aber einige einfach festzustellende Charaktereigenschaften, die Ihnen aufzeigen, wie weit Sie bereits entwickelt sind.

„Plätschert" ein Leben so vor sich hin, ist eine Person teilnahmslos und nur schwer für irgendwas zu begeistern. Fehlt die Neugierde, ist der Mensch im Allgemeinen noch nicht sehr weit entwickelt und hat noch nicht viele Inkarnationen durchlebt. Der Mensch ist ein Schläfer und träumt sich von Inkarnation zu Inkarnation oder verbleibt in der Hölle (er träumt den „Traum des Lebens" weiter).

Menschen, die folgende Wesenszüge aufweisen, sind weiter entwickelt als solche, die sie nicht aufweisen:

Emphatisch, mitfühlend (Gegenteil: abweisend, gleichgültig gegenüber Mitmenschen), neugierig (Gegenteil: teilnahmslos, träge, desinteressiert).

Fremdscham (Gegenteil: Schadenfreude), altruistisch, selbstlos (Gegenteil: egoistisch). Freude über die Errungenschaften anderer (Gegenteil: Neid).

Weitere Merkmale sind: Ein starker innerer Antrieb, neue Erfahrungen zu machen bzw. sie zu sammeln. Philosophische Ansätze und Offenheit gegenüber dem Spiritualismus und den Religionen. Die Person handelt intuitiv, eher emotional als rational.

Gelebte schöpferische Kreativität: Menschen, die Neues erschaffen, gestalten und erhalten und bereits Erschaffenes weiter entwickeln. Das kann handwerkliches oder rein geistiges Gut sein. Kunst, Literatur, aber auch Humor, der eigene Garten oder das Aquarium. Schöpferische Kreativität lässt sich in allen Bereichen unseres Alltages finden, sie ist mit der Hauptgrund unserer Existenz und das "nicht vorhanden sein" dieser Eigenschaft, grenzt schon fast an einer Verschwendung von Lebenszeit. (Einen interessanten Beitrag zu diesem Thema fand ich auf der Webseite von Herrn Claus Speer: http://www.ein-sicht.de/monoton.htm).

Übernahme von Verantwortung für Mitmenschen, aber auch für Tiere und Pflanzen. Respekt gegenüber allem was 'lebt' (das schließt 'Stubenfliegen' ein).

Nächstenliebe!

Willensstärke!

Eine positive und natürliche Ausstrahlung, man fühlt sich wohl in der Nähe eines solchen Menschen.

Kreativität, Sprachbegabtheit und letztlich die Ruhelosigkeit - die Eigenschaft eines Suchenden.

DER WEG DER MITTE

Leben im Dualismus ist nicht einfach. Ständig müssen wir uns entscheiden, eine Meinung oder einen Standpunkt einnehmen. Aber müssen wir das wirklich?

Die Presseagenturen versorgen uns mit Nachrichten aus aller Welt. Konflikte, Innenpolitik, alltägliches. Da ist es schon schwer, sich keine Meinung zu einem Thema zu machen. Und genau das ist es aber, worauf es ankommt.

Es gibt immer ein Pro und Contra im Dualismus. Angreifbar werden wir aber nur dann, wenn wir uns festlegen. Wir werden nicht nur angreifbar, was zunächst einmal in Ordnung ist. Nicht in Ordnung ist es, dass wir blind werden für andere Standpunkte und Meinungen.

Da entgeht uns etwas ganz Wesentliches. Wenn wir unsere Welt begreifen und ganzheitlich sehen wollen, müssen wir Abstand haben. Nur der Abstand erlaubt es uns, alles wahrzunehmen.

Ich bemühe mich ständig darum, etwas, das ich wahrnehme, nicht in eine Kategorie zu packen oder zu bewerten. Nur so bekomme ich den nötigen Abstand und kann beide Seiten der Dualität erfassen, das, was dafür und auch das, was dagegen spricht. Beide Standpunkte sind wichtig und ergeben ein Ganzes. Ob es der Raser auf der Autobahn ist oder eine aktuelle Entscheidung aus der Politik, völlig egal.

Sie haben sicherlich schon einmal gesehen, wie Menschen als Geste während einer Meditation oder eines Gebetes ihre Hand oder beide Hände aufrecht mittig vor ihren Oberkörper halten, als Zeichen der inneren Ruhe und Ausgeglichenheit. In sich selbst zu ruhen, ausgeglichen zu sein, ist Ausdruck dieser Haltung.

Etwas ohne Bewertung hinzunehmen und anzunehmen, erlaubt es uns erst, alles vollumfänglich zu erkennen und zu sehen. Lassen wir unseren Verstand und die Gedanken, die er erzeugt, ruhen, dann kann sich unser Bewusstsein erweitern und der Schleier lüftet sich. Unsere Wahrnehmung wird geschärft und wir sind in der Lage, Aspekte unseres Seins aufzunehmen, die uns sonst verborgen bleiben. Wir erkennen, dass wir ein Teil von etwas Großem, etwas Gewaltigem sind. Die Lüge, dass wir allein und separiert sind, wird entlarvt und wir erfahren tiefe Zufriedenheit und Glück.

Und ist es nicht genau das, was wir alle wollen?

DAS WESEN GOTTES - GENESIS

Sie erinnern sich sicher an das Kapitel, in dem ich Ihnen erklärte, wie wir unsere Realität wahrnehmen, was es mit den Konzepten auf sich hat und wie wir Informationen speichern; als Bild und Gefühl. Mein Konzept von dem Phänomen „Gott“ möchte ich Ihnen hier vorstellen. Es ist mein Fundament und hat sich so wie dieses Buch entwickelt.

Wohlgemerkt, ich maße mir nicht an, Gott zu kennen, zu begreifen und im vollen Umfang zu verstehen. Hier geht es einfach nur um mein Konzept „Gottes“. Auch Sie haben ein solches Konzept von Gott und so ist es mit jedem Menschen. Wahrscheinlich gibt es so etwa 7 Milliarden unterschiedliche Sichtweisen in Bezug darauf, was Gott eigentlich ist. Aus dieser gewaltigen Menge heraus, hier nun meine Vorstellung von dem Urgrund allen Seins:

„Im Anfang war das Wort
und das Wort war bei Gott,
und das Wort war Gott.
Im Anfang war es bei Gott.
Alles ist durch das Wort geworden
und ohne das Wort wurde nichts, was geworden ist.“
(Joh 1,1-3).

„Wort“ wurde aus dem griechischen „Logos“ übersetzt und beschreibt das „Unbeschreibliche“, das „Alles was da ist, was da definiert und was da steuert.“ Nichts und niemand kann seinen wahren Namen aussprechen, ohne zu vergehen. Nur Gott selbst kann dies.

Gott hat keinen Anfang und kein Ende, wohl aber ein Zentrum, von dem Gott in alle Richtungen unendlich ausstrahlt und sich, das Universum, entfaltet. Ich stelle mir ein gravitatives Zentrum ungeheuren Ausmaßes vor, das der Dreh- und Angelpunkt aller Universen ist. In der Theosophie und Theologie wird in diesem Zusammenhang von einer Urzentralsonne gesprochen, die alles uns Bekannte (schwarze Löcher, Quasare usw.) weit in den Schatten stellt und sich jedem Vergleich, auch dem hier versuchten, aufgrund unseres unzulänglichen Denkens, komplett entzieht. Gott ist das Licht, welches vom Ursprung aus unser Universum spiralförmig in den bis dahin leeren Raum entfaltet.

R. Monroe beschreibt das Zentrum als den Ursprung. Den „Big Bang“ hat es nie gegeben, im Zentrum befindet sich ein Sender, der ein Hologramm initiiert, von dem sich das Universum aus entfaltet. Damit verbunden, in einer Art Schleife, ein Rücklauf, zu dem wir zurückkehren, wenn alle notwendigen Erfahrungen gemacht wurden und wir die nötige Reife und Größe erlangt haben. Ich habe bis heute keine bessere und treffendere Umschreibung eines Zentrums gefunden, von dem Gott in alle Richtungen ewig ausstrahlt. Die Lichtintensität dieses „Beams“, wie Monroe ihn beschreibt, ist so gewaltig und intensiv, dass wir sofort vergehen würden, wenn wir ihn mit unserem jetzigen Entwicklungsstand sehen würden.

Robert Monroe beschreibt den Schöpfer wie folgt (Er nennt die folgende Auflistung „Gewissheiten".) Auszüge aus seinem Buch *Über der Schwelle des Irdischen*:

- übersteigt unser Verständnis, solange wir Menschen sind

- ist der Planer der fortlaufenden Entwicklung, an der wir teilhaben

- handelt dabei mit einem Zweck und Ziel, das unser Verständnisvermögen überschreitet

- vollzieht in diesem Ablauf Korrekturen, Feinabstimmungen, wo sie notwendig sind

- legt einfache Gesetze fest, die für alle und jeden gelten

- fordert weder Verehrung noch Bewunderung oder Anerkennung

- bestraft weder das „Böse" noch „Fehltritte"

- greift weder vermittelnd noch verbietend in unsere Lebenstätigkeit ein.

- der Wunsch, mit Geschenken zurückzukehren, stellt einen integralen Bestandteil des Gesamtkonzeptes dar. (Anm. des Verfassers: Damit ist gemeint, das entwickeltes Bewusstsein, welches gereift, gewachsen und mit allen Erfahrungen, die notwendig sind, den intuitiven Wunsch verspürt, zum Ursprung zurückzukehren.)

*

Die Namen Gott, Chronos, Theos, Herr, Jahwe oder JHWA sind nur Platzhalter, die dem Schöpfer nicht wirklich gerecht werden. In unserer Sprache gibt es keinen Ausdruck oder Möglichkeit „Ihm" oder „Ihr" gerecht zu werden. Wie auch? Es ist schlichtweg nicht möglich, etwas zu beschreiben, dass alles und immer ist, also ewig, ohne Anfang und ohne Ende.

Versuchen Sie einmal, einem Bakterium die Menschlichkeit und den Sinn unseres Lebens näher zu bringen, aber in seiner Sprache.

Und doch habe ich eine Ahnung, eine Vorstellung. Ich weiß z. B., was Gott nicht ist: Ein alter Mann, mit weißem Haar und Bart. Das ist die Vorstellung Michelangelos in „Die Erschaffung des Adam". Auch ist er nicht das strafende und rachsüchtige Wesen des Alten Testamentes, welches von der christlichen

Gnosis der „Demiurg" (Fußnote) genannt wurde. Dieser war nicht die höchste Gottheit, sondern eine Schöpfung des Allerhöchsten. An diesem erschaffenen Wesen, so die Gnosis, haftete wie an der materiellen Welt die Sünde an.

Fußnote: Demiurg (griechisch δημιουργός dēmiourgós „Handwerker") ist in philosophischen und theologischen Lehren der Antike, insbesondere im Platonismus, die Bezeichnung für den Schöpfergott. Der Schöpfergott als Baumeister des sinnlich wahrnehmbaren Kosmos wird als „Handwerker" bezeichnet, weil er wie ein solcher, nach einem festen Plan aus vorhandenem Material, etwas Geformtes erzeugt. Vertreter der Gnosis, einer religiösen Strömung der römischen Kaiserzeit, und häretische Christen greifen diese Vorstellung auf und deuten sie um. Während bei Platon und im Platonismus der Demiurg ein erhabenes Wesen ist, das nur das Bestmögliche will und hervorbringt, erscheint er in der gnostischen Tradition als fragwürdige Gestalt, die eine mangelhafte, von vielfältigen Übeln geprägte Welt erschaffen hat. In modernen religionswissenschaftlichen und philosophiegeschichtlichen Texten wird als Demiurg ein Schöpfergott bezeichnet, der nicht mit dem obersten Prinzip identisch, sondern niedrigeren Ranges ist. In religiösen oder philosophischen Systemen, in denen ein Demiurg als Weltschöpfer vorkommt, gibt es eine höchste Gottheit, die nicht unmittelbar an der Erschaffung der Welt beteiligt ist.(Auszug aus dem Artikel 'Demiurg'

Gott ist nicht eine Person wie du und ich. Gott ist viel mehr, er ist die Unwahrheit und die Wahrheit. Er ist das allumfassende Bewusstsein mit einem uns verborgenen Zentrum, von dem er in alle Ewigkeit unendlich ausstrahlt. Wir, jedes Atom und jeder Himmelskörper, das Feld, alle Dimensionen, dunkle Energie und Materie, jegliche Inkarnation im Universum sind ein Teil davon. Ein Aspekt des göttlichen Bewusstseins. Seelenfunken Gottes, ausgesät, um zu wachsen und zu reifen, so verteilt und angepasst an die Entfaltungsgeschwindigkeit des Universums, dass es nie zu einer Verdünnung von Bewusstsein kommen kann.

Ich bin ein manifestierter Gedanke Gottes. So wurde ich durch ihn und aus ihm heraus geschaffen. Ich bin gewollt, ich werde geliebt und soll mich entwickeln, soll die Welt erforschen. Durch mein Tun und mein Sein entwickele ich mich, aber auch alles was da ist, entwickelt sich durch mich. Gott sieht die Welt durch meine Wahrnehmung. Gott nimmt unseren Kosmos durch jedes einzelne Atom wahr, da er sich selbst bewusst ist. Wir, alles was ist, sind Gott, sind das allumfassende Bewusstsein. Und mit jedem neuen Gedanken werden wir, werde ich, wird alles vollkommener.

Und so ist es, dass Gott sich selbst durch seine Schöpfung erfährt.
Wie alles begann? Nun, ich denke, dass am Anfang das Wort war. Ein Gedanke vielleicht, gereift über Äonen. Wenn es so etwas wie einen Anfang überhaupt je gegeben hat.

„Ich bin!"

Und damit „alles, was da ist", sich selbst erleben konnte, schuf es zunächst die Grundlagen. Es schuf Raum. Und da es weiterhin für Erfahrungen unabdingbar ist, wurde ein linearer Ablauf geschaffen, eine Richtung, die wir „Zeit" nennen.

Bang! (Nicht Big…!)

Raum und Zeit entfalteten sich und mit ihr die Dualität, die Kausalität und die Ordnung.

Um sich selbst zu erleben und zu entwickeln, erschuf und erdachte „alles, was da ist" unzählige Seelenfunken, die sich einem Plan folgend mit dem Raum entfalteten, sich selbständig entwickeln und so zu einer immer höheren Reife gelangen sollen. Durch die Entwicklung und das Wachstum eines einzelnen Bewusstseins, wächst und entwickelt sich auch das Gesamtbewusstsein, das, was wir Gott nennen, was Gott ist, das, was uns träumt.

In der indischen Mythologie wird dies durch die Gottheit Vishnu anschaulich deutlich. Vishnu ist in der indischen Tradition der Erhalter des Universums, welches er im „Schlaf" träumt. Er wird sehr oft mit geschlossenen Augen in meditativer Sitzposition dargestellt. Er gilt als der Gott, der die Welten mit all ihren Lebewesen auf dem Weg der Emanation (Fußnote) ins Dasein gerufen hat und das Leben dann für eine gewisse Zeit erhält, bis sich das Universum auflöst.

Fußnote: Emanation (von lateinisch emanatio „Ausfließen", „Ausfluss") ist ein Begriff der Philosophie und der Religionswissenschaft. Er bezeichnet in metaphysischen und kosmologischen Modellen das „Hervorgehen" von etwas aus seinem Ursprung, der es aus sich selbst hervorbringt. Dabei wird metaphorisch an die Vorstellung des Ausfließens von Wasser aus einer Quelle oder der Lichtausstrahlung aus einer Lichtquelle angeknüpft. Modelle, die sich zur Welterklärung der Emanationsvorstellung bedienen, indem sie die Existenz von Dingen auf Emanation aus einer metaphysischen Quelle zurückführen, werden als emanatistisch bezeichnet (Emanationismus oder Emanatismus). Zu den Systemen mit emanatistischen Weltmodellen gehören vor allem der Neuplatonismus und von ihm beeinflusste philosophische und religiöse Lehren. Der Begriff „Emanation" wird nicht nur für das Hervorgehen, sondern auch für das Hervorgegangene verwendet. In diesem Sinne sagt man beispielsweise, die (emanatistisch gedeutete) Schöpfung oder einzelne Wesen seien Emanationen des Schöpfergottes (Auszug aus dem Artikel 'Emanation' aus der freien Enzyklopädie Wikipedia. Doppellizens:GNU-Lizenz für freie Dokumentation und Creative Commons CC-BY-SA 3.0 Unported. In der Wikipedia ist eine Liste der Autoren verfügbar. Stand 22.01.15)

Wir sind Teil eines ewigen Prozesses zur Bildung von stets neuem Bewusstsein, mit dem Ziel der Anhäufung von Erfahrung zum Wohle aller. Denn alles in seiner Gesamtheit sind wir, ist Gott. Eines sehr fernen Tages, wenn wir die nötige Reife und Größe erlangt haben, werden wir zum Vater zurückgehen, zum Ursprung, zurück zum großen Ganzen, um dort wieder das zu werden, was wir schon vor Äonen waren, eins mit uns selbst. Vielleicht werden wir von dort dann unseren großen Traum beginnen zu träumen und Fraktale von uns aussäen, so dass sie, wie wir es zur Zeit machen, zur Reife kommen und wachsen werden. Ein wahrlich göttlicher Plan, ohne Anfang und ohne Ende.

So erklären sich das Feld, alles Wissen und jegliche Inspiration. Aber auch die Unsterblichkeit einer einmal geschaffenen und geträumten Seele erklärt sich so und gibt ihr und uns Perspektive und Sinn.

Da Gott die Summe allen Seins ist, kann es auch keinen Gegenspieler geben, auch wird so schlüssig, dass Gott nicht gegen seine eigene Ordnung verstoßen kann. Der Dualismus ist das Werkzeug Gottes zur Ausprägung von Bewusstsein, und so ist Gott auch das Schwert und die Wunde, Opfer sowie Täter, das Vakuum und der Planet. Auch wenn es uns schwer fällt, das zu akzeptieren, aber Gott ist so gesehen das Gute und das Böse. Alle Erfahrungen, auch die, die wir nicht mögen, müssen gemacht werden. Nur so kann es Wachstum geben.

Alles ist mit allem verbunden und auch, wenn eine schreckliche Erkrankung uns leiden und sterben lässt oder ein Schicksalsschlag nach dem anderen unser Leben erschüttert, so ist das keine Prüfung, sondern ein notwendiges Übel, um über diese Erfahrung zu reifen oder andere reifen zu lassen. Dieses ist oft nur schwer oder gar nicht zu erkennen und zu akzeptieren.

Die Illusion des Todes erkennen wir erst, wenn dieser nicht eingetreten ist. In diesem Moment wird die ganze Güte, Liebe und Barmherzigkeit Gottes für uns erkennbar. Wir sehen und verstehen die Notwendigkeit des Vergessens und Leidens, wir wissen wieder, dass wir alles genau so wollten, wie es passierte und wer wir wirklich sind: ein Teilaspekt Gottes. Eines Gottes, der jeden einzelnen seiner Geschöpfe bedingungslos liebt.

*

Besitztum, Wahrheit, Überzeugungen, Gutes, Böses.

All das sind Bezeichnungen, sind Namen und letzten Endes Konzepte, unter denen ein jeder von uns etwas anderes versteht und doch verstehen und meinen wir damit doch am Ende alle dasselbe. Denn die Gesamtheit von allem, was ist - das schließt Sie und mich ein - ist Gott. Wenn Sie einen anderen Namen für Gott gefunden haben, umso besser. Namen und Konzepte spielen keine Rolle, sie sind menschlich und somit unvollkommen.

DER FREIE WILLE UND DER SINN DES GANZEN

Frage an den Supercomputer:

„Deepthought, was ist die Antwort auf die Frage nach dem Leben, dem Universum und dem ganzen Rest“

„Hm, da muss ich drüber nachdenken.“

„Wie lange?“

„Ziemlich genau 7 1/2 Millionen Jahre!“

Ziemlich genau 7 1/2 Millionen Jahre später:

„Deepthought, hast du eine Antwort für mich?“

„Ja, aber sie wird euch nicht gefallen…“

"Egal! Wir müssen es wissen!"

„Na gut, die Antwort auf die Ultimative Frage ist…(10 Sekunden dramatische Pause),… 42."

„42!“

„Ich hab euch ja gesagt, die Antwort wird euch nicht gefallen…“

Auszug aus: Per Anhalter durch die Galaxis von Douglas Adams

„Die Antwort darauf ist ganz einfach. Es war ein Scherz. Es musste eine Zahl sein, eine gewöhnliche, relativ kleine Zahl, und ich entschied mich für diese. Binäre Darstellungen, Basis 13, tibetische Mönche: das ist alles kompletter Unsinn. Ich saß am Schreibtisch, blickte in den Garten hinaus und dachte ‚42 geht‘. Ich schrieb es hin. Das ist alles.“

Douglas Adams, 1992, auf die Zahl 42 angesprochen.

*

Bevor wir uns mit dem Sinn des Ganzen wiederholt und kurz beschäftigen, zunächst zu einer anderen, ebenfalls nicht unwichtigen Frage: Haben wir einen freien Willen? Den haben Sie und auch wiederum nicht.

Sie bewegen sich hier in einer geschaffenen Illusion, um sich selbst zu prägen und sich über Erfahrungen weiterzubringen. Eine Illusion, die Sie selbst miterschaffen haben und die eingebettet ist in eine universale Ordnung, bestehend aus den Naturgesetzen, jeglicher Information, der Dualität und Kausalität. Alles, vom Anbeginn der Zeit an, entwickelt sich automatisch zu einem von vornherein feststehendem Ergebnis: Ein Bewusstsein, welches ständig durch Erfahrungen expandiert und wächst. Wir sind Teil davon und ein Eingreifen eines Gottes oder bestimmte Entscheidungen im Rahmen eines freien Willens sind nicht nötig, um dieses Ziel zu erreichen. Ein respekteinflößendes, vollautomatisches, geniales System, welches unseren inkarnierten Horizont bei weitem übersteigt.

Sie sind als Teil von etwas Großem in diese Welt als ungeprägte Seele eingetreten. Aus einer Masse von bereits vorhandener Erfahrung sind Sie erschaffen worden. Und je nachdem, in wie weit Ihr Puppenspieler bereits entwickelt ist und was Ihre Seelenmasse noch an Erfahrungen (Karma, siehe dazu das entsprechende Kapitel) benötigt, verfügen Sie bereits über eine entsprechende Ausrichtung mit oder ohne ausgeprägte Charaktereigenschaften, Interessen und Neigungen. Ansonsten sind Sie ein Buch mit leeren Seiten. Format, Layout, vielleicht auch der Titel stehen schon fest. Der Puppenspieler weiß genau, wie er Sie zu führen hat, damit Sie - die Story - ein Erfolg werden. Er kennt auch schon in etwa die Richtung, die zum letzten Kapitel führen soll. Alles ist gut so wie es ist und wird sich so fügen wie es sein soll, dass weiß und beherzigt er oder sie.

Geprägt werden wir durch andere Seelen und von den in diesem Buch beschriebenen Elementalen. Sie sind die Druckplatten, die Seite um Seite unseres Buches drucken und prägen. Einige sind der Wahrheit, andere der Unwahrheit zugetan. Am Anfang unserer Eigenverantwortung, etwa das achte Lebensjahr, wird der Puppenspieler (werden wir) frei in seinem Handeln und wir entscheiden letztlich unsere Ausrichtung. Basierend auf dieser und gemanagt durch den Puppenspieler, finden sich Seelen und Elementale ein, die Sie in Ihren Bestrebungen prägen werden. In jedwede gewünschte Richtung. Geld, Gier, Sucht, Erleuchtung, Zufriedenheit, Liebe, ganz nach Wunsch, geht es von der anfänglichen Mitte heraus in die eine oder in die andere Richtung.

Am Ende unseres diesseitigen Lebens wird das Buch dann beendet, gedruckt und ausgeliefert. Das, was durch die göttliche Ordnung geprägt wurde (Unser wahres Ich) ist wie der Phönix aus der Asche vom Körper befreit und etwas ganz Besonderes. Geprägt, aber immer noch veränderbar und dabei unzerstörbar und ewig während. Ein Fraktal des Ganzen und gleichzeitig eine unendliche Anzahl von Fraktalen, die zusammen genommen, Sie als Ganzes sind.

*

Als Inkarnation haben Sie Einfluss über Ihren Puppenspieler, auf Ihre Ausrichtung. Mehr nicht. Nehmen Sie es leicht. Sie wissen jetzt, dass Sie nicht für jede kleine oder große Entscheidung im Diesseits, „drüben" sofort auf einem Scheiterhaufen verbrannt werden. Das nimmt auch etwas Verantwortung und Druck von Ihnen. Leben Sie einfach, entfalten und verwirklichen Sie sich. Wenn Sie das noch unter der Prämisse machen, niemandem zu schaden, können Sie nichts verkehrt machen.

*

Auf allen Weltenkörpern, auf denen die Krone der Schöpfung erreicht wurde (ein „Zeitpunkt", der immer erreicht wird) nimmt die Geschichte einen anderen, niemals identischen und doch vertrauten und vorhersehbaren Verlauf: Ausbreitung und Expansion, Religionen, Kriege, Erleuchtungen, Seuchen, Erfindungen wie die Schrift, drahtlose Kommunikation und am Ende - sofern die Menschheit auf einem Weltenkörper diesen nicht zerstört - energetisches, geprägtes und schöpferisches Bewusstsein. Selbst die eine oder andere Selbstzerstörung ist einkalkuliert und wird erwartet. Würde ich die Zahlen kennen, würde ich garantiert eine Konstante finden. Vielleicht sagt diese Konstante, dass 1,3% aller Welten sich selbst zerstören, das ist absolut akzeptabel. Entwickeltes Bewusstsein kommt nicht zu schaden, stagniert höchstens und muss die Schöpfung erneut „ankurbeln".

Die Regeln und Gesetze sind im Universum an jedem Punkt identisch. Ein Weltenkörper wird nur dann materielles Leben entwickeln können, wenn die Bedingungen ähnlich sind wie in unserem System. Ist der Energielieferant „Sonne" zu groß, dann reicht seine Lebensspanne nicht aus, um Leben, wie wir es kennen, zu entwickeln. Ist die Sonne hingegen zu klein, reicht womöglich ihre Leistung nicht aus.

Wie im Großen, so im Kleinen. Wir leben in einem Universum, in dem sich restlos alles selbst organisiert (Fußnote). Die Natur macht es so, wir Menschen sowieso und der Kosmos im Besonderen.

Fußnote: Als Selbstorganisation wird in der Systemtheorie hauptsächlich eine Form der Systementwicklung bezeichnet, bei der die formgebenden, gestaltenden und beschränkenden Einflüsse von den Elementen des sich organisierenden Systems selbst ausgehen. (Auszug aus dem Artikel 'Selbstorganisation' aus der freien Enzyklopädie Wikipedia. Doppellizens:GNU-Lizenz für freie Dokumentation und Creative Commons CC-BY-SA 3.0 Unported. In der Wikipedia ist eine Liste der Autoren verfügbar. Stand 22.01.15)

Die Naturgesetze sind präzise aufeinander abgestimmt, so dass sich Leben überall im Universum, bis zu einer gewissen Stufe, entwickeln kann. Sonnen haben bei diesen Szenarien eine besondere Rolle. Sie sind nicht nur Licht und Energielieferant, sondern haben auch einen regulierenden Automatismus, der verhindert, dass sich eine Spezies technisch zu weit entwickelt. Neben der Lichtgeschwindigkeit sind Polsprünge durchaus regulierende Gesetzmäßigkeiten, die eine Zivilisation davor schützen, von einer anderen aufgesucht und vernichtet zu werden, aber auch verhindert, dass eine Spezies möglichst ihren eigenen Planeten nicht zerstört. Sie denken, wir sind schon seit langem soweit? Sind wir nicht. Wir könnten uns selbst ausrotten, sicher. Unseren Planeten wird das nicht interessieren. Man sagt, die katholische Kirche atmet in Jahrhunderten, unser Planet hingegen atmet in Jahrmillionen. Er wird uns schnell vergessen und sich selbst regeneriert haben.

Neulich erzählte mir ein Bekannter einen treffenden Witz zu diesem, zugegeben, ernsten Thema: Unterhalten sich zwei Planeten, sagt der eine: „Ich habe Menschen", erwidert der andere: „Hatte ich auch, das geht vorüber."

Unsere Sonne vollzieht alle 10-13 Jahre einen solchen Polsprung, Nord- und Südpol kehren sich um. Dieses geht immer einher mit einer erhöhten Sonnenaktivität, mit sich daraus entwickelnden Sonnenstürmen und Eruptionen. Diese wiederum erzeugen einen elektromagnetischen Puls (EMP, siehe Fußnote). Erreicht dieser unsere Erde, kann er Satelliten beschädigen und erzeugt durch das Auftreffen auf die Ionosphäre Polarlichter. Hat dieser EMP eine gewisse Stärke, dann versagt der Schutzmechanismus der Ionosphäre und der Puls zerstört in der Hemisphäre, wo er auftrifft, Elektronik und das gesamte elektrische Netzwerk und das nachhaltig und größtenteils irreparabel. Wozu das in unserer auf Technik basierenden Zivilisation führt, muss ich Ihnen nicht im Detail erklären.

Fußnote: Der elektromagnetische Impuls oder auch elektromagnetische Puls (englisch electromagnetic pulse, abgekürzt EMP) bezeichnet eine kurzzeitige breitbandige elektromagnetische Strahlung, die bei einem einmaligen, hochenergetischen Ausgleichsvorgang abgegeben wird.

Ein energetisch hoch angeregtes System klingt unter Aussendung des elektromagnetischen Impulses in den Grundzustand ab. Ursache sind meist elektrostatische Aufladungsprozesse, etwa durch Gewitter oder nukleare Explosionen, aber auch in speziellen elektrischen Schaltungen. Im sichtbaren Spektrum kann dieser Prozess als Lichtblitz wahrgenommen werden.

Durch die Wechselwirkung der niederfrequenten elektromagnetischen Strahlungsanteile mit freien Ladungsträgern in Metallen und Halbleitern werden dort starke, kurzzeitig schwankende Ströme induziert. In nicht oder unzureichend abgeschirmten elektrischen Geräten kann dies zu Fehlfunk-tionen bis hin zum Totalausfall oder sogar zur Zerstörung einzelner elektronischer Bauteile führen. Für technische Anwendungen wird der Begriff meist auf das hier relevante Frequenzspektrum mit Wellenlängen zwischen 10 mm und 10 km beschränkt.

(Auszüge aus dem Artikel Elektromagnetischer Puls aus der freien Enzyklopädie Wikipedia. In der Wikipedia ist eine Liste der Autoren verfügbar. Stand 22.01.2015).

Nur so viel: Wir wären von jetzt auf gleich wieder in der Steinzeit.

Solange eine Zivilisation noch nicht technisiert ist, ist alles in Ordnung. Ist sie aber so weit, könnte es theoretisch etwa alle 11 Jahre zu einer solchen Katastrophe kommen. Zuletzt geschah dies 1859.

Auszug aus Wikipedia: „1859 wurde in der Nacht vom 1. zum 2. September der bisher mächtigste Sonnensturm registriert. Er führte zu Polarlichtern, die selbst in Rom, Havanna und Hawaii beobachtet werden konnten. In den höheren Breiten Nordeuropas und Nordamerikas schossen Starkströme durch Telegrafenleitungen, diese schlugen Funken, Papiere fingen Feuer und das gerade weltweit installierte Telegrafennetz wurde massiv beeinträchtigt. Eiskernuntersuchungen zeigen, dass ein Ereignis dieser Stärke im statistischen Mittel alle 500 Jahre auftritt." (Auszüge aus den Artikeln *Magnetischer Sturm* aus der freien Enzyklopädie Wikipedia. Doppellizens: GNU-Lizenz für freie Dokumentation und Creative Commons CC-BY-SA 3.0 Unported. In der Wikipedia ist eine Liste der Autoren verfügbar)

Ich will Ihnen keine Angst machen, schließlich passiert ein derart gewaltiger Sturm nur alle 500 Jahre. Und das beruhigt uns doch sofort wieder, oder?

Mitte 2013, nach bereits 10 Jahren, wiederholte sich in Deutschland eine Flutkatastrophe, von der man sagte, so etwas geschieht sehr selten, vielleicht nur einmal alle 100 Jahre.

2013 wussten wir es dann besser. Dies ist im Übrigen auch das Jahr, in dem der jetzige Sonnenzyklus seinen Höhepunkt erreichen wird.

*

Gott ist auch Information, Mathematik und Ordnung. Alles ist berechen- und somit auch in gewissen Grenzen vorhersagbar, wir kennen nur die Formel und Gesetzmäßigkeiten nicht. Man könnte auch sagen, wir sind zu nah dran und haben nicht den nötigen Abstand, um all die uns umgebenden Gesetzmäßigkeiten zu erkennen.

Wir sitzen unter dem Mikroskop und nicht davor.

Erste erfolgsversprechende Ansätze, einige dieser Gesetzmäßigkeiten zu verstehen, hat der neuseeländische Physiker Sean Gourley. Er analysierte Daten aus dem Irak und konnte lineare Gesetzmäßigkeiten aufzeigen. Er nannte seine Forschungsarbeiten „Mathematik des Krieges". Er erforscht eine, wie er sie nennt, globale Intelligenz (Klingt wie „Das Feld", finden Sie nicht?) und die mathematischen Gesetzmäßigkeiten, die einem Konflikt zugrunde liegen. Seine Ansätze schließen ein, gehen dabei aber weit über die Forschungsarbeiten von Statistiken und Wahlvorhersagen, um nur zwei Beispiele zu nennen, hinaus. Ihm geht es um die Vorhersagbarkeit von menschlichen Verhaltensweisen, die Evolution von Konflikten und deren weitere Entwicklung. Die letzten Forschungsjahre waren sehr erfolgreich und ihre Auswirkungen werden bereits in Kürze zu sehen sein. Wahlüberraschungen wird es in Zukunft nicht mehr geben, Konflikte - wenn überhaupt - nur noch mit breiter Unterstützung des oder eines Volkes. Gourley berät die irakische und die US Regierung sowie die Vereinten Nationen. Ich bin gespannt, was wir in Zukunft von ihm hören werden.

Der beschränkte Teilaspekt von uns, der inkarniert ist, denkt, er hätte einen freien Willen. Den haben wir aber nicht wirklich. Alles bewegt sich miteinander innerhalb von festgelegten Bahnen, angekettet an die Kausalität, innerhalb von Grenzen, die wir nicht als solche wahrnehmen und gemanagt durch den Teil von uns, den ich den Puppenspieler nenne. Es spielt keine Rolle, welche Entscheidung wir treffen - welches „wir" das auch immer ist. Am Ende werden alle karmischen Erfahrungen gemacht sein, und wir können eine Stufe erreichen, die uns zurück zum Vater bringen wird. Wenn wir das wollen.

*

Bereits 7 bis 10 Sekunden bevor wir eine bewusste Entscheidung treffen, wird unser Gehirn aktiv. Das bestätigten 2008 Wissenschaftler des Max-Planck-Instituts für Kognitions- und Neurowissenschaften in Leipzig.

Nicht wirklich erstaunlich. 20 Jahre zuvor hatte der amerikanische Neurologe Benjamin Libet bei seinen Forschungen ähnliche Ergebnisse erzielt und den freien Willen als eine Illusion deklariert.

Das eigentlich Erstaunliche daran ist, dass dies, wie ich meine, ein Umstand von großer Tragweite ist und dessen ungeachtet voll umfänglich nicht zur Kenntnis genommen wurde, weder vom gemeinen Volk noch von anderen Wissenschaftlern. Ganze 20 Jahre hat es gedauert, bis sich jemand dem Thema erneut näherte, um die Ergebnisse von Libet zu überprüfen. Zwischendurch wurden sie schlichtweg ignoriert. Und genau das passiert 5 Jahre später erneut. Oder wussten Sie etwa von diesem Phänomen?

Auch hier scheint eine einlullende Gesetzmäßigkeit am Werke zu sein, die uns in der Spur hält. Wir nehmen diese Information auf und tun sie ab: „Kann ja nicht sein. Ich habe doch einen freien Willen, was für ein Unfug", sind nur einige Gedanken dieser Gesetzmäßigkeit, welche uns helfen, das Gesehene oder Gelesene zu verdrängen.

Das Judas Evangelium:

In den 70er Jahren in Ägypten gefunden und schließlich restauriert, für authentisch befunden und 2006 veröffentlicht, offenbart sich der Welt ein anderer Jesus und ein anderer Judas. Judas war der am weitesten „entwickelte" Jünger und wurde von Jesus um den Verrat, wissend um die Folgen für Judas, gebeten.

Im Wesentlichen spiegelt das Evangelium, welches eines der ersten Evangelien überhaupt war, die niedergeschrieben wurden (50 -60 Jahre nach Christi Geburt), den christlichen Gnostizismus wider. Dieses und andere Evangelien gingen unter und wurden im Zuge des Konzils von Nicäa als Irrlehre befunden und als häretisch verdammt. Alle Schriften und Verweise, die nicht der festgeschriebenen Lehre des sich etablierenden Christentums entsprachen, wurden vernichtet (siehe dazu das Kapitel „Religionen"). Das Verbrennen und Vernichten von schriftlichem Gedankengut wurde so gründlich durchgeführt, dass es fast 1700 Jahre dauerte, bis ein gnostisches Dokument gefunden wurde.

(Bild / Quelle: The Gospel of Judas. Critical Edition. Washington 2007, Autor: Unbekannt. Erste Seite des restaurierten Evangeliums)

Ich bin erst zum Schluss meiner Recherchen mehr oder weniger über das Thema gestolpert. Sehr erstaunlich: viel ist nicht erhalten, aber das Wenige, das gerettet wurde, reflektiert die Auffassung des Autors fast bis ins Detail.

Das Evangelium endet mit dem Tod Judas. Die Kreuzigung, Tod und Auferstehung sind ohne Belang. Wie das, werden Sie fragen? Ganz einfach: Der irdische Tod ist ohne Belang und die Wiederauferstehung des Fleisches findet nicht statt. Die Auferstehung der Seele findet unmittelbar nach Ablegen des irdischen Körpers statt.

Dass Letzteres unvereinbar ist mit den heutigen christlichen großen Religionen, liegt auf der Hand.

Das war aber nicht immer so. In den ersten Jahrhunderten war die christliche Gnosis eine starke Fraktion des Christentums.

Obwohl alle Kirchenführer nach dem ersten Konzil in Nicäa, den Gnostizismus durch drakonische Strafen und Vernichtung aller gnostischen Evangelien und

Schriften von der Erde tilgen wollten, gelang es ihnen letzten Endes doch nicht ganz.

Zurzeit erleben wir eine Renaissance des christlichen Gnostizismus. Über 1500 Jahre lang gab es keine einzige christliche gnostische Religion. Sie wurde zwar von Geheimgesellschaften, von der Alchemie und auch von der jüdischen Kabbala aufgegriffen, der breiten Masse aber stand sie nicht zur Verfügung. Erst durch Swedenborg wurden wieder einige gnostische Ideen formuliert und den Menschen zugänglich gemacht. Dann, ein halbes Jahrhundert später, mit Gründung des Mormonentums, betrat erstmalig wieder eine gnostisch ausgerichtete christliche Religion die Weltbühne.

Es ist kein Zufall, dass zunächst das Evangelium nach Thomas (1945) und einige Zeit später das Evangelium des Judas (1976/2006 veröffentlicht) in Ägypten gefunden wurden. Wir leben nach 2000 Jahren erneut in einer Zeit des Umbruchs. Nur wird es diesmal keine Inkarnation Gottes sein, die eine neue Zeit über die Menschheit bringt. Wir sind es, die nun durch die universale Ordnung aufgerufen werden, uns selbst zu suchen und dadurch unseren Ursprung und unser wahres Ich zu finden. Der Ruf erschallt nicht von außen, er kommt aus unserem Inneren, gesteuert durch die göttliche universale Ordnung. Dieselbe Ordnung, die uns in der Spur hält, von Rupert Sheldrake als formgebendes Feld postuliert und vom Neuseeländer Sean Gourley auf soziale Gesetzmäßigkeiten, hervorgerufen durch eine globale Existenz, erforscht wird. Schauen Sie mal in diverse Foren im Internet, weltweit lässt sich dieses Gedankengut finden. Viele Menschen suchen nach Antworten und stellen eben genau diese Fragen nach dem Ursprung und ihrem wahren Wesenskern.

Was genau denn nun Gnostizismus ist, ist schwer zu beantworten. Ich habe mich für die Wikipedia-Variante (Siehe dazu das Kapitel „Religionen“) entschieden. Ich bin mir sicher, dass es aber auch noch andere Sichten und Interpretationen gibt, je nachdem, von wo aus man den Gnostizismus beleuchtet.

*

Nehmen wir für einen kurzen Moment an, Jesus kommt zu uns zurück in die Materie und offenbart sich uns. Was denken Sie, wird passieren? Folgendes halte ich für sehr wahrscheinlich:

Nichts - Das Leben wird wie gewohnt weitergehen.

Vielleicht ein paar Gedanken wie „Noch so ein Spinner!“, oder „Mach mal eine Therapie!“. Die katholische Kirche wird sich, wie gewohnt, in Schweigen hüllen und gegebenenfalls im Rahmen der Nächstenliebe einen Therapieplatz in einer ihrer Einrichtungen anbieten. Sollte sich Jesus dazu entschieden haben, in ein

Land wiederzukehren, in der sein Auftreten eine Gefahr für die jeweiligen Machthaber oder etablierten Religionen darstellt, wird er wohl schnell von der Bildfläche verschwinden.

Unmöglich, denken Sie? Genau das passiert ständig und überall auf der Welt. Nichts, worauf wir stolz sein können.

*

Ähnlich wie in einem Computerrollenspiel sind Sie die Spielfigur (die Inkarnation) und auch gleichzeitig der Spieler (der Puppenspieler). Hat die Figur im Rollenspiel einen freien Willen? Wohl kaum, werden Sie aus Sicht des Spielers sagen, den Willen habe ich!

Haben Sie den? Wenn Sie wieder der Puppenspieler (oder eins mit ihm) sind - vielleicht. Und (erst) dann, bestimmen *Sie* die Richtung in die es gehen soll.

DIE WAND

Im Kapitel zuvor habe ich bereits ausgeführt, dass in unserem sich selbst organisierenden Kosmos, die Entwicklungsabläufe, die eine Spezies durchläuft, sich ständig wiederholen.

Innerhalb einer solchen Kette von Entwicklungen sind wir an einem Punkt angekommen, der den Endpunkt einer technisierten Zivilisation und gleichzeitig den Beginn einer neuen Ära darstellt.

Vielleicht sind Sie inzwischen zu dem Schluss gekommen, dass es eine solche Ereigniskette gar nicht geben kann. Hätte Kolumbus nicht Amerika entdeckt und hätte es den Dreißigjährigen Krieg nicht gegeben, wäre alles anders gekommen und die Geschichte hätte sich anders entwickelt.

In der Tat, unsere Historie wäre anders verlaufen. Nicht aber der allgemeine Entwicklungsablauf. Ein anderer hätte Amerika entdeckt und diverse Seuchen oder andere Kriege hätten für eine notwendige Regulierung gesorgt. Vielleicht hätte sich das Ganze um ein oder zwei Jahrzehnte, vielleicht sogar um ein ganzes Jahrhundert verschoben. Was bedeutet ein solcher Zeitraum schon im Vergleich zum Pulsschlag der Ewigkeit?

Im Übrigen ist mir nur ein einziges Naturvolk bekannt, das sich bislang erfolgreich gegen eine Kontaktaufnahme zur Wehr setzen konnte. Sie leben wahrscheinlich schon seit Jahrtausenden abgeschirmt und isoliert auf der Insel Sentinel vor der Küste Indiens. Sie reagieren äußerst aggressiv auf Annäherung. Als 2006 ein Schiff vor ihrer Küste strandete, kam die Besatzung nur knapp mit dem Leben davon. Das Schiff kann heute noch vor der Küste mit Google Earth bewundert werden (Sucheingabe: „North Sentinel Island, South Andaman, Andamanen und Nikobaren, Indien"). Dieses kleine Volk ist das einzige mir bekannte, welches wirklich autonom und unabhängig vom Rest der Welt existiert. Nachdem der Tsunami 2004 über die Insel hinwegrollte, war es das einzige Volk, welches ohne fremde Hilfe diese Naturkatastrophe überlebte. Ein Hubschrauber der indischen Küstenwache, der nach der Flutwelle die Insel der Sentinelesen überflog, wurde mit Pfeilen beschossen. So konnte in Erfahrung gebracht werden, dass das kleine Inselvolk den Tsunami überlebte.

Ob es unserer Wirtschaft gut oder schlecht geht, ist ihnen gleichgültig. Wenn sie zudem noch einen möglichen Krieg vor ihrer Haustür überleben - zwei Weltkriege und die britische Kolonisierung Indiens haben sie schon überstanden - könnte dieses kleine Volk in nicht allzu ferner Zukunft zu den wenigen noch (über)lebenden Völkern gehören, die unseren Planeten noch bewohnen können und dürfen.

Über die Jahrtausende wuchs die Erdbevölkerung zunächst langsam, aber immerhin stetig. Lebten vor 2000 Jahren etwa 300 Millionen auf der Erde, waren es 1000 Jahre später kaum mehr, 310 Millionen Menschen (Quelle: UNO). Erst mit dem Ende des Mittelalters begann der rasante Anstieg der Weltbevölkerung. Im Jahr 1500 waren es bereits 500 Millionen Menschen, die unseren Planeten bevölkerten. Auch wenn im folgenden 16. Jahrhundert die amerikanischen Ureinwohner durch eingeschleppte Krankheiten, Krieg und Verdrängung von 50 Millionen auf 5 Millionen reduziert wurden, stieg die Erdbevölkerung doch insgesamt weiter an und so lebten 1800 bereits eine Milliarde Menschen weltweit. Im zwanzigsten Jahrhundert kam es dann zur Bevölkerungsexplosion:

1927: 2 Milliarden
1960: 3 Milliarden
1974: 4 Milliarden
1987: 5 Milliarden
1999: 6 Milliarden
2011: 7 Milliarden

Die Welt befindet sich zwar wie alles im Kosmos im Gleichgewicht, allerdings sind die Ressourcen nicht gleichmäßig verteilt. Die Menschen in den reicheren Ländern leben auf Kosten der Menschen in der dritten Welt und den Schwellenländern. Energie, Nahrung und Raum ist limitiert und die benötigte Menge wird schon in Kürze nicht mehr ausreichen, um die weiter wachsende Weltbevölkerung zu versorgen bzw. aufzunehmen.

Diese steigt in den kommenden Jahren je nach Prognosemodell auf 9 bis 11,7 Milliarden Menschen bis 2050. Das wären dann umgerechnet täglich 216.000 bis 440.000 Menschen mehr, die es zu versorgen und unterzubringen gilt.

Nimmt man die heutzutage genutzte Agrarfläche und rechnet diese zusammen, kommt man etwa auf eine Fläche von der Größe Afrikas. Im Jahr 2050 müsste sich diese Fläche um ein Drittel vergrößern. Ein schwieriges Unterfangen, stellt doch die heutzutage genutzte Agrarfläche bereits 20% der gesamten Landmasse der Erde dar. Um bei dieser Analogie zu bleiben: 30% der gesamten Landfläche der Erde müsste 2050 für die Produktion von Nahrung genutzt werden. Unter Berücksichtigung aller Umstände werden aber nur 21,25% prognostiziert (derzeit 1,6 Milliarden Ha auf 1,7 Milliarden in 2050).

Und wir haben bei dieser Rechnung bislang noch nicht geklärt, wo die zusätzlichen 2 bis 3,7 Milliarden Menschen untergebracht werden.

Wir rasen mit Hochgeschwindigkeit auf eine unüberwindbare Wand zu und leben doch weitestgehend unbeschwert, angesichts dieser allgemein bekannten Zahlen, Statistiken und Prognosen. „Die Politik und die Wissenschaft werden es schon richten", scheint eine unsichtbare, kaum greifbare, einlullende Botschaft zu lauten (Siehe dazu das Kapitel „Der freie Wille und der Sinn des Ganzen"). Aber dieses Phänomen kennen Sie ja bereits. Es lässt uns ständig vergessen, dass wir sterben werden und suggeriert, dass wir bestimmt 85 Jahre alt werden.

*

Hunger, Armut, Elend, Krieg und das überall auf unserem Planeten. Sehen Sie einmal in der Wikipedia bei „Liste der andauernden Kriege und Konflikte" nach. Eine lange Liste.

25 Prozent der Weltbevölkerung besitzen 80 Prozent des Weltvermögens. (OECD Studie, 2011). Diejenigen, die besitzen, wollen das Erreichte behalten, diejenigen, die einen Mangel haben, wollen dieses Manko abstellen. Wohin das führt, wissen wir ja. Das vergangene Jahrhundert ist voll mit Kriegen, die geführt wurden, um Lebensraum und Ressourcen (Energie, Bodenschätze, Nahrung, Wasser) zu gewinnen oder zu behalten.

Neben Raum benötigt der Mensch Nahrung, um zu überleben. Diese lässt sich in Energie bemessen. Neben dieser Energie bedarf es aber noch weiterer Dinge, die der Mensch benötigt und die man ebenfalls in Energie umrechnen kann. Letzten Endes ist alles Energie. (Siehe dazu „Zweiter Teil: Erste Erkenntnisse").

Ein Mensch benötigt pro Tag das jeweilige Äquivalent von 3 kwh für Nahrung (inkl. Trinkwasser), 12 kwh für den Transport und Zubereitung der selbigen, weitere 3 kwh für Heizung und pauschal 24 kwh für ein Dach über dem Kopf, Bekleidung, Kirche, Staat und Steuern. Das macht zusammen 42 kwh für die Befriedigung der Grundbedürfnisse. Zurzeit liegt der weltweite Durchschnittsverbrauch bei etwas mehr als 60 kwh. Dieser Wert beinhaltet zusätzlich alles, was nicht zu den Grundbedürfnissen zählt, wie Transport und

Reisen, Urlaub und Hobby, Kommunikation und Information, Luxus jeglicher Art und so weiter und so fort.

Der so ermittelte Pro-Kopf-Energieverbrauch in den USA liegt seit zwei Jahrzehnten ziemlich konstant bei knapp 230 kwh pro Tag. In Deutschland liegt er bei 120 und ein Chinese verbraucht immerhin noch 64 kwh am Tag, wobei sein Bedarf jedoch rasant steigt; in den letzten 20 Jahren um 120 Prozent.

In Indien hingegen liegt der Verbrauch bei 15 kwh und in vielen weiteren Ländern bei weniger als 3 kwh. Laut UNO gibt es weltweit 870.000.000 Menschen, die Hunger leiden. Die Welthungerhilfe definiert Hunger wie folgt: „Hunger tritt ein, wenn die tägliche Energiezufuhr für einen längeren Zeitraum unter dem Bedarf liegt, der für einen gesunden Körper und ein aktives Leben benötigt wird."

Neben dem Hunger gibt es noch das Problem der einseitigen Mangelernährung, verursacht durch das Fehlen von Vitaminen und lebensnotwendigen Nährstoffen. Bezieht man diese „unsichtbaren" Hungernden mit ein, so wie es die Welthungerhilfe tut, kommt man auf 2.000.000.000 Menschen, die Hunger leiden.

Jährlich sterben 8.800.000 Menschen den Hungertod (Quelle: UNO).

Würde in 30 Jahren die gesamte Menschheit (11,7 Milliarden Menschen) pro Kopf so viel verbrauchen wie ein einzelner Bewohner der USA heute, würden wir 5 bis 6 Mal so viel Energie (gemäß der obigen Beispielrechnung) benötigen, wie wir heute maximal zur Verfügung haben. Umgerechnet auf die heutige Zeit heißt das: Die maximal zur Verfügung stehende errechnete Energiemenge könnte jedem Menschen ein menschenwürdiges Leben ermöglichen, wenn wir den Verbrauch bei 45 kwh pro Kopf und Tag ausnahmslos deckeln würden. Für den Durchschnittsdeutschen hieße das, Verzicht auf das geliebte Auto oder Motorrad, maximal 15 qm pro Kopf pro Wohnung, kein Urlaub, kein extra Essen mehr. Um es kurz zu machen: Hartz IV für alle, ohne Ausnahme. Sind Sie dazu bereit?

Verständlich, dass einige Menschen aus der sogenannten „dritten Welt" nicht gut auf die G7, die führenden Wirtschaftsmächte der Welt, zu sprechen sind.

An anderer Stelle habe ich bereits erwähnt, dass die Sonne unser einziger Energielieferant ist und somit die Grundlage jeglicher Biomasse darstellt. Solange sie ungehindert und gefiltert unseren Planeten erreichen kann, ist zunächst noch alles in Ordnung.

Die Biomasse, die wir Menschen als Nahrung verwenden können, ist aber durch Gesetzmäßigkeiten und Abhängigkeiten begrenzt und kann nicht beliebig vergrößert werden.

Zum einen benötigen wir eine funktionale Nahrungskette, die beginnend mit der Photosynthese, bis hin zum Weidetier funktionieren muss. Ein Kometeneinschlag, wie zurzeit der Dinosaurier oder der Ausbruch eines Supervulkans (Yellowstone Park, USA) würde so viel Staub in die Atmosphäre bringen, dass es für Jahre dunkel werden würde auf unserem Planeten. Durch den Wegfall der Photosynthese wird die Nahrungskette unterbrochen. Zuerst sterben die Pflanzen, dann Tiere und Fische und zum Schluss wir.

Zudem muss der wachsenden Erdbevölkerung dadurch Rechnung getragen werden, dass durch ein Mehr an Agrarfläche ein entsprechendes Nahrungsangebot zur Verfügung gestellt werden kann. Die vorhandene Agrarfläche kann aber nicht beliebig vergrößert werden. Die maximal zur Verfügung stehende Fläche ist begrenzt durch den notwendigen Lebensraum für Menschen und Wälder sowie die erforderlichen klimatischen Rahmenbedingungen. Der Amazonas wird nicht umsonst die Lunge unseres Planeten genannt und ist ein unverzichtbarer Teil des globalen Ökosystems. Er produziert Sauerstoff und bindet durch diesen Prozess Kohlendioxid. CO2 ist neben Methan einer der Hauptverursacher des Treibhauseffektes.

Durch diesen Effekt erwärmt sich unser Klima zunehmend, was zum Abschmelzen der Polkappen führt, wodurch sich wiederum der Anteil der Landmasse insgesamt verkleinert. Davon brauchen wir aber zukünftig mehr und nicht weniger.

Der weltweite Methanausstoß im Vergleich zum Kohlendioxid ist zwar um einiges niedriger, dafür ist Methan aber ein 20 Mal effizienteres Treibhausgas. Es wird hauptursächlich in der Landwirtschaft von Tieren, insbesondere von Kühen freigesetzt. Der Umstand, dass Weidetiere eine Weidefläche, eine Agrarfläche, benötigen, aber gleichzeitig durch ihre bloße Existenz, durch Verdauungsgase, indirekt dazu beitragen, dass sich die Gesamtlandmasse verringert, nötigt mir - so traurig es auch ist - ein Lächeln ab.

*

Wenn ein Außenstehender unsere Welt beobachtet und uns bewerten soll, kann er eigentlich nur zu diesem Schluss kommen: Die dominante Spezies dieses Planeten befindet sich in der Endzeit des technologischen Zeitalters und ein Zusammenbruch dieser Entwicklungsstufe steht kurz bevor.

*

Altes muss vergehen, damit Neues entstehen kann.

REICHTUM, ARMUT UND DIE TODSÜNDEN

Mk 10,23-27 EU: „23 Da sah Jesus seine Jünger an und sagte zu ihnen: Wie schwer ist es für Menschen, die viel besitzen, in das Reich Gottes zu kommen! 24 Die Jünger waren über seine Worte bestürzt. Jesus aber sagte noch einmal zu ihnen: Meine Kinder, wie schwer ist es, in das Reich Gottes zu kommen! 25 Eher geht ein Kamel durch ein Nadelöhr, als dass ein Reicher in das Reich Gottes gelangt. 26 Sie aber erschraken noch mehr und sagten zueinander: Wer kann dann noch gerettet werden? 27 Jesus sah sie an und sagte: Für Menschen ist das unmöglich, aber nicht für Gott; denn für Gott ist alles möglich."

Ob Sie bei Ihrer Einkommensteuererklärung Ihren Weg zur Arbeit um 750 Meter verlängern, den Antrag auf Hartz IV etwas frisieren oder als Präsident eines renommierten Fußballclubs versuchen, Geld an der Steuer vorbei in die Schweiz zu bringen (mit oder ohne Selbstanzeige), es ist alles gleich in Ordnung oder verwerflich. Warum? Weil es sich um materielle Bereicherung handelt, also um eine Bereicherung ohne wirklichen Wert.

Reichtum, also materieller Besitz, ist kein Ausschlussgrund und Armut kein Ticket für die Aufnahme in die Bereiche der energetischen Welten, die auch „die Himmel" genannt werden. Dort gibt es Engel, die reich und Engel, die arm an materiellen Besitztümern auf Erden waren.

Es ist absolut nicht verwerflich, viel Geld zu haben, ein oder mehrere Häuser zu besitzen oder ein teures Auto zu fahren, solange das Erlangte nicht auf Kosten oder zum Leidwesen anderer erworben oder auf Drängen Ihres Egos angeschafft wurde.

Das Ego ist besitzergreifend, neidisch und eine Ausdrucksform des Egoismus. Der Egoismus ist das Gegenstück zum Altruismus und wird auch als die „Unwahrheit" und von den Religionen als das eigentlich Böse bezeichnet. Wenn es also Ihr Ego oder vielleicht Ihr Stolz ist, der Sie antreibt, Materielles anzuhäufen, dann seien Sie sich im Klaren darüber, dass diese Motivationen Ihrer eigentlich angestrebten geistigen Entwicklung entgegenstehen. Beenden Sie das Wettrüsten. Es muss nicht immer das neuste, größte, schnellste Auto einer Luxusmarke sein. Ihr Geldbeutel und Ihre Seele werden es Ihnen danken.

Aber auch verarmte Menschen suchen ihre (Un)Wahrheit im Äußeren und gieren nach materiellem Besitz oder geben ihrem Umfeld Schuld an ihrer Armut und Notlage. Wie auch bei den materiell Reichen gibt es hier auch Menschen ohne jegliches Schuldbewusstsein oder Interesse daran, nach dem göttlich Wahren zu suchen.

Solange eine Seele im Äußeren behaftet ist und diese als ihre Wahrheit erkennt, wird sie sich in den energetischen Welten immer in die Bereiche begeben, die hier die „Hölle“ genannt werden. Dass die Hölle kein Ort ist, wo Seelen bestraft und gequält werden, wissen Sie ja bereits. Wenn überhaupt, machen die Seelen das schon selber.

Solange die Seele die Hölle, also das Materielle, das Äußere liebt und nach ihr giert, ist sie blind für eine Weiterentwicklung, die notwendig ist, um in das mittlere Reich und weiter bis in die Himmel zu kommen. Das funktioniert nur freiwillig über Einsicht und Entwicklung.

Zielgerichtete und schnelle Entwicklung gibt es aber nur inkarniert. Vor dem letzten Herzschlag wird unsere Ausrichtung, unser Entwicklungsstand festgehalten. Wir bleiben im Jenseits so, wie wir zum Schluss im Diesseits waren. Eine Entwicklung fortan ist zwar möglich, aber um einiges schwerer und langsamer als noch zu Zeiten, in denen die Seele inkarniert war. Ein Mechanismus, um sich zu entwickeln, ist neben einer erneuten Inkarnation, das Helfen von noch inkarnierten Seelen oder dem Helfen von der Körperlichkeit befreiter Seelen, die noch nicht so weit sind wie Sie selbst. Letztere Methoden setzen Einsicht und Willen voraus.

In der Hölle sind die Seelen allerdings, weil sie es lieben, genau dort zu sein, wo sie sind. Warum damit aufhören? Alles ist gut für die Seele. Wenn sie nicht gerade süchtig ist, hat sie keinerlei Not. Im Gegenteil, sie hat dort alles, was sie begehrt, nur eben keine Weiterentwicklung. Diese ist aber notwendig, um tatsächlich eine ewige Existenz zu erlangen (Siehe dazu das Kapitel „Die energetischen Welten“ und „Aussichten“).

Die Hölle ist nicht für die Ewigkeit, ihre Existenz ist nicht von Dauer. Nur, wenn wir eines fernen Tages - dann, wenn es keine Tage mehr in diesem Universum geben wird - zum Ursprung, zum Vater, zurückkehren, erlangen wir wahrlich ewiges Leben.

An dieser Stelle komme ich auf einige Religionen zu sprechen, die besagen, dass wir nur dann ewiges Heil erlangen, wenn wir entsprechend leben und ausgerichtet sind. Alle großen Religionen haben in ihrem Kern die Forderung, dass der Mensch sich selbst suchen, finden und entwickeln soll. Ziel dieser Entwicklung ist immer die Loslösung von materiellen Begierden sowie die Ausrichtung der eigenen Wahrheit in die Positivität hinein. Mittel hierzu sind die Meditation oder das Gebet, das Studium von wahrem Wissen sowie gelebter Altruismus.

Die Hölle mag ein angenehmer Ort für verirrte Seelen sein, keine Frage, aber nicht für ewig. In diesem materiellen Universum ist nichts von Dauer und spätesten dann, wenn der letzten Sonne die Energie ausgeht, wird es auch in der Hölle kalt und sie wird zusammen mit dem materiellen Universum vergehen.
Auch die sieben Todsünden der katholischen Kirche

- Stolz
- Neid
- Zorn
- Traurigkeit (diese Sünde wurde später durch Trägheit ersetzt)
- Habgier
- Völlerei
- Unkeuschheit

formuliert im frühen Mittelalter durch Papst Gregor I. den „Großen" (590-604), machen hinsichtlich der Vergänglichkeit der Hölle in jedem Fall Sinn. Wird der Mensch von seinen Begierden und Lastern getrieben, kann er der Hölle nicht entkommen. Er setzt sich selbst mit seinen Neigungen und Süchten fest. Allerdings ist die Bezeichnung „Todsünde" irreführend. Sagt sie doch im Wesentlichen lediglich aus, dass die Seele, die sich nicht von ihren Begierden und Trieben lösen kann, kein ewiges Leben durch Rückkehr zum Vater erlangen kann. Dies geht nur nach Aufstieg in den Himmel des Menschengeschlechtes.

Die vor über 1400 Jahren formulierten Todsünden sind meines Erachtens nicht mehr zeitgemäß und ich interpretiere sie deshalb für *mich*, wie im Folgenden beschrieben wird.

*

Sie, als Seele, werden sich selbst irgendwo zwischen der Erde, der äußeren Finsternis und der Geisterwelt (Siehe dazu das Kapitel „Die energetischen Welten") durch verschiedene Aspekte und Eigenschaften festsetzen. Eine Aufnahme in die Himmel ist je nach Ausprägungsgrad nicht möglich.

1. Völlerei, Unkeuschheit: Alle Süchte, stoffgebundene (zum Beispiel Zigaretten, Alkohol, Drogen, Genuss), nicht stoffgebundene (zum Beispiel Glücksspiele, Computer Rollenspiele, Sex).

Nicht der Mensch kontrolliert die Sucht, es verhält sich umgekehrt. Wenn Sie mit einer Sucht, ganz gleich ob stoff- oder nicht stoffgebunden, sterben, nehmen Sie diese mit. „Der Baum bleibt liegen, wie er gefällt wurde". Drüben können Sie diese nicht befriedigen, eine Art Entzug wird sich einstellen (die Seele nimmt ihre Gier mit) und dieser kann dauern. Das, was Sie hier in einem Tag erleben, erfahren und lernen, kann auf der anderen Seite Jahrtausende dauern. Nicht wenige Menschen sterben und als letzte Geste versuchen sie, einen Zigarettenzug zu nehmen.

Legale Genussmittel sind grundsätzlich in Ordnung. Die Menge und Regelmäßigkeit macht das Gift.

2. Habgier, Neid und Stolz. Die Hölle ist voll von den Schönen und Eitlen sowie Menschen, die ihr Heil im Besitz und dem Status Quo sehen („Mein Haus, meine Yacht, meine Frau, mein Rang, mein Platz in der Gesellschaft...“), aber auch jene, die über Wissen verfügen und sich anhand dessen aufwerten. („Mein Wissen!“), bis hin zu denen, die sich gleich für Gott selbst halten.

3. Zorn. Alle Gefühle aus der Negativität sind destruktiv. Mehr muss dazu nicht gesagt werden. Menschen, die häufig zornig sind, prägen diesen Wesenszug aus und behalten ihn in den energetischen Welten bei. Der Zorn hat seinen Platz in der Hölle und ist mit der Wahrheit nicht vereinbar.

4. Trägheit: Müßiggang, Faulheit, Teilnahmslosigkeit. Wer sich dem hingibt, wird sich verlieren bis hin zur vorzeitigen Auslöschung. Die Entsprechung im Diesseits ist die Degeneration (nicht Demenz) durch geistige Inaktivität.

Nur wer geistig rege ist, kann sich entwickeln. Das Leben und der Weg zurück zum Vater ist ein Weg der ständigen Weiterentwicklung und der geistigen Aktivität.

*

Viele die besitzen, streben nach mehr. Mit dem Erreichen einer gewissen Stufe starren sie schon auf die nächste. Und mit jeder Bereicherung, mit jedem Mehr, wächst auch die Angst, da sie jetzt auch mehr zu verlieren haben. Menschen, die sich nicht lösen können, leben und sterben gequält und unzufrieden. Solche Menschen bleiben zu Lebzeiten und danach Gefangene ihres Selbst und ihrer Begierden.

Der, der bewusst arm ist an Besitztum, ist wirklich frei. Er hat nichts zu verlieren. Sein anfängliches Verlangen verfliegt rasch und er oder sie erfährt wahre Zufriedenheit und Freiheit.

Entscheidend ist immer der letzte Lebensabschnitt, der Entwicklungsstand zum Zeitpunkt des Ablebens. Ist die Seele weit genug entwickelt, verbleibt sie in den energetischen Welten und sie wird sich in den höheren Ebenen weiterentwickeln. Kinder, die noch nicht die nötige Reife haben, um ihre Ausrichtung zu beeinflussen, gehen genauso wie Kinder, die bereits im Mutterleib verstorben sind, direkt in die Himmel ein und werden fortan von Engeln ausgebildet und erzogen. Jugendliche und junge Erwachsene, die früh sterben, haben entweder lediglich diese eine Erfahrung benötigt, um in die Himmel aufgenommen zu werden oder aber sie reinkarnieren noch einmal, um den Prozess zur Erlangung der nötigen Reife zu vollenden, und die vorangegangene Inkarnation war nur ein notwendiger Zwischenschritt. Gerade in Fällen, in denen Menschen zu früh und unerwartet von uns gehen, ist es schwer, die allumfassende Barmherzigkeit und Güte eines Schöpfers zu verstehen. Aber wie grausam und brutal der Tod eines geliebten Menschen auch war, alles ist gut und hat seinen Sinn und der oder die Betreffende ist nicht ausgelöscht, sondern wird die, die er zurücklassen musste, erwarten, wenn diese ebenfalls ihre Reise antreten.

*

Erdgebundene Seelen neigen dazu, überhastet und ungeplant innerhalb eines Zeitraumes von weniger als drei Jahren zu reinkarnieren. Sie tun das oft in der Nähe ihres vorherigen Wohnortes. (Quelle: Ian Stevenson). Grundsätzlich gilt: Sie sind nie alleine und wenn sie Hilfe benötigen, werden sie diese auch bekommen. Hier jetzt alle Möglichkeiten der Reinkarnation explizit aufzuführen, würde den Rahmen sprengen. Im Kapitel „Reinkarnation und Karma“ habe ich verschiedene Arten der Reinkarnation aufgeführt, die ich für wahrscheinlich und schlüssig halte. Reinkarnation ist keine „Entweder/oder-Frage“, sie hat viele Facetten und somit ist es auch absolut möglich, dass es Seelen gibt, die nur einmal inkarnieren und Seelen, die das wiederholt praktizieren. Es ist sicherlich auch eine Frage der Betrachtungsweise. Wir wissen ja, dass es keine getrennten und isolierten Seelen gibt. Im Grunde genommen ist alles „Eins“.

Die Unwahrheit ist genauso ein Teil von uns wie die Wahrheit, also das, was die Religionen das Gute nennen. Das eine kann nur deshalb wahrgenommen werden, weil es das andere gibt. Beide sind wichtig und bedürfen einander. Der Trick ist, das Böse im Zaum zu halten und überwiegend in der Wahrheit zu leben. Auch ich bin stolz und habe ein Ego, das sich immer noch viel zu häufig für meinen Geschmack meldet. Auf meine Söhne bin ich stolz, auf meine Arbeit (die Sie gerade lesen). Auch bin ich ein Mensch, der technikbegeistert ist. Für neue Entwicklungen bin ich immer noch zu haben. Smartphone und Tablet gehören zu mir wie Jacke und Hose. Mit Spannung erwarte ich die Entwicklung von weiteren innovativen Produkten, die uns alle näher zusammenbringen und uns helfen, Informationen zu verarbeiten. Ich sehe solche Gadgets und andere Besitztümer nicht mehr als Statussymbole, sondern als das, was sie sind: Vergängliche materielle Objekte ohne eigentlichen Wert, die mir helfen im Diesseits zu „sein“.

Ich identifiziere mich über meine geistige Entwicklung und Ausrichtung, nicht über meinen materiellen Besitz.

Es ist keine simple Angelegenheit, denn bei weitem ist es nicht so, als wenn wir nur einen Schalter umlegen müssen und alles ist gut. Es ist ein langer und oftmals schwieriger Prozess. Täglich erinnere ich mich daran, was wirklich zählt. Und so verkleinere ich mein Ego, Tag um Tag.

Alles ist gut.

STERBEN

Es gibt wohl nichts Persönlicheres, als das eigene Sterben mitzubestimmen. Nur macht es kaum einer. Das Thema ist absolut tabu. Warum eigentlich? Schließlich ist es der wichtigste Abschnitt in unserem Leben, ein Abschluss, der einen neuen Abschnitt einleitet.

Wenn sich Menschen damit auseinandersetzen, dann in den allermeisten Fällen mit der Aussage: „Ich möchte verbrannt werden“, um sicherzustellen, dass sie keinesfalls lebendig begraben werden.

In den Niederlanden gibt es deutlich mehr als 60 Prozent Feuerbestattungen und auch bei uns wird dies mehr und mehr zum Standard. Seit die Kassen kein Sterbegeld mehr zahlen, ist die Urnenbestattung nun einmal die günstigste und somit zur beliebtesten Variante aufgestiegen. Übrigens können unsere niederländischen Nachbarn die Urne mit den sterblichen Überresten nach vier Wochen in Empfang nehmen und diese dann, wenn gewünscht, zu Hause auf den Kaminsims stellen. In Deutschland ist dies noch nicht möglich.

Ich möchte ein normales Begräbnis in einem sogenannten „Friedwald“. Allerdings werde ich wohl nicht um eine Feuerbestattung, die eine unabdingbare Voraussetzung darstellt, herumkommen, da nur Urnen bei einer solchen Naturbestattung in Frage kommen. Allerdings lege ich hier Wert darauf, in einer einfachen Holzkiste, gerne auch selbst zusammengezimmert, aufgebahrt und verbrannt zu werden.

Auch ich lebe mit Absicherungen und habe entsprechende Vorsorgen getroffen, die es meinen Angehörigen erlauben, einen „Familienbaum“ mit mehreren Beisetzungsmöglichkeiten zu erwerben. Ich mag die Idee des Friedwaldes, stellt er doch eine Art Begegnungsstätte dar.

*

Nummer zwei in der Reihenfolge der Fragen, womit man sich seinen Tod betreffend auseinandersetzt, ist die Entscheidung, Organspender zu werden oder es eben bewusst nicht zu werden.

Grundsätzlich kommt hier die Frage des „Leib-Seele Problems“ auf. Materialisten, also jene unter uns, die davon ausgehen, dass Materie den Geist erzeugt, haben es leicht. Da diese Gruppe davon ausgeht, dass ihr Gehirn ihr Bewusstsein erzeugt, sind sie, wenn es zur Organentnahme kommt, nicht mehr existent. „Gehirn tot“ bedeutet bei ihnen so viel wie „Bewusstsein tot“. Die meisten Materialisten haben Angst vor dem Sterbeprozess und tabuisieren ihn, da dieser gleichbedeutend ist mit ihrer Auslöschung. Materialisten sind nicht zu verwechseln mit Atheisten, letztere lehnen nur den Theismus, also die Lehre von Gott oder Göttern ab, nicht alle Atheisten glauben an eine Auslöschung mit ihrem Tod.

Dualisten haben es da schon etwas schwieriger. Sie glauben daran, dass Leib und Seele getrennt voneinander existieren und dass der Geist erst die Materie erschaffen hat und es immer noch tut. Die Seele verlässt erst mit dem Eintreten des Todes den Körper. Dieser Umstand setzt voraus, dass das Herz aufgehört hat zu schlagen. Bei der Organentnahme, die von Gegnern auch „Ausweidung" genannt wird, wird das Herz so lange wie möglich am schlagen gehalten. Die Seele wohnt also der eigenen Ausschlachtung bei. Nicht nur Dualisten führen an, dass es nicht vorgesehen ist, das Leben durch eine Organspende zu verlängern.

Da ich davon ausgehe, dass die Seele sich so lange nicht vollständig lösen kann, bis der Körper restlos, das heißt jedes einzelne Organ, ohne Leben ist, lehne ich eine Organspende genauso ab wie eine künstliche Lebensverlängerung ohne Aussicht auf Heilung. Das beinhaltet auch die Annahme einer Organspende. Wenn es soweit ist, dann ist es soweit. Sollte es mich jetzt ereilen, gehe ich meinen Weg in freudiger und gespannter Erwartung. Ich habe weder offene Rechnungen, noch bin ich im Streit mit irgendjemandem. Für meine Familie ist gesorgt und im Übrigen, ich bin ja nicht ganz aus der Welt.

Wenn Sie mit sich und der Welt im Reinen sind, ist jeder Todeszeitpunkt willkommen und in Ordnung. Egal wann.

Ich lehne zwar eine Organspende für mich selbst ab, allerdings verurteile ich sie nicht. Diese Frage muss ein jeder für sich selbst beantworten. Und wie wir wissen, gibt es zwischen schwarz und weiß noch 256 Graustufen. Die Spende eines Organs an einen Mitmenschen ist auch ein Akt der Nächstenliebe und ist somit durchaus ein Vorgang, der Ihren Entwicklungsprozess fördern kann. Die Positivität, die durch eine Organspende erschaffen wird, ist enorm. Dadurch wurde das Leben eines Menschen zunächst biologisch gesehen erhalten und das nicht nur zur Freude des Patienten, sondern auch seiner Verwandten.

Könnte ich das Leben eines meiner Kinder retten, indem ich ihm eine Niere oder Knochenmark spende, würde ich das ohne langes Überlegen sofort tun. In diesem Zusammenhang kann es in der Zukunft durchaus weitere Szenarien geben, die ich jetzt noch nicht kenne und mich dazu veranlassen, meinen Standpunkt zum Thema „Organspende" zu ändern.

Dass Sie sterben werden, ist eine unumstößliche Tatsache. Sie können sich selbst und Ihren kommenden irdischen Tod leugnen, entkommen werden Sie ihm nicht.

Es gibt allgemein gesprochen zwei Arten, das Diesseits zu verlassen.

Das Entschlafen und die verkrampfte Art. Der Dualist hat keine oder nur wenig Angst vor dem Sterben und gleitet gewissermaßen „hinüber“, der Materialist hingegen erlebt regelrechte Todesängste, da seine Auslöschung unmittelbar bevorsteht.

Ein „dazwischen“ gibt es nicht, fragen Sie einmal einen Sterbehelfer.

Die dritte Auseinandersetzung mit dem Tod beinhaltet das Testament. Wir haben das in unserem Fall so geregelt, dass wir in unserem Wohnzimmer ein formgerechtes, handgeschriebenes Dokument hinterlegt haben, in dem genau geregelt ist, wer von unseren beiden Söhnen was bekommen soll. Auch habe ich den beiden bereits nahegelegt, dass ich keinen Streit über unseren Nachlass wünsche. Ich habe das dahingehend deutlich gemacht, dass ich mich in diesem Fall zwar nicht „im Grabe umdrehen“ werde, aber heimsuchen werde ich die beiden allemal.

Zudem wäre da noch die Form der Trauerfeier zu beachten. Nirgendwo wird mehr gelogen als auf Beerdigungen. Teilweise kann dies Ausmaße annehmen, dass man sich manchmal wundern kann, wer dort begraben wird. Der Bekannte, den man betrauern möchte, kann es, gemessen an den Beschreibungen des Pfarrers, eindeutig nicht sein.

Trauern und traurige Gesichter machen ist keinesfalls in meinem Sinne. Im Gegenteil, ich wünsche mir ein paar schöne Lieder wie das „Ave Maria“ - gesungen und live vorgetragen ein wunderschönes ergreifendes Lied. Vielleicht noch hier und da eine Kerze. Ansonsten: Feiert schön und freut Euch für mich, denn ich bin wieder „zu Hause“.

SIEBTER TEIL

Vorhang

ZU GUTER LETZT

„Man lebt nur einmal in dieser Welt, man hat nur einmal diese Kräfte, diese Aussichten, und wer Sie nicht zum Besten braucht, ist ein Tor."
Goethe (aus *Clavigo)*:

Alle Inspiration, jegliche Intuition, ist von Gott. Ohne sie wäre ich nicht in der Lage gewesen, dieses Buch zu füllen. Keine einzige Zeile hätte ich, wäre es anders, formulieren können. Nichts existiert aus sich selbst heraus. Alles wird durch eine allumfassende Ordnung, die auch die göttliche Ordnung genannt wird, in die Existenz gebracht und lebt durch sie und mit ihr. Und somit ist alles, letzten Endes, Gott. Daran glaube ich.

In dem Buch *Den Himmel gibt es echt!* wird an einer Stelle die talentierte Zeichnerin Akiane erwähnt. Sie ist äußerst begabt und malt Visionen, die ihr zuteilwurden. Ihr Portrait von Jesus, welches sie mit acht Jahren malte, wurde von Collin als „richtig" bewertet. Collin hatte mit vier Jahren eine Nahtoderfahrung; um diese geht es in dem Buch. Nach und nach schildert er seine Erlebnisse, die von seinem Vater aufgegriffen und durch ihn einige Jahre später niedergeschrieben wurden. Collin sah seinen Großvater, obwohl er ihn nie gekannt oder auf Fotos gesehen hatte, als jungen Mann im Himmel, zufällig identifiziert durch alte Fotos, die Collin gezeigt wurden, als er seinen Großvater erwähnte. Er starb Jahre, bevor Collin geboren wurde. Auch traf er im Himmel seine ältere Schwester, die noch während der Schwangerschaft ihrer Mutter verstorben war. Über die nächsten Jahre hinweg fragte sein Vater, der nebenberuflich als Pastor eine Gemeinde betreut, ihn immer einmal wieder, ob er Jesus in einem Heiligenbild oder am Kreuz wiederkennt. Alle gezeigten Bilder und Darstellungen stimmten nicht mit der Erinnerung von Collin überein. Bis sein Vater eines Tages eine Berichterstattung von CNN über Akiane und ihre Visionen und Bilder sieht. Als er Collin das Portrait Akianes von Jesus zeigte, sagte dieser sehr zum Erstaunen seines Vaters: „Das ist richtig!".

(Bild: Dieses Bild ging um die halbe Welt: Jesus - 'Prince of Peace', Akiane Kramarik- The child protegy -, gemalt im Alter von 8 Jahren, www.akiane.com, entnommen am 01.08.2013)

Ich habe dieses Bild von Akianes Homepage als Download gekauft. Ich nutze es, um mich zu fokussieren und kurz in mich zu gehen oder um zu meditieren. Das war einer der wenigen Käufe - ich glaube es waren nur einige Dollar - die sich wirklich gelohnt haben.

Ich habe meine „Kirche" ständig bei mir. Wenn Sie nach Gott im Äußeren suchen, dann werden Sie ihn zwar überall sehen und auch „erleben" (Achtsamkeit vorausgesetzt); das Wahre, die „göttliche" Wahrheit, werden Sie aber nur in Ihrem Inneren finden. Dort befindet sich der Zugang zu den energetischen Welten und dort ist unser Ursprung und somit auch Gott.

Den Glauben in und mit einer Gemeinschaft zu erfahren ist gut und wichtig. Ich bin keiner besonderen Religion zugetan. Mich für eine Religion zu entscheiden, würde bedeuten, einen Kompromiss machen zu müssen. Dazu bin ich nicht bereit. Ich befürworte aber jedwede Religion, die den Menschen näher zu Gott bringt.

Ich fühle mich immer dann wohl, wenn ich mit Menschen zusammen sein darf, die meine Liebe zur Wahrheit teilen. Und es gibt immer Gemeinsamkeiten. Da spielt die jeweilige Religion keine große Rolle. Erst im Frühjahr hatte ich ein tiefgehendes, gutes Gespräch mit einer Zeugin Jehovas. Gewinnen konnte sie mich allerdings nicht. Wie haben uns dann verabschiedet und gesagt, wir werden uns dann nach unserem „Ableben" wiedersehen. Wir hatten unterschiedliche Überzeugungen, aber auch viele Gemeinsamkeiten.

„Liebe eine andere Religion so, als wäre es die Deine", hörte ich heute von einem guten Freund während eines ökumenischen Friedensgottesdienstes. So klingt Wahrheit.

WARUM ICH HIER BIN

Ich soll „leben", Erfahrungen machen, aktiv sein, schaffen im Sinne von „schöpferisch". Die Schöpfung „erfahren" und dabei wachsen. Deswegen bin ich hier. Dafür wurde mir Leben gegeben. Ich soll achtsam sein und neue Erfahrungen machen, neue „Bilder" sammeln, so viele wie nur möglich.

Unser aller Ziel hier auf Erden ist es, Gott aus eigenem Antrieb heraus zu suchen, um uns so auch selbst zu finden. Haben wir ihn und uns gefunden, beginnt unser Weg zu Gott. Unser Weg auf Gott zu ist die Versinnbildlichung von Wachstum und die Erlangung von Reife. Dieser Weg beginnt mit unserem Leben hier auf der Erde und geht weiter nach unserem biologischen Tod, der auch gleichzeitig unsere Geburt im Jenseits ist. Ein jeder ist berufen, Engel Gottes zu werden. Wenn Sie das nicht wollen, ist das völlig in Ordnung, keiner zwingt Sie.

In der Materie, gesteuert durch ein allumfassendes, uns umgebendes Feld, werden die Grundzüge unseres künftigen Daseins als körperlose Seele gestaltet, geprägt und entwickelt. Je mehr Sie sich um Ihre geistige Entwicklung und Ausrichtung sowie um das Wohl anderer - gelebter Altruismus - kümmern, desto besser wird Ihr Start in den energetischen Welten sein. Auch werden Sie mit dieser Vorgehensweise bereits Zufriedenheit und Freude in der Materie erfahren.

Wir sind dabei nicht allein. Ich bin „viele“ und Teil von etwas Gewaltigem. Ich werde geliebt, das weiß ich. All das gibt mir Halt und Perspektive.

Ob Sie Atheist sind, religiös, innerhalb oder außerhalb einer Glaubensgemeinschaft oder Agnostiker - ob Sie an Reinkarnation glauben oder nicht: Es spielt nicht wirklich eine Rolle. Alles ist gut, so wie es ist. Sie können nichts verkehrt machen. Denn Sie werden immer entsprechend Ihrer eigenen Wahrheit „gemessen“, hier genauso wie „drüben“. Wenn Ihnen Ihre Wahrheit gefällt und Sie es sich vorstellen können, mit Gleichgesinnten die Ewigkeit zu verbringen, dann fürchte Dich nicht, denn alles wird gut.

In N. D. Walschs Bestseller *Gespräche mit Gott* können Sie nachlesen, dass das Himmelreich in dem Moment da und mitten unter uns ist, wenn alle 10 Gebote erfüllt sind, vollumfassend und aus der Einsicht und Freiwilligkeit heraus: Und die Antilope wird neben dem Löwen grasen… Die Gebote sind keine Regel, denen wir uns bedingungslos zu unterwerfen haben, sondern beschreiben das „Himmelreich“. All diese Gebote sind erfüllt mit der Lebensweise „Liebe Gott über alles und Deinen Nächsten wie Dich selbst". Keine zusätzlichen Gesetze, Regeln sind notwendig. Oder auf mich bezogen: Mehr muss ich nicht wissen.

Mit Ihrer Entscheidung, dieses Buch zu lesen, haben Sie sich dazu entschieden, Ihre „eigene Wahrheit" zu ergründen und auszurichten. Mehr kann ich nicht verlangen und Ihnen wünschen, denn mehr ist nicht zu tun. Diese Saat in Ihnen wird aufgehen, gedeihen und blühen.

Irgendwann dann, zu einem Zeitpunkt zwischen Ihrem letzten und vorletzten Herzschlag, ist es soweit: Ihr letzter Gedanke wird festgehalten und Sie verlassen Ihren nutzlos gewordenen Körper.

Ich wünsche Ihnen eine gute Reise, wir sehen uns.

So Gott will.

Und Gott sprach: (Gen. 1,26-1,28)

„Lasst uns Menschen machen als unser Bild, uns ähnlich. Und sie sollen herrschen über die Fische des Meeres und über die Vögel des Himmels, über das Vieh und über die ganze Erde und über alle Kriechtiere, die sich auf der Erde regen. Und Gott schuf den Menschen als sein Bild, als Bild Gottes schuf er ihn; als Mann und Frau schuf er sie. Und Gott segnete sie, und Gott sprach zu ihnen: Seid fruchtbar und mehret euch und füllt die Erde und macht sie untertan, und herrscht über die Fische des Meeres und über die Vögel des Himmels und über alle Tiere, die sich auf der Erde regen."

*

www.facebook.de/das.buch.zur.ewigkeit/

ENDE

BUCHEMPFEHLUNGEN

„Auf der Suche nach der Ewigkeit - Realitäten“

Die Fortsetzung!

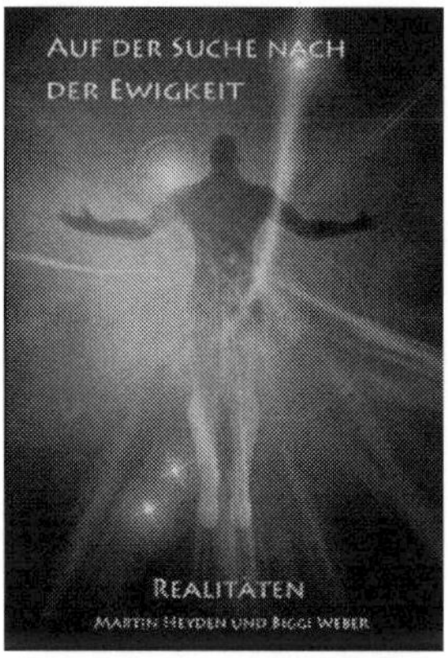

ISBN 978-3981691856

„Jenseitige Welten – Berührungspunkte“

Das neue Buch von Martin Heyden (März 2017)

ISBN 978-3981691887

PASCALs WETTE

„Ihr sagt also, dass wir unfähig sind zu erkennen, ob es einen Gott gibt. Indessen es ist gewiss, dass Gott ist oder dass er nicht ist, es gibt kein Drittes. Aber nach welcher Seite werden wir uns neigen? Die Vernunft, sagt ihr, kann aber nichts entscheiden. Es ist ein unendliches Chaos, das zwischen uns liegt und wir spielen hier ein Spiel in dieser unendlichen Entfernung voneinander, wo Kopf oder Wappen fallen wird. Was wollt Ihr wetten? Nach der Vernunft könnt ihr weder das eine noch das andere behaupten; nach der Vernunft könnt ihr keins von beiden leugnen. So werfet denn nicht denen Irrtum vor, die eine Wahl getroffen, denn ihr wisst nicht, ob sie Unrecht haben, und ob sie schlecht gewählt. Es muss gewettet werden, das ist nicht freiwillig, ihr seid einmal im Spiel und nicht wetten, dass Gott ist, heißt wetten, dass er nicht ist. Was wollt ihr also wählen? [...] Ihr habt zwei Dinge zu verlieren, die Wahrheit und das Glück und zwei Dinge zu gewinnen, eure Vernunft und euern Willen, eure Erkenntnis und eure Seligkeit, und zwei Dinge hat eure Natur zu fliehen, den Irrtum und das Elend. Wette denn, dass er ist, ohne dich lange zu besinnen, deine Vernunft wird nicht mehr verletzt, wenn du das eine als wenn du das andre wählst, weil nun doch durchaus gewählt werden muss. Hiermit ist ein Punkt erledigt. Aber eure Seligkeit? Wir wollen Gewinn und Verlust abwägen, setze du aufs Glauben, wenn du gewinnst, gewinnst du alles, wenn du verlierst, verlierst du nichts. Glaube also, wenn du kannst.“

Blaise Pascal (* 19. Juni 1623 in Clermont-Ferrand; † 19. August 1662 in Paris) war ein französischer Mathematiker, Physiker, Literat und christlicher Philosoph.

PLATONS HÖHLENGLEICHNIS

Sokrates beschreibt eine unterirdische, höhlenartige Behausung, von der aus ein breiter Gang zur Erdoberfläche führt. In der Höhle leben Menschen, die von Kind auf ihr ganzes Leben dort als Gefangene verbracht haben. Sie sind sitzend an Schenkeln und Nacken so festgebunden, dass sie immer nur nach vorn auf die Höhlenwand blicken und ihre Köpfe nicht drehen können. Daher können sie den Ausgang, der sich hinter ihren Rücken befindet, nie erblicken und von seiner Existenz nichts wissen. Auch sich selbst und die anderen Gefangenen können sie nicht sehen; das einzige, was sie je zu Gesicht bekommen, ist die Wand. Erhellt wird die Höhle von einem großen, fernen Feuer, das oben auf der Erde brennt und dessen Licht durch den Gang hineinscheint. Die Gefangenen sehen nur das Licht, das die Wand beleuchtet, nicht aber dessen Quelle. Auf der Wand sehen sie ihre Schatten.

Auf der Erdoberfläche befindet sich zwischen dem Höhleneingang und dem Feuer eine kleine Mauer, die nicht so hoch ist, dass sie das Licht des Feuers abschirmt. Längs der Mauer tragen Menschen unterschiedliche Gegenstände hin und her, Nachbildungen menschlicher Gestalten und anderer Lebewesen aus Stein und aus Holz. Diese Gegenstände ragen über die Mauer hinaus, ihre Träger aber nicht. Manche Träger unterhalten sich miteinander, andere schweigen.

Da die bewegten Gegenstände auf die Höhlenwand, der die Gefangenen zugewendet sind, Schatten werfen, können die Höhlenbewohner die bewegten Formen schattenhaft wahrnehmen. Von den Trägern ahnen sie aber nichts. Wenn jemand spricht, hallt das Echo von der Höhlenwand so zurück, als ob die Schatten sprächen. Daher meinen die Gefangenen, die Schatten könnten reden. Sie betrachten die Schatten als Lebewesen und deuten alles, was geschieht, als deren Handlungen. Das was sich auf der Wand abspielt, ist für sie die gesamte Wirklichkeit und schlechthin wahr. Sie entwickeln eine Wissenschaft von den Schatten und versuchen in deren Auftreten und Bewegungen Gesetzmäßigkeiten festzustellen und daraus Prognosen abzuleiten. Lob und Ehre spenden sie dem, der die besten Voraussagen macht.

Nun bittet Sokrates Glaukon sich vorzustellen, was geschähe, wenn einer der Gefangenen losgebunden und genötigt würde, aufzustehen, sich umzudrehen, zum Ausgang zu schauen und sich den Gegenständen selbst, deren Schatten er bisher beobachtet hat, zuzuwenden. Diese Person wäre schmerzhaft vom Licht geblendet und verwirrt. Sie hielte die nun in ihr Blickfeld gekommenen Dinge für weniger real als die ihr vertrauten Schatten. Daher hätte sie das Bedürfnis, wieder ihre gewohnte Position einzunehmen, denn sie wäre überzeugt, nur an der Höhlenwand sei die Wirklichkeit zu finden. Gegenteiligen Belehrungen eines wohlgesinnten Befreiers würde sie keinen Glauben schenken.

Wenn man den Befreiten nun mit Gewalt aus der Höhle schleppte und durch den unwegsamen und steilen Aufgang an die Oberfläche brächte, würde er sich dagegen sträuben und wäre noch verwirrter, denn er wäre vom Glanz des Sonnenlichts geblendet und könnte daher zunächst gar nichts sehen. Langsam müsste er sich an den Anblick des Neuen gewöhnen, wobei er erst Schatten, dann Spiegelbilder im Wasser und schließlich die Menschen und Dinge selbst erkennen könnte. Nach oben blickend würde er sich erst mit dem Nachthimmel vertraut machen wollen, später mit dem Tageslicht, und zuletzt würde er es wagen, die Sonne unmittelbar anzusehen und ihre Beschaffenheit wahrzunehmen. Dann könnte er auch begreifen, dass es die Sonne ist, deren Licht Schatten erzeugt. Nach diesen Erlebnissen und Einsichten hätte er keinerlei Bedürfnis mehr, in die Höhle zurückzukehren, sich mit der dortigen Schattenwissenschaft zu befassen und dafür von den Gefangenen belobigt zu werden.

Sollte er dennoch an seinen alten Platz zurückkehren, so müsste er sich erst wieder langsam an die Finsternis der Höhle gewöhnen. Daher würde er einige Zeit bei der dort üblichen Begutachtung der Schatten schlecht abschneiden. Daraus würden die Höhlenbewohner folgern, er habe sich oben die Augen verdorben. Sie würden ihn auslachen und meinen, es könne sich offenbar nicht lohnen, die Höhle auch nur versuchsweise zu verlassen. Wenn jemand versuchte, sie zu befreien und nach oben zu führen, würden sie ihn umbringen, wenn sie könnten.

QUELLEN UND EMPFEHLUNGEN

LITERATUR

Die Neuoffenbarungen und Schriften nach

- Emanuel Swedenborg,
- Jakob Lorber,
- Gottfried Mayerhofer
- und Baha'ullah.

- www.swedenborg.at (Stand: 22.01.15)
- http://www.jakob-lorber.cc (Stand 22.01.15)
- http://j-lorber.de (Stand 22.01.15)
- http://reference.bahai.org/en/ (Stand 22.01.15)

Thomas Noack

- Aufsatz / 2004 *Der Seher und der Schreibknecht Gottes* (http://www.swedenborg.ch/PDF/UeSweLL/2004SLBuch.pdf. Stand: 22.01.15)

Dr. Walter Lutz

- *Neuoffenbarung am Aufgang des dritten Jahrtausends: Ein Lehr- und Nachschlagewerk der Neuoffenbarung gegeben durch Jakob Lorber.* 3 Bände. Verlag: Lorber & Turm (1969).

Die Schriften der Weltreligionen sowie deren Ableger.

Robert Allen Monroe, auch Bob Monroe (* 30. Oktober 1915; † 17. März 1995), war ein US-amerikanischer Geschäftsmann, Autor und Programmdirektor beim Rundfunk und der Gründer des parapsychologischen Monroe-Instituts.

- *Der Mann mit den zwei Leben*, Heyne Verlag, 2005
- *Der zweite Körper*, Heyne Verlag, 2007
- *Über die Schwelle des irdischen hina*us, Heyne Verlag, 2006

Charles Webster Leadbeater (* 17. Februar 1847 in Stockport, Großbritannien; † 1. März 1934 in Perth, Australien) war Priester, Theosoph und Okkultist.

- *Die Astralwelt*, Aquamarin Verlag, 2007
- *Hellsehen*, Aquamarin Verlag, 2010

Eben Alexander III (* 11. Dezember 1953 in Charlotte, North Carolina, USA) ist ein US-amerikanischer Neurochirurg.

- *Blick in die Ewigkeit: Die faszinierende Nahtoderfahrung eines Neurochirurgen*, Ansata Verlag, 2013

Dr. Sam Parnia (Intensivmediziner und Kardiologe)
- *Erasing Death* , HarperOne Verlag, 2013
- *Der Tod muss nicht das Ende sein,* Scorpio Verlag, 2013

Dr Jeffrey Long (NDERF=Near Death Experience Research Foundation) mit Paul Perry
- *Beweise für ein Leben nach dem Tod*, Goldmann Verlag 2010
- Nahtoderfahrungen: www.nderf.org Stand 22.01.15

Dr. Pim van Lommel

- *Endloses Bewusstsein*, Knaur Verlag, 2010

Rupert Sheldrake (* 28. Juni 1942 in Newark-on-Trent, Nottinghamshire) ist ein britischer Autor und Biologe.
- *Der Wissenschaftswahn*, O W Barth Verlag, 2012
- *Das schöpferische Universum. Die Theorie des morphogenetischen Feldes.*, Nymphenburger Verlag, 2008
- *Das Gedächtnis der Natur. Das Geheimnis der Entstehung der Formen in der Natur*, Scherz Verlag, 2011
- *Die Wiedergeburt der Natur*, Fischer Scherz Verlag, 1993
- *Engel: die kosmische Intelligenz*, Schirner Verlag, 2009
- *Der siebte Sinn der Tiere*, Fischer TB Verlag 2011
- *Der siebte Sinn des Menschen*, Fischer TB Verlag, 2012

Burkhard Christian Ludwig Alexander Heim (* 9. Februar 1925 in Potsdam; † 14. Januar 2001 in Northeim) war ein deutscher Physiker.
- *Einheitliche Beschreibung der materiellen Welt*, Resch Verlag, 1998
- *Postmortale Zustände*, Resch Innsbruck Verlag, 2000

Illobrand von Ludwiger (* 20. Juli 1937 in Stettin) ist ein deutscher Astrophysiker.
- *Das neue Weltbild des Physikers Burkhard Heim: Unsterblich in der 6-Dimensionalen Welt*, Komplett-Media Verlag, 2012
- *Das Leben eines vergessenen Genies*, Scorpio Verlag, 2010

Bärbel Mohr (* 5. Juli 1964; † 29. Oktober 2010) war eine deutsche Autorin und Referentin.
- *Bestellungen beim Universu*m, Omega Verlag, 2004

Jörg Starkmuth

- *Die Entstehung der Realität: Wie das Bewusstsein die Welt erschafft*, Goldmann Verlag, 2010

Adnan Sattar

- *Was ist Bewusstsein? Die verborgene Sicht unserer Realität*, Germania Com Verlag, 2011

Eckhart Tolle (* 16. Februar 1948 in Lünen als Ulrich Tolle) ist ein deutschstämmiger, in Vancouver lebender Bestsellerautor spiritueller Bücher.

- *Eine neue Erde: Bewusstseinssprung anstelle von Selbstzerstörung*, Arkana Verlag, 2005

Joachim Faulstich

- *Das Innere Land: Bewusstseinsreisen zwischen Leben und Tod: Nahtoderfahrung und Bewusstseinsreisen*, Knaur TB, 2006

Todd Burpo

- *Den Himmel gibt's echt*, Scm Hänssler Verlag, 2013

Volker J Becker

- *Gottes geheime Gedanken*, Heyne Verlag, 2011

Karl F Neu

- *Leben im Jenseits*, Kindle Amazon, 2011
-

K und B Brückner

- *Bewusst Sein*, Kindle Amazon, 2012

Helmut Günter Baumgarten

- *Quantenspiritismus*, Books on Demand, 2012

Rolf Froböse

- *Der Lebenscode des Universums*, Lotos Verlag, 2012

Klaus Dieter Sedlacek

- *Unsterbliches Bewusstsein*, Books on Demand, 2008

Donald N. Walsch

- *Gespräche mit Gott*, Arkana Verlag, 2009

Raymond A. Moody (* 30. Juni 1944 in Porterdale, Georgia) ist ein US-amerikanischer Psychiater und Philosoph, der sich eingehend mit Forschungen um den Grenzbereich zwischen Leben und Tod auseinandersetzt.

- *Leben nach dem Tod*, rororo Verlag, 2001
- *Das Licht von drüben*, rororo Verlag, 2004
- *Blick hinter dem Spiegel*, Goldmann Wilhelm Verlag, 1996
- *Zusammen im Licht*, Goldmann Verlag, 2011

Hoimar Gerhard Friedrich Ernst von Ditfurth (* 15. Oktober 1921 in Berlin-Charlottenburg; † 1. November 1989 in Freiburg im Breisgau) war ein habilitierter deutscher Arzt und Journalist. Bekannt wurde Hoimar von Ditfurth jedoch vor allem als Fernsehmoderator und populärwissenschaftlicher Schriftsteller.

- *Kinder des Weltalls*, Hoffman und Campe Verlag, 1976

Holger Kalweit, deutscher Ethnologe und Psychotherapeut, erforschte das Schamanentum und die Kosmologie von Naturvölkern (* 1947).

- Traumzeit und innerer Raum, Die Welt der Schamanen, Bern u. a.: Scherz, 2000

FILME UND DOKUMENTATIONEN

- „Life of Pi“ 2012
- „A Beautiful Mind“ 2001
- „Cloud Atlas“ 2012
- „Die Wand“ 2012
- „Hinter dem Horizont“ 1998
- „After Earth“ 2013
- “Deep down the rabbit whole” 2007
- “What the bleep do we know” 2004
- „Geheimnisse des Universums“, Stephen Hawking, 2010
- „Stephen Hawkings großer Entwurf“, 2012
- “The Universe”, History Channel, 7 Staffeln, 2007 - 2012
- “Through the Wormhole” (Mysterien des Weltalls), 6 Staffeln, 2010-2016, Discovery Channel, mit Morgan Freeman

DER AUTOR

Martin Heyden

Nach einer Nahtoderfahrung vor nunmehr fast sieben Jahren, begab sich der Autor auf die Suche nach dem Sinn unserer Existenz. Die daraus entstandenen Bücher sind die Zusammenfassung seiner Erkenntnisse und Einsichten und skizzieren ein in sich schlüssiges Weltbild, welches die Natur-, Geistes- und Grenzwissenschaften, die alten und neuen Religionen sowie den Schamanismus und den Spiritismus zusammenführt.

Martin Heyden, geboren 1967, war als Datenbankprogrammierer und Systemtechniker tätig. Seit einigen Jahren geht er nunmehr seiner Passion als Schriftsteller und Buchautor nach. Er lebt mit seiner Frau in der Nähe von Aachen, zusammen haben sie zwei erwachsene Söhne.

18237241R00160

Printed in Poland
by Amazon Fulfillment
Poland Sp. z o.o., Wrocław